GONZALO
ORDÓÑEZ-MATAMOROS
DIRECTOR

MANUAL DE ANÁLISIS Y DISEÑO DE POLÍTICAS PÚBLICAS

SEGUNDA EDICIÓN

UNIVERSIDAD EXTERNADO DE COLOMBIA

Manual de análisis y diseño de políticas públicas / Gonzalo Ordoñez-Matamoros, director ; Juan Pablo Centeno [y otros]. -- Bogotá : Universidad Externado de Colombia, 2024. -- Segunda edición.
519 páginas : ilustraciones, mapas, gráficas.

Incluye referencias bibliográficas (páginas 489-511)

ISBN: 9789585060661 (impreso) 9789585060685 (e-book)

1. Administración pública -- Estrategia y técnicas 2. Planificación política 3. Política pública – Diseño 4. Política pública -- Estrategia y técnicas 5. Política pública -- Fundamentos 6. Política pública -- Planeación I. Ordoñez Matamoros, Héctor Gonzalo, director II. Centeno Cachopo, Juan Pablo III. Universidad Externado de Colombia IV. Título

320.6 SCDD 21

Catalogación en la fuente -- Universidad Externado de Colombia. Biblioteca. ERZ.

abril de 2024

ISBN: 978-958-506-066-1
E-ISBN: 978-958-506-068-5

Calle 12 n.º 1-17 Este, Bogotá
Teléfono (+57) 601 341 9900
publicaciones@uexternado.edu.co
www.uexternado.edu.co

Primera edición: abril de 2013
Segunda edición: mayo de 2024

Diseño de carátula: Departamento de Publicaciones
Corrección de estilo: Néstor Clavijo
Asistente editorial: Adriana León Torres
Composición: Álvaro Rodríguez
Impresión y encuadernación: DGP Editores S.A.S.
Tiraje: de 1 a 1.000 ejemplares.

Impreso en Colombia
Printed in Colombia

A Enna y Alfonso

GONZALO ORDÓÑEZ-MATAMOROS
JUAN PABLO CENTENO
GUSTAVO VALDIVIESO-CERVERA
MICHELLE CAMILE VERNOT-LÓPEZ
DIANA RAMÍREZ GUZMÁN
CARLOS ALBERTO DÍAZ VILLÁN
LUIS ANTONIO OROZCO CASTRO
LINA PAOLA MARTÍNEZ FAJARDO
LEIDY CÁCERES QUINTERO
JOHANN DILAK JULIO ESTRADA
SARAH TADLAOUI
SARA PORRAS ALZATE
JOSÉ ANDRÉS DUARTE GARCÍA
LUIS HERNANDO LÓPEZ
GLORIA A. CALDERÓN-PEÑA

CONTENIDO

LISTA DE FIGURAS Y GRÁFICOS

LISTA DE CUADROS

PRÓLOGO

La segunda edición de este libro se escribió, una vez más, pensando en los actuales o potenciales analistas, asesores, investigadores o quienes toman decisiones de política pública que desean adquirir o desarrollar habilidades para llevar a cabo ejercicios rigurosos de análisis y diseño de políticas públicas. Se parte aquí del trabajo que se presentó en la primera edición para incorporar nuevas visiones, discusiones, evidencias, casos y literatura en torno al objeto de estudio; es decir, se trata de la actualización de la primera edición. El espíritu es el mismo: buscar que sea útil no solo como guía para el trabajo, sino también para su enseñanza en programas tanto de pregrado como de posgrado en la materia en Iberoamérica. Esto se hace manteniendo un lenguaje y tratamiento amigables tanto para un público lego como para expertos.

Al igual que en la anterior edición, aquí se tiene en mente a quienes desean ordenar trabajos de asesoría o evaluar la calidad de los ejercicios realizados por terceros. También se busca brindar herramientas para aquellos que, sin estar directamente vinculados al sector público o de Gobierno, deban interactuar con instituciones públicas de carácter multilateral o nacional, bien sea del nivel central, del departamental, regional, provincial o municipal.

El propósito es entonces permitirles a los lectores de todo origen disciplinario, organizativo, sectorial o geográfico incrementar su comprensión de las dinámicas que caracterizan el quehacer de las políticas públicas y la gestión de lo público, para convertirse así en lectores críticos tanto de noticias que circulan en medios masivos de divulgación como de informes técnicos con algún grado de complejidad.

Esta edición agrega valor a la anterior, en la medida en que incorpora mayor contenido relevante y claridad en torno a nuevos conceptos como el de *gobernanza*, el de *innovación pública* y la *cocreación de políticas*, entre otros. Brinda mayor distinción entre los conceptos de *instrumento de política pública* y de *política pública* propiamente dicha, acorde con las nuevas tendencias y paradigmas. Aporta nuevos modelos de toma de decisión e incorpora de manera más clara la denominada "teoría de cambio", subrayando su utilidad en la implementación de políticas públicas. Ofrece una revisión más exhaustiva y actual de las prácticas relacionadas con el monitoreo y la evaluación de políticas públicas. Por último, se hacen mejoras importantes como la adición de un *policy memo* ilustrativo, "cajas sinópticas" tanto de los objetivos como de los resultados de aprendizaje de cada parte del libro y nuevas tareas y talleres en algunas de las secciones. Para tranquilidad de los lectores de la primera edición, aquí se mantiene el objetivo principal del manual, conservándose la sencillez en el lenguaje, evitándose así imponer las barreras típicas de los tecnicismos y la jerga disciplinaria.

Es de aclarar que esta edición, al igual que la anterior, no busca ser una "obra terminada" ni mucho menos, pues como todo trabajo intelectual, es perfectible en múltiples sentidos, máxime cuando la disciplina es diversa y cambia constantemente. Un ejemplo de esto es la relativamente reciente incorporación de la inteligencia artificial en el quehacer de los ejercicios analíticos, decisorios y de implementación y evaluación de políticas públicas. Esta es, en el momento en que se publica este libro, un área en desarrollo aún incipiente que bien vale la pena estudiar con mayor profundidad, como se discute en varios apartados del manual. Los autores somos conscientes, sin embargo, de que la actual edición es suficientemente completa y útil para los propósitos que la motivan y de que contribuye a ampliar la frontera del conocimiento y la comprensión de lo que implica analizar, diseñar, implementar y evaluar políticas públicas en países latinoamericanos como Colombia.

En efecto, esta obra responde en particular a la motivación de los autores de ofrecer herramientas analíticas que, aunadas a la disponibilidad de recursos y a la voluntad política necesarias, conduzcan a la toma de decisiones ilustrada; y por esa vía, a la solución de problemas concretos en el mundo hispanoparlante en los diferentes niveles de Gobierno. En efecto, el libro está inspirado en la convicción de que el conocimiento es una herramienta fundamental para avanzar en el desarrollo económico y social sustentable, lo cual es consistente con las nuevas teorías que lo definen como la sumatoria de individuos con capacidad de solucionar sus problemas cotidianos (capital humano) y de asociarse para solucionar problemas colectivos presentes y futuros (capital social). Finalmente, pero no por ello menos importante, es de señalar que este trabajo busca fortalecer la masa crítica de profesionales que demandan la toma de decisiones bien informada y responsable, para ganarle así terreno a la improvisación propia de la gestión de lo público, la corrupción, la incertidumbre y el despilfarro de recursos públicos que caracteriza el quehacer político en una gran cantidad de comunidades hispanas. Se busca entonces hacer un aporte importante a la democracia y a la modernización de estas comunidades tanto en los niveles centrales como locales y organizativos.

Algo que caracteriza y motiva a las disciplinas medulares sobre las que se sustentan los estudios políticos tales como la ciencia política, la administración pública, las políticas públicas y la gobernanza, entre otras, es que uno de los mayores retos y razón de ser de los Gobiernos es resolver de manera eficaz los problemas que aquejan a la sociedad. Pero dicho reto es de dimensiones inconmensurables, pues al contrario de los científicos naturales, los científicos sociales que están llamados a apoyar este proceso se ven enfrentados a objetos de estudio de gran complejidad, variabilidad y volatilidad. En efecto, los problemas públicos son difíciles de comprender, implican aspectos tanto políticos como técnicos, y en ellos no hay una relación directa unívoca e inequívoca entre causa-solución-impacto; y cuando los problemas se "resuelven", aparecen nuevos problemas (hay quienes dicen que los problemas no se resuelven, sino que se transforman…). Más complejo aún, toda solución enfrenta el dilema costo-efectividad, la incertidumbre es muy alta y en la práctica no hay soluciones ciento por ciento satisfactorias, lo que hace que la capacidad de los analistas de hacer predicciones y cálculos de los resultados sea limitada, cuando no desesperanzadora. Este libro busca ilustrar dichos retos y ofrecer formas de minimizar, en algún grado, las falencias en el ejercicio profesional de análisis y diseño de políticas públicas, las cuales son inherentes al ejercicio incluso en contextos de aplicación de nuevas tecnologías como la inteligencia artificial. Con esto se busca, a la postre, aportar así a la gestión pública eficiente y eficaz en los países de la región.

Así pues, aquí se introduce al lector en el estudio de las herramientas teóricas, conceptuales, metodológicas y técnicas necesarias para el análisis y el diseño de políticas públicas (ADIPP), una disciplina y un "arte" sobre el que mucho se ha escrito, particularmente en inglés, y mucho se ha criticado por su carácter "técnico", incluso en español, pero sobre el que no existen muchos textos que puedan servir de referentes básicos para el desarrollo de tales actividades de manera profesional en castellano.

En la disciplina del análisis de políticas públicas (APP) se pueden distinguir dos corrientes principales. Por un lado, existe la corriente académica, enfocada en explicar el proceso de formación de las políticas, en la que el análisis es un ejercicio retrospectivo que se orienta hacia la investigación académica. Por otro lado, está la corriente instrumental, que se interesa en las técnicas para la elaboración de políticas, en la que el análisis es un instrumento de ayuda a la decisión orientada a ofrecer soluciones concretas para aplicarse en la práctica, o para impedir que se cometan errores de impacto público evitables. Este manual busca enfocarse principalmente en el APP instrumental, es decir, en la segunda corriente, o como denominamos aquí, ADIPP, en el cual se brinda una caja de herramientas para apoyar la decisión y contribuir así a la solución de problemas públicos en Iberoamérica.

Así pues, tomando la perspectiva de Lasswell (1971) sobre la disciplina de APP, esta obra tiene como objetivo general ofrecer: 1) herramientas teóricas y conceptuales necesarias para entender las complejidades que caracterizan el proceso que siguen las políticas públicas (*Knowledge of the Policy Process*), que se toman de la corriente académica por considerarse instrumentalmente útiles; 2) herramientas e instrumentos necesarios para apoyar el proceso de formación de estas en sus distintas fases (*Knowledge in the Policy Process*); y 3) inspirado en preocupaciones sobre las que la literatura todavía es incipiente (aún en inglés), ofrecer herramientas y consejos para aumentar la probabilidad de que los trabajos analíticos contribuyan de forma efectiva al logro de los objetivos que se buscan, no solo propendiendo a que se les tenga en cuenta, sino porque, además, se constituyan en vehículos conductores u hojas de ruta que permitan transitar entre el reconocimiento de la existencia de un problema y la puesta en marcha de una solución adecuada. Todo ello con una orientación aplicada a casos específicos en el contexto hispanoamericano.

Se habla de teorías instrumentalmente útiles para, como veremos más adelante, llamar la atención sobre el hecho de que, como lo plantea Lasswell (1971), un buen analista debe ser tanto un buen conocedor de los procesos que siguen las políticas públicas (sus determinantes, origen, evolución, modificación, efectos y terminación) como un buen aportante de conocimientos para que cada fase del proceso se dé de la manera más ilustrada posible. En efecto, compartimos la opinión de que un analista (asesor, consultor, crítico o incluso el mismo que toma decisiones) conocedor de las teorías explicativas de la formación, evolución, etc., de los problemas y las políticas públicas, por un lado, y de las herramientas para su diseño, implementación, seguimiento y evaluación, por el otro, ofrecerá un mejor servicio al desarrollo que uno que las ignora. Más aún, creemos que si bien el analista no puede garantizar que se solucionen los problemas, sí debe apelar a maneras de aumentar la probabilidad de que su trabajo se tenga en cuenta.

Por ello, en la ecuación básica referida arriba que explica las soluciones y la confluencia entre recursos, voluntad y conocimiento, queremos concentrarnos aquí en la última variable, "Conocimiento", con mayúscula, factor fundamental que bien utilizado podría, o bien hacer frente de manera más creativa a la escasez de recursos, o bien entender la voluntad política en la dirección deseada y, eventualmente, incidir en ella, haciendo más difíciles las posiciones arbitrarias y, por ende, autoritarias.

Desde esta perspectiva, el analista es concebido como un agente de cambio, un protagonista, alguien que, apoyado en el conocimiento tácito que tiene para ofrecer, cuenta con habilidades y capacidades de observar de manera crítica, entender la complejidad de los fenómenos bajo estudio y, sobre todo, de incidir, que es lo que más nos motiva en este libro. Nos referimos a alguien que, incluso, podría ser percibido como ingenuo, pero que poco le importa, pues sabe que puede y desea, de manera altruista, pero bien fundamentado, desempeñar un papel activo, instrumental, que a pesar de las dificultades implícitas de su función, acepta la complejidad y la probabilidad de no lograr sus objetivos, pero que a pesar de ello lo intenta. Es aquí, pues, donde el conocimiento desempeña un papel crucial que determina, junto con la voluntad política y los recursos, el éxito (o fracaso) de las políticas públicas.

Para abordar los temas que a nuestro juicio soportan el ejercicio de análisis y diseño de las políticas públicas de buena calidad (e incluso para identificar criterios para juzgar su calidad) para generar impacto, el libro se divide en tres partes. Estas partes recogen la visión polifuncional que proponemos del ADIPP a partir del papel fundamental del conocimiento: Conocimiento de…, Conocimiento en… y Conocimiento para...

Así, en la primera parte, titulada "Conocimiento del proceso de las políticas públicas", que se compone de tres capítulos, se aborda y enriquece la discusión que busca contextualizar el quehacer del analista en cuanto a los conceptos, modelos, teorías y fenómenos que enmarcan su actividad. En particular, se aborda de manera breve y actualizada la revisión histórica, filosófica, epistemológica, metodológica y ética que caracteriza y fundamenta el ejercicio de análisis y diseño de políticas públicas. También se discute acerca del papel que se espera desempeñe el analista de políticas públicas ante demandas de información y conocimiento, con capacidades básicas para usar herramientas analíticas, crear soluciones y lidiar con dilemas éticos que típicamente debe encarar. En opinión de los autores, conocer y reconocer los diferentes contextos y retos que enmarcan el quehacer de las políticas públicas le permiten al analista situarse cómodamente dentro de la maraña que caracteriza el objeto de estudio, y de esa manera poder incidir en él de manera más eficaz y efectiva.

En la segunda parte, cuyo título es "Conocimiento para ilustrar la toma de decisiones de política pública", y que cuenta con cinco capítulos, se discuten aspectos del proceso de análisis y diseño de políticas públicas tales como la estructuración de problemas para el análisis y la toma de decisiones, el establecimiento de criterios de decisión, la identificación de alternativas de solución, la evaluación de dichas alternativas con miras a aportar conocimiento en el proceso de las políticas públicas y la recomendación persuasiva y sustentada en evidencia de políticas públicas. El lector notará que de manera reiterada se llama la atención al respecto del carácter iterativo e interactivo del análisis y diseño de políticas públicas, con el fin de subrayar que dichos ejercicios deben abordarse a partir de la reflexión, la retroalimentación, la experimentación, el ensayo y el error analítico, en donde cada fase del proceso analítico y de diseño conduce al descubrimiento de nueva información, la cual se debe tener en cuenta para garantizar comprensión, consistencia e impacto en la dirección deseada.

En la tercera parte, titulada "Conocimiento para generar impacto", que incluye tres capítulos, se aborda el diseño de mecanismos y procedimientos para la implementación de la política pública recomendada, su monitoreo y evaluación, así como la comunicación efectiva de resultados analíticos, factores concebidos como condiciones básicas para garantizar (o al menos aumentar la probabilidad de producir) el efecto deseado.

Como complemento, en un primer anexo se discute a manera introductoria, no exhaustiva, una caja de herramientas básica para la recolección de información relevante para el análisis y diseño de políticas públicas, y en un segundo anexo se presenta al detalle un *policy memo*, con el cual el lector puede constatar la forma de aplicar lo discutido en el manual a un caso práctico. También se ofrece un índice temático para identificar los conceptos y las definiciones más relevantes y la forma en que se utilizan en este manual. A continuación, en la figura 1 se ilustra el mapa conceptual de este manual

Así, en este libro se introduce al lector en: 1) los procesos y métodos de identificación, recolección y valoración de información relevante; 2) el uso de herramientas básicas de análisis cuantitativos y cualitativos; 3) la identificación de fallas de diseño de políticas públicas; 4) la identificación de falacias argumentativas y saltos lógicos; 5) la caracterización de fallas en la implementación; 6) la elaboración de productos analíticos y de *policy memos*; y 7) la evaluación de productos analíticos elaborados por terceros.

FIGURA 1. MAPA CONCEPTUAL DEL MANUAL

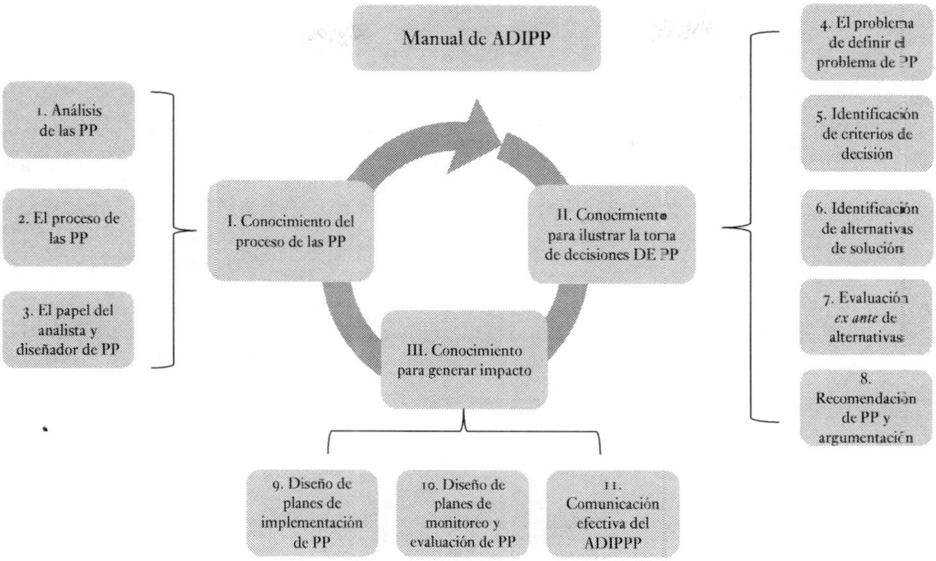

Fuente: elaboración propia.

En particular, se espera que al final el lector se sienta con la capacidad de: 1) reconocer los conceptos básicos, las teorías explicativas y las técnicas necesarias para realizar análisis integrales de política pública como un insumo indispensable para la toma de decisiones ilustrada; 2) evaluar la idoneidad de los procedimientos y herramientas analíticos sustentados en técnicas cualitativas y cuantitativas usadas en el diseño y evaluación de políticas públicas en la práctica; 3) juzgar la calidad de los diagnósticos y la coherencia de las recomendaciones de política pública que de ellos se derivan; 4) realizar ejercicios prácticos de ADIPP de gran calidad; y 5) demostrar habilidades en la comunicación y "venta" de estos.

Es importante aclarar que el ADIPP tiene tanto de ciencia como de arte y que involucra más que los conocimientos y procedimientos de investigación característicos de las ciencias sociales. En efecto, por su naturaleza creativa, recursiva y persuasiva, el ADIPP involucra capacidades, sensibilidades y habilidades que no se aprenden únicamente mediante la teoría y la educación formal, sino que se adquieren principalmente con la práctica y la experiencia. En ese sentido, las diferentes secciones del libro están diseñadas para guiar al lector en su proceso de aprendizaje y afianzamiento de las técnicas de interés que se presentan en cada capítulo a partir de ejemplos concretos.

Además de reconocer el valor científico que subyace en él, este manual tiene en cuenta la importancia de desarrollar capacidades que trascienden la racionalidad objetiva y técnica, tales como la capacidad de escuchar, de argumentar, de persuadir, de negociar, de corregir, de sustentar, de defender, de proponer, de abogar, etc. Si bien la experiencia hace al buen analista de políticas públicas, con este manual ofrecemos un punto de partida para los neófitos y un referente o fuente de ideas, reflexión e inspiración para los ya iniciados y practicantes. Esperamos con esto hacer un aporte significativo.

Gonzalo Ordóñez-Matamoros
En Bogotá (Colombia), a 10 de febrero de 2024

PRIMERA PARTE
CONOCIMIENTO DEL PROCESO DE LAS POLÍTICAS PÚBLICAS

Objetivos de aprendizaje de esta parte

Con el estudio de esta primera parte del libro usted estará en capacidad de:

— Describir el concepto de *política pública* y sus rasgos característicos para su identificación en la práctica en contextos de gobernanza, distinguiendo el análisis *del* proceso del análisis *para* las políticas públicas.

— Identificar distintas teorías que facilitan la comprensión del proceso de las políticas públicas, así como marcos explicativos de los procesos de toma de decisiones en este contexto.

— Entender la evolución del análisis de políticas públicas y el papel del analista de políticas públicas como agente de cambio, así como sus retos y oportunidades en el desarrollo de distintos productos de conocimiento para incidir en el proceso de las políticas.

— Identificar diferentes tipos de análisis de políticas públicas útiles para diversos propósitos.

— Distinguir distintas herramientas que facilitan el proceso de investigación y análisis de políticas públicas, en pro de evitar errores del tercer tipo.

Harold Lasswell, uno de los pioneros del análisis de políticas públicas como subdisciplina de los estudios políticos, y cuyo nombre aparecerá con frecuencia en las páginas de este manual, insistió en la importancia de que los analistas[1] aporten conocimiento tanto *del* proceso de las políticas públicas (*Knowledge of the policy process*) como *para* el proceso de las políticas públicas (*Knowledge for the policy process*). Esta primera parte del manual se concentra en el primer tipo de conocimiento. Así, antes de abordar los diferentes métodos de análisis y diseño de políticas públicas (ADIPP), comenzaremos por definir qué se entiende por política pública, luego profundizaremos en lo que es el ADIPP, sus orígenes y principales hitos históricos, y luego nos referiremos a los principales paradigmas y perspectivas epistemológicas que subyacen a la disciplina. También pasaremos revista a algunas de las teorías que ofrece la literatura al respecto del proceso que siguen las políticas públicas y, en particular, discutiremos sobre los modelos de toma de decisiones que inspiran a la mayoría de tales teorías. Esta discusión, que se acerca a la vertiente académica del ADIPP referida en el prólogo, se necesita porque

1 Conscientes de la importancia de reconocer las consideraciones de género, en las que las mujeres claramente desempeñan un papel central en el estudio y las actividades de análisis y diseño de política pública, en este libro haremos referencias a ambos géneros de manera ocasional pero no sistemática, para hacer así de la lectura de esta obra un ejercicio más bien fluido.

sitúa al lector en el contexto principal en el que típicamente se desenvuelve un analista y diseñador de políticas públicas en el mundo real. Por último, esta parte culminará con una discusión sobre el papel del analista y diseñador de políticas públicas, sus principales retos, los productos analíticos más comunes, los diferentes tipos de análisis, la postura del analista en el proceso del ADIPP, la caja de herramientas con que debe contar para realizar su trabajo y el carácter iterativo e interactivo que lo caracteriza.

CAPÍTULO PRIMERO

El análisis de las políticas públicas

El análisis y diseño de políticas públicas es el trabajo que realizan personas interesadas en identificar las insatisfacciones o aspiraciones de los ciudadanos, los gobernantes o sus jefes sobre temas en los que se considera debería intervenir el Estado y convertirlas en problemas formulados de manera suficientemente específica como para identificar alternativas de solución y poder escoger la más adecuada entre ellas, llevando luego la o las alternativas escogidas a un cierto nivel de detalle al seleccionar instrumentos específicos para ejecutarla(s). El resultado del trabajo del analista —y muchas veces, de grupos de analistas dentro de una o varias organizaciones— son recomendaciones de política pública. Las páginas que siguen abordarán de manera detallada la naturaleza de estas políticas públicas, el origen de su estudio, la forma en que se han transformado junto con los cambios en la relación entre el Estado y la sociedad y la reflexión sobre el papel del analista de políticas públicas.

I. QUÉ SON LAS POLÍTICAS PÚBLICAS

Podríamos decir, brevemente, que las políticas públicas son los caminos que se escogen para resolver problemas que se consideran competencia del Estado. En los próximos párrafos expandiremos esta primera afirmación al distinguir entre las políticas y *la política* y al repasar con más detalle tanto la historia del ADIPP como las múltiples definiciones de políticas públicas que ya existen. Es importante señalar, sin embargo, que al hablar de políticas públicas está siempre presente esa escogencia consciente de ciertas vías para abordar los problemas —lo que hace patente la importancia del trabajo de análisis y diseño— y el hecho de que esos problemas se consideren públicos. Como profundizaremos más adelante, no todos los problemas que enfrenten los individuos o los grupos sociales se consideran "problemas públicos".

A. "POLICY", "POLITICS" Y "POLITY"

Una de las mayores dificultades para comprender el término de *política pública* radica en que se trata de un concepto que en la práctica es de reciente aparición y limitado reconocimiento en el imaginario colectivo del mundo hispano. En efecto, el concepto *policy* tradicionalmente se traduce al español como 'política', término que a su vez suele interpretarse como *politics* (la actividad política como competencia por el poder o *polity* (el ámbito del

Gobierno de las sociedades o la esfera política distinta de/ en oposición a la sociedad civil). De esta manera, se confunde el arte de la puja por el poder (*politics*) con lo que hoy se conoce como política pública, el arte de saber qué se hace con el poder una vez adquirido.

En efecto, es curioso comprobar que hay comunidades en las que al no existir el término adecuado tampoco existe el concepto asociado a él, lo que dificulta el estudio, el diseño y la comunicación de políticas, así como los programas de impacto público. A este mismo problema se enfrentan académicos y gobernantes de las demás naciones de habla latina como el francés, el portugués y el italiano. Los pares alemanes y japoneses, por su parte, también tienen problemas para comunicar el concepto *policy*, pues este término es traducido, de manera errada, según el concepto de *administración* o *gestión*, ignorando el carácter ambicioso que involucra el concepto *policy*.

1. DE "POLITICS" A "POLICY"

A esta ambigüedad semántica se suma un cruce conceptual. Hasta cerca de 1950, las políticas públicas (*policies*) se consideraban variables dependientes de la actividad política (*politics*), en el sentido de que se suponía que las políticas públicas no eran más que el resultado o la consecuencia directa de la política (*politics*). A pesar de que a finales del siglo XIX había surgido el estudio de la administración pública, y con él la noción de *política y administración* como dominios diferentes, solo en esa década de 1950 comenzaron a tener influencia las propuestas de Harold Lasswell para crear unas *policy sciences* dedicadas específicamente al estudio de las políticas públicas, y ya en la década de 1960 el campo de los analistas de políticas públicas se expandió de manera significativa con la introducción, también en los Estados Unidos, del Sistema de Presupuestación Público (*Public Budgeting System*) en el Departamento de Defensa de los Estados Unidos y la aplicación en gran escala de métodos de análisis de políticas públicas en el esfuerzo de expansión del Estado para atender múltiples problema sociales que se conoció como la Gran Sociedad. La ciencia política se siguió interesando en la comprensión de los determinantes del poder —en "cómo", "quiénes" y "por qué" se llega y se mantiene el poder—, pero al lado de esta área tradicional se ha desarrollado un campo de estudio específico sobre las políticas públicas y los estudios políticos que se concentran en analizar qué se hace con el poder una vez que se tiene o se conquista. Un recuento histórico de la política pública como objeto de estudio se puede encontrar en Radin (2000).

A pesar de las diferencias entre las nociones de *política pública* (*policy*) y de *política* entendida como la puja por el poder político (*politics*), es evidente que no se pueden separar, pues el juego político y la acción pública son dos campos que se cruzan y se refuerzan mutuamente (Roth, 2004). En efecto, "hacer" *policy* también es "hacer" *politics*, en la medida en que, en la práctica, casi siempre hay una preocupación de los *policy-makers* por recibir los méritos o créditos asociados con las iniciativas de impacto público y así asegurar un ascenso en la carrera política futura o en la historia política del país. Pero ¿qué es política pública? A continuación haremos un breve repaso de las definiciones que se encuentran en la literatura.

B. MULTIPLICIDAD DE DEFINICIONES DE POLÍTICAS PÚBLICAS

Son numerosos los autores que se han preocupado por ofrecer definiciones de *policy* o de política pública. Existen definiciones muy amplias, como la que propuso Dye, que define la política pública como "todo lo que el Gobierno hace o deja de hacer" (Dye, 1992, 2) o la de Heclo (1972, 84), en cuya opinión *policy* es "algo más grande que decisiones individuales, pero más pequeño que movimientos sociales", o Mény y Thoening (1992), que consideran que la política pública es "la acción de las autoridades en el seno de la sociedad", o el "programa de acción de una autoridad pública" (Mény y Thoening, 1992, 8).

Varios autores se han preocupado también por ofrecer diferentes tipologías de política pública. Sobre estas nos referiremos con todo detalle en el capítulo sexto, que trata sobre alternativas de solución a problemas públicos.

Entre la multiplicidad de definiciones de política pública, se puede identificar una tendencia pragmática, característica de la tradición norteamericana, en la cual se pone énfasis en la respuesta que se le da a una situación problemática. Roth (2004) identifica algunas de tales definiciones. Entre las representativas de esta orientación de corte utilitarista que responde a una ética teleológica está la que propusieron Dubnick y Bardes (1983), que consideran que las políticas públicas son "acciones gubernamentales —lo que los Gobiernos dicen y lo que hacen con relación a un problema o una controversia (*issue*)—" (Dubnick y Bardes, 1983, 7), la definición que ofrecen Kraft y Furlong (2007), que proponen la política pública como un "curso de acción o inacción gubernamental en respuesta a problemas públicos" (Kraft y Furlong, 2007, 5), y la de Anderson (2003), en cuyo sentir las políticas públicas son "una orientación deliberadamente seguida por un actor o por un grupo de actores al tratar un problema o una cuestión que les concierne" (Anderson, 2003, 3).

A diferencia de esta serie de definiciones que conceptualizan las políticas públicas como cualquier acción del Gobierno en búsqueda de solucionar un problema público, existe otra corriente de definiciones más normativas y positivas, características de la tradición europea consistente con una ética deontológica, que pone el énfasis en una serie de procedimientos específicos, en la naturaleza coherente y consciente de la acción pública, o en el planteamiento de ciertos objetivos. Hogwood (1984), por ejemplo, argumenta que para que una política se pueda considerar como tal "es preciso que en un cierto grado haya sido producida o por lo menos tratada al interior de un marco de procedimientos, de influencias, y de organizaciones gubernamentales", subrayando el proceso de elaboración de las políticas públicas. Elau y Prewitt proponen que la política pública se define como una "decisión permanente caracterizada por una conducta consistente y la repetitividad por parte tanto de aquellos que la elaboran como por aquellos que se atienen a ella"[2].

Ahora bien, Muller y Surel (1998) consideran que una política pública "designa el proceso por el cual se elaboran y se implementan programas de acción pública, es decir, dispositivos político-administrativos coordinados, en principio, alrededor de objetivos explícitos" (Roth, 2004, 26). Larrue (2000) argumenta que las políticas públicas son secuencias de actividades, decisiones o medidas coherentes, al menos en su intención, y que toman principalmente los actores del sistema político-administrativo de un país que buscan resolver un problema colectivo (Larrue, 2000). Velásquez (2009) manifiesta que es un "proceso integrador de decisiones, acciones, inacciones, acuerdos e instrumentos, adelantado por autoridades públicas con la participación eventual de los particulares, y encaminado a mitigar, solucionar o prevenir una situación definida como problemática" (Velásquez, 2009, 5).

Así mismo, Jorge Iván Cuervo (2010) propone una definición más específica, entendiendo la política pública como

---

2 Véase C. Salazar. "Noción de política pública en: de todo como en botica". Consulta virtual en http://carlosalazarvargas.org/articulo.php?id=17 (15 de agosto de 2011).

> la acción del Estado orientada por el Gobierno que, de una manera coherente, integral, legítima, sistemática y sostenible, busca responder a las demandas sociales y desarrollar los mandatos constitucionales y legales, acudiendo a distintos métodos de análisis, modelos de gestión y criterios de evaluación, con la participación de los actores involucrados en el problema y en la búsqueda de la solución (Cuervo, 2010, 7).

Roth (2004) propone una variante con enfoque sociológico, definiendo la política pública como

> un conjunto conformado por uno o varios objetivos colectivos considerados necesarios o deseables y por medios y acciones que son tratados, por lo menos parcialmente, por una institución u organización gubernamental con la finalidad de orientar el comportamiento de actores individuales o colectivos para modificar una situación percibida como insatisfactoria o problemática (Roth, 2004, 26).

Algunos autores definen la política pública como la esencia, la razón de ser del Estado. De acuerdo con Knill y Tosun (2012), por ejemplo, el objetivo de las políticas públicas es corregir las consecuencias negativas de la industrialización y la modernidad y contribuir al progreso, el bienestar y la modernidad, y, según los autores, es del interés de los Estados mantener, por medio de las políticas públicas, el funcionamiento armonioso de la economía y la sociedad.

Por otra parte, en el imaginario colectivo, inspirado tanto en la práctica como en el estudio de la política pública en búsqueda de un deber ser, persisten perspectivas antagónicas que le asignan una u otra función al Estado y a sus políticas públicas. Así, mientras existen perspectivas mercado-céntricas, existen también perspectivas Estado-céntricas en las cuales, según los economistas políticos del siglo XIX, por ejemplo, son los intereses individuales los que definen los criterios de demarcación en torno al papel del Estado y a sus políticas. Desde distintas orillas, mientras que según unos los Gobiernos distorsionan el orden y el equilibrio natural (véase Adam Smith, 2011), de acuerdo con otros son los intereses individuales los que distorsionan y generan daño.

Así aparece luego la perspectiva de las "fallas del mercado", en la que el daño o perjuicio causado en las interacciones entre los individuos es lo que define la función del Estado (véase John Stuart Mill, 2013), y donde, según esa perspectiva, mientras el ámbito privado en principio no afecta a los demás, las políticas públicas son necesarias para aplicar correctivos. En el capítulo cuarto (B.3) ampliaremos el concepto y la discusión en torno a las denominadas "fallas del mercado".

Empero, existe la perspectiva tecnocrática, en la que el conocimiento es poder, la cual rivaliza con la perspectiva política, en la cual el conocimiento se necesita, pero no es una condición suficiente. Así, según la perspectiva del nuevo liberalismo del siglo XX, el conocimiento define, mientras los políticos distorsionan, y en ella un Gobierno bien informado puede resolver el conflicto entre ambas esferas y resolver problemas sociales con más rapidez (véanse Dewey, 1950; Keynes, 2009). En dicho contexto se piensa, e incluso prescribe, la necesidad de separar la política y los políticos de los funcionarios y los administradores públicos (Wilson, 1887), donde se concluye que un buen Estado requiere una racionalidad burocrática tecnócrata y profesionalizada (Weber, 1919).

En los años setenta, en particular, se instala la idea de que los Gobiernos se "deben privatizar" o trabajar como empresas privadas (Hayek y Friedman), y se reclama que la supuesta racionalidad burocrática no existe, porque los tecnócratas también actúan "irracionalmente", apoyados en intereses individuales y no necesariamente en pro del "interés público", sino que tienen objetivos distintos. De allí que la separación política-gestión pública no es real, pues a los burócratas también se les percibe como políticos (Aberbach, Putnam, y Rockman, 1981). Desde esta perspectiva, en la práctica no hay distinción clara entre el interés/sector público y el interés/sector privado, y tampoco entre política, *politics* y administración. Tales debates (Estado o mercado, conocimiento o poder) han marcado la comprensión de las políticas públicas de manera permanente y muchas veces pendular.

Según Baber, citado por Parsons (1995), el "sector público", contrario al "sector privado", se caracteriza por que 1) se ocupa en un conjunto complejo de problemas y tareas; 2) la aplicación de las decisiones toma bastante tiempo; 3) emplea a personas con motivaciones contradictorias; 4) se ocupa principalmente en ofrecer "compensaciones" (por causa de las fallas de mercado, la inequidad, desigualdades, etc.); 5) realiza actividades con gran significado simbólico; 6) está limitado por consideraciones de legalidad; 7) está supeditado a un alto grado de legitimidad, por lo que depende de una definición típicamente polémica del "interés público" y de un alto grado de apoyo político; 8) está sujeto a disputas y es vulnerable a la captura de intereses particulares que buscan legitimarse.

De acuerdo con Weimer y Vining (2017), el analista de políticas públicas es el encargado de generar el conocimiento que viabilice las intervenciones del Gobierno en las decisiones privadas de individuos que, según la teoría económica dominante, se supone que son actores racionales que conocen bien sus intereses: desde la vacunación contra la COVID-19 hasta la financiación de la educación universitaria o las normas de tráfico, las políticas públicas inciden en las conductas individuales.

Si bien varias de las definiciones anteriores enfatizan el papel central del Estado en las políticas públicas, actualmente se considera, sin embargo, que estas trascienden la capacidad del Ejecutivo, e incluso del mismo Estado. En efecto, desde finales del siglo XX ha ganado terreno en el debate académico y político la noción de *gobernanza*, la cual se ha entendido de múltiples formas (Rhodes, 1996; Jessop, 2000). En el campo del gobierno y la administración pública, el concepto de *gobernanza* se ha asociado con la imposibilidad material del aparato estatal y del apoyo político necesario para dar respuesta satisfactoria a la multiplicidad de problemas públicos o de oportunidades no aprovechadas que se le presentan a un Gobierno en un momento dado. El interés por la gobernanza también está asociado a la aceptación del papel y la influencia de múltiples actores en las decisiones de "gobierno" que antes se consideraban exclusivas del Ejecutivo. En este nuevo contexto se ve entonces como natural que actores estatales, pero no de la rama ejecutiva como la Corte Constitucional, y actores no estatales, como Green Peace, asociaciones de vecinos o fundaciones, participen en la formulación de políticas públicas y en su implementación —prácticas que se han identificado en algunos casos como de coproducción de políticas públicas—.

En este contexto se diseñan e implementan políticas de Gobierno Abierto (Ramírez-Alujas, 2010), e incluso de Estado Abierto (ONU, 2017), con capacidades mayores de distinto tipo de actores en el diseño, la supervisión y el control de las políticas públicas a partir de la participación ciudadana. En dicho discurso se posiciona el concepto de *valor público* (Moore, 1994; 1995), que se refiere a la utilidad de la acción del Estado para los ciudadanos.

De cualquier manera, la existencia de políticas públicas solo se considera posible cuando el Ejecutivo participa en las decisiones y en su implementación (con programas y proyectos y su aplicación y control), y por esa vía las legitima. No se podría llamar entonces políticas públicas, aunque impliquen la creación de bienestar o valor público, a las acciones de las empresas grandes (por ejemplo, cuando por su accionar aseguran el empleo en ciertas regiones) o de organizaciones al margen de la ley como los grupos guerrilleros. Si bien dichos actores inciden de manera importante en las políticas públicas y en la gobernanza, no cuentan con la legitimidad para crear políticas públicas. La conciencia sobre la importancia de la gobernanza ha dado más relevancia a la participación de los actores no estatales en la construcción de políticas públicas, pero aún no ha llevado a desechar el papel central del Estado cuando pensamos en esas políticas.

La orientación conceptual enfocada en los métodos que se utilizan para formular e implementar políticas públicas nos ayuda también a enriquecer nuestro entendimiento de este campo de estudio. El diseño de las políticas no solo incluye decisiones sobre un curso de acción, sino también sobre los medios para avanzar en esa dirección.

Jenkins (1978), por ejemplo, define las políticas públicas como "un conjunto de decisiones interrelacionadas adoptadas por un actor o un conjunto de actores políticos, concernientes a la selección de objetivos y los medios para alcanzarlos, en el marco de una situación específica" (Jenkins, 1978, 17). Por su parte, Thomas Birkland (2011) señala que las políticas públicas no solo quedan contenidas en las leyes o las regulaciones, sino que su construcción continúa en manos de quienes deben implementarlas, los cuales a su vez deciden quiénes se benefician y quiénes llevan los costos de las nuevas normas.

Autores reconocidos en los estudios de implementación de políticas, como Michael Hill y Peter Hupe (2014) utilizan el concepto de *formación de la política (policy formation)* para subrayar cómo las políticas se siguen construyendo en cada nueva decisión para hacerlas concretas en programas, proyectos e incluso en las actuaciones específicas de algunos funcionarios frente a situaciones específicas en que deben aplicar la política, como otorgar un subsidio o imponer (o no) una multa.

A pesar de la multiplicidad de definiciones en torno a las políticas públicas, pocas son las que consideran, de manera explícita, el papel que desempeña el conocimiento, el ejercicio analítico que típicamente acompaña la definición, implementación, evaluación y cambio de las políticas públicas. La identificación de problemas que hay que resolver mediante políticas públicas requiere análisis de datos y está siempre mediada por diferentes formas de entender los problemas, las cuales se han llamado *frames* (marcos) o narrativas. La capacidad específica de generar alternativas para resolver los problemas públicos depende de la capacidad general de generar alternativas, y esa capacidad depende a su vez tanto del uso de métodos que pueden estimular la generación de nuevas ideas como de la capacidad para acceder a ideas que ya se han planteado y probado en otros contextos. La decisión sobre qué alternativas escoger depende de los criterios que los analistas de políticas y sus clientes[3] prioricen, esto es, ¿cuáles son los objetivos más importantes y por qué? Todo esto hace que el conocimiento sea central para entender las políticas públicas. De allí que este manual quiera señalar que la política pública sobre cualquier tema es:

1) Un conjunto de decisiones que toman diferentes actores, a menudo en distintos niveles de poder,

2) sobre problemas que se consideran públicos, es decir, que sobre ellos debería intervenir el Estado y

3) que se consideran legítimas porque las han respaldado los representantes del Estado

4) a partir de definiciones y análisis de esos problemas que apelan, implícita o explícitamente, a diversas formas de conocimiento.

Y aunque esta definición mínima de políticas públicas incluye políticas que se adoptan sin el uso riguroso de métodos de análisis, es importante recalcar que el campo de estudios de las políticas públicas solo existe desde la creación de una ciencia de las políticas y el comienzo del desarrollo de métodos de análisis de esas políticas, que no son más que la aplicación sistemática de conocimiento al entendimiento de estos problemas.

Miremos cada una de las proposiciones de las listadas arriba. La proposición 1 implica que no podemos considerar política pública cualquier acción que no implique algún proceso de decisión. Esto deja por fuera definiciones amplias que consideran que las políticas públicas son "todo lo que el Gobierno hace o deja de hacer", que ofrece Dye (1992, 2), puesto que en la práctica hay acciones gubernamentales no intencionadas que difícilmen-

---

3 La expresión "cliente" la utilizamos aquí en sentido genérico para referirnos a los destinatarios directos de los productos desarrollados por el analista de política pública. Se trata de actores de diversa índole, desde hacedores de política encargados de implementar decisiones, pasando por empresas privadas con interés en asuntos de gobierno, hasta organizaciones de la sociedad civil interesadas en incidir en procesos de toma de decisiones. En ese sentido, la expresión "cliente" no debería entenderse como una referencia a la racionalidad de "mercado" en el proceso analítico, considerando que este se caracteriza por dinámicas mucho más complejas.

te podrían denominarse política pública, u omisiones no planeadas que, contrario a las decisiones de no hacer nada, tampoco son política pública[4].

La misma proposición subraya que la política pública nunca es una decisión aislada, como un artículo en un decreto o en una ley, o una decisión puntual de una corte, si no hay nuevas decisiones que busquen desarrollar lo dispuesto, especificarlo, seleccionar beneficiarios, asignar recursos humanos o materiales para hacer cumplir lo dispuesto, etc. Una norma para mitigar el cambio climático reduciendo el uso de metano en las empresas, por ejemplo, no es política pública si no se toman medidas para difundirla y vigilar su cumplimiento mediante inspecciones, por ejemplo.

Finalmente, esta proposición también nos permite acentuar el hecho de que no todas las decisiones que implica una política se toman simultáneamente ni por los mismos actores. La misma política de mitigación del cambio climático ya mencionada puede implicar decisiones de actores del Poder Ejecutivo de alcance nacional —como ministros—, pero también de carácter regional —los encargados de planes departamentales de cambio climático al priorizar sectores económicos o regiones para impulsar la implementación de la norma, por ejemplo— y finalmente decisiones de empresarios o gerentes de empresas sobre la aplicación de la norma en sus respectivas organizaciones. En efecto, con frecuencia las políticas públicas implican decisiones que se toman mediante acuerdos entre Gobiernos —como la reducción del uso del carbón o del metano, si seguimos con nuestro ejemplo de cambio climático— o por organismos supranacionales, como las direc-

---

4 La decisión de no hacer nada podemos entenderla de dos formas diferentes: una, la que estudiaremos en el capítulo quinto, corresponde a lo que se ha llamado la *alternativa de statu quo;* es decir, se decide mantener el mismo tipo de intervención que ya se venía manejando, sea esta un programa pequeño, un gran esfuerzo o la ausencia completa de acción estatal sobre el tema. La segunda forma es la que se conoce como no-decisión, en la que los actores clave deciden no generar política, *evitar* tomar una decisión sobre el problema público en cualquier sentido. En el primer caso se escoge una alternativa —mantener lo que se venía haciendo o no haciendo—, mientras en el segundo caso se rechaza escoger. Entre los primeros autores en abordar el tema de la no-decisión se encuentra Heclo (1972), y una contribución de alta relevancia es la de McConnell y Hart (2019), que identifican cinco tipos de inacción en política pública: 1) la que es calculada y es resultado de decisiones gubernamentales conscientes; 2) la motivada por la ideología del Gobierno; 3) inacciones por imposición o por limitación de otros actores con poder de veto; 4) inacción por incapacidad; o 5) la inacción involuntaria por motivo de racionalidad limitada. Si bien nos centramos en el primer tipo, coincidimos con los autores en que se requiere mayor comprensión y evaluación de la inacción.

tivas de la Unión Europea sobre múltiples temas que son obligatorias para los países miembro, o las normas de la Comunidad Andina de Naciones.

La proposición 2, por su parte, define el ámbito de las políticas públicas al excluir múltiples decisiones de los Gobiernos que no se refieren a problemas públicos. La eventual contratación de un funcionario individual es algo que "decide hacer o no" el Gobierno, mediante un ministerio o una agencia, por ejemplo, pero no es política pública, pues no se refiere a un problema público. Tampoco es política pública la decisión sobre dónde celebrar la fiesta de fin de año del mismo ministerio. Esta proposición, al igual que la (1), nos ayuda a reducir el ámbito, demasiado amplio, de la definición de Thomas Dye —políticas públicas como todo lo que el Gobierno hace o deja de hacer—.

La proposición 3 aborda el importante tema de quién puede generar políticas públicas. Estas son decisiones "dotadas de autoridad", y por eso ningún actor no estatal puede generarlas, aunque pueden participar, y cada vez lo hacen más, tanto en su elaboración como en su implementación. Varios de los primeros estudios sobre implementación de políticas, por ejemplo, se referían a la implementación del "estatuto" partiendo siempre de que había una norma para aplicar. Y claro, las normas solo las genera el Estado. Uno de esos ejemplos, siguiendo con el tema ambiental, fue la Ley de Aire Limpio —Clean Air Act— de Estados Unidos, estudiada por David Mazmanian y Paul Sabatier (1980). Uno de los temas que aborda este manual es el de la *gobernanza*, un concepto que explica cómo los actores no estatales han ganado protagonismo en las decisiones sobre políticas públicas: un actor no estatal, como una fundación, un gremio o incluso una empresa individual, puede proponer normas sobre un tema —por ejemplo, mecanismos para autorregular las emisiones de metano en la extracción de gas— y seguramente puede tener un papel importante en la ejecución de lo que la política decida hacer. Pero la política es tal porque la adopta un Gobierno, o un cuerpo legislativo, o una corte dotada de autoridad que le ha reconocido la sociedad sobre el tema.

La proposición 4 nos ayuda a especificar el campo de las políticas públicas y también a comprender mejor su naturaleza. A especificar el campo, porque desarrolla el punto planteado en la proposición 1 sobre la necesidad de reflexión y decisión para hablar de políticas públicas. No hay política si no hay decisión consciente de escoger uno u otro camino para abordar un problema público, tal como ya lo incorporó en su definición Dror (1971). Pero también a comprender mejor su naturaleza, pues reconoce el papel que tienen en la política los marcos de interpretación de la realidad de los diferentes actores —que abordaremos más adelante como *frames*— y la importancia no solo del conocimiento científico, sino del derivado de la experiencia, de tradiciones y de otras fuentes, que siempre influye, aunque no siempre de forma consciente, en las decisiones de los actores. El conocimiento es el que permite identificar y diferenciar los problemas públicos, muchas veces interconectados, unos de otros. Y también es el que lleva a identificar criterios de decisión y métodos de investigación para generar, identificar y evaluar alternativas. El conocimiento es el que permite encontrar una base racional para la acción o la inacción, como la buscó Harold Lasswell cuando planteó la creación de este campo de estudio (véase también Aguilar, 2009). El cuadro 1 sintetiza la diversidad de definiciones de política pública identificada.

CUADRO 1. TIPOLOGÍA DE DEFINICIONES DE POLÍTICAS PÚBLICAS

1. *Policy* como acciones de las autoridades públicas:
— "Lo que los Gobiernos deciden hacer y no hacer" (Dye).
— "Algo más grande que decisiones individuales, pero más pequeño que movimientos sociales" (Heclo).
2. *Policy* como decisiones racionales:
— "Elección consciente entre alternativas para orientar la sociedad" (Dror).
— Una base racional para la acción o la inacción, donde "tener" una política es tener argumentos que dan cuenta de una comprensión particular del problema o la solución.
3. *Policy* como implementación:
— Procedimientos, decisiones, acciones diseñadas e implementadas (o coordinadas) por organizaciones gubernamentales (Hogwood).
4. *Policy* como fines:
— "Soluciones" a los problemas públicos (Dubnick).

Fuente: elaboración propia.

C. INSTRUMENTOS DE POLÍTICA PÚBLICA

Las políticas públicas son más que enunciados abstractos sobre la intención de los Gobiernos de hacer algo frente a un problema público. Además de sus objetivos, las políticas integran una serie de medios con los cuales viabilizar y materializar de manera operativa dichos propósitos, esto es: *instrumentos de política* (Howlett, Mukherjee y Woo, 2018). Se trata de mecanismos técnicos que componen las políticas públicas y que, aunque su alcance es menor que el de estas, combinados buscan llevar a la realidad aquello que las políticas en abstracto se proponen para solucionar determinado problema público.

Proveer una definición de instrumentos de política es una tarea tan compleja como la de definir las políticas públicas mismas, pero al mismo tiempo necesaria para evitar su uso indiscriminado y distinguirlo de otros tipos de intervención (Cuervo, 2015; 2016). La conceptualización de los instrumentos de política puede responder a tres enfoques de interpretación distintos, complementarios mas no excluyentes entre sí: un enfoque racionalista, uno contextual y uno sociológico (Edler *et al.*, 2016; Lascoumes y Le Galès, 2007; van Nispen, 2011).

En primer lugar, según el enfoque racionalista (también clásico o lineal), los instrumentos se entienden como "las técnicas de gobernanza que, de una u otra manera, involucran la utilización de los recursos del Estado para ayudar a definir y alcanzar los objetivos del Gobierno", y su éxito depende de sus cualidades intrínsecas de diseño (Howlett, Mukherjee y Woo, 2018, 147). Segundo, el enfoque contextual se interesa por cómo las variables y complejidades del entorno pueden afectar el eventual éxito de un instrumento, independientemente de su calidad interna. Aquí, los instrumentos no solo deben responder a la problemática en cuestión, sino también ser coherentes con el contexto multivariable en el que esta se inserta (Rist, 1998).

Finalmente, el enfoque sociológico pone de resalto, además de los aspectos anteriores, el carácter tan técnico como sociopolítico de los instrumentos, entendiéndolos como objetos que moldean y son moldeados por la interacción entre actores en el proceso de las políticas (Lascoumes y Le Galès, 2007). Los instrumentos se definen aquí como técnicas con las cuales el Gobierno no solo define un curso de acción, sino que también ejerce su autoridad en el marco de un asunto público (Bemelmans-Videc, Rist y Vedung, 1998; Vedung, 1998). El cuadro 2 presenta de manera resumida los elementos representativos de cada uno de los tres enfoques.

El énfasis en los instrumentos de política sugiere una unidad de análisis de la acción gubernamental de escala mucho más concreta que permite aproximarse de manera más cercana el alcance de las intervenciones públicas en el marco de políticas o programas más amplios (Salamon, 2002). A partir de los instrumentos se pueden también juzgar los "estilos" o "modos" de gobernar (Lascoumes y Le Galès, 2007), en tanto un mismo objetivo de política pública lo pueden perseguir mediante instrumentos distintos Gobiernos. En otras palabras, para un mismo *fin* pueden implementarse diversos *medios*, y lo segundo es habitualmente un elemento importante a partir del cual se valora el desempeño de los Gobiernos.

CUADRO 2. SÍNTESIS DE LOS TRES ENFOQUES PARA APROXIMARSE A LOS INSTRUMENTOS DE POLÍTICA

	Enfoque racionalista	Enfoque contextual	Enfoque sociológico
¿Cómo se entienden?	Como técnicas de gobernanza	Como dispositivo adaptado al contexto particular	Como dispositivos técnico-políticos
¿De qué resultan?	Criterio técnico de hacedores de política (interno)	Criterio técnico de hacedores de política (interno) + incidencia de variables contextuales (externo)	Construcción social entre actores y entorno (intersubjetividad)
¿Cómo operan?	Medios para materializar la política pública	Medios para materializar la política pública según las variables del entorno	Instituciones o "reglas de juego" que regulan interacción entre actores
¿Qué determina su éxito?	Depende de su calidad interna y coherencia con el problema	Depende, además de su calidad interna y coherencia con el problema, de su pertinencia frente al contexto	Depende de su capacidad de movilización y de las relaciones de poder entre actores

Fuente: adaptado de Bemelmans-Videc *et al.* (1998); Lascoumes y Le Galès (2007); van Nispen (2011); Edler *et al.* (2016); Howlett *et al.* (2018).

Algunos ejemplos de instrumentos de política son los impuestos, los subsidios, las normas y campañas informativas, entre otros, todos de carácter genérico; es decir, se trata de herramientas que se pueden utilizar en el marco de políticas con propósitos diferentes (Lascoumes y Le Galès, 2007). Por ejemplo, un "impuesto" es un instrumento de política que puede aplicarse al consumo de tabaco como parte de una política de prevención en salud, o que se puede aplicar a empresas industriales para disuadir de la emisión de residuos contaminantes en el marco de una política ambiental (¡como un martillo puede usarse para hacer una silla o para colgar un cuadro en una pared!). Esto es un ejemplo de cómo también para distintos *fines* puede implementarse una adaptación del mismo *medio*.

Con las anteriores consideraciones, en este manual entendemos los instrumentos de política como dispositivos de intervención pública de alcance concreto y carácter genérico, definidos en el marco de una política pública para abordar una o varias dimensiones del problema de política y así contribuir a la materialización de los objetivos de esta a escala operativa. En suma, los instrumentos de política constituyen un abanico de alternativas de solución disponibles para abordar un problema público. Algunos estudiosos de las políticas subrayan la importancia de que estos instrumentos sean consistentes con determinados tipos de gobernanza (Howlett, 2009) para que, por ejemplo, no se intente lograr la adopción de una medida que debería ser de cumplimiento voluntario mediante normas (Capano y Howlett, 2020). Estas últimas podrían carecer de legitimidad o efectividad, o incluso generar una reacción de rechazo a la política propuesta.

Resulta pertinente aclarar que, tal como se plantea en la definición operativa de política pública en este manual, las políticas emanan con frecuencia de planes, que son las líneas de acción generales y grandes propósitos que plantea un Gobierno. Como ilustra la figura 2, las políticas públicas se cristalizan mediante constructos técnicos y presupuestales denominados programas, los cuales se componen, a su vez, de proyectos que son la unidad mínima que materializa las inversiones y los propósitos fijados en las políticas públicas (Fernández y Schejtman, 2012). Los instrumentos de política, como herramientas genéricas, operan de manera transversal a estos niveles para viabilizar su desarrollo operativo.

FIGURA 2. GENEALOGÍA BÁSICA DE LAS POLÍTICAS PÚBLICAS, APLICADA AL CASO COLOMBIANO

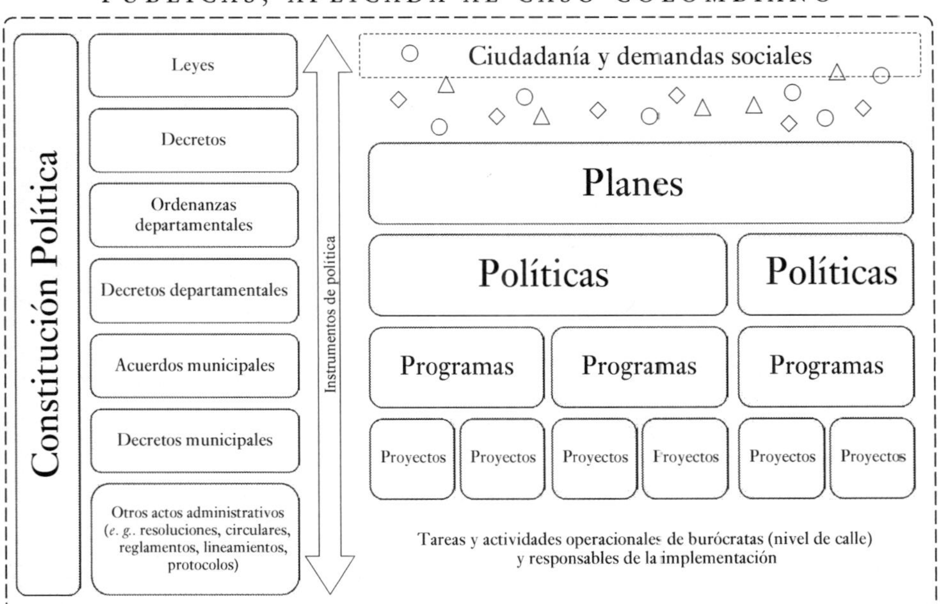

Fuente: elaboración propia.

Lo anterior se observa en el caso de Colombia, por ejemplo, cuando las grandes líneas de los planes de desarrollo adquieren forma en políticas públicas, típicamente contenidas en documentos Conpes de política, y estos a su vez se materializan en proyectos de inversión en los distintos niveles de gobierno. Con frecuencia, esto coincide con la expedición de otros documentos que integran la política, como programas de gobierno, decretos o proyectos de ley, que a su vez se implementan creando, eliminando o reformando entidades del Estado, desarrollando proyectos de inversión, generando nuevos espacios de coordinación y de toma de decisiones dentro del Estado o con la sociedad civil, o dedicando recursos humanos y materiales del Estado a vigilar que las nuevas normas se cumplan (Celis, 2023). Cada uno de esos planes, programas, decretos, leyes y de los mecanismos específicos que disponen para ejecutar los objetivos de la política, desde crear comités hasta entregar créditos para emprendimientos, reformar la educación para hacerla más flexible, realizar campañas o modificar impuestos, es un instrumento de política.

En el capítulo sexto abordamos algunas consideraciones en torno al proceso de instrumentación de las políticas públicas, que incluye, entre otras cosas, lo relativo a los distintos tipos de instrumentos de política como alternativa de solución y las consideraciones al momento de seleccionar un instrumento u otro para solucionar un problema determinado.

Por lo pronto, señalamos que el énfasis en instrumentos pone de relieve la noción de *gobernanza*, en tanto la implementación de estos en el marco de políticas involucra diversos actores además de los Gobiernos, en los que las interacciones son cada vez menos jerárquicas y más horizontales (Salamon, 2002). Abordamos esta cuestión a continuación.

D. GOBERNANZA

Como se esbozó en el numeral 2, uno de los elementos que se han incorporado en los años recientes al campo de estudio de las políticas públicas es el análisis de la gobernanza. El concepto ha tenido tanta influencia que ya hace algunos años uno de los principales estudiosos de la administración pública consideró que todo ese campo de estudio había sido absorbido por la gobernanza (Frederickson, 2005). Aunque el concepto se ha explicado de diferentes formas, la observación crucial al aplicarlo al análisis de políticas públicas es que la actividad de "gobernar" no está solo en manos de los Gobiernos (Ansell, 2002; Rhodes, 1996). Esta observación la realizaron, quizá de manera independiente, académicos norteamericanos que notaron el crecimiento en tamaño y complejidad de las grandes organizaciones empresariales en los años setenta (Cleveland, 1972), y académicos europeos interesados en la reforma del Estado en la década siguiente (Bevir, 2008).

La gobernanza empieza entonces a ser un término que cobra fuerza como forma de referirse al fenómeno en el que la política pública ya no es un asunto exclusivo de las agencias del Estado, sino que se definen y desarrollan en la articulación de una gran variedad de actores que permiten que se definan metas y se ejecuten las acciones que conducen a ellas. Por tanto, con la palabra *gobernanza* los límites entre actores estatales y no estatales ya no están claramente definido, sino que se generan estructuras híbridas entre gran cantidad de grupos de interés en un marco multijurisdiccional (Bevir, 2012).

Múltiples temas de estudio han surgido alrededor del concepto de *gobernanza*, entre ellas el análisis de la gobernanza multinivel, que estudia cómo los actores nacionales, pero también subnacionales y supranacionales, influyen en la formación, la implementación y el éxito (o fracaso) de las políticas públicas (Peters y Pierre, 2001). También se ha estudiado la gobernanza en redes (Klijn y Koppenjan, 2015), para abordar la forma en que múltiples actores interactúan y dan forma a las decisiones sobre un problema público, sin necesariamente coordinar entre sí; y la gobernanza colaborativa (Huxham *et al*, 2000; Ansell y Gash, 2008), que se centra en las relaciones más estrechas de trabajo conjunto y toma de decisión colectiva, sea entre entidades del Estado o incorporando a los actores no estatales.

Más recientemente se ha desarrollado el concepto de *nueva gobernanza pública* (NGP), que busca contraponerse a la nueva gerencia pública identificándose a sí misma con un Estado "plural y pluralista", con un énfasis en las relaciones interorganizativas, y la confianza o los contratos relacionales como principal mecanismo de gobernanza (Osborne, 2006). Y aunque la gobernanza se ve en general como un desarrollo positivo frente al predominio del "Gobierno" visto como exclusivo de los actores estatales, algunos autores han llamado la atención sobre la asociación entre el auge de la gobernanza y la preponderancia que adquirió en muchos países el sector privado a finales del siglo pasado (Bevir, 2012), así como sobre el hecho de que los esquemas de gobernanza facilitan a intereses privados de negocios la "captura" del aparato estatal para sus propios propósitos, muchas veces alejados de las prioridades de la mayoría de los ciudadanos (Reich, 2016).

Analizar la gobernanza en un área de política en particular (por ejemplo, defensa, agricultura o ciencia) demanda de la analista y diseñadora de políticas tomar en cuenta que las alternativas de decisión y su viabilidad de selección o implementación dependen en gran medida del marco de intervención de otras decisiones y normas vigentes en un nivel superior —para el caso de los niveles nacionales y subnacionales—, así como de decisiones y prioridades de actores en un nivel inferior —para el caso de los niveles supranacionales y los nacionales—. Como las decisiones que componen la política pública no se toman todas al tiempo ni los mismos actores, se requiere en la práctica lo que se denomina coordinación o alineación vertical entre los actores cuyas competencias están en diferentes niveles de gobernanza (gobernanza multinivel) y tomar en cuenta, dentro de cada nivel, las prioridades, decisiones y reglas de los múltiples actores que intervienen en cada nivel —otras organizaciones estatales o no estatales, grupos de ciudadanos, etc.—, lo que requiere la denominada coordinación o alineación horizontal.

En el caso de países en desarrollo como la mayoría de los países en América Latina, donde hay una fuerte tradición político-administrativa que privilegia al nivel central del Estado como representante de la sociedad (Peters, 2008), el reconocimiento e incorporación del concepto de *gobernanza* como paradigma de creciente aceptación para el diseño y la implementación de políticas públicas ha enfrentado importantes desafíos, pero sin duda ha ganado terreno. Aun con tropiezos, los Gobiernos locales y regionales han ganado en muchos casos autonomía para la toma de decisiones en el marco de políticas nacionales, mientras que la academia, la sociedad civil y el sector privado se han vuelto contrapartes e interlocutores válidos con creciente frecuencia de los Gobiernos en la formulación, implementación y evaluación de políticas públicas en diferentes sectores. Sobre estos temas ahondaremos en el capítulo noveno del libro (I.C).

II. ¿QUÉ ES EL ANÁLISIS Y DISEÑO DE POLÍTICAS PÚBLICAS?

Tras definir lo que se entiende por política pública y situar el concepto en las reflexiones sobre gobernanza, discutiremos a continuación sobre las condiciones del surgimiento y evolución del análisis y diseño de políticas públicas, poniendo énfasis en los principales hitos históricos que marcaron su desarrollo. También analizaremos los principales paradigmas y perspectivas epistemológicas que subyacen en ella.

A. LOS ORÍGENES DEL ANÁLISIS Y DISEÑO DE POLÍTICAS PÚBLICAS

Una serie de hechos que se remontan al origen mismo de las sociedades primitivas fueron determinantes para que el estudio de las políticas públicas se convirtiera en lo que se conoce actualmente como "El análisis de las políticas públicas". La historia de esta ocupación (hoy profesión) se puede dividir en tres momentos importantes: los orígenes primarios, la transformación del siglo XIX y su desarrollo desde el siglo XX, época en la que se empezó a denominar como la conocemos en la actualidad[5].

1. PRIMEROS ORÍGENES

Aunque el concepto "política pública" sea reciente, como ya vimos, las políticas públicas como actividad del Gobierno nacen, en efecto, desde el momento mismo en que se configuran las sociedades estacionarias. Es decir, se puede hablar del surgimiento de las políticas públicas desde el momento mismo en el que el hombre deja de migrar y decide asentarse en un lugar fijo para su residencia. En sociedades antiguas como las que se desarrollaron en Mesopotamia, las mayas y las egipcias se pueden encontrar muestras de políticas públicas al hablar de la construcción, planeación y modelaje de acueductos, adopción de códigos de conducta (como el Código de Hammurabi) y construcción de ciudades (deLeón, 1988).

Según Lasswell (1971), el desarrollo de procesos especiales para analizar políticas se relaciona con el surgimiento de civilizaciones urbanas en contraprestación a las sociedades tribales de la época. Sin embargo, como lo afirma deLeón, el estudio y diseño de estas políticas públicas carecía de rigurosidad científica y continuaba sustentándose, aunque en menor medida, en mitos, rituales y el culto por intentar adivinar el futuro como herramienta de decisión.

Con posterioridad, líderes y filósofos como Kautilya en India, Platón y Aristóteles en Grecia y Maquiavelo en Italia hicieron grandes contribuciones a la disciplina, inspirando a personas con gran influencia dedicadas al

---

5 Para mayor información sobre la evolución histórica de la disciplina, véase deLeón (1988). Varios apartes de este capítulo se tomaron de dicho texto, así como de otros títulos de deLeón referenciados en la bibliografía.

conocimiento especializado de las políticas públicas. En la Edad Media, los clérigos de todas las religiones fungieron como consejeros de los diferentes reyes, apareciendo paulatinamente lo que Max Weber llamó *Professional Politicians* (1946).

Finalmente, el periodo del Renacimiento, la Ilustración y la Revolución industrial trajo el mayor cambio a la práctica, pues al mismo tiempo que se daba una revolución tecnológica surgía una revolución en el pensamiento en la que todos los campos del saber se vieron influidos por el cientificismo, lo que haría que el análisis de políticas públicas diera un nuevo paso hacia su concepción actual.

2. LA TRANSFORMACIÓN DEL SIGLO XIX

Si bien a principios del siglo XIX las decisiones seguían apoyándose, en gran medida, en los mitos, rituales y el culto por intentar adivinar el futuro, hacia mediados de tal siglo comenzó un gran cambio en los procedimientos que se utilizaban para entender la sociedad y sus problemas, reflejándose en el aumento del uso de métodos cuantitativos y la investigación empírica, brindando así un mayor sustento técnico al análisis de las políticas públicas (Lerner y Lasswell, 1951). En efecto, se trató del momento en que en los Estados Unidos e Inglaterra se dio el desarrollo y la especialización de áreas como la estadística y la demografía, en las que el estudio y el análisis de las políticas públicas se dotaron de mayores herramientas para apoyar la toma "objetiva" de decisiones. Sin duda se trató de procesos que coincidieron con la transformación de una sociedad mayoritariamente agraria a una sociedad industrial y contribuyen a desarrollarla, sociedad en la que banqueros, industriales, políticos, sindicalistas y la clase media victoriana promovieron esta evolución en respuesta a la insatisfacción con las formas tradicionales de ejercer políticas de impacto público, o en la forma como se daba uso a los recursos y se implementaban mecanismos de control.

3. DEL SIGLO XX A LA ACTUALIDAD

El paso más grande que se da en el siglo XX es la institucionalización de los estudios sociales. En efecto, ya no solo se trataba de un grupo de personas que se dedicaba a profesiones afines a la economía, la sociología, la ciencia política, la historia o el derecho que ocupaban cargos públicos o de asesoría, sino que se empezaban a organizar en grupos de reflexión estratégica como hoy se conocen en los países desarrollados. En este sentido, las guerras mundiales, y en especial la segunda, brindaron el escenario propicio para que los científicos sociales demostraran que sus estudios tenían aplicabilidad resolviendo problemas actuales y reales.

Con la Primera Guerra Mundial y los ajustes de la posguerra crece la importancia de la resolución de problemas públicos de parte de los profesionales en ciencias sociales. La mayoría de los autores atribuyen la aparición del enfoque de análisis de políticas públicas al crecimiento del intervencionismo del Estado después de la Segunda Guerra Mundial al surgimiento del modelo del Estado de bienestar o Estado de providencia encargado de misiones de protección social y de la redistribución de los ingresos. Esta época de fecunda evolución de la actividad estatal también coincide con un desarrollo importante de las ciencias sociales que va a permitir el surgimiento del análisis de políticas públicas. Así, el abordaje interdisciplinario y estratégico del análisis de problemas públicos se vio favorecido por la tecnificación y la búsqueda de nuevos procesos y métodos provenientes de disciplinas como la ingeniería, las matemáticas, la gestión y la psicología, entre otras.

Realmente en la década de los cincuenta se origina el análisis de políticas públicas en los Estados Unidos, cuando científicos sociales (politólogos, sociólogos y economistas) se interesaron por el estudio de la acción pública. Este enfoque se originó como una tentativa de utilizar los métodos de investigación de las ciencias sociales para elaborar "recetas" destinadas a contribuir al buen funcionamiento del Gobierno. La cuestión que se plantea es cómo producir políticas eficaces que correspondan y hagan realidad los objetivos propuestos de la manera más eficiente posible. El movimiento empezó en los Estados Unidos para llegar de forma progresiva a Europa, a partir de los años sesenta, en particular a los países escandinavos y Gran Bretaña. En los años setenta la ola se transmitió a Alemania para tener luego, en los ochenta, una importancia más amplia en el resto de Europa. En el mundo hispano el fenómeno destaca en los noventa, con la traducción al español de libros fundamentales como el de Mény y Thoening, *Politiques Publiques*, en 1992[6].

---

6 Arriba nos referimos al papel limitante que desempeñó el idioma en el desarrollo de esta disciplina, al no existir una expresión que capturara de forma satisfactoria el concepto en las lenguas latinas y germánicas y también en japonés.

Se consideran como punto de partida del análisis de política pública como disciplina los trabajos de Lerner y Lasswell (1951), Lasswell (1971) y Dror (1971), y desde otra dimensión los experimentos realizados en el Ministerio de la Defensa de los Estados Unidos conocidos como PPBS (Program, Planning and Budgeting System), programa que se inició en los años cincuenta bajo los auspicios de la Rand Corporation. El primer esfuerzo sistemático para desarrollar una orientación explícita en políticas públicas ocurrió con la publicación de Lasswell (1971, 14-15), que estableció las características esenciales de la disciplina: "la ciencia de las Políticas Públicas está orientada en torno de los problemas y es contextual por naturaleza, multidisciplinaria en su enfoque y explícitamente normativa en su perspectiva".

La nueva disciplina de análisis de políticas públicas se elaboró a partir de la confluencia de varios enfoques. El estudio sistemático de políticas públicas empezó dentro de las ciencias sociales, creció a partir del campo de la administración pública, que era un subcampo de las ciencias políticas, y se constituyó en la corriente de *policy sciences*. Las preocupaciones de las *policy sciences* se orientaban hacia una interrogación pragmática: ¿cómo lograr la implementación de las buenas políticas de manera eficaz y eficiente? Se trataba de diseñar una buena metodología para lograr el buen gobierno. El esfuerzo para desarrollar métodos y técnicas de análisis de políticas públicas creció en campos diferentes del de las ciencias políticas: la perspectiva técnica surgió de la ingeniería, la investigación y el análisis de sistemas, las matemáticas aplicadas y la economía aplicada. La idea de análisis empezó a asociarse con esfuerzos para separar y desagregar problemas en sus componentes fundamentales y buscar alternativas de solución. Desde ese entonces se separó el análisis con propósitos explicativos orientados a aumentar nuestra comprensión del análisis con propósitos de inspirar una acción con miras a solucionar problemas concretos. Este manual se acerca más a esta última definición de APP que a la primera, pero retoma de la anterior el valor de la observación pasiva como un insumo necesario y previo a la acción.

La perspectiva normativa (orientada a resolver problemas) y multidisciplinaria de la disciplina de Lasswell (1971) se ha enriquecido de este enfoque micro- y analicéntrico, focalizado en la resolución de problemas específicos que proporciona unos procedimientos más sistemáticos para la selección de alternativas de políticas, desde el análisis de la decisión hasta la microeconomía. Con esta perspectiva pragmática, con la que aparece originalmente la disciplina, se va asumiendo una postura cada vez más cognitiva y normativa, para convertirse en una verdadera disciplina de ciencias sociales. Durante las dos últimas décadas, el análisis de políticas públicas se ha ido constituyendo en un campo de estudio cada vez más importante para la ciencia política. Hoy se le considera una de las ciencias sociales más aplicadas, o mejor, con orientación a la aplicación que existe, acercándose en métodos y procedimientos a la ciencia económica e incluso adoptando posiciones epistemológicas de las ciencias naturales, sin ser esa su ambición.

El crecimiento de institutos privados de investigación en ciencias sociales (*think tanks*) como la Rand Corporation, que desarrollaron la difusión de estas técnicas de análisis a agencias públicas y a la comunidad académica, la creación de organizaciones académicas de formación de elites políticas, de facultades de ciencias sociales aplicadas, de organizaciones no gubernamentales (ONG) interesadas en defender ciertos valores, de partidos políticos, de organizaciones sindicales, de asociaciones profesionales de practicantes, así como la profesionalización de agencias de Gobierno responsables de la gestión de recursos públicos para dar cuenta de sus logros en el marco de democracias cada vez más exigentes, hacen del siglo XX la época en que el análisis, diseño y evaluación *ex ante* de políticas públicas se desarrollaron con mayor rapidez, particularmente en países avanzados[7].

En la primera década del siglo XXI, el reconocimiento de la complejidad de los problemas a los cuales se enfrentan los Gobiernos evidencia la necesidad del uso sistemático de herramientas científicas para desarrollar políticas sustentadas en el conocimiento adquirido, tanto por la experiencia como por la educación formal y profesional. Este manual es a la vez respuesta y contribución a este proceso. Varios autores han señalado la necesidad de construir un enfoque latinoamericano del APP, más allá del enfoque norteamericano y del europeo, que particularice las diferencias y adapte la disciplina a los problemas latinoamericanos (Muller, 2006). Aunque el ingreso de la disciplina al subcontinente latinoamericano es relativamente reciente, el análisis y la evaluación de las políticas públicas en la actualidad es un tema importante de la discusión pública, por lo que se ha empezado a generar un volumen considerable de datos, publicaciones y programas de formación sobre las políticas públicas en él (Roth, 2016). Dicha tendencia se

---

7 Para más información sobre la reciente evolución de la disciplina, véanse Dunn (2004), cap. 1 (1-32); Hernández (1999, 80-91); Patton y Sawicki (1993), cap. 2 (52-66); Roth (2004, 11-16); y Muller (2006, 19-28).

explica, en principio, por el proceso de apertura democrática y económica en la región a finales de la década de 1980 e inicios de 1990 y, posteriormente, la influencia de la medición de impacto y las evaluaciones de proyectos de diversos organismos internacionales y no gubernamentales presentes en el subcontinente, la reforma del Estado y la introducción de principios y procedimientos de la nueva gestión pública. El surgimiento de "observatorios", grupos y centros de investigación por sectores de aplicación explica esta tendencia y da cuenta de ella. A esta mayor institucionalización del ADIPP en América Latina han contribuido trabajos como, por ejemplo, el de Luis Fernando Aguilar Villanueva con los volúmenes de la Colección de Antologías de Políticas Públicas (1992, 1993 y 1994)[8].

En el caso de Colombia, autores como Leyva y Ramírez (2015) atribuyen el mayor interés en el ADIPP a una creciente perspectiva neoinstitucionalista en el estudio de los asuntos públicos, en general, y, en particular, a la búsqueda de soluciones para grandes retos del país como el conflicto armado, la crisis económica de finales del siglo XX y los efectos de una mayor descentralización territorial en el sistema político.

Sin embargo, persisten retos para que el campo del ADIPP tenga mayor presencia en los espacios de formación y de reflexión en Hispanoamérica, destinados a utilizar este marco para analizar la actividad del Gobierno y para diseñar, implementar y evaluar políticas públicas con fundamento en procedimientos metodológicos estándar. Es decir, la variable conocimiento de la que antes hemos hablado aún debe desempeñar un papel más importante en la ecuación de la gestión pública en la región. Además, el aumento considerable de datos y análisis relativos a las políticas públicas no se ha acompañado de una reflexión sobre los aspectos epistemológicos, teóricos y metodológicos del APP, buscando cuestionar los postulados de la disciplina no compartidos por la comunidad académica y profesional en la región y posicionando un enfoque específicamente latinoamericano en el ámbito del APP que adapte el debate y las herramientas a las situaciones latinoamericanas. Si bien este manual no aborda a fondo esta discusión por considerarla meritoria de un esfuerzo distinto y particular, sí reconoce su importancia y

---

8 Para una discusión más amplia al respecto, recomendamos el *dossier* especial de la revista *Opera*, número 25, julio-diciembre 2019, J. I. Cuervo y J. G. Vieira (Eds.), sobre la enseñanza y la investigación de las políticas públicas en Latinoamérica, en el que destaca el aporte de Aguilar Villanueva a este campo.

busca aportar al debate al ofrecer una "traducción" (en algunos casos hasta literalmente, pero siempre de manera crítica) del tema como se trata en otros idiomas para así acercar más la disciplina a la región.

Se necesita una reflexión equivalente en torno al papel de la inteligencia artificial en el quehacer y en el análisis y diseño de políticas públicas, no solo en Hispanoamérica, sino también en todo el globo.

B. EL ANÁLISIS Y DISEÑO DE POLÍTICAS PÚBLICAS Y LOS PARADIGMAS DE LAS CIENCIAS SOCIALES: PERSPECTIVAS EPISTEMOLÓGICAS

El ADIPP se ha nutrido de las teorías fundamentales tanto de las ciencias sociales como de las ciencias naturales, las cuales sirven de referencia para explicar la evolución del análisis de políticas públicas. Guba (1999) considera que son cuatro los paradigmas que orientan a los investigadores en ciencias sociales: el positivismo, el pospositivismo (o racionalismo crítico), la teoría crítica y el constructivismo (Guba, 1990). Estos paradigmas se pueden diferenciar según tres elementos principales: 1) la ontología: por la manera como define la naturaleza de la realidad; 2) la epistemológica: por el tipo de relaciones que establece entre el saber y el investigador; 3) por la metodología utilizada o la manera como se descubre el conocimiento[9]. El cuadro 3 resume dichas perspectivas.

1) El primer paradigma, el positivismo, es sin duda el más influyente. El positivismo considera que los hechos percibidos son reales y objetivos y se pueden entender mediante la investigación empírica, para descubrir las leyes de la naturaleza y las actividades humanas. En este marco, se considera la ciencia como una serie de reglas y procedimientos que permiten establecer claras relaciones de causalidad mediante la determinación científica del mejor medio para alcanzar el fin perseguido. Estas consideraciones se encuentran en la base del objetivismo y de la racionalidad instrumental. Desde este paradigma se considera que el investigador puede asumir una posición de objetividad frente a los hechos (*free of value*) y que las hipótesis se pueden verificar empíricamente. Esta lógica de investigación corresponde a la ma-

---

9 Para ahondar en este tema véanse Roth, "Enfoques y teorías para el análisis de las políticas públicas, cambio de la acción pública y transformaciones del Estado", en Cuervo (2007, 29-58); Roth (2008).

yor parte del desarrollo científico tradicional, incluyendo el análisis de las políticas públicas que nació y se desarrolló principalmente en esta perspectiva positivista. Esta postura que se encuentra en el fundamento de la ciencia moderna fue cuestionada por los desarrollos epistemológicos del siglo XX, en particular por Popper (1959) y Kuhn (2004), que dieron paso a una epistemología llamada pospositivista.

CUADRO 3. PERSPECTIVAS EPISTEMOLÓGICAS

Paradigma	Ontología	Epistemología	Metodología
Positivismo	La realidad existe y la rigen leyes de causas y efecto que se pueden conocer.	La investigación puede ser libre de valores (objetiva).	Las hipótesis se pueden comprobar empíricamente con datos objetivos.
Pospositivismo	La realidad existe, pero no se puede entender o explicar completamente. Hay una multiplicidad de causas y efectos.	La objetividad es un ideal que requiere la existencia de una comunidad científica crítica.	Enfoques más cualitativos, pero con predominio de lo cuantitativo.
Teoría crítica	La realidad existe, pero no se puede entender o explicar completamente. Hay una multiplicidad de causas y efectos.	La objetividad es imposible, ya que la actividad investigativa siempre será orientada por valores.	Eliminación de la falsa conciencia e investigación comprometida con las transformaciones sociales.
Constructivismo	La realidad es una construcción social. La realidad es relativa.	La actividad investigativa es subjetiva, y sus resultados proceden de la interacción entre saberes	Identificación, comparación y descripción de distintas construcciones existentes.

Fuente: adaptado de Roth en Cuervo (2007, 35).

2) Según el pospositivismo, al igual que en el positivismo, la realidad existe, y los hechos que ocurren se pueden explicar. Pero su posición diverge en cuanto a las posibilidades de acceder a la realidad para ser completamente entendida o explicada. Existe una multiplicidad de causas y efectos que dificulta seriamente la tarea explicativa. Además, resulta imposible separar los hechos de los valores. Los hechos tal como los percibimos son siempre cargados de valores. La objetividad se vuelve un ideal al cual los investigadores intentan acercarse mediante la existencia de una comunidad científica crítica, que trabaja con el propósito de refutar las teorías propuestas por otros pares (Popper) y proponer explicaciones alternativas (Kuhn). En el aspecto metodológico, el pospositivismo critica al experimentalismo y prefiere enfoques más mixtos.

3) La teoría crítica, que se conoce también como escuela de Fráncfort (en particular J. Habermas, T. Adorno y H. Marcuse), comparte las premisas del positivismo en cuanto a su concepción ontológica, considerando que la realidad existe, pero según esta corriente, definitivamente es de imposible acceso. Por tanto, la actividad investigativa está siempre orientada por valores, y la búsqueda de objetividad es ilusoria. Metodológicamente se asume una postura "en valor", eliminando la falsa pretensión de ser objetivo y la adopción de una postura de compromiso para la transformación social. Se considera que la actividad científica es por naturaleza emancipadora y que debe centrarse en develar las nuevas formas y espacios de dominación (teorías subalternas, teoría feminista, teoría radical, teorías de la democracia deliberativa, etc.) para poder combatirlas (Forester, 1993; Papadopoulos *et al.*, 2004).

4) Finalmente, la postura constructivista considera que la realidad es una construcción social, que la realidad objetiva no existe y que cada individuo puede ver la realidad de forma diferente; así, la realidad es relativa. En este contexto, el conocimiento y los investigadores son parte de la misma realidad subjetiva, y los descubrimientos científicos resultan de la interacción entre diferentes saberes (intersubjetividad). La metodología constructivista privilegia los procesos de identificación, comparación y descripción de las distintas construcciones de la realidad existentes (narraciones, historias de vida, hermenéutica y dialéctica). Con esta postura epistemológica, se empezó a poner énfasis también en la importancia de las ideas del discurso y de la retórica en los procesos sociales y en los procesos de las políticas públicas en particular (Majone, 2005; Hood, 2003).

Si bien existen rasgos distintivos entre los analistas de política pública, de acuerdo con la visión del mundo que se tenga, los autores consideran que no hay uno que sea particularmente útil, inequívoco. Reconocer estas diferencias es avanzar en la comprensión de los fenómenos que subyacen a los procesos que siguen las políticas públicas mismas y, sobre todo, en la forma como el analista los aborda e interpreta. En este sentido, los autores de este libro tomamos una postura pragmática (Dunn, 2018), una que reconoce las diferencias y similitudes, fortalezas y debilidades de cada perspectiva, pero donde no se adopta ninguna en particular *a ciegas*, sino que las utiliza para nutrirse e inspirarse de cada una para entender la complejidad estudiada, dependiendo de su utilidad, relevancia y plausibilidad. Como se verá en muchos casos más adelante, en la diversidad está la riqueza de la que se pueden beneficiar los ejercicios discutidos aquí.

Esta breve síntesis de las posturas epistemológicas básicas constituye un punto de referencia transversal útil para entender y ubicar las diferentes concepciones que existen en las distintas teorías del proceso de políticas públicas. Veamos algunas de las versiones que hasta el momento ofrece la literatura en torno a dichos procesos.

CAPÍTULO SEGUNDO

El proceso de las políticas públicas

Como ya dijimos, el análisis y diseño de políticas públicas implica el ejercicio juicioso de entender los problemas con el propósito último de ofrecer soluciones. Dijimos también que para hacer bien este trabajo el analista debía conocer tanto los procesos de las políticas públicas como las herramientas técnicas que posibilitaran la toma de decisiones, orientadas a lograr resultados de efecto positivo en la sociedad. Este capítulo busca contribuir al primer objetivo: comprender el proceso, características, dinámicas, determinantes, etc., de las políticas públicas (*knowledge of the policy process*). En la segunda parte del manual ahondaremos en las herramientas y procesos necesarios para apoyar la toma de decisiones ilustrada (*knowledge in the policy process*).

Como se dijo, el estudio de las políticas públicas es de relativa insipiencia como disciplina en las ciencias sociales. La literatura es muy rica en estudios descriptivos de las políticas públicas, donde se encuentra gran variedad de trabajos empíricos que emplean gran diversidad de métodos y datos tanto cualitativos como cuantitativos, pero es relativamente pobre en modelos, mapas mentales, metáforas, marcos analíticos y teorías explicativas (Schlager, 1997). Por consiguiente, esta parte del manual busca ilustrar los últimos avances al respecto. Creemos que la discusión que ofrecemos a continuación es útil para formar a los analistas y diseñadores de políticas públicas, pues finalmente son estas su objeto principal de estudio, y se debe saber qué son, de dónde vienen, qué las explica, etc.

Antes de pasar revista a las teorías propuestas sobre la materia, creemos importante referirnos al variado número de modelos conceptuales que se ofrecen en torno a los procesos de toma de decisiones, pues sobre ellos se sustenta la mayoría de las teorías existentes.

I. MODELOS REPRESENTATIVOS DE LA TOMA DE DECISIONES DE POLÍTICA PÚBLICA

Existe diversidad de modelos, varios de ellos apoyados en el conocimiento que aporta la psicología, sobre la toma de decisiones de los individuos y las organizaciones. Aquí repasaremos algunos de esos modelos, reflexionado de manera breve sobre la forma en que orientan el estudio de las políticas públicas, a saber: el de racionalidad comprehensiva (Arrow, 1951), racionalidad limitada (Jones, 1999; Simon, 1976), incrementalismo desarticulado (Dror, 1983; Lindblom, 1995), el modelo de la búsqueda mixta (Etzioni, 1967), el de racionalidad erotética (Albert, 1977; Rescher, 1980), el de la "Caneca de

Basura" (Cohen, March *et al.*, 1972), el de toma de decisiones sustentadas en heurísticos (Tversky y Kahneman, 1974) y la influencia de los *nudges* en la toma de decisiones (Thaler y Sunstein, 2017), el cual se amplía en el capítulo undécimo de este manual. A continuación se describe cada uno.

A. RACIONALIDAD COMPRENSIVA ("COMPREHENSIVE RATIONALITY")

A partir de un enfoque cartesiano y positivista centrado en la causalidad emergió la teoría de la elección racional, asociada al modelo conocido como *Comprehensive Rationality*, o también llamado de racionalidad económica. Este se fundamenta en la teoría del *homo economicus* —que desplaza al *zoon politikon*—, en la cual se supone que el que toma decisiones es un individuo bien informado que mide, de manera racional y calculada, los costos y beneficios de todas las alternativas disponibles y ejecuta acciones de acuerdo con el uso eficiente de los recursos. La eficiencia es el punto central de este modelo. Así, cuanto mayor sea la eficiencia neta (beneficios menos costos) de una alternativa, más probable es su elección. Este modelo ilustra la toma de decisiones tanto para llevar a cabo el diseño de una nueva política pública como para realizar un cambio en la ya diseñada.

En el marco de este modelo, quien toma decisiones procede de la siguiente manera, sin considerar las posibles iteraciones que se necesiten en el proceso:

1) Identifica un problema de política pública donde haya suficiente consenso entre los principales actores.

2) Especifica y clasifica las metas y objetivos cuyo logro constituiría una resolución del problema.

3) Identifica las alternativas que mejor puedan contribuir al logro de cada meta y objetivo.

4) Prevé las consecuencias que resultan de la selección de cada alternativa.

5) Compara estas consecuencias en función de su efecto en el logro de cada meta y objetivo.

6) Elige la alternativa que maximiza el logro de las metas y objetivos.

7) O, en el caso de las políticas públicas diseñadas, hace los cambios necesarios de acuerdo con la elección.

Este modelo implica que quienes toman la decisión pueden analizar todos los aspectos de un problema, identificar todo el espectro de las soluciones posibles, evaluar las consecuencias futuras de estas desde el punto de vista de ganancias y pérdidas, definir unas preferencias estables, explícitas y claras y jerarquizarlas apoyándose en criterios objetivos para deducir de ellas unos objetivos y, finalmente, escoger una solución que maximiza la utilidad colectiva, esto es, la solución óptima. Esta es la forma en la que opera la investigación de operaciones, uno de los principales puntos de origen intelectual del análisis de políticas públicas.

B. RACIONALIDAD LIMITADA ("BOUNDED RATIONALITY")

El modelo de la elección racional de los individuos de Arrow, Buchanan y Ricker no lo compartía el politólogo y doctor en ciencias políticas Herbert Simon, que en su tesis doctoral de 1947 *Comportamiento administrativo: estudio del proceso de toma de decisiones en la administración de organizaciones* indica que la racionalidad es limitada y que hay problemas que no han podido abordarse matemáticamente y tal vez nunca puedan serlo (Simon, 1976).

Simon demuestra que los seres humanos no podemos acceder a toda la información necesaria para una decisión, que en realidad es un proceso que acarrea costos; no podemos estar atentos a todas las opciones posibles, tampoco procesar toda la información y mucho menos maximizar las funciones de utilidad. A esto le llamó *racionalidad limitada*, y propuso que en vez de maximizar, las decisiones responden a un "desempeño satisfactorio y suficiente".

Según este modelo, y contrario al anterior, las decisiones están más ligadas a circunstancias prácticas del mundo de las políticas públicas que a una situación deseada. De esta manera, se reconocen los límites a los que en la práctica se ven enfrentados quienes pretenden hacer un trabajo exhaustivo, tal cual lo predica el modelo de la racionalidad económica o comprehensiva, incluso aun cuando la inteligencia artificial contribuye en la actualidad de manera significativa a procesar información de enormes magnitudes. En este sentido se introduce el concepto de *desempeño satisfactorio y suficiente*, en el cual quien toma decisiones no considera todas las alternativas que existen con las cuales se podría obtener la mayor maximización de beneficios, sino que solo considera las alternativas más evidentes con las cuales puede obtener una maximización razonable de beneficios. Así, este modelo tiene en cuenta los costos y beneficios de buscar un número "ilimitado" de alternativas, y reconoce que ello da cuenta de un ejercicio irreal, además de desgastante e improductivo. En este sentido, en la práctica, en democracia, las políticas públicas implementadas nunca resultan de decisiones que se sustentan en una racionalidad absoluta, sino en una de segundo orden (*Second Best Rationallity*) (Lipsey y Lancaster, 1957).

En el campo específico del análisis de políticas públicas, una corriente importante iniciada por Charles Lindblom (Lindblom, 1959) recogió estos planteamientos sobre la racionalidad limitada, para defender la superioridad de la práctica de comparar simplemente pares de alternativas —la forma de abordar el problema público en un momento dado, o alternativa de *statu quo*, frente a una sola contendora—, en vez de buscar el universo más amplio posible de opciones. La manera razonable de enfocar el cambio de políticas es, entonces, la incremental. Este punto se desarrolla en el modelo siguiente por revisar. Por ahora, baste con añadir que las observaciones de Simon sobre racionalidad limitada también han soportado un método muy utilizado para la comparación entre alternativas —incluso varias de ellas al tiempo— que estudiaremos en la segunda parte de este manual: el método de satisfacción (*satisficing*).

C. TOMA DE DECISIONES APOYADAS EN HEURÍSTICAS

Dentro de la línea del modelo de racionalidad limitada, Amos Tversky y Daniel Kahneman proponen una derivación y desarrollan una propuesta que forma parte del campo de la prospección, en la que afirman que las personas no tienen una percepción igual sobre las ganancias que sobre las pérdidas, por lo que una decisión varía si se presentan las posibles pérdidas en vez de las ganancias, o las ganancias son menores que las pérdidas posibles. Según los autores, los individuos prefieren las situaciones con mayor certidumbre, aun cuando representen menores ganancias, a otra opción con mayor incertidumbre, y reconocen que si bien existe esta tendencia, no todos los seres humanos tienen la misma aversión al riesgo.

La propuesta central de Tversky y Kahneman es que los seres humanos al enfrentarse a una decisión compleja en la que se requiere gran cantidad de información usan unas rutas simples que, con menor esfuerzo mental, conducen a soluciones y elecciones más rápidas. Estas rutas simplificadoras se denominan heurísticas, y son producto de la racionalidad limitada más allá de que estén en un mundo donde la información es incompleta, no es gratuita y es difícil de procesar. Los autores demuestran que "pensamos asociativamente, pensamos metafóricamente y pensamos causalmente con facilidad, pero hacerlo estadísticamente requiere pensar en muchas cosas a la vez" (Kahneman, 2012, 27). Los autores reconocen tres tipos de heurística que orientan la decisión, a saber:

—Heurístico de disponibilidad: se usa intuitivamente en función de la información disponible y la facilidad de recordar ejemplos o tener imágenes que ilustran una situación para tomar una decisión. Kahneman (2011) da el siguiente ejemplo: ¿es el adulterio más común entre políticos que entre médicos o abogados? Al no tener cifras exactas sobre este asunto, apelamos a la información disponible, que ciertamente nos inclina a decidir indicando que los casos de adulterio son más frecuentes en los políticos. Esto ocurre porque la prensa encuentra más atractivo publicar los escándalos de políticos, y la información disponible que vemos en las noticias expone estos casos con frecuencia.

—Heurístico de representatividad: es la tendencia que tenemos de clasificar o emitir un juicio erróneo de que algo pertenece a una categoría determinada, dado que hacemos una asociación de estereotipo. Si hemos supuesto que los políticos son corruptos, desde chistes hasta informaciones concretas de condenas judiciales, cuando vemos un político tendemos a calificarlo como corrupto, aunque no tengamos evidencia de lo contrario. Lo mismo ocurre con la representación de una muestra, lo que Tversky y Kahneman denominan la ley de los pequeños números. Tendemos a considerar que las muestras representan la población. El heurístico de representatividad demuestra que no tomamos decisiones sobre probabilidades calculadas, sino sobre la idea que nos da la información y que asociamos con nuestras impresiones sobre la realidad.

—Heurístico de anclaje y ajuste: se refiere a la tendencia que tenemos de considerar una cantidad dada como punto de partida para hacer una estimación. Los juicios para la toma de una decisión se encuentran influidos por un número que no es necesariamente informativo sobre el asunto en cuestión. La psicología experimental demuestra que nos vemos muy influidos por un número inicial dado, aun cuando no tenga nada que ver con el tema para estimar. La información de anclaje nos facilita el ajuste en las estimaciones que realizamos.

Los hallazgos de Kahneman y Tversky han sido relevantes para la comunicación política —y son importantes también para la comunicación de políticas—, al señalar la importancia que los ciudadanos le dan a la forma de presentar la información —evitar perder es más importante que ganar—; es muy importante la percepción de que la repartición de ganancias es equitativa, por ejemplo. El heurístico de representatividad, por su parte, ayuda a entender por qué se tiende a creer más fácilmente una información que otra —porque encontramos más ejemplos disponibles, aunque no tengan necesariamente más validez—, y por consiguiente nos ilustra sobre cómo puede funcionar o no el análisis a partir de analogías, algo en lo que profundizaremos en la segunda parte del manual. Finalmente, estos trabajos nos permiten entender mejor el papel de las narrativas en la toma de decisiones sobre políticas públicas, algo que abordaremos más en detalle en la sección II. E. Más reciente aún, esta perspectiva también ha servido de tierra fértil en el estudio y la práctica de la comunicación de políticas públicas a partir de lo que ciertos autores denominan "nudging", o predeterminación de decisiones. De esto hablaremos con mayor detalle en el capítulo undécimo.

D. INCREMENTALISMO DESARTICULADO ("DISJOINTED INCREMENTALISM")

Como vimos unas líneas atrás, este modelo parte de la misma observación de Simon sobre las limitaciones de la realidad, pero pone énfasis en el carácter incremental de la toma de decisiones. Lindblom argumenta que lejos del modelo racional, los que toman decisiones tienden a elegir soluciones que han usado en el pasado y en un proceso incremental, a pesar de que las situaciones, problemas y necesidades cambien en el tiempo. La propuesta, llamada modelo *incrementalista*, se centra en suponer que al gobierno de una sociedad no lo controla una sola élite, sino que existen variadas élites que difieren entre sí por su acceso a recursos y sus especialidades, además de sus ideologías, que entran en negociaciones y compiten por el control de las decisiones que afectan lo público.

Henry Mitzberg (Mitzberg, 1976) indica que el modelo *incremental* explica las decisiones que se programan, pero en la realidad quienes toman decisiones se enfrentan a muchas situaciones no estructuradas en las que lejos de seguir una secuencia lineal, se generan actividades no predecibles, emergentes, llenas de interrupciones y fundamentadas en informaciones que vienen de comentarios y "chismes" más que de estudios e informes.

Por su parte, en la década de 1980 Barry Staw demuestra que los que toman decisiones tienen un escalamiento de compromiso, esto es, que una vez decidido un curso de acción, además del *incrementalismo*, las personas tienden a persistir en la decisión que tomaron, a pesar de que la evidencia objetiva y subjetiva indique que de sebe cambiar. El escalamiento de compromiso explica muchas de las fallas de los que toman decisiones en función del ego y del *statu quo*, que impide reconocer los errores y cambiar el rumbo de las decisiones incrementales.

En suma, al igual que el anterior modelo, este parte de la convicción de que una decisión rara vez resulta del proceso descrito por el modelo de la racionalidad económica o comprehensiva. Contrario al resultado radical que se desprende de la aplicación del modelo comprehensivo, este afirma que la decisión se da dentro de las fronteras del *statu quo* y, en consecuencia, se encuentra supeditada a él. Así el comportamiento en un momento t es diferente del comportamiento en un momento $t + 1$ y no se aparta de lo establecido en el momento t. De acuerdo con este modelo, la decisión ocurre cuando los hacedores de política pública:

— Consideran las alternativas que difieren incrementalmente (en pequeñas proporciones) con el *statu quo*.

— Limitan la estimación de las consecuencias previstas al número de alternativas consideradas.

— Hacen ajustes recurrentes delas metas y los objetivos, por un lado, y por el otro, las alternativas.

— Reformulan los problemas y las alternativas mientras se obtiene nueva información.

— Analizan y evalúan las alternativas constantemente para que las decisiones se remedien a tiempo y no justo antes de su implementación.

En efecto, se trata de un modelo que da cuenta del carácter relativamente conservador de quienes toman decisiones de políticas públicas que se ciñen a él, pues:

— Prefieren remediar constantemente los problemas que ya existen para no tener que resolverlos por completo en un solo momento.

— En ocasiones comparten responsabilidades para el análisis y la evaluación con diferentes grupos de la sociedad para que así el proceso de toma de decisiones sea fragmentado.

— Hacen cambios en las políticas de manera incremental y remedial, actuando de acuerdo con las decisiones que se tomaron en el pasado.

E. BÚSQUEDA MIXTA ("MIXED SCANNING")

El modelo de *mixed scanning* reconoce que hay diferencias entre los variados tipos de decisiones. Mientras que unas son de tipo operacional, del día tras día, otras son de tipo estratégico. Estas difieren en complejidad, profundidad e importancia. Según este modelo, el tipo de decisión depende del tipo de problema. Así, el modelo mezcla elementos de los modelos racional e incremental, pero su particular combinación depende de la naturaleza del problema. Cuanto más estratégico sea el problema en su naturaleza, el modelo de *comprehensive economic rationality* será más apropiado, y cuanto más operacionales sean los problemas, más apropiado será el modelo incremental. Más adelante nos referiremos a los tipos de problema y a los variados énfasis tanto en su componente político como en su componente técnico, lo que también incide en las preferencias del que decide al abordarlo.

F. RACIONALIDAD EROTÉTICA ("EROTETIC RATIONALITY")

Este modelo hace referencia al papel que desempeña la "ignorancia aparente" como fundamento del proceso que desencadena en una decisión, pues de acuerdo con el autor, la ignorancia es la condición *sine qua non* de la racionalidad (Albert, 1977). En este sentido, la decisión resulta del ejercicio inductivo de indagar y responder sobre lo desconocido. En efecto, en muchos de los casos, los que toman decisiones no conocen la relación causal entre los problemas, las políticas, los resultados y los valores u objetivos hacia los cuales deben estar encaminados los esfuerzos. Es decir, la decisión resulta como un producto del aprendizaje; en algunos casos como un experimento.

G. "CANECA DE BASURA" ("GARBAGE CAN")

El trabajo de Simon, que lo hace merecedor al Nobel en 1978, fue extendido por sus colegas Richard Cyert y James March en un triunvirato que se convierte en el grupo central de la escuela de Carnegie (Angier y March, 2008). Parten de la idea fundamental de que la racionalidad limitada en la que no se puede conocer toda la información ni las alternativas y consecuencias de las decisiones, en parte por lo costoso de obtener información (y también porque se puede pagar dinero por mala información, así como la imposibilidad de procesar toda la *data*) lleva a que las personas confíen en sus preferencias, las cuales pueden presentar ambigüedades, ya que van cambiando en el tiempo y tienen metas difusas o poco claras.

En 1972 James March, junto con sus colegas Michael Cohen y Johan Olsen, publica el artículo "La caneca de basura como modelo de elección organizacional" demostrando que la toma de decisiones es un proceso caótico que se presenta en anarquías organizadas en las cuales las personas tienden a buscar las soluciones a los problemas. Los autores proponen que las personas inician la toma de decisiones del lado de las soluciones que tienen a la mano, más que del lado de los problemas. Así mismo, quienes toman decisiones pueden proponer soluciones a problemas que no existen o crean problemas a partir de las soluciones que tienen a la mano. Por tanto, la orientación de las decisiones estará atada a las competencias que tienen las personas que toman las decisiones y no necesariamente a la naturaleza compleja de los problemas.

Este modelo pone el énfasis en la situación de incertidumbre y la complejidad de los juegos de actores. Los procesos de decisión se parecen a una "caneca de basuras" en la cual, sin orden aparente, se encuentran actividades, procedimientos, reglas formales e informales, estrategias, problemas y soluciones (Muller, 2006; Roth, 2004). Para que se tome una decisión, es necesario que exista un encadenamiento entre un problema, una ocasión o una oportunidad de una elección, unos actores y una solución. Las decisiones son más el producto de un encuentro casual entre los problemas y las soluciones que de una lógica de acción y dirección premeditada.

En este modelo la coincidencia temporal de problemas y soluciones es el factor más importante para explicar la toma de decisiones, y la pertinencia de la solución al problema es un asunto prácticamente fortuito. Los procesos de decisión son erráticos e imprevisibles, de modo que los encadenamientos pueden provocar que pocas veces las decisiones puedan estar conectadas a problemas precisos, que la decisión no responda al problema porque este ha cambiado o desaparecido o que no se tome ninguna decisión.

Este modelo de la "caneca de basura" ha dado lugar a importantes desarrollos en el estudio de las políticas públicas, sobre todo en el estudio del cambio en las políticas explicado por medio de las corrientes múltiples (Kingdon, 2003; Zahariadis, 2008).

El lector reconocerá en estos modelos fortalezas y debilidades frente a lo que se observa en la práctica. Compartimos la visión de que todos contribuyan a entender el fenómeno y que ninguno lo hace de manera exclusiva. En efecto, en esto radica la complejidad del objeto de estudio, pues las circunstancias, en ámbitos democráticos, siempre son cambiantes.

Pasemos ahora revista a las diferentes teorías que se ofrecen para explicar los procesos y ciclos que sufren las políticas públicas. El lector podrá reconocer en ellas los modelos de toma de decisiones y los modelos de individuo en que estas están inspiradas y los paradigmas teóricos y epistemológicos de las ciencias sociales sobre los cuales se sustentan. El cuadro 4 resume dichos modelos.

CUADRO 4. MODELOS DE TOMA DE DECISIONES

Modelo	Síntesis
Racionalidad comprensiva	El tomador de decisión cuenta con racionalidad e información completa para abordar problemas, procurando la eficiencia y la "maximización de la utilidad".
Racionalidad limitada	El tomar de decisión no cuenta con información, tiempo y recursos completos para abordar problemas, por lo que busca soluciones "satisfactorias y suficientes".
Toma de decisiones sustentadas en heurísticas	Los que toman la decisión tienen distinta aversión al riesgo, y en ese sentido valoran de manera diferente la relación costos-beneficios. En un contexto de incertidumbre, estos apelan a rutas simples de toma de decisión (heurísticas).
Incrementalismo desarticulado	El tomador de decisión construye sobre decisiones hechas en el pasado, proyectando soluciones con mejoras incrementales que operan dentro de las fronteras que el entorno impone sobre el proceso de toma de decisiones.
Búsqueda mixta	Quien toma decisiones construye soluciones que difieren en complejidad, profundidad e importancia, lo que da como resultado decisiones ya sea operacionales o estratégicas, dependiendo de la naturaleza del problema.
Racionalidad erotética	El que toma decisiones construye soluciones mediante el ejercicio inductivo de indagar y responder sobre lo desconocido, en donde la decisión es resultado del aprendizaje y la experimentación en un contexto marcado por la incertidumbre.
"Caneca de basura"	El proceso de toma de decisiones es caótico y se presenta en anarquías organizadas en las que las personas tienden a buscar las soluciones a los problemas. El que toma la decisión opera en función de soluciones a la mano, más que orientado hacia los problemas.

Fuente: elaboración propia.

II. TEORÍAS SOBRE EL PROCESO QUE SIGUEN LAS POLÍTICAS PÚBLICAS

En la literatura se identifican varias teorías que pretenden explicar tanto las partes como el proceso que siguen las políticas públicas en su conjunto. De una manera u otra, estas se fundamentan en los modelos de toma de decisiones que acabamos de abordar, y a veces resultan del rechazo a ellos.

En general, y como lo propone Anderson (2003), las políticas públicas se pueden entender como el resultado de la lucha por el poder, apelándose así a las teorías de los sistemas políticos; o de lo que hacen las instituciones y las organizaciones, propio de las explicaciones que se sustentan en los postulados del institucionalismo; o de la imposición de comunidades epistémicas dominantes, para lo cual se esgrimen las teorías de grupos; o de decisiones tecnocráticas, propias de la perspectiva sustentada en la teoría de la elección racional; o simplemente del proceso linear orientado a solucionar problemas, donde se apela al ciclo de las políticas públicas como la heurística preferida.

De manera más clara, dichas teorías se pueden agrupar en cinco categorías básicas a saber: 1) teorías que se fundamentan en el modelo racional (*i. e.*, teoría de la elección racional, escuela del *Public Choice*, teorías apoyadas en *Welfare Economics*, y el modelo secuencial; 2) teorías centradas en el análisis del poder, las cuales consideran las políticas públicas como reflejo de los intereses de los grupos dominantes (*i. e.*, corrientes marxistas, pluralismo y corporativismo); 3) teorías que se sustentan en el análisis de estructuras institucionales (*i. e.*, estatismo y triángulos de hierro) y neoinstitucionales (*i. e.*, neoinstitucionalismo histórico, neoinstitucionalismo sociológico y neoinstitucionalismo económico), las cuales presentan a las políticas públicas como el resultado de arreglos institucionales (incluido el isomorfismo); 4) teorías centradas en el análisis de las configuraciones de los actores (*i. e.*, teoría de redes); y 5) teorías derivadas de los enfoques cognitivo y constructivista (*i. e.*, teoría de las coaliciones de abogacía y la teoría de los equilibrios puntuados), incluido el enfoque narrativo o deliberativo. A continuación pasamos a discutir los fundamentos y características de tales teorías.

A. TEORÍAS QUE SE APOYAN EN EL MODELO RACIONAL

Dentro de las teorías que se sustentan en el modelo racional se encuentran la teoría de la elección racional (*public choice*) y *welfare economics* y por supuesto el modelo secuencial. Las dos aproximaciones se describen a continuación.

1. TEORÍA DE LA ELECCIÓN RACIONAL, ESCUELA DEL "PUBLIC CHOICE" Y "WELFARE ECONOMICS"

En el modelo racional, las políticas públicas constituyen respuestas a las demandas sociales transmitidas al Estado y se analizan en una perspectiva de optimización de las decisiones colectivas. La unidad de análisis es quien toma las decisiones, considerado de manera individual. Dentro de esta corriente está la teoría de la elección racional, que considera las políticas públicas desde el ángulo de un problema de acción colectiva y utiliza el individualismo metodológico, que afirma que los que toman la decisión son seres racionales y capaces de ordenar sus preferencias para explicar las decisiones de políticas públicas.

Como parte del enfoque racional, también se encuentra la escuela del *Public Choice*, que busca aplicar la teoría económica para la comprensión de la política. Esta escuela está conformada por la teoría de la elección racional y los postulados de la economía neoclásica. Este enfoque observa principalmente la conducta de los individuos, que constituyen su principal unidad de análisis —homo economicus—, y da por sentado que los actores actúan racionalmente con objeto de satisfacer sus intereses personales y de maximizar sus utilidades. El proceso de producción de las políticas se analiza como una interacción entre ciudadanos interesados en la mayor cantidad de bienes públicos al menor costo posible (impuestos). Se considera que la competencia entre individuos o grupos aumenta la eficiencia de las políticas públicas.

El enfoque de *Welfare Economics* (Hernández, 1999), al igual que el anterior, se inspira en la economía (Arrow, 1951; Fieldman, 2008; Samuelson, 1947). Descendiente de los trabajos de Mill y de Bentham, este enfoque, cuyos principios los estableció Pigou (1932), reside en la aplicación de los postulados del *welfare economics*, para mejorar la racionalidad y la eficiencia del proceso de producción de las políticas públicas. Parte del supuesto de que los individuos son los que toman la mayoría de las decisiones públicas valiéndose de los mecanismos del mercado, pero admiten la intervención del Estado cuando esos mecanismos de mercado no pueden garantizar una distribución eficiente de los recursos. Por ende, la función del Gobierno consiste en analizar las necesidades sociales, y en la medida en que dichas demandas se originen en una falla del mercado, produce una política pública que permita resolver el problema. La cuestión esencial en este enfoque es cómo determinar la manera más eficiente de hacerlo. El método que más se utiliza es el análisis costo-beneficio, escogiendo finalmente la alternativa óptima en el sentido de Pareto[10].

---

10 Según este principio, una acción pública debe ejecutarse solo si permite mejorar la situación de una persona sin desmejorar la de otras. Por la dificultad de alcanzar este propósito, casi siempre

Este enfoque presenta limitaciones en cuanto a las dificultades que existen para agregar y cuantificar los costos y beneficios sociales de una política que debe permitir la toma de decisiones. Otro problema importante es que se apoya en el postulado de que los Gobiernos producen sus políticas siguiendo un procedimiento técnico de análisis y evaluación de las necesidades sociales y los beneficios que se esperan de las acciones públicas. No permite tener en cuenta los factores políticos, ni factores institucionales o presiones sobre los actores que influyen en el proceso de políticas públicas.

2. EL MODELO SECUENCIAL

Dentro del enfoque racional se encuentra el modelo secuencial (Lasswell) o el modelo del ciclo de políticas públicas (Anderson, 2003), el cual ha sido el más influyente y el más comprehensivo que se ha propuesto en el estudio de las políticas públicas. Se trata de una representación lineal-racional que presenta las políticas públicas como el resultado de una secuencia lógica que va desde la identificación de un problema público y pasa por su inclusión en la agenda pública, su implementación y su evaluación, modificación o terminación. Este modelo ha sido representado de muchas maneras, con más o menos etapas, dentro de un ciclo, pero respondiendo a los mismos principios. Para los propósitos de este libro, nos referimos al ciclo de las políticas públicas como el proceso compuesto de ocho etapas, a saber: la identificación del problema, la inclusión de este en la agenda política, la identificación de alternativas, la negociación política, la selección de la mejor alternativa, la implementación de la política escogida, su evaluación y por último la reforma o terminación (véase figura 3).

Son muchos los autores que han criticado el modelo secuencial (Sabatier, 1999). Las principales críticas se pueden resumir en los tres puntos siguientes: la falta de capacidad explicativa en cuanto a la complejidad del proceso de decisión. Según esta dirección de crítica, la visión secuencial presenta un procedimiento lineal y sistemático del proceso de decisión que no corresponde a la descripción de lo que ocurre en la realidad. Supone que las diferentes funciones se realizan siguiendo un orden estricto cuando, por lo general, se saltan unas fases o se invierten o combinan las etapas. Las teorías

---

se utiliza el criterio de Kaldor: debe adoptarse la política que permita aumentar el nivel general de beneficios sociales.

sobre el agendamiento, por ejemplo, explican cómo es posible que el problema público se incluya en la agenda pública después de haberse tomado decisiones sobre él. En el capítulo noveno (implementación) se estudiará, por ejemplo, cómo en esta etapa, que se conceptualiza como *la de la acción* en el modelo secuencial, se siguen tomando múltiples decisiones.

FIGURA 3. CICLO DE LAS POLÍTICAS PÚBLICAS

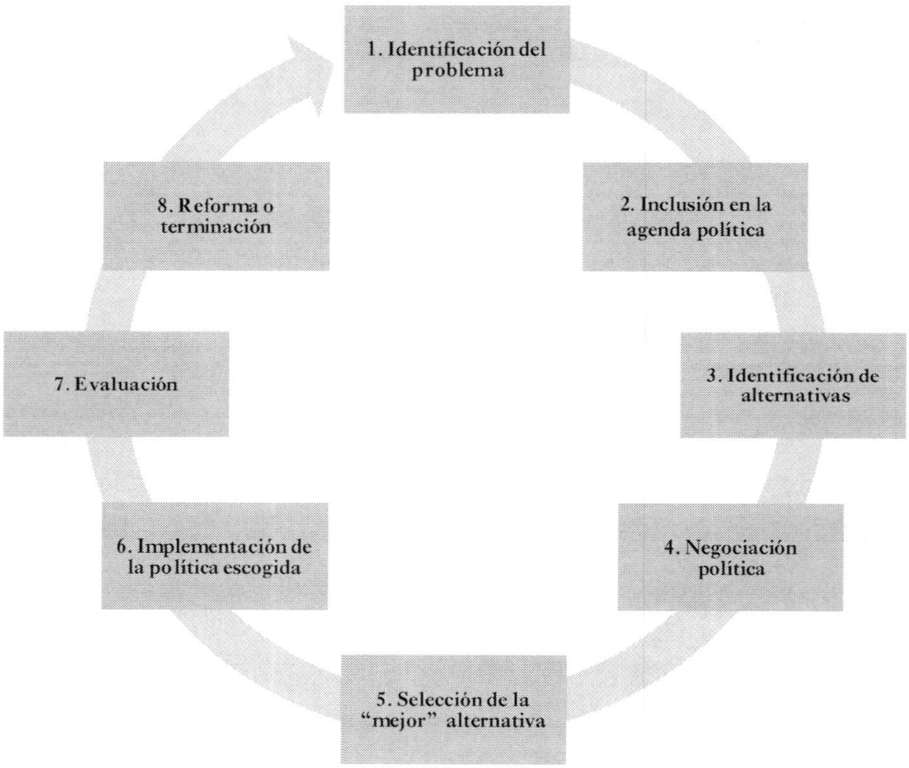

Fuente: elaboración propia.

El sesgo *top-down* de la perspectiva secuencial. Se puede considerar que la perspectiva de las etapas sufre de un sesgo muy legalista y *top-down* (de arriba abajo) que se focaliza en la toma de decisiones de parte de unos actores y en la implementación de las decisiones que se toman arriba. El enfoque puede dar como resultado una simplificación problemática de un proceso que involucra, por lo general, múltiples ciclos, varias propuestas de políticas públicas y diversos actores involucrados, varios niveles de gobierno y otras instancias. Esto hace difícil definir con precisión, por ejemplo, cuándo comienza o cuándo termina una política pública, algo que es mucho más fácil de identificar para los instrumentos de política como programas, proyecto o normas.

La exclusión de la influencia del contexto sobre el proceso de decisión. Se puede subrayar que el enfoque secuencial, tal como los otros enfoques fundamentados en el modelo racional, no tiene en cuenta el efecto de la naturaleza del sistema político y de las organizaciones institucionales en el proceso de decisión. Además, no da cuenta de la relación del que toma la decisión con las circunstancias de su entorno, sus intereses o creencias, los juegos de poder e influencias de los demás actores involucrados. Este modelo tiende a poner al que toma decisiones fuera del contexto sociopolítico que influye sobre estas.

En otras palabras, este modelo ignora que con frecuencia los procesos secuenciales se rompen a causa de procesos electorales; la falta de voluntad o imposibilidad burocrática; el cabildeo y la presión de partidos políticos, de grupos de interés o de individuos con peso político; la ocurrencia de eventos críticos que hacen cambiar las prioridades, anulan la viabilidad de una política seleccionada o conducen a la aparición de nuevas oportunidades; la limitada capacidad de intervención por cambios en los contextos, entre otros aspectos, donde los saltos entre fases pueden darse porque se aplica una solución o política pública sin que se evalúen las alternativas actuales o incluso sin que exista una clara comprensión del problema en cuestión. Hay que reconocer, por un lado, que para varios de sus proponentes iniciales este modelo trataba más de funciones que debían cumplirse que de un orden específico en que debían ocurrir (véase, por ejemplo, Jones, 1970).

Ahora bien, a pesar de las críticas mencionadas, en la mayoría de los casos, en efecto, se pueden identificar múltiples situaciones en que el ciclo se cumple, con mayor o menor precisión o velocidad. De cualquier manera, hasta el momento los intentos por proponer otros modelos no han logrado ofrecer un marco de análisis más conveniente y convincente que el enfoque de etapas. Presentada como teoría *per se*, la perspectiva secuencial es en realidad un modelo, una representación simplificada de la realidad, un instrumento para observar y analizar el proceso de análisis de políticas públicas. Constituye una herramienta pedagógica y heurística muy útil y una excelente puerta de entrada para el análisis y diseño de políticas públicas gracias a su flexibilidad y adaptabilidad. Se trata de un instrumento no excluyente cuyo diseño acepta que se le superpongan otras teorías, las cuales se pueden añadir en cada etapa del proceso que representa una función o subsistema.

Por dichas razones, es pertinente y justificable utilizar el enfoque secuencial como un instrumento de investigación, como una guía metodológica, teniendo en cuenta los límites de la misma naturaleza del modelo. En este libro adoptamos este modelo como heurística principal, por las razones explicadas, sin que por ello ignoremos sus debilidades, las cuales señalaremos en su momento.

B. TEORÍAS QUE SE FUNDAMENTAN EN EL ANÁLISIS DEL PODER

Los modelos centrados en el análisis del poder se enfocan en la distribución de este entre los diferentes grupos de interés y la manera como estos determinan el proceso de producción de las políticas. Según estos modelos, el proceso de las políticas públicas corresponde al resultado de la lucha por los intereses de las clases dominantes (para las corrientes marxistas) o de los diferentes grupos de interés (según el pluralismo o corporativismo) que conforman la sociedad. Estos enfoques se apoyan en la observación de grupos y no de individuos como unidad de análisis.

Según Knill y Tosun (2012), las políticas públicas sirven para zanjar debates entre grupos de interés y para responder a clivajes, donde los actores pelean por que sus voces se escuchen en al menos seis temas: debates entre el centro y la periferia, entre el Estado y la Iglesia, entre la perspectiva rural y la urbana, entre los trabajadores y los empleadores, entre los materialistas y los posmaterialistas y entre las sociedades abiertas y las sociedades cerradas; donde además de estos clivajes hay también unos específicos a las características de los países en cuestión (por ejemplo, en el caso de Canadá, debates entre los de habla inglesa y los de habla francesa, o en Bélgica entre los francófonos y los de habla holandesa, etc.).

Para los modelos que se sustentan en las corrientes marxistas y neomarxistas, las políticas públicas resultan de la imposición de los intereses de la clase dominante (Jessop, 1991; Ossowski, 1963). Desde esta perspectiva, el Estado se encuentra monopolizado por determinada *clase social o por grupos específicos* (*Polity*), según la sociología de las élites y de las organizaciones. Apoyándose en las teorías de clase (neomarxismo) y en el principio materialista, se considera que las políticas públicas corresponden a los intereses principalmente económicos de estos grupos dominantes. Así, los trabajos neomarxistas (Castells y Godard, 1974; Habermas, 1978) demuestran cómo las políticas públicas particulares favorecen los intereses del capital. La característica principal de estas corrientes radica en su naturaleza ideológica, en el determinismo económico que plantea y en su incapacidad para explicar los factores causales y el proceso de formación de las políticas públicas, al enfocarse exclusivamente en el análisis de los resultados de la acción pública en beneficio de la clase dominante.

La visión desde el pluralismo y el corporativismo supone, para el primer caso, la primacía de los grupos de interés en el proceso político, donde las políticas públicas se perciben como el resultado de un proceso de competencia y colaboración entre los grupos en el cual estos intentan aumentar los beneficios de sus miembros (Dahl, 1967; Truman, 1964)[11]. En este contexto, el papel del Gobierno es el de servir de arena de la competencia o un árbitro de la puja entre grupos de diversa índole y origen. Algunas de las limitaciones de este enfoque consisten en que se opera una homogenización problemática de los grupos en la que se supone que los diferentes actores públicos no tienen preferencias propias y se pasan por alto los vínculos entre ciertos grupos. Por el hecho de que el pluralismo está difícilmente presente en países diferentes de los Estados Unidos, a causa de la ausencia de grupos de interés de esta naturaleza, en Europa se desarrolló otro enfoque similar, denominado corporativismo (Bertrand y Muller, 1987; Schimtter, 1997)[12]. A diferencia del pluralismo, en el modelo corporativista el sistema de intermediación de intereses se organiza en grupos limitados que el Estado creó o autorizó, donde este es el que decide quiénes son sus interlocutores legítimos. Existe una relación de mutua dependencia de estos grupos frente al Estado, que da como resultado el control de estos grupos sobre la producción de políticas públicas. Así, este proceso es el resultado de la in-

---

11 El pluralismo fue durante largo tiempo la orientación dominante en la ciencia política en los Estados Unidos. Se considera por lo general que Bentley fue quien estableció los principios fundadores de este enfoque. Véase Bentley (1908).

12 El enfoque corporativista se centra en la distribución del poder y en las interacciones entre actores mediante la representación y la organización de grupos de interés sectoriales o categoriales que surgen del proceso de decisión pública cuando las instancias tradicionales de regulación política no cumplen su papel tradicional de representación, y se integran a él formando así un nuevo sistema de representación. Para un acercamiento sobre el caso de América Latina, véase Malloy (1993, 220-274).

teracción entre el Estado y los grupos de interés reconocidos por él, donde uno de los problemas importantes de este enfoque radica en que describe los sistemas políticos en términos globales, sin detenerse a observar cómo sucede la actividad del Gobierno en diferentes contextos.

Frente a estas críticas sobre la excesiva importancia que se le otorga al papel de los grupos dominantes o grupos de interés y al descuido de otros factores, las teorías han evolucionado y redescubierto el papel de las instituciones en un primer momento y luego el papel de las ideas en el proceso de las políticas públicas, lo que ha permitido ampliar de manera considerable el espectro de referentes pertinentes.

C. INSTITUCIONALISMO Y NEOINSTITUCIONALISMO

Este enfoque se edifica sobre las críticas de los anteriores, y tiene como principal unidad de análisis las organizaciones o las instituciones sociales o políticas. A continuación se señalan los factores institucionales o estructurales que influyen en el proceso de las políticas públicas.

1. FACTORES INSTITUCIONALES (INSTITUCIONES POLÍTICAS)

En un primer momento, se han desarrollado modelos centrados en la naturaleza del régimen de gobierno, también denominado estatismo (Netl, 1968). El Estado, considerado como la institución fundamental, es percibido como un actor independiente, capaz de concebir sus propios objetivos (Skocpol *et al.*, 1985). En estos modelos, la organización del sistema político (*politics*) es la variable explicativa, es la que determina las políticas públicas producidas. En este contexto, las diferencias entre las políticas públicas de los diversos Estados se explican por las características distintas de estos y de sus sistemas políticos (Krasner, 1984).

En el marco de estos enfoques, poniendo énfasis en las instituciones políticas como factores determinantes de las políticas públicas, es importante mencionar la teoría de los "triángulos de hierro"[13], según la cual el Gobier-

---

13 El término "triángulo de hierro" surgió a finales de los años cincuenta para señalar una fuerte cooperación entre grupos de interés específicos, el servicio civil que trabaja en áreas de política concretas y especialistas parlamentarios. El concepto de *triángulos de hierro*, al igual que el

no está compuesto de sub-Gobiernos integrados por triángulos de hierro (el Poder Ejecutivo, la comisión parlamentaria y los grupos de interés), entre los cuales existen relaciones estables y estrechas. Las políticas públicas resultan de la negociación y el consenso dentro del triángulo para evitar la introducción de nuevos grupos en él (Adams, 1981; deHaven-Smith y Van Horn, 1984; Browne, 1998; Heclo, 1995; Ripley y Franklin, 1975).

2. FACTORES NEOINSTITUCIONALES (INSTITUCIONES SOCIALES)

El enfoque institucional del llamado neoinstitucionalismo[14], inicialmente propuesto por March y Oslen (1984, 1989), se centra en el estudio del papel de las instituciones, pero pretende superar la definición de institución como entidad político-administrativa. La definición que se propone no se limita a las estructuras formales, pues se deben incluir no solo las reglas y procedimientos, los dispositivos de decisión y la forma de organización, sino también las rutinas, creencias, culturas, funciones, símbolos y saberes, operando una ampliación considerable del concepto de *institución*.

Se pueden subrayar varias tendencias en el marco del enfoque neoinstitucional, a saber: el neoinstitucionalismo histórico (Steinmo *et al.*, 1992; Pierson, 1993) se centra en la importancia de la historia y del pasado para explicar la actividad gubernamental. Se considera el desarrollo institucional como el resultado de una "dependencia del sendero" (*Path dependence*) (Collier y Collier, 1991)[15], poniendo énfasis en la herencia institucional y política sobre la acción pública que determina un camino específico. De esta corriente parte lo que se conoce como el incrementalismo, al que ya nos referimos arriba.

El neoinstitucionalismo sociológico (March y Olsen, 1989; Powell y Dimaggio, 1991) acentúa la importancia de los factores culturales, de las funcio-

---

de *subgobiernos*, enfatiza las relaciones íntimas entre comités del Congreso, representantes de los grupos de presión y partes del servicio civil. Los triángulos de hierro subrayan la naturaleza herméticamente organizada y estable de las relaciones entre los actores.

14 El modelo neoinstitucionalista se centra en el análisis comparativo de las instituciones políticas para evaluar su influencia en las trayectorias de los sistemas políticos en cuestión a largo plazo.

15 Este término, elaborado por economistas para explicar la dinámica acumulativa de los rendimientos crecientes, lo han adoptado ciertos politólogos para explicar cómo la trayectoria y el pasado de una institución determinan su orientación futura.

nes, rutinas y símbolos en el proceso de análisis de políticas públicas. Dentro de esta corriente se puede situar la teoría de corrientes múltiples (*Multiple Streams*), también conocida como convergencia crítica (*Critical Convergence*), que desarrolló Kingdon y se inspira en el modelo de la "caneca de basura" discutido arriba (Cohen, March *et al.*, 1972). Aquí se pone especial énfasis en la complejidad del proceso que siguen las políticas públicas, en el cual intervienen múltiples problemas, múltiples soluciones, múltiples actores e intereses para llegar a resolver un problema. En el contexto de las políticas públicas, afectados, expertos y grupos de interés interactúan en el tiempo para establecer agendas y formular políticas. Su éxito, sin embargo, depende de los momentos críticos en los cuales los tres principales afluentes (problemas, políticas públicas y ambiente político) convergen, abriéndose así "ventanas de oportunidad". La tesis principal de esta teoría es que el *policy change* ocurre en estos momentos de convergencia (los problemas han alcanzado el estatus de problema público, hay experticia y recursos adecuados y hay voluntad política) (Kingdon, 2003). El reconocimiento de estos momentos es uno de los principales objetivos de los analistas de políticas públicas (*policy entrepreneurs*) (Mintrom, 1997).

La definición operacional de política pública que ofrecimos arriba podría tomarse como una derivación de esta teoría. Sin embargo, se diferencia no solo en que la nuestra pone énfasis en el conocimiento disponible, la voluntad política y los recursos disponibles, en los que las políticas públicas resultan cuando estas tres condiciones se juntan en el tiempo (a manera de tres corrientes distintas), sino que, más importante aún, supone que los problemas, dado su carácter subjetivo, son una condición necesaria, mas no suficiente, para explicar la existencia de políticas públicas. Este es el caso de las situaciones bastante frecuentes en que las soluciones buscan a los problemas y no al contrario, como "racionalmente" se esperaría. Creemos que los problemas públicos involucran tanto elementos fácticos importantes ("evidencias") como artificios o constructos intelectuales que varían y se utilizan de manera inteligente para sustentar una acción sobre ellos. En efecto, nos referimos aquí a la variable "conocimiento", que tiene un papel determinante en explicar la decisión tomada.

Recientemente se ha venido estudiando académicamente un fenómeno relativamente antiguo pero ignorado por el *mainstream* de los estudios políticos: la teoría de la transferencia de políticas públicas o *policy transfer*, desarrollada por Evans y Davies (1999) y Dolowitz y Marsh (2000), entre otros autores. Según sus postulados, que se apoyan en el concepto de *isomorfismo institucional*, las políticas públicas resultan de la adopción de políticas implementadas en el exterior, bien sea para asegurar el éxito, reducir los costos, garantizar legitimidad o asegurar la permanencia en el poder. Según los autores, estos procesos de "copiar y pegar" se han acelerado gracias a la creciente globalización, donde se ha hecho más fácil el aprendizaje de experiencias vividas en otros países para responder a problemas similares localmente, donde organismos internacionales como la Unión Europea, el Banco Mundial, la Organización para la Cooperación y el Desarrollo Económicos (OCDE) y el Fondo Monetario Internacional (FMI), entre otros, desempeñan un papel fundamental. En el caso de Colombia, aparte de los organismos internacionales también las ONG o instancias como el Departamento Nacional de Planeación, la Federación Nacional de Departamentos y la Federación Colombiana de Municipios facilitan dichos procesos internamente (en departamentos o municipios). El riesgo de caer en el error de tercer tipo, como ya lo discutimos, es sin embargo alto. Por ello, los proponentes recomiendan observar 1) si la transferencia sucede como resultado de procesos voluntarios u obligatorios, 2) el papel de los actores implicados, 3) qué se transfiere (arreglos administrativos, instituciones o ideas) y de dónde, 4) cuál es el grado en que una política pública se transfiere y 5) cómo se explican las variaciones en los niveles de transferencia.

El neoinstitucionalismo económico (Ostros, 1990; Ostrom, 1993; Riker, 1993; Shepsle y Bonchek, 1997) combina el neoinstitucionalismo y la perspectiva de *Racional Choice* o elección racional, para explicar la actividad del Gobierno combinando dos variables: 1) la suposición según la cual los actores tienen un conjunto de preferencias, se comportan de manera instrumental y lo hacen en una forma estratégica con el fin de maximizar sus preferencias (según los postulados de la elección racional), y 2) el efecto de las estructuras y los procedimientos sobre el comportamiento de los actores (característico de la perspectiva del institucionalismo). Según este enfoque, la producción de política pública está determinada por las instituciones, las cuales moldean la interpretación de los problemas y las alternativas de solución disponibles de parte de los actores. Si bien estos intentan realizar sus objetivos, lo hacen dentro del marco de un conjunto de reglas formales e informales que determinan los objetivos y las posibilidades de lograrlos. Aunque esta teoría permite observar un conjunto de variables, la falta de claridad y precisión para explicar las causas de una decisión puede resultar problemática.

Finalmente, se puede mencionar el marco para el análisis y desarrollo institucional (*Institucional Analysis and Development* 'IAD'), propuesto por Ostrom como una aplicación específica de esta corriente. Este marco pone en su centro una "arena de acción" en la cual se interrelacionan "actores" individuales y colectivos en una "situación" que corresponde al arreglo institucional específico operante para las políticas públicas. En un primer momento, el análisis de estas interrelaciones, desde la perspectiva de la elección racional, permite explicar las características de unas políticas públicas (*the resulting outcome*). En un segundo momento, se trata de entender los factores que influyen en la estructuración misma del área de acción; para ello, el marco considera tres tipos de factores: las reglas que utilizan los participantes para ordenar sus relaciones (*rules-in-use*), las características materiales y fisicas del contexto pertinente (estado del mundo) y las características culturales de la comunidad (*attributes of community*). En este marco teórico, los elementos de cambio son los factores institucionales, las condiciones materiales, los atributos de la comunidad y las reglas.

D. LOS MODELOS CENTRADOS EN EL ANÁLISIS DE ACTORES RELEVANTES

Para los modelos centrados en el análisis de actores relevantes, las políticas públicas no resultan de cálculos racionales de los agentes públicos, ni son exclusivamente respuestas a demandas sociales, ni son el reflejo directo de la distribución de poder entre los grupos dominantes, y no se consideran la consecuencia del sistema institucional. Este enfoque se centra en las interacciones entre actores que estructuran y modelan los procesos de decisión.

Dentro de este marco centrado en las configuraciones de actores, se ha desarrollado el enfoque sustentado en la teoría de redes (*network theory*). Una red se define como un conjunto de relaciones de un tipo específico entre un conjunto de actores. Esta concepción carece de las críticas sobre la visión del proceso de políticas públicas como jerárquico, instrumental y formalista, abre el medio decisional central a unos actores exteriores y permite identificar nuevas configuraciones de actores influyentes. Las políticas públicas se conciben como el resultado de interrelaciones e interdependencias entre varios integrantes de una red. En esta concepción de análisis tienen mayor importancia las relaciones entre actores que sus características o atributos.

Se ha desarrollado una gran variedad de modelos de interacción entre los actores de los subsistemas involucrados en las distintas fases del proceso de políticas públicas (Börzel, 1988; Jordan, 1981; Jordan, 1990; Thatcher, 1988), entre los cuales están el enfoque de redes de cuestión o controversia (*Issues network*) (Heclo, 1995), el de las redes de políticas públicas (*Policy Network*) y el de la comunidad de política pública (*Policy Community*). Una primera concepción desarrollada por Heclo denominada *Issue Network*, o red de cuestión o de controversia, considera que las redes se conforman en torno a las cuestiones o controversias (*issues*), y no necesariamente con fundamento en sectores o dominios de políticas (*policy sectors*). Se considera que las redes incluyen un gran número de actores, que son muy flexibles y cambiantes y que se forman relaciones informales, inestables, descentralizadas y horizontales entre los integrantes. A partir de la interpretación de Heclo, se llevaron a cabo varios estudios destinados a identificar una gran variedad de subsistemas con características alternativas.

Otra concepción desarrollada por varios autores considera que las redes de política o *Policy Network* (Van Waarden, 1992) son mecanismos de movilización de recursos políticos en situaciones en las cuales la capacidad para tomar decisiones es ampliamente distribuida o dispersa entre distintos actores. Según este enfoque, una red está conformada por un núcleo relativamente estable de actores públicos y de organizaciones privadas, son estructuras híbridas de colaboración, enlace y apoyo a la actividad del Gobierno. La mayoría de las concepciones que existen construyeron el *policy network* como esencialmente apoyado en los intereses, es decir, que se supone que los participantes están involucrados en estas redes para mejorar su propio interés. El énfasis en los intereses materiales y objetivos en los *Policy Networks* lo diferencian de los estudios que se centran en el enfoque de los *policy community*. En este enfoque de la comunidad de política pública (*Policy Community*), las relaciones entre las organizaciones son más estrechas y permanentes. Los miembros y sus relaciones son más estables, con una interdependencia más fuerte, y existe un centro de decisión que es el Estado. La comunidad se refiere a una categoría más inclusiva de los actores involucrados en el universo del proceso de políticas públicas que comparten un enfoque de políticas públicas común.

Para aclarar la distinción, no siempre evidente entre estos conceptos, se puede retomar la diferenciación que Rothes (en Faure *et al.*, 1995) propuso, según una tipología con fundamento en un *continuum*, en el cual, por un lado, se encuentran los *issue networks*, caracterizados por ser redes de intercambio de información en las cuales cada organización queda relativamente autónoma, y por el otro lado, las *policy communities*, en las cuales se establecen relaciones más estrechas de tipo oligárquico o corporativista, cuyos miembros y sus relaciones son más bien estables, con una interdependencia fuerte y con un gran aislamiento de la red respecto del exterior. Sin embargo, otros autores afirman que los varios tipos de subsistemas coexisten de forma anidada, en el sentido de que las redes que se sustentan en los intereses existen como un subconjunto de la pertenencia a las comunidades (*policy communities*) que se fundamentan en ideas. Recientemente, el desarrollo del concepto de *subsistemas complejos* (*complex policy subsystems*) compuestos de comunidades de discurso y redes, sustentadas en interés, ha tenido una influencia importante en estudios del proceso de políticas públicas (Howlett, Ramesh y Perl, 2008). La gran cantidad de concepciones y de estudios realizados en varios países revela la existencia de una variedad considerable de tipos de subsistemas, dependiendo de las interrelaciones estructurales que existen entre sus partes.

E. ENFOQUES COGNITIVOS Y CONSTRUCTIVISTAS

Estos enfoques entienden las políticas públicas como resultado de factores cognitivos como, por ejemplo, las ideas, valores, creencias y visiones de los actores involucrados, o como productos narrativos que incorporan discursos y son el resultado de procesos deliberativos. Estas dos aproximaciones se repasan a continuación.

1. LAS POLÍTICAS PÚBLICAS COMO RESULTADO DE FACTORES COGNITIVOS

En contraste con los modelos anteriores, los enfoques que se presentan en esta sección toman en cuenta aspectos cognitivos, es decir, relacionados con las ideas y las visiones para explicar las políticas públicas. Se considera que en el proceso de las políticas públicas las ideas importan. Los modelos que existen en este enfoque tienen en común dar importancia a los valores, a las ideas y a las representaciones que se tienen de los fenómenos en el proceso de las políticas públicas. En estos enfoques, la lógica de los intereses objetivos de los actores individuales y colectivos y la perspectiva utilitarista no son suficientes para explicar las políticas públicas, algo consistente con algunos de los modelos de toma de decisión que ya se estudiaron —racionalidad limitada, decisión condicionada por sesgos y heurísticas—, con los hallazgos sobre controversias de política imposibles de resolver solo con más investigación (Rein y Schon, 1994) y sobre el reto que presentan los problemas de planeación —incluidos los de políticas públicas—, al no poder considerarse nunca exhaustivamente formulados y estar sujetos a la emergencia (Rittel, 1972; Rittel y Weber, 1973) Esto hace que se vuelta central entender la dimensión cognitiva del análisis de políticas.

Enmarcada en este enfoque está la teoría de las Coaliciones de Abogacía (*Advocacy Coalition Framework*) de Sabatier (1999), que también les atribuye un papel importante a las configuraciones de actores priorizadas por los enfoques que ya se mencionaron. Se entiende por coalición el subsistema de creencias y valores al que se circunscriben personas que inciden tanto en la toma de decisiones como en la promoción e implementación de políticas públicas. La unidad de análisis es un subsistema de política compuesto de una variedad de actores, públicos y privados, incluso actores como periodistas, investigadores y analistas de políticas públicas por el papel importante que tienen en la difusión de ideas. Se considera que las políticas públicas incorporan teorías implícitas sobre la manera de alcanzar sus objetivos, se entienden como sistemas de creencias que incluyen valores prioritarios, percepciones de relaciones causales, de las características e importancia del problema y apreciaciones en cuanto a las alternativas de solución y la eficacia de los instrumentos de política. Dentro de estos subsistemas de política, los actores se estructuran en coaliciones de política, cada una apoyada en un sistema de creencias específico que compiten entre sí para influir en las decisiones públicas, usando de manera instrumental los recursos y restricciones que les procure el entorno del subsistema. El entorno influye sobre el subsistema y sus actores, y actúa como un proveedor, tanto de coerciones y limitaciones como de recursos. Se compone de factores estables, como las reglas constitucionales, las condiciones socioculturales o naturales y otros más dinámicos como la opinión pública, la mayoría parlamentaria o de Gobierno. Los factores más importantes en este modelo son cognitivos: las creencias y las convicciones de los actores que van a provocar presiones a favor de los cambios de política.

También se puede mencionar bajo este enfoque cognitivo el marco de análisis a partir de un referente propuesto por Pierre Muller, que considera que las políticas públicas son el "lugar donde una sociedad dada construye su relación con el mundo", la construcción de una "imagen de la realidad sobre la cual se quiere intervenir" (Muller, 2006, 95) es decir, el referencial de la política pública. Según Muller, el referencial articula cuatro niveles de percepción del mundo: los valores, que son "las representaciones más fundamentales sobre lo que es bien y lo que es mal, lo deseable o lo que está por destacar" (por ejemplo, el debate equidad frente igualdad), las normas que definen unos principios de acción y determinan "las diferencias entre lo real percibido y lo real deseado" (por ejemplo, "la agricultura debe modernizarse"), los algoritmos que son unas relaciones causales que expresan una teoría de la acción (si el Gobierno toma tal acción, se genera tal resultado) e imágenes, que son vectores implícitos de valores, normas y algoritmos, dan significación a las acciones dentro de narraciones discursivas más amplias y constituyen una parte central del referencial. Este referencial se descompone en tres elementos: el referencial global, que es una representación general alrededor de la cual se ordenan y jerarquizan otras representaciones, el referencial sectorial, que es una representación del sector, de la disciplina o la profesión, y la relación global-sectorial, determinada por unos operadores de transacción que realizan así el acto fundador de una política pública, mediante la afirmación de que "teniendo en cuenta tales y tales motivos, se deben tomar tales medidas" (Muller, 2006, 99). En esta concepción, la existencia de un proceso de ajustes y desajustes entre referenciales constituye la dinámica continua de cambio en las políticas públicas. En la acción política surgen mediadores como agentes de cambio que buscan afirmar su liderazgo en un sector y con este fin realizan los ajustes al referencial. Si bien este modelo se ha enfocado en proponer un marco que explica un tipo de APP, involucra una concepción teórica que explica la producción de políticas públicas como el resultado de la interacción entre distintos referenciales cognitivos. Este enfoque, al igual que el que se deriva de nuestra definición de política pública ofrecida arriba, coincide con el interés por asignarle al conocimiento un papel activo, instrumental clave, como factor determinante de las políticas públicas, en el que el carácter normativo está implícito en ambos casos.

Además, la teoría del equilibrio puntuado (*Punctuated Equilibrium*) propuesta por Baumgartner y Jones afirma que el *policy change* resulta de cambios en la percepción pública, lo cual sucede tras un largo periodo de formación y termina por reafirmarse a partir de perturbaciones externas o *shocks* exógenos (Baumgartner y Jones, 1993). De acuerdo con esta teoría, muchas de las políticas son relativamente estables y solo cambian de manera incremental en el tiempo, lo que permite mantener un equilibrio dinámico entre propuestas que compiten. Sin embargo, periódicamente ocurren cambios abruptos en las políticas implementadas como consecuencia de la aparición de nuevas imágenes de política pública, lo cual resulta, a su vez, de las crisis o *shocks* externos. La tesis principal de este modelo es que los *shocks* externos son una condición necesaria pero no suficiente para un "*policy change*" importante, y que la condición suficiente es que las nuevas imágenes de política pública y los nuevos acuerdos en el contexto político aparezcan en respuesta a estos *shocks*. En el extremo del espectro de este tipo de teorías se encuentran el neomarxismo y las teorías de la conspiración (Barkun, 2003; Fenster, 1999; McConnachie y Tudge, 2005; Pipes, 1998).

2. EL MARCO DE ANÁLISIS NARRATIVO O DELIBERATIVO

En los últimos años ha crecido una corriente crítica de la perspectiva tradicional enmarcada en el positivismo y pospositivismo que propone modelos sustentados en la teoría constructivista con una concepción de las políticas públicas como construcciones discursivas. Estos modelos de análisis se fundamentan en una concepción de las políticas públicas que pone énfasis no en el papel del poder y los intereses de los grupos ni de las estructuras institucionales, las configuraciones de actores, o las ideas, sino en el discurso, entendiendo las políticas públicas como construcciones discursivas, hechas de argumentos y de elementos retóricos que se constituyen en narraciones o en relatos y se deben analizar en función de lenguaje y comunicación. Se considera que los relatos y discursos alrededor de las políticas públicas representan por sí mismos una "fuerza" que influye en el proceso de las políticas públicas. Esta concepción de la política pública, como el resultado de un proceso deliberativo, coincide con la tendencia creciente de lo que se denomina *storytelling* (relato de historias), como estrategia de comunicación política apoyada en el arte de la persuasión más que en la argumentación razonada.

Un enfoque representativo de esta corriente es el marco de análisis narrativo que propuso Emery Roe, que aborda las políticas públicas como sustentadas sobre lecturas de los problemas en forma de relatos con principio, desarrollo y final o en forma de argumentos (Majone, 2005; Roe, 1994). Esos relatos de política se pueden resistir a cambiar o a modificarse, incluso en presencia de datos empíricos que los contradicen, ya que persisten en las creencias de los actores, sobre todo en caso de gran incertidumbre, complejidad y polarización. Es justamente en estos casos cuando intervienen muchas variables y cuando hay una polarización extrema entre los actores, en la que resulta pertinente realizar un análisis narrativo de las políticas públicas. A medida que una situación se vuelve más compleja e incierta, mayor importancia tienen los factores subjetivos, narrativos o retóricos en los procesos de decisión.

En el marco descrito, un análisis narrativo característico de un enfoque constructivista procede en las cuatro siguientes etapas. Primero, se trata de identificar las principales historias o relatos respecto de la controversia de la política pública, cada uno con su particular inicio, desarrollo y final; segundo, se busca identificar relatos alternativos a los que dominan: son los *contrarrelatos*; en una tercera etapa, se trata de comparar estas dos series de relatos con el fin de generar un *metarrelato*; y finalmente el analista debe determinar en qué medida este metarrelato permite replantear el problema de una manera más acertada, que le posibilite usar las tradicionales herramientas racionales del análisis de políticas públicas. Es pertinente aclarar que si bien el modelo narrativo hace relación a un método de análisis, más que a una teoría de las políticas públicas, su desarrollo se fundamenta en una concepción específica de las políticas públicas como construcciones discursivas que resultan de un proceso deliberativo en el marco de la teoría constructivista.

La definición de política pública que ofrecimos arriba también coincide con esta perspectiva. En efecto, al reconocer el valor del conocimiento como factor determinante (junto con los recursos y la voluntad) de aquella, reconocemos de manera implícita el valor que tiene la deliberación argumentada como vehículo de cambio, en el que cuanto más se apoye el argumento que se ofrece en el conocimiento disponible (y, en particular, en la evidencia empírica ofrecida, reviviendo en parte el positivismo), más robusto e incontestable es el argumento y, por ende, más probable de adoptarse la opción ilustrada como la más viable y deseable. Desde esta perspectiva, creemos que las políticas públicas resultantes de los procesos deliberativos (argumentos van, argumentos vienen) son ante todo políticas públicas que se sustentan en el conocimiento, pues este los hace posibles y define y justifica la decisión que se toma.

Como se puede observar, existe una relación estrecha entre las teorías para el análisis de políticas públicas y los paradigmas fundamentales de las ciencias sociales. La evolución de los modelos teóricos descritos presenta fuertes elementos de convergencia con la evolución de las perspectivas epistemológicas y ontológicas. Como se ha dicho, el análisis de las políticas públicas se ha desarrollado principalmente a partir de las perspectivas positivistas o pospositivistas: son los intereses objetivos de los actores de las políticas públicas (elección racional) y la repercusión de las instituciones formales o informales en el proceso de la política (neoinstitucionalismo) los factores sobre los cuales se ha puesto más énfasis. Sin embargo, el reciente interés en el papel de las ideas y las narrativas revela la influencia creciente de la perspectiva constructivista en el marco del análisis de las políticas públicas.

El cuadro 5 sintetiza las diferentes perspectivas en torno a las políticas públicas para los proponentes de los modelos racional, político e institucionalista, según Bekkers *et al.* (2017).

No creemos que una sola teoría sea suficientemente satisfactoria para explicar y abarcar todo el espectro y la complejidad que caracteriza el proceso de las políticas públicas, sino que consideramos que todas las que se analizan aquí tienen algo de virtud, plausibilidad y utilidad para explicar la realidad, aunque sea parcialmente. En efecto, hay teorías que explican mejor un fenómeno, pero no otros.

En realidad, para comprender la complejidad que rodea las políticas públicas no hay que olvidar que, en últimas, el contexto en el que casi siempre se toman las decisiones resulta de una combinación de factores inherentes al quehacer de los Gobiernos, en el sentido de que estos deben 1) cumplir misiones, pero a menudo los objetivos y metas por lograr se enfrentan con otras misiones, objetivos y metas del mismo Gobierno (central o local) y del mismo u otro sector; 2) tomar decisiones que implican, con intención o sin ella, la selección de ganadores o beneficiarios y de perdedores o perjudicados, lo que da cuenta de las connotación política de toda política pública, y lo que hace a su vez difícil mantener un equilibrio entre las distintas expectativas sobre la lealtad que se espera a la causa, al superior jerárquico y así mismo (Hill, 1991, 3) tomar decisiones ajustadas al Estado de derecho y con sujeción a la ley, pero a veces dicha sujeción a la ley impide efectivamente desarrollar actos "heroicos" para solucionar los problemas de mayor preocupación o atender a algunas de sus causas más importantes (de esto hablaremos más adelante); 4) implementar las decisiones haciendo uso de la institucionalidad existente, lo que impide hacer lo considerado ideal, con el capital humano de su entera confianza y compromiso, y a la velocidad deseada; y 5) operar con un presupuesto típicamente limitado, lo que obliga a restringir el alcance de las metas deseadas.

CUADRO 5. PERSPECTIVAS SOBRE EL PROCESO DE LAS POLÍTICAS PÚBLICAS

	Perspectiva racional	Perspectiva política	Perspectiva institucionalista
Mecanismos explicativos	Alcanzar objetivos	Poder/influencia	La estructura incide en los comportamientos. Dependencia de la trayectoria creada por las normas y los valores acordados.
Comportamiento humano	Las personas toman decisiones tras comparar costos y beneficios.	Los actores buscan promover/proteger sus intereses e ideas/reputación.	Las personas están sujetas a las reglas formales e informales, lo que determina su comportamiento.
Instrumentos de política	Las políticas son herramientas que garantizan el máximo beneficio.	Las políticas dan poder	Las políticas son instituciones ellas mismas, y por tanto condicionan las decisiones y los comportamientos de los actores.
Criterios de evaluación	Efectividad, eficiencia y coherencia.	Legitimidad	Lógica de consecuencia y lógica de idoneidad
Papel del conocimiento y la información	Conocimiento e información son determinantes.	Son necesarios y dan poder, pero no son suficientes.	Su disponibilidad y uso dependen de la estructura institucional.
Características del proceso de política pública	Las políticas resultan de un proceso cíclico y lineal.	El proceso de las políticas es caótico, caprichoso, no lineal o por mucho, incremental.	Las políticas son el producto del trabajo institucional. De su quehacer.
Papel de la *politics*	Necesario pero no suficiente, no determinante	Las políticas son parte del juego político. La *politics* es determinante.	La *politics* es parte de las estructuras institucionales y de su funcionamiento; es donde se reproduce o se desestimula.

Fuente: adaptado de Bekkers *et al.* (2017).

CAPÍTULO TERCERO

El papel del analista y diseñador de políticas públicas

En esta parte se aborda de manera concreta el papel y la postura del analista y diseñador de políticas públicas tal como lo concebimos en el marco de este libro. Pero antes se discute sobre los diferentes tipos de análisis de política pública que se pueden ofrecer, los distintos productos analíticos que, si bien tienen factores comunes con el análisis y diseño de política pública, hacen referencia a productos con diversos propósitos que requieren la aplicación de diversidad de herramientas. Después analizaremos la función que se espera tenga el analista y diseñador de políticas públicas en el marco de la democracia y en procura de solucionar los problemas de interés público que más aquejan a la sociedad; se discutirá sobre los retos que típicamente enfrentan los analistas ante la emergencia de dilemas morales y éticos y, por último, se hace una breve introducción al respecto de la "caja de herramientas", que en nuestra opinión debe ser del conocimiento de todo analista y diseñador de políticas públicas para hacer bien su labor. El capítulo termina con una discusión que acompaña al resto del manual, relacionada con la necesidad de concebir el análisis y diseño de política pública como un ejercicio iterativo e interactivo.

I. TIPOS DE ANÁLISIS DE POLÍTICAS PÚBLICAS

En primer lugar se presentan los tipos más importantes de análisis desarrollados por varios autores, y luego se intenta presentar una síntesis de las concepciones de estos autores enfocándose en la división cardinal que existe en la disciplina entre el análisis académico y el instrumental.

A. ANÁLISIS RETROSPECTIVO Y PROSPECTIVO DE LAS POLÍTICAS PÚBLICAS

En su tipología de los análisis de políticas públicas, Dunn (2004) presenta la distinción entre el análisis prospectivo y retrospectivo de la siguiente manera (Dunn, 2004, 10-15). El análisis prospectivo de las políticas públicas tiene implícita la producción y la transformación de la información antes que la política pública se ejecute. Este análisis *ex ante* es el método que utilizan economistas, analistas sistémicos e investigadores. Es el análisis prospectivo a lo que Williams denomina *Policy Analysis* (Williams, 1971, 10). Este proceso consiste en sintetizar la información con el fin de poder proponer alternativas de políticas públicas y a la vez analizar de manera comparada las preferencias expresadas en términos predictivos y obtener información que sirva de guía para la toma de decisiones. Se trata de un ejercicio de practicantes que buscan ofrecer soluciones para problemas públicos específicos.

Por su parte, el análisis retrospectivo es un método de análisis *ex post* de la transformación y producción de la información después que la política pública se aplica. Dentro de este tipo de investigación se pueden encontrar tres grupos de investigadores, según la categorización que propuso Dunn (2004, 12).

1) *Discipline-oriented analysts.* Este grupo se compone, en su mayoría, de politólogos y sociólogos que se dedican a desarrollar y probar teorías que se fundamentan en varias disciplinas que describen las causas y los efectos de las políticas públicas. No se preocupan por identificar objetivos concretos de las políticas o diferenciar las variables de políticas públicas que pueden ser objeto de manipulación y las que no. Por ejemplo, un trabajo que busca analizar los efectos del grado de competencia entre partidos políticos, sobre el nivel de gastos públicos, es un tipo de análisis que no brinda ninguna información sobre objetivos potenciales de política pública y que se interesa por una variable (el grado de competencia entre partidos) difícilmente manipulable por quienes toman la decisión para generar un cambio sobre los niveles de gastos públicos (Dunn, 2004, 12).

2) *Problem-oriented analysts.* Este grupo, compuesto de nuevo en su mayoría de politólogos y sociólogos, busca principalmente explicar las causas y consecuencias de las políticas públicas. Los analistas de este grupo no se preocupan tanto por desarrollar y probar teorías consideradas importantes en las disciplinas de las ciencias sociales, sino que se enfocan en identificar variables capaces de explicar los problemas. Tratan problemas generales en naturaleza y no brindan información sobre las variables específicas que se pueden manipular para lograr objetivos específicos de política pública. Un ejemplo podría ser el análisis de los efectos de variables como el género, la etnicidad y la desigualdad social sobre los resultados nacionales a los exámenes estandarizados para ingresar a la educación superior, lo cual permite generar información para explicar un problema general (el desempeño inadecuado en los exámenes estandarizados), pero no brinda información específica sobre las variables que se pueden adoptar para lograr mejores resultados.

3) *Applications-oriented analysts.* Este tercer grupo contiene profesionales de las disciplinas de sociología aplicada, psicología aplicada y antropología aplicada, así como analistas de administración pública, trabajo social y eva-

luación. Este grupo también describe las causas y consecuencias de las políticas públicas y no se interesa en probar las teorías de las ciencias sociales, a menos que estas puedan proporcionar guías para la acción. Contrario a los anteriores, este grupo sí se enfoca en variables de acción específica y busca identificar objetivos y logros concretos de las políticas. La información respecto a los objetivos específicos brinda una base para monitorear y evaluar los efectos de las políticas. En este caso, los analistas podrían estudiar las variables determinadas que se pueden manipular para lograr mejores resultados en los exámenes estandarizados para ingresar a la educación superior.

Estos tres grupos poseen ventajas y dificultades. Los análisis de tipo *Discipline-oriented* y el *Problem-oriented* producen información que es útil para el hacedor de políticas públicas. Sin embargo, cuando el *Problem-oriented analyst* investiga problemas de gran importancia como el crimen, problemas educativos o la conservación de energía, los resultados se muestran con información macronegativa, que simplemente muestra por qué no está funcionando la política en sus raíces y en situaciones específicas creadas por el investigador, mas no las reales. Cuando un analista utiliza el método *Applications-oriented*, provee información micropositiva, pero encuentra dificultad para comunicarse con quienes practican el análisis *ex ante*, pues estos analistas buscan encontrar soluciones que se apoyan en los criterios de la eficiencia hacia el futuro.

El análisis retrospectivo, a pesar de sus deficiencias, pone mayor énfasis en el resultado de la acción y no queda satisfecho con información sobre las expectativas que se tienen de la ejecución de la política, tendencia característica del análisis prospectivo. Sin embargo, el análisis retrospectivo "ha sido más importante en el campo intelectual que prioriza el entendimiento, pero no muy efectivo en ofrecer soluciones para problemas públicos acuciantes"[16]. El cuadro 6 sintetiza las diferencias entre los análisis prospectivo y retrospectivo.

B. Análisis descriptivo y análisis normativo

La segunda división importante en el campo metodológico se encuentra entre el análisis descriptivo y el normativo. El análisis descriptivo de las políticas

---

16 Traducción de Weiss (1976, 237). Tomado de Dunn (2004, 13).

CUADRO 6. ANÁLISIS PROSPECTIVO FRENTE A ANÁLISIS RETROSPECTIVO

Análisis prospectivo	Análisis retrospectivo
Ex ante: producción y transformación de información antes que se tomen las políticas públicas.	*Ex post*: producción y transformación de información después de implementar la políticas públicas.
Se orienta a la toma de decisión.	Se orienta a aumentar la comprensión.
Objetivo: ofrecer soluciones a problemas públicos específicos.	Objetivo: describir y explicar las causas y consecuencias de las políticas o problemas.
Profesionales, consultores.	Académicos, investigadores de disciplina.
Normativo.	Descriptivo.

Fuente: elaboración propia.

públicas se sustenta en una serie de proposiciones lógicas y consistentes que describen una acción[17] y se encargan de probar las teorías mediante la comparación entre las observaciones hechas a la política sucedidas o por suceder. La principal función de estos análisis es profundizar en la comprensión, explicar y predecir políticas por medio de patrones determinados, sin que con ello necesariamente se emitan juicios de valor al respecto de un deber ser, al menos de manera explícita.

Por su parte, el análisis normativo de las políticas públicas se sustenta en una serie de proposiciones lógicas que buscan evaluar o prescribir un curso de acción[18]; se encarga de evaluar y juzgar o de prescribir unas recomendaciones valiéndose de métodos estándares y de proveer información sobre el desempeño de las políticas. Una de las características más importantes del análisis normativo es que sus proposiciones tienen en cuenta todo tipo de criterios, desde la eficiencia, la equidad, la responsabilidad y la seguridad, entre otros, y su principal función es juzgar o evaluar a partir de hechos del pasado, o de recomendar un curso de acción hacia futuro, suponiéndose que existe un deber ser.

Patton y Sawicki (1993, 23-30) proponen una clasificación interesante, en el sentido de que cruza los dos tipos de análisis, *ex ante* y *ex post*, y descriptivo y normativo. Según esta tipificación, el análisis *ex post* puede referirse al análisis histórico de políticas pasadas o a la evaluación de nuevas políticas implementadas. Así, el análisis *ex post* puede ser de tipo descriptivo si se busca, de manera retrospectiva, interpretar políticas pasadas (pre-

17 Traducción de Bower (1968, 104). Tomado de Dunn (2004, 13).
18 *Ibid.*, 104-105.

guntándose ¿qué pasó?), o de tipo evaluativo, si se pretende juzgar dicha política implementada (respondiendo a la pregunta: ¿fueron cumplidos los objetivos de la política?), lo cual corresponde al tipo normativo. El análisis *ex ante*, enfocado hacia el futuro, se puede dividir en análisis predictivo, de tipo descriptivo, y en análisis prescriptivo, de tipo normativo. Mientras que el análisis predictivo se refiere a la proyección de estados futuros que resultan de la adopción de alternativas específicas, el análisis prescriptivo sugiere unas acciones concretas, y tiene que ver con mostrar los resultados del análisis y hacer recomendaciones. El supuesto es que el analista entiende los valores, los objetivos y metas del cliente y que este espera unas recomendaciones para solucionar un problema. Muchas veces se incorpora una parte de análisis descriptivo para hacer análisis prescriptivo, porque se necesita entender y describir el problema correctamente antes de proponer soluciones. Las tareas son la identificación y verificación de problemas públicos, la comparación de alternativas para solucionar un problema y la creación de documentos que puede servir para la toma de decisiones. Así pues, los análisis que los expertos realizan pueden ser del tipo descriptivo o normativo, y sus características varían según se trate de analizar una política antes o después que se haya implementado. El cuadro 7 sintetiza las diferencias entre los análisis descriptivo y normativo, de tipo *ex ante* y *ex post*:

CUADRO 7. ANÁLISIS DESCRIPTIVO Y NORMATIVO O PRESCRIPTIVO

	Ex ante	*Ex post*
Descriptivo	Predictivo (pronóstico).	Retrospectivo (análisis histórico).
Normativo	Prescriptivo (recomendación).	Evaluativo (evaluación).

Fuente: elaboración propia.

C. ANÁLISIS CIENTÍFICO/ACADÉMICO Y ANÁLISIS INSTRUMENTAL

Más allá de las variantes tipológicas que existen, se considera importante subrayar la división cardinal que hay en la disciplina entre el análisis científico/académico y el análisis instrumental de las políticas públicas, porque implica una serie de consecuencias importantes respecto a la naturaleza del trabajo y la postura del analista[19]. La primera de las dos grandes vertientes en el marco de la disciplina es el análisis científico o académico, que es de desarrollo más antiguo y consiste en estudiar (describir o evaluar) el proceso de producción de las políticas públicas, siendo el ejercicio más común en la literatura del análisis de políticas públicas (muchas veces denominado también análisis de coyuntura, de carácter retrospectivo o predictivo). Desde allí se busca explicar cómo se definen los problemas públicos, cómo se fija la agenda gubernamental, cómo se toman las decisiones, cómo se formulan las políticas, cómo se aplican y, finalmente, cómo se evalúan. Se trata de un ejercicio típicamente retrospectivo (y algunas veces predictivo), orientado hacia la investigación realizada por académicos o investigadores de varias disciplinas, cuyo objetivo es describir y explicar, para contribuir a una mejor compresión. La postura típicamente descriptiva busca garantizar la validez académica del análisis. Para su realización se requiere un "conocimiento de" el proceso de políticas públicas y no tanto un "conocimiento en", que se refiere a habilidades prácticas. Según la formulación de Parsons (1995, 19-20), esta vertiente corresponde a un análisis del proceso de políticas públicas para explicar dicho proceso (*analysis of the policy process*), en contraste con el análisis para el diseño de políticas (*analysis in the policy process*).

La segunda vertiente, la de tipo instrumental, consiste en utilizar las técnicas del análisis de tipo académico para ponerlas al servicio del diseño de políticas públicas. Este tipo de análisis de política pública se centra entonces en ser un instrumento de ayuda a la decisión, y busca ofrecer soluciones concretas para que se apliquen en la práctica. En este sentido, se trata de un ejercicio en mayoría prospectivo y prescriptivo, enfocado a hacer recomendaciones para el futuro. Si bien típicamente se apoya en análisis retrospectivos de políticas públicas ya implementadas, estos se hacen con el fin último de sacar conclusiones y recomendaciones para el futuro. Es una actividad realizada por profesionales que tienen un buen "conocimiento en" el proceso para la producción de políticas públicas, en el que la postura normativa del analista se enmarca en un contexto político influyente, en la realización del ejercicio de análisis. Infortunadamente, esta vertiente no ha tenido mucha atención en la academia, y a veces tampoco en el Estado, donde debería ser muy frecuente. Sin embargo, esta vertiente es la que se constituye en el cen-

19 Esta distinción coincide con la concepción de Hernández (1999).

tro de mayor interés y el aspecto más novedoso de este manual, que busca brindar una caja de herramientas para la ayuda a la decisión y la implementación de políticas públicas exitosas en pro de solucionar problemas públicos que aquejan a países como Colombia, aportándose así al conocimiento necesario para lograr dicho fin. El cuadro 8 sintetiza las diferencias entre el análisis científico/académico y el instrumental.

CUADRO 8. ANÁLISIS CIENTÍFICO/ ACADÉMICO Y ANÁLISIS INSTRUMENTAL

APP Científico/Académico	APP Instrumental
Ex post: después implementar políticas públicas.	*Ex ante*: antes de implementar políticas públicas.
Retrospectivo.	Prospectivo.
Se orienta a la comprensión.	Se orienta a la toma de decisión.
Objetivo: describir y explicar.	Objetivo: ofrecer soluciones.
Académicos, investigadores de disciplina.	Profesionales, consultores.
Conocimiento de...	Conocimiento en...
Análisis del proceso de políticas públicas.	Análisis para el proceso de políticas públicas.
Descriptivo.	Normativo.

Fuente: elaboración propia.

II. PRODUCTOS ANALÍTICOS

Es importante identificar los productos analíticos que típicamente se le solicitan al analista y diseñador de políticas públicas. En efecto, a este se le puede pedir una investigación de política pública (*Policy Research*), un análisis político (*Political Analysis*), un análisis y diseño de una política pública (*Policy Analysis and Design*), un plan de implementación de una política pública, un pronóstico, un monitoreo o una evaluación *ex post* de una política pública. ¿Cuál es la diferencia entre estos productos? En efecto, se trata de productos con enfoques y lógicas distintos, métodos propios e, incluso, momentos diferentes dentro del ciclo de las políticas públicas, en vista de que es el analista la persona llamada a aportar conocimiento no solo del proceso que siguen las políticas públicas desde su origen hasta su modificación o terminación, sino también en el ciclo mismo en sus diversas etapas. Estos seis productos analíticos se diferencian por sus enfoques y lógicas propios, las varias metodologías y técnicas utilizadas, las distintas habilidades que requieren y los múltiples momentos en los que se lleva a cabo cada uno de ellos. El cuadro 9 sintetiza las preguntas que se le suelen hacer al analista de políticas públicas (demandas de conocimientos) y se señalan los productos analíticos que se elaboran para responderlas.

CUADRO 9. DEMANDAS DE CONOCIMIENTOS Y PRODUCTOS ANALÍTICOS ASOCIADOS

Preguntas dentro del ciclo de políticas públicas	Productos analíticos asociados
¿Cuál es el problema?	Investigación de políticas públicas
¿Qué hacer?	Análisis y diseño de políticas públicas
¿Cómo hacerlo?	Planeación de políticas públicas
¿Funcionará?	Pronóstico
¿Cómo vamos?	Monitoreo de políticas públicas
¿Qué tal funcionó?	Evaluación de políticas públicas

Fuente: elaboración propia.

Así, la primera pregunta que surge del ciclo es: ¿cuál es el problema? Dentro del estudio de las políticas públicas, el ejercicio que busca aumentar la comprensión en torno a un problema público es una investigación de políticas públicas. Se trata de un producto analítico intelectual ambicioso en el cual se quiere contribuir a una mayor comprensión tanto de las causas y los determinantes como de las consecuencias y los efectos de un problema público; se busca entender cómo pueden las variables articularse para explicar el problema. Entonces, se trata de analizar la validez de los mecanismos explicativos disponibles para empujar la frontera del conocimiento. La investigación busca así responder a grandes interrogantes, tales como los determinantes de la violencia, o las causas de la pobreza, y se interesa por la complejidad, por lo no evidente. Los principales financiadores de la investigación son las universidades o los organismos de fomento a la investigación y las ciencias.

Segundo, si la pregunta que se busca responder es: ¿qué hacer ante el problema en cuestión?, lo que se hace es un análisis de la política pública. El análisis de las políticas públicas incluye una parte de investigación, en cuanto a la definición y estructuración del problema, pero el enfoque del análisis es distinto. En efecto, un buen analista es ante todo un buen investigador, aunque un buen investigador no necesariamente puede ser un buen analista, o esté interesado en serlo. El análisis se enfoca en ilustrar la toma de decisiones, en apoyar eficazmente al proceso de toma de decisiones con información relevante y oportuna. El análisis de políticas públicas busca soluciones concretas y alcanzables a problemas públicos, soluciones cuyo abordaje puede llevarse a cabo en un tiempo relativamente restringido con uso de recursos limitados y tiene un carácter más aplicable. Hace alusión a problemas "solucionables" en el corto o el medio plazo. Los principales financiadores del análisis son los organismos públicos, los ministerios, las instituciones, los gremios, las empresas, los partidos políticos, un congresista en particular, un sindicalista, etc.

Cuando el interrogante es ¿cómo hacerlo?, se realiza una planeación de políticas públicas. El plan de política pública parte de la existencia y del reconocimiento de un problema de política pública y de una solución escogida. El producto principal es la solución en cuanto a la implementación descrita en términos temporales y secuenciales para responder a las preguntas de cuándo, cómo, quién, dónde, con qué, etc. El plan involucra la búsqueda de soluciones descritas con todo detalle y se pueden presentar al público en general, mientras que el análisis involucra la búsqueda limitada de alternativas que se evalúan y se le presentan al cliente, que es concreto y específico. La planeación involucra la preparación de un plan, mientras el análisis involucra la preparación de memorandos, *working paper*, *papers* de política pública, un borrador de ley o de decreto, etc. El plan es un ejercicio que se orienta más a un tema o sistema de problemas que a un problema en particular sobre el cual se pueda hacer algo en el corto plazo. El análisis se orienta sobre todo a la solución de problemas de manera reactiva ante la existencia de una demanda de acción. En el caso del plan, la demanda es más difusa.

Cuando la pregunta es ¿cómo sabemos que va a funcionar o no?, se elabora un pronóstico. Los pronósticos tienen una lógica y metodología distinta de la del análisis de política pública y requieren un conocimiento metodológico cuantitativo importante, que se apoya en los métodos de extrapolación y proyección de comportamientos pasados para saber si en el futuro se repiten, o la elaboración de escenarios posibles.

Para responder a la pregunta ¿lo estamos haciendo bien?, se hace un monitoreo. Este se lleva a cabo durante la implementación de la solución al problema público y realiza un seguimiento a las actividades de implementación de un programa —insumos, cronogramas, realizaciones, resultados, responsables, por ejemplo—, con el fin de controlar el buen desempeño de los procedimientos previstos y permitir la detección de problemas para poder realizar los ajustes necesarios a tiempo. Se busca identificar en qué medida la acción implementada cumple con las actividades que se especificaron en su programación, o si el programa o plan debe modificarse de manera sustancial por problemas de diseño.

Por último, una vez que la política se ha aplicado y ha pasado un tiempo prudencial para reflejar resultados e impactos, la pregunta que se busca responder es: ¿funcionó o no lo que se hizo?, por lo cual se hace una evaluación *ex post*. En el caso de la evaluación, se busca conocer el efecto de la acción pública y analizar de qué manera afectó o no los objetivos que la inspiran. A diferencia del análisis prospectivo, que es un ejercicio analítico *ex ante*, que busca proponer soluciones a problemas a corto o a medio plazo, la evaluación es un ejercicio *ex post* retrospectivo que busca preguntarse si la política implementada logró sus objetivos. La unidad de análisis principal de la evaluación es el programa, mientras que en el caso del análisis y de la investigación, la unidad de análisis y de estudio principal es el problema público. La evaluación se apoya en métodos estándares similares a los que usa la investigación, mientras el análisis se fundamenta en métodos flexibles y situacionales. Se parecen el uno y el otro en que no pretenden llegar a conclusiones generalizables, sino focalizadas al objeto de estudio. Los cuadros 10 al 16 sintetizan la estructura básica de los diferentes productos que todo analista debería estar en capacidad de ofrecer.

CUADRO 10. INVESTIGACIÓN DE POLÍTICAS PÚBLICAS FRENTE A ADIPP

Investigación de políticas públicas	Análisis de políticas públicas
— Busca soluciones tras encontrar "verdades".	— Busca soluciones "alcanzables".
— Se sustenta en pasos y procedimientos estándares.	— Se fundamenta en métodos situacionales. Evita (aunque se nutre de) los modelos generalizables.
— Busca responder a "Grandes interrogantes" (*i. e.*, los grandes determinantes de la violencia, causas de la pobreza, etc.).	— Busca soluciones a problemas locales (*i. e.*, acceso a agua potable, solución al problema de movilidad, etc.).
— Se interesa por la complejidad, por lo no evidente.	— Se enfoca en ilustrar la toma de decisiones.
— Es "ciencia pura" o investigación aplicada.	— Es un arte, una técnica.
— Principales financiadores: universidades, organismos rectores de política científica (Minciencias), etc.	— Principales financiadores: organismos públicos, gremios, empresas, ONG, políticos, etc.

Fuente: elaboración propia.

CUADRO 11. ESTRUCTURA BÁSICA DE LA INVESTIGACIÓN DE POLÍTICAS PÚBLICAS

Investigación de políticas públicas
1) Describa el problema de investigación.
2) Identifique los vacíos en la literatura.
3) Describa el marco teórico, las preguntas de investigación y las hipótesis.
4) Describa la metodología de recolección y análisis de datos.
5) Presente el análisis y los resultados.
6) Describa las conclusiones.
7) Identifique las implicaciones de política pública y su contribución a la literatura.

Fuente: elaboración propia.

CUADRO 12. PLANEACIÓN DE POLÍTICAS PÚBLICAS FRENTE A ADIPP

Planeación de políticas públicas	Análisis de políticas públicas
— Empieza con un extensivo inventario que recaba información geográfica, ambiental, demográfica, de infraestructura, etc., de una región específica. — Involucra la búsqueda de soluciones que pueden describirse con detalle y presentarse al público general. — Involucra la preparación de un plan. — No hay un cliente identificado (*i. e.*, "interés público"). — El ejercicio se orienta más por un tema (o sistema de problemas) que por un problema particular (*i. e.*, infraestructura para la competitividad). — Horizonte temporal de largo plazo (al menos diez años). — Aproximación "apolítica" del proceso de implementación. — Método: investigación. — Ambicioso. — Origen: problema con múltiples dolientes, casi siempre poco organizados o poco conscientes de él.	— Empieza con un inventario limitado y dirigido a entender los alcances del problema y sus posibles soluciones. — Involucra una búsqueda limitada de alternativas, las cuales se evalúan y se le presentan al cliente. — Involucra la preparación de memorandos y *working papers* sobre el problema, *papers* de política pública, o un borrador de proyecto de ley o decreto. — Existe un cliente concreto, alguien que tiene intereses en las decisiones sobre el problema en cuestión o puede incidir en ellas. — Se orienta casi siempre a la solución de problemas de manera reactiva. — Horizonte temporal definido por los tiempos electorales y la incertidumbre. — Aproximación política de quien participa en la solución (y se lleva los méritos). — Método: análisis. — Parte de un plan ambicioso, pero no pretende ser la panacea. — Origen: los afectados organizados que exigen solución pronta o la oposición a una propuesta nueva.

Fuente: elaboración propia.

CUADRO 13. ESTRUCTURA BÁSICA DE UN PLAN DE POLÍTICA PÚBLICA

Plan de política pública
Describa: 1) El problema. 2) Los objetivos que se desean alcanzar. 3) Las estrategias y actividades que hay que implementar (incluso lo relativo al soporte legal necesario). 4) Los actores involucrados y sus responsabilidades. 5) El cronograma de implementación. 6) La estrategia de financiación. 7) El mecanismo de monitoreo. 8) El mecanismo de evaluación *ex post*

Fuente: elaboración propia.

CUADRO 14. EVALUACIÓN DE POLÍTICAS PÚBLICAS FRENTE A ADIPP

Evaluación de políticas públicas	Análisis de políticas públicas
— Análisis *ex post* o retrospectivo que busca juzgar si el programa o la política implementada logró (*summative evaluation*) o está logrando (*formative evaluation*) sus objetivos. — Se sustenta en métodos estándares, similares a los que usa la investigación. — Pone el énfasis en responder: "¿Cómo sabemos que la política funcionó?"	— Análisis *ex ante* y prospectivo que busca proponer soluciones a problemas "existentes" en el corto o el medio plazo. — Se fundamenta en métodos flexibles y situacionales. — Pone el énfasis en responder: "¿Qué hacer?".

Fuente: elaboración propia.

CUADRO 15. ESTRUCTURA BÁSICA DE UNA EVALUACIÓN DE POLÍTICA PÚBLICA

Evaluación de política pública
1) Describa el problema.
2) Describa el programa o la política pública implementada.
3) Presente las preguntas de evaluación.
4) Describa la metodología.
5) Presente el análisis de la información.
6) Presente los resultados.
7) Presente las conclusiones.
8) Ofrezca recomendaciones.

Fuente: elaboración propia.

CUADRO 16. ESTRUCTURA BÁSICA DEL ADIPP

Análisis de política pública
1) Identifique y defina el problema.
2) Identifique los criterios de decisión.
3) Identifique las alternativas de solución.
4) Evalúe las alternativas.
5) Recomiende.
6) Diseñe un plan de implementación.
7) Diseñe un plan de monitoreo.
8) Diseñe un plan de evaluación.

Fuente: elaboración propia.

Es importante entender las diferencias entre estos productos analíticos, que no son excluyentes. El análisis y diseño de políticas públicas que proponemos aquí consta de elementos de investigación, planeación, pronóstico, monitoreo y evaluación. Los productos del analista de políticas públicas son mutuamente complementarios, y sus fronteras son cambiantes. Aunque cada uno tiene una lógica propia y una metodología específica, que requieren conocimientos y habilidades exclusivos, todos se complementan, y a veces se siguen y forman parte de un ciclo complejo, como se verá más adelante.

III. LA POSTURA DEL ANALISTA Y DISEÑADOR DE POLÍTICAS PÚBLICAS

Los que toman decisiones se enfrentan a múltiples problemas que requieren su atención, con frecuencia de manera simultánea. Los analistas de políticas públicas tienen un papel importante en priorizar problemas y aportar conocimiento para que las decisiones sobre políticas públicas se tomen en cuenta con las mejores lecturas posibles sobre la forma en que reflejan las preocupaciones de los ciudadanos, así sobre sus posibles consecuencias y los valores que pueden estar en juego en ellas. En el siglo XXI, algunos estudiosos en la materia argumentan que el analista de políticas públicas debe ser más consciente del gran número de decisiones que la política implica —que no se limitan al momento de "la decisión" al final del periodo de formulación—, así como de la influencia de contextos complejos, múltiples actores —que se hacen más evidentes al incorporar el concepto de *gobernanza*— y también del papel de las emociones, intuiciones y, en resumen, diferentes representaciones de los problemas en cada uno de esos momentos de decisión (Cairney y Weible, 2017). En esta sección analizaremos esos retos en mayor detalle.

A. EL ANALISTA FRENTE A LA COMPLEJIDAD DEL SECTOR PÚBLICO

En la actualidad son pocas las organizaciones en las que se toman decisiones de trascendencia pública sin que medie la realización de ejercicios analíticos de algún grado de complejidad y rigor científico. En efecto, la discusión sobre el análisis y diseño de políticas públicas subraya cada vez más el papel proactivo del analista, el individuo que, de acuerdo con Lasswell (1971), debe acompañar, promover e ilustrar el proceso que siguen las políticas públicas desde su concepción hasta su terminación o cambio. De acuerdo con Lasswell (1971), el analista es quien está llamado a representar un papel crucial en la modernización del Estado y la democracia, en la medida en que de él se espera que no solo conozca y suministre información relevante sobre el proceso que siguen las políticas públicas, sino que debe aportar conocimiento e información en cada una de las etapas del ciclo, constituyéndose en el garante de que la sociedad logre alcanzar los objetivos que persigue de la mejor forma posible. En este sentido, y retomando la figura 2, se espera que el analista ilustre los procesos de identificación del problema, de definición de criterios de decisión, de identificación de alternativas de solución, de evaluación y selección de alternativas, de comunicación y venta de las "mejores" alternativas, de su implementación correcta, de su monitoreo, de su evaluación y de su reforma o terminación (véase figura 4).

En efecto, el analista debe ayudar a identificar y reconocer la existencia de un problema acuciante o potencial. En el primer caso, debe alertar sobre las demandas de grupos organizados que desean que el problema alcance el estatus de agenda; es decir, que el que toma decisiones, que por lo general tiene un sinnúmero de asuntos que atender, decida tomar acción al respecto. En el segundo caso, el analista debe reconocer las situaciones de riesgo y la posibilidad de que en un futuro no lejano un problema que hoy no se percibe como tal "estalle" sin que existan formas de responder, de manera efectiva, a las demandas de acción. En esta fase del ciclo de las políticas públicas el analista, que puede incluso ser el mismo que toma decisiones, tiene el importante papel de "abogado del problema", esto es, el de catalizador de la situación problemática y estructurador del problema formal sobre el cual se diseñarán las soluciones. Como se discutirá más adelante, en esta fase se puede presentar el riesgo de que el analista, además de tener el papel de abogado del problema, y so pena de actuar indebidamente, desempeñe también el papel prematuro de "abogado de la solución", en razón a que a veces no solo se tiene interés en que se haga algo al respecto de un problema, sino que, además, se adopte la solución de su preferencia.

FIGURA 4. PAPEL DEL ANALISTA DE POLÍTICAS PÚBLICAS EN EL CICLO DE POLÍTICAS PÚBLICAS

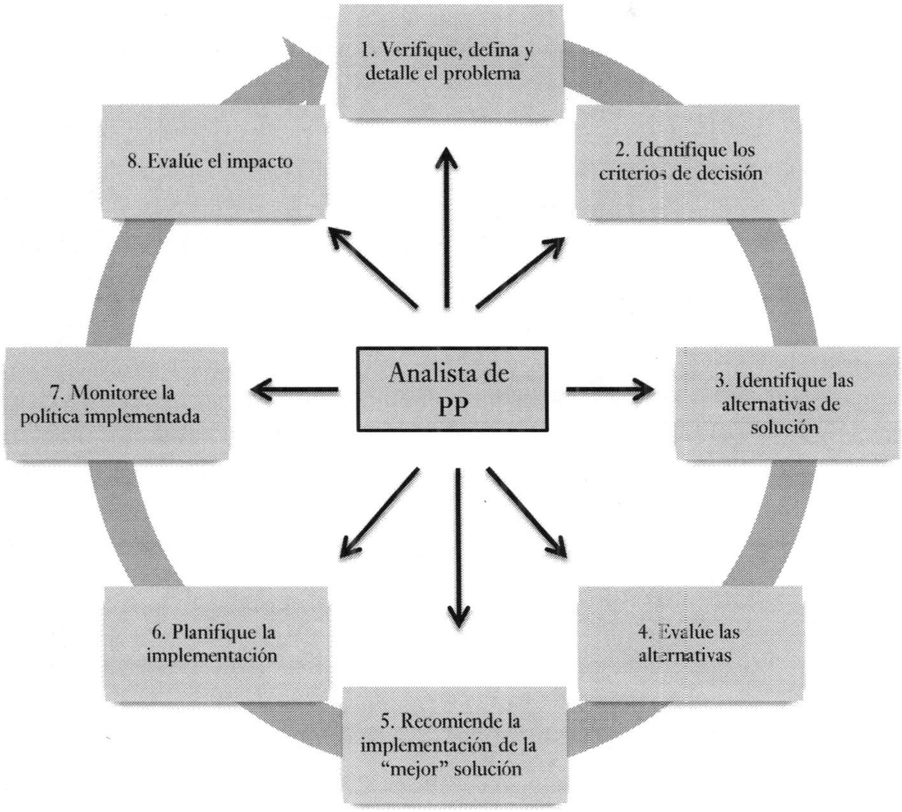

Fuente: elaboración propia.

En la segunda fase del proceso que siguen las políticas públicas, es decir, una vez que el problema está dentro del radar de acción del que toma decisiones, el analista ayuda a identificar los criterios que se van a utilizar para evaluar cada una de las posibles soluciones, en otras palabras, sobre las características que la "solución" deba tener para escogerse. Después, en la tercera fase, el analista apoya el proceso de identificación de alternativas de solución; su conocimiento, creatividad y recursividad son especialmente apreciados en esta etapa. Luego aporta a la evaluación de alternativas mediante su comparación y contraste a la luz de los criterios ya definidos. Aquí el mayor reto del analista es reducir al máximo la incertidumbre que caracteriza el objeto de análisis.

El rigor metodológico es importante en este proceso, para brindarles credibilidad a sus conclusiones y recomendaciones. A partir de esta etapa, el analista suele desempeñar el importante papel de "abogado de la solución", pues tras el anterior proceso ha podido identificar las fortalezas y debilidades de cada alternativa y encontrar así la "mejor solución" para implementar. Luego, tras apelar a técnicas de persuasión y argumentación, comunica y trata de convencer al respecto del proceso de implementación que se debe seguir, la identificación de actividades, provisiones, actores y procedimientos para su implementación, el diseño de cómo se debería monitorear en el futuro y el de su evaluación una vez que esta lleve algún tiempo de implementada y se materialice algún efecto, positivo o negativo, intencionado o no, sobre el bienestar.

Como el lector se imaginará, en la vida práctica las cosas son más complejas que lo que sugiere esta descripción sistemática. En efecto, primero que todo no siempre existe consenso sobre las dimensiones y características del "problema", pues el concepto de *problema* es relativo y la sensación problemática es variada (*e. g.*, ¿es el problema de invasión del espacio público de informalidad del trabajo? ¿De estética urbana? ¿Es el problema de los embotellamientos de movilidad o de ambiente? ¿O de ambos?, etc.) Segundo, respecto del proceso de determinación de los criterios de evaluación, en la práctica no hay consenso sobre valores, objetivos y prioridades. Mientras que según unos la mejor solución es la que aporte más a la equidad en la distribución de cargas y beneficios, en opinión de otros la mejor solución es la que afecte de forma positiva a un mayor número de personas, y de acuerdo con otros es la que dé resultados en el corto plazo, sea más popular o implique bajos costos. Tercero, el ejercicio de identificación de alternativas está limitado en la práctica por los pocos conocimientos disponibles, dinero, información, tiempo, etc. Cuarto, el ejercicio de evaluar todas las alternativas suele ser imperfecto, pues normalmente se carece de recursos suficientes para hacer el ejercicio lo mejor posible.

En efecto, en la práctica no hay una capacidad de predicción ciento por ciento confiable, pues al contrario de los investigadores de ciencias naturales, los investigadores en las ciencias sociales se enfrentan a objetos de análisis bastante impredecibles, variables, que cambian de estructura, de naturaleza, etc., en los que por lo general no se puede saber con precisión si las alternativas funcionarán o no tal como se prevé. Por último, en cuanto a la selección de las alternativas más óptimas, hay que reconocer que en la práctica lo más óptimo no es siempre lo más práctico, y que a veces es mejor conformarse con *second bests*, a lo que se agrega el hecho de que no hay soluciones del todo satisfactorias, pues para unos un programa puede ser una "solución", y para otros puede ser fuente de nuevos problemas o de agravación de los que ya existen. El cuadro 17 sintetiza la complejidad del sector público y cómo la perspectiva cíclico-racional se queda corta.

CUADRO 17. EL MODELO CLÁSICO-RACIONAL FRENTE A LA COMPLEJIDAD DEL SECTOR PÚBLICO

Defina el problema.	El concepto de *problema* es relativo, y la sensación problemática es variada.
Determine los criterios de evaluación más importantes.	No hay consenso sobre valores y objetivos sociales (*i. e.*, equidad ante eficiencia, etc.).
Identifique todas las alternativas de solución.	Dinero, tiempo, información y conocimientos son limitados.
Dinero, tiempo, información y conocimientos son limitados.	*Idem*, además, la capacidad de predicción no es confiable.
Seleccione la alternativa más óptima.	No hay una alternativa óptima, solo "second best".
Recomiende la implementación de la mejor alternativa.	Lo más óptimo no es necesariamente lo más práctico.

Fuente: elaboración propia.

Por fortuna, la literatura ha avanzado a gran velocidad en aportar herramientas de apoyo para que el ejercicio de análisis y de toma de decisiones sea lo más robusto, objetivo y acertado posible. Para ello, y con algún grado de cientificidad, se ha profesionalizado el proceso de toma de decisiones, en el que el capricho, la intuición, el "feeling", el "momento", la coyuntura o el "olfato" del que decide se ha reemplazado por la aplicación de técnicas, métodos y herramientas que hacen más objetivo, eficaz y eficiente este ejercicio. En efecto, uno de los mayores retos de la sociedad iberoamericana, y en el que el papel del analista es fundamental, es cómo reducir al máximo la informalidad en los procesos de toma de decisión, cómo reducir la discrecionalidad que algunas veces conduce a arbitrariedad.

Así, hoy en día existe un gran portafolio o "caja de herramientas" con las cuales se puede hacer "buen gobierno". Unas de estas están asociadas al proceso de estructuración y definición del problema, otras a identificar los criterios de evaluación, a la identificación de soluciones alternativas, a la evaluación *ex ante*, a la presentación persuasiva de resultados, al diseño de planes de implementación y al diseño de planes de monitoreo y de evaluación *ex post*. También existen herramientas y métodos transversales útiles para todas las etapas del proceso de análisis de políticas públicas y que tiene que ver con la búsqueda de información relevante, su valoración, construcción, almacenamiento, depuración, análisis e interpretación. Aquí se discuten y evalúan las herramientas, técnicas y métodos que, a juicio de los autores, revisten mayor utilidad para el ejercicio de ADIPP.

Una de las características más importantes del ADIPP es su orientación multidisciplinar. Si bien por tradición los ejercicios de ADIPP los realizan de manera disciplinar r economistas, juristas, sociólogos, antropólogos, científicos políticos, administradores públicos, historiadores o ingenieros, es la visión multidisciplinar la que se impone. En efecto, es probable que esa visión disciplinar haya impedido dar respuesta satisfactoria a problemas milenarios. En realidad, la visión disciplinar tiende a abordar los problemas y soluciones bajo estudio de una manera relativamente sesgada, limitada, "estrecha y reduccionista", lo cual les impide a los que toman decisiones ser exitosos en la solución de los problemas públicos.

El problema público tiene como característica principal una complejidad inherente, pues incorpora aspectos tanto técnicos como políticos. De manera que se debe ser sensible a las diferentes formas de mirar las cosas, identificar, entender y aceptar el valor que tienen las varias perspectivas. Se debe estar familiarizado con la perspectiva económica, reconocer su valor, pero también identificar sus debilidades, sus limitaciones; entender la perspectiva jurídica y considerar sus "verdades", pero también a beneficio de inventario; se debe reconocer su limitada capacidad para explicar los fenómenos y posibles soluciones que salen del espectro de las normas establecidas; igual sucede con la perspectiva sociológica, la antropológica, la administrativa, etc. Sin duda no se puede saber de todo al nivel necesario, pero sí se requiere tener una disposición para aprender, analizar con escepticismo, comprobar, dudar o, como se dice vulgarmente, "no tragar entero". Solo así se puede estar en mejor posición para observar, analizar, describir y ofrecer soluciones y recomendaciones con una mayor probabilidad de éxito (o de menor fracaso).

Sin embargo, la labor no es sencilla, pues contrario a los científicos naturales, como los biólogos, los químicos, los físicos, etc., que tienen como objeto de estudio algo "simple", predecible, con un margen de error relativamente bajo, los problemas públicos que aquejan a la sociedad, que son el objeto de estudio de los analistas de políticas públicas, se enfrentan a algo bastante gaseoso, difícil de "manipular". Mientras que las ciencias naturales han desarrollado ya numerosas técnicas de investigación, de observación, de análisis y de comunicación ampliamente probadas y sobre las cuales hay relativo consenso, el arte del ADIPP apenas empieza a contar con tales herramientas, y en ningún caso son tan certeras o aceptadas por los pares como las que usan los científicos naturales. Esto es lo que hace que el trabajo del analista sea particularmente complejo e interesante.

B. EL ERROR DEL TERCER TIPO

De acuerdo con Dunn (2004), el reto más importante del analista y diseñador de políticas públicas es evitar caer en el error del tercer tipo. En estadística el error de primer tipo consiste en aceptar como verdadera una hipótesis que en realidad es falsa (o, como diría un estadístico, es la refutación de una hipótesis nula que es verdadera, lo que también se denomina aceptar o concluir un falso positivo). El error de segundo tipo es rechazar como falsa una hipótesis que en realidad es verdadera (o, como diría un estadístico, es la no refutación de una hipótesis nula que es falsa, lo que también se denomina aceptar o concluir un falso negativo)[20]. En estudios políticos el error de tercer tipo es ofrecer una solución al problema que no es. La consecuencia obvia de caer en este error es que, además de que el verdadero problema no se resuelve, se pueden generar nuevos problemas. Entre las causas que conducen a caer en el error de tercer tipo se encuentran los siguientes:

El analista pone un énfasis indebido en la solución más que en la estructuración del problema. En efecto, como reclama Dunn (2004), un analista debe ser, ante todo, un buen estructurador de problemas antes que dejarse atrapar por el afán de ofrecer soluciones a la ligera.

La segunda causa de caer en el error de tercer tipo tiene que ver con la confusión de los analistas en cuanto a diferenciar entre la sensación problemática y el problema "real". Como se verá más adelante, a veces los analistas hacen su análisis y ofrecen recomendaciones apoyados en la sensación problemática y no en el problema formal. Mientras que la sensación problemática implica ser consciente de que algo anda mal, también implica considerar una serie de aspectos y relaciones causales que pueden no ser correctas

---

20 Para más información sobre los errores de tercer tipo, véanse A. W. Kimball (1957). "Errors of the Third Kind in Statistical Consulting", 52: 133-42; Howard Raiffa (1974). (Reading, MA: Addison-Wesley, 1968, 264; e Ian I. Mitroff, New York, Elsevier, citados en Dunn (2004, 6).

o relevantes. Así, cuando se hace el análisis y se ofrecen recomendaciones con fundamento en la sensación problemática y no en el verdadero problema que causa dicha sensación, se reducen las probabilidades de ser efectivo y de ofrecer una solución al problema real.

Otra de las causas es el desconocimiento o el no reconocimiento de parte del analista de que los problemas se encuentran en grupos, o en lo que se podría llamar "sistema de problemas". En efecto, si se tienden a ver las cosas de manera fraccionada y no se ven las cosas como parte de un conjunto, de un sistema, se reduce la probabilidad de ser efectivo para solucionar el problema real. De alguna forma, una visión sesgada, limitada, impide ver las cosas de manera más comprehensiva y, por ende, implica ofrecer soluciones de manera reduccionista, característica de un problema errado. Así las cosas, otra causa relacionada de error de tercer tipo tiene que ver con la incapacidad de reconocer la existencia de jerarquías de problemas.

Así mismo, no reconocer que el conjunto de elementos que componen un problema es mayor que la sumatoria de sus partes conduce a una visión del problema en el que se ignoran los efectos de refuerzo endógeno que cumplen tales elementos sobre los demás. Suponiendo que el analista reconoce los diferentes elementos de un problema y decide responder a cada uno de ellos por separado, con una política pública distinta, se corre el riesgo de ignorar que en todo problema existe una fuerza intrínseca sinérgica en la que cada elemento constitutivo del problema ejerce un efecto sobre los demás. En este caso se habla de efectos de red en donde, si no se ofrece solución a esa fuerza endógena que mantiene unidos a los elementos constitutivos, se corre el riesgo de no ser efectivo y no lograr ninguna solución. Así, la consecuencia de tratar los elementos de un problema por separado es ignorar los efectos neutralizantes que pueden tener las políticas públicas entre sí, conduciendo a un balance nulo o incluso negativo de la acción pública.

Otra de las razones que explican el error del tercer tipo es que el analista a veces ignora el carácter subjetivo implícito en toda definición del problema. En efecto, en la práctica toda definición del problema parte de una visión, unas preferencias y una orientación particulares y subjetivas al respecto de los fenómenos analizados. El analista debe ser capaz de identificar y valorar, de la mejor manera posible, tales factores subjetivos. Debe sopesarlos a la luz de elementos y criterios objetivos, fácticos, para evitar enfocarse en problemas ficticios o artificiales que, o bien no son problemas públicos reales, sino producto de la creación de quienes buscan la implementación de una solución preferida o de su elección, o bien se les tergiversa con las llamadas "cortinas de humo".

Otra causa asociada con el error de tercer tipo es el hecho de que los problemas evolucionan. Si uno se queda con una descripción del problema que fue real y verdadera hace 10 o 15 años y no actualiza el entender de este al presente, se arriesga a ofrecer soluciones a una descripción del problema que ya no es la actual, porque este ha evolucionado y, por ende, las soluciones deberían considerar las nuevas características del problema.

C. CONSIDERACIONES ÉTICAS Y SUBJETIVIDAD DEL ANALISTA

Los analistas de políticas públicas pueden pertenecer a agencias del Gobierno o trabajar en organizaciones externas, como una empresa de consultorías privada, comisión, instituto privado de investigación en ciencias sociales (*think tanks*), o entidades universitarias. La posición del analista, como parte de una agencia de Gobierno o de una organización con afiliación política, puede orientarle el trabajo, los resultados de sus evaluaciones y los cambios propuestos.

Más allá de la posición política e ideológica de la institución en que trabaja y del marco político que se le puede imponer por la relación con un cliente específico, el trabajo del analista también está orientado y marcado por su propia subjetividad. Meltsner ha clasificado los analistas de políticas públicas en tres grupos: los técnicos, los políticos y los emprendedores o empresarios políticos (*political entrepreneurs*) (Meltsner, 1976, 36-37), para los cuales sus preferencias normativas e intereses políticos influyen sobre su trabajo de forma distinta. El técnico es un investigador con habilidades analíticas excelentes, pero poco sentido político. El político es el analista vuelto burócrata (*Analyst-turned-bureaucrat*) que busca adelantar su carrera y que está más interesado en la política que en el análisis. Y el empresario, que tiene habilidades muy altas política y analíticamente

> sabe trabajar con números y personas [...] no deja que su cliente inmediato lo limite [...] ve el interés público como su cliente [...] tiene una visión normativa sólida del alcance de las actividades gubernamentales [...] también le preocupa la distribución como eficiencia [...] es mucho más consciente que otros analistas de que

> sus preferencias guían la selección y solución de problemas analíticos (Meltsner, 1976, 36-37)[21].

Los valores políticos y filosóficos influyen en el trabajo de los analistas, porque muy raramente se trata solo de cuestiones técnicas. La percepción del "problema" como tal varía; no hay consensos, hay valores en conflicto, intereses en conflicto. Calificar algo como problemático o no, depende de los ojos con que se mire. El analista toma decisiones informadas sobre las siguientes cuestiones: (Clemons y McBeth, 2001, 74-77): ¿existe o no un problema? ¿Qué tan significativo es? ¿Cuáles son sus causas más importantes? ¿Se trata de un problema público? ¿Cuáles soluciones son adecuadas? ¿Los beneficios de la solución superan o no los costos? ¿El costo de oportunidad es o no superior a la relación costo-beneficio? Es importante reconocer que el analista responde a estas preguntas apoyándose en sus creencias y opiniones políticas morales, éticas, filosóficas y en sus intereses particulares.

Por ejemplo, si uno tiene que escoger entre una política con resultado bastante satisfactorio y poco riesgo y una política con resultados mucho más importantes, pero que implica un riesgo más alto, las características personales del analista o del que toma la decisión, como persona más propensa a correr riesgo (*risk taker*) o minimizar riesgos (*risk minimizer*), será un factor importante. De igual forma, en una situación en que tienen que decidir quiénes ganan y quiénes pierden, en la que los costos o beneficios no están distribuidos equitativamente, o en la que la eficiencia no es compatible con la equidad y la justicia social, ¿cómo se puede tomar una decisión sin dar preferencia a unos valores sobre otros?

La racionalidad y objetividad son fundamentales para analizar información y entender situaciones problemáticas, pero es indudable que existen cuestiones de valores que se deciden según las preferencias personales. Nuestra posición es que todo análisis está inevitablemente sesgado por la subjetividad del analista, por lo cual es muy importante ser consciente de eso e intentar diseñar mecanismos para que esa subjetividad sea lo menos nociva posible. Todo el proceso de análisis de políticas públicas busca que

---

21 "knows to work with numbers and people [...] does not let his immediate client constrain him... sees the public interest as his client [...] has strong normative view of the scope of government activities [...] is concerned about distribution as well as efficiency [...] is much more aware than other analysts that his preferences guide the selection and solution of analytical problems".

las decisiones se tomen de manera ilustrada y dejen de ser un proceso subjetivo que se apoya en la intuición, en la discrecionalidad caprichosa y la informalidad, para volverse un ejercicio lo más objetivo posible que utiliza varias herramientas y mecanismos.

La conciencia de la postura del analista en los distintos momentos del proceso de análisis de políticas públicas puede constituir una estrategia para garantizar un proceso y una toma de decisión lo más objetiva posible. El analista de políticas públicas debe ser tanto un "abogado del problema", para identificar el problema real y abogar por su inclusión en la agenda pública, como un "abogado de la solución", para convencer a quien toma la decisión del curso de acción por seguir. Sin embargo, estas funciones se deben desempeñar en momentos distintos dentro del ejercicio de análisis y diseño de políticas públicas. En la fase de identificación y estructuración del problema el analista debe ser un buen abogado de aquel. Si se toma la posición del "abogado de la solución" en la primera etapa del proceso, se corre el riesgo de cometer un error del tercer tipo (responder a un problema que no es), con las consecuencias discutidas y se deja el paso a una visión sesgada, pues al tener una solución "preferida" en esta etapa el analista pierde objetividad, conduciéndolo a ignorar soluciones que podrían resultar más adecuadas para resolver el problema de interés. El abogado del problema se caracteriza por tener la mente suficientemente abierta para proponer soluciones y aumentar así la posibilidad de ofrecer salidas al problema efectiva y satisfactoriamente. En cambio, en la fase de recomendación, argumentación y "venta" de la "mejor alternativa" el papel por desempeñar es el de abogado de la solución.

Independientemente de las preferencias de los analistas y de su decisión de adoptar una postura libre de valores (*value-free analyst*), o en cambio un enfoque de compromiso con unos valores (*value-committed analyst*), de actuar como defensores de factores económico-sociales o interpretadores de normas culturales presentes en acciones políticas, creemos que los analistas más preparados tienen un papel importante y legítimo en el proceso democrático de las políticas públicas, lo cual justifica el compromiso con el proceso de aprendizaje y la formación en APP. A continuación pasamos a discutir las herramientas básicas que se requieren para tener un buen desempeño como analista de políticas públicas.

IV. CAJA DE HERRAMIENTAS PARA EL APOYO DEL ANÁLISIS Y DISEÑO DE LAS POLÍTICAS PÚBLICAS

Todo buen analista es, ante todo, un buen investigador. Lo contrario puede no ser necesariamente cierto. Así, con el fin de evaluar las causas, características, extensión, consecuencias y posibles soluciones de los problemas públicos, o de los impactos directos, indirectos o potenciales de las políticas públicas implementadas o para implementar, el analista debe recurrir a distintas fuentes de información y estrategias de investigación. Además del conocimiento sustantivo sobre los temas en cuestión, debe contar con capacidades y habilidades básicas para recabar información, procesarla, analizarla, sintetizarla, interpretarla, aprender, desaprender y producir nueva información y nuevo conocimiento.

Para esta labor el analista debe dotarse de una nutrida caja de herramientas que, dependiendo de lo que se desee indagar en el momento, de la calidad de la información disponible y del grado de generalización que se busque con los hallazgos y las conclusiones que obtenga, le deben brindar un apoyo necesario para articular sus argumentos y ofrecer recomendaciones acertadas; en otras palabras, hacer un buen trabajo: profesional, serio, juicioso, robusto y responsable.

El cuadro 18 resume algunos de los métodos de análisis más útiles y que se desarrollarán en los siguientes capítulos. En el anexo se presenta una lista complementaria de métodos que hacen referencia más a los procesos de recolección de información que a los de análisis que apoyarían el ejercicio profesional que nos ocupa.

Como lo ilustra el cuadro 18, cada componente del ejercicio analítico cuenta con una batería de métodos que le brindan apoyo, donde hay métodos que son útiles para más de un componente.

Como lo demuestra la figura 5, la selección de los métodos para utilizar depende tanto de la pregunta que motiva su uso como de las características de la información disponible y el grado de generalización que esperamos realizar con los hallazgos y las conclusiones obtenidos. Así mismo, una determinante importante del método para escoger tiene que ver con las preferencias del analista.

CUADRO 18. MÉTODOS PARA EL APOYO DEL ANÁLISIS Y DISEÑO DE POLÍTICAS PÚBLICAS

Estructuración del problema	Definición de criterios de decisión	Identificación de alternativas de solución	Evaluación de alternativas	Recomendación y argumentación	Diseño de plan de implementación	Diseño de plan de monitoreo y evaluación
– Análisis de fronteras del problema – Análisis clasificacional – Análisis jerárquico de causas – Análisis causal – árbol del problema – *Synectics* – Análisis de múltiples perspectivas – Análisis de supuestos – Mapeo de argumentaciones y análisis del discurso – Análisis de decisión – Creación de definiciones operacionales – Análisis político – Análisis de actores relevantes	– Definición de objetivos general y específicos – Definición de criterios de viabilidad técnica – Definición de criterios de viabilidad económica y financiera – Definición de criterios de viabilidad política – Definición de criterios de viabilidad administrativa	– Análisis causal - árbol del problema – Análisis de inacción – Benchmarking – Desarrollo de tipologías – Uso de analogías, metáforas y synectics – Modelos lógicos y diseño de escenarios – Modificación de soluciones existentes	– Extrapolación Pronosticación teórica – Pronosticación intuitiva – Realización de cálculos de desconteo, VPN, TIR, costo de oportunidad, costo-beneficio, etc. – Análisis de sensibilidad – Diseño de fórmulas de asignación – Análisis de decisión, viabilidad política y administrativa – Elaboración de escenarios – Comparación por parejas o 'eliminatorias' – *Satisficing* o 'juego del limbo' – Calificación básica – Orden lexicográfico – Alternativas no dominantes – Criterios ponderados – *Goeller Scorecard*	– Argumentación basada en la autoridad de una persona – Argumentación basada en la autoridad de un método – Argumentación basada en la intuición propia – Argumentación basada en principios éticos – Argumentación basada en las señales – Argumentación basada en la generalización – Argumentación basada en la analogía – Argumentación basada en casos paralelos – Identificación de saltos lógicos y falacias	– Análisis de fallas y riesgos de implementación – Modelos *bottom-up* – Modelos *top-down* – Identificación de pre-requisitos políticos, legales, administrativos, técnicos y financieros – Coordinación interinstitucional	– Operacionalización de objetivos, metas y actividades – Identificación de indicadores de insumo, proceso/producto, resultado e impacto – Modelos econométricos – Modelos no-paramétricos – Estudios de caso – Aproximaciones orientadas por la estimación de costos. – Uso de grupos de control – Comparación antes-después – Comparación con-sin – Comparación plan-realización – Diseño de sistema de seguimiento, monitoreo y evaluación

Métodos de recolección de información: revisión literaria, análisis de contenido, encuestas, entrevistas, sondeos, lluvia de ideas, observación etnográfica, grupos focales, foros, seminarios, experimentos, etc.

Fuente: adaptado de Patton y Sawicky (1993).

FIGURA 5. CRITERIOS DE SELECCIÓN DE MÉTODOS ÚTILES PARA EL ADIPP

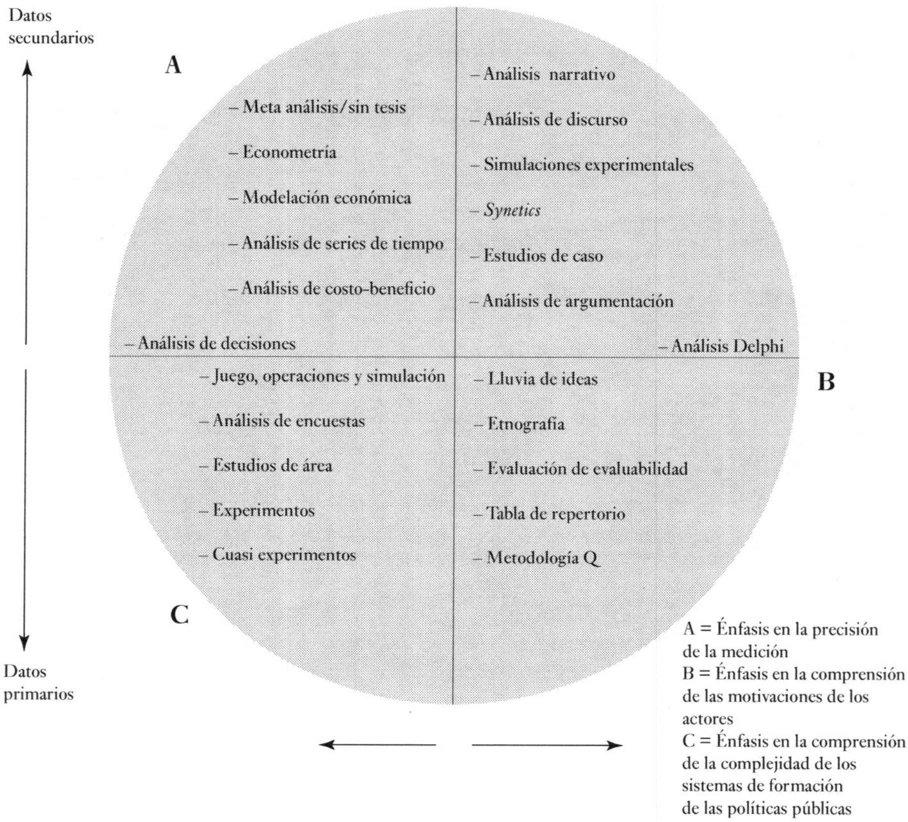

Fuente: adaptado de Dunn (2004).

En este manual nos enfocaremos en aquellos métodos que a nuestro juicio se deben entender bien como condición *sine qua non* para hacer una buena labor de análisis y diseño, y a partir de la cual se pueda ampliar y enriquecer la caja de herramientas para aumentar sus capacidades y habilidades analíticas. El relativamente reciente aporte de la inteligencia artificial entra a engrosar dicha caja de herramientas de manera importante y complementaria, y de ninguna manera busca o puede sustituirla. Por considerarlo fuera del alcance de este manual, sugerimos a los lectores remitirse a la extensa literatura que existe sobre el tema, en la que se encontrará información detallada y ampliamente ilustrada con ejemplos para cada método identificado.

En los siguientes capítulos veremos cómo se aplican los métodos seleccionados para aportar así el conocimiento necesario para disminuir el margen de error atribuible al analista de políticas públicas, es decir, para hacer el ejercicio de análisis y diseño de políticas públicas de la mejor forma posible.

V. EL CARÁCTER ITERATIVO E INTERACTIVO DEL ANÁLISIS Y DISEÑO DE POLÍTICAS PÚBLICAS

Con una caja de herramientas compuesta de los instrumentos y el saber hacer básico al que se dedica este manual, los analistas estarán en capacidad de facilitar, acompañar, enriquecer y lograr la tan anhelada y esquiva ambición de "conectar" los problemas y las soluciones promovidas por el Estado, para así solucionar problemas milenarios. Estarán en capacidad de robustecer y blindar el proceso que siguen las políticas públicas en sus diferentes fases, de manera regular o periódica, de forma iterativa (con procesos de avance y revisión) e interactiva (participativa, al menos con el cliente y preferiblemente con todos los actores relevantes).

En efecto, con la caja de herramientas y el saber hacer necesarios, el analista estará en capacidad de aportar el conocimiento disponible para facilitar la conexión "problema-solución" de la mejor forma posible, promoviendo la toma de decisiones ilustrada de política pública en los procesos de identificación del problema, su inclusión en la agenda política, la identificación de alternativas, su evaluación, la selección de la mejor alternativa, la implementación de la política escogida, el seguimiento, monitoreo y evaluación, y su reforma o terminación (véase la figura 3). Más específicamente, estará en capacidad de hacer aportes importantes a los procesos analíticos vinculados a dichas etapas como son la estructuración (verificación, definición y detalle) del problema, la identificación de los criterios de decisión, la de identificación o construcción de alternativas de solución, la evaluación de alternativas, la argumentación persuasiva de la "mejor" solución, el diseño de planes de implementación, el monitoreo y la evaluación *ex post*, tal como se ilustró en la figura 4.

En este proceso es necesario tener en cuenta que, como se ilustrará reiteradamente en los siguientes capítulos, el análisis y diseño de políticas públicas es, ante todo, un ejercicio iterativo, esto es, un ejercicio que requiere volver en sí mismo para poder hacer avances importantes. La figura 6 sintetiza este punto, al cual nos referiremos y desarrollaremos a medida que abordemos las fases descritas en los capítulos de este manual.

FIGURA 6. CARÁCTER ITERATIVO DEL ANÁLISIS Y DISEÑO DE POLÍTICAS PÚBLICAS

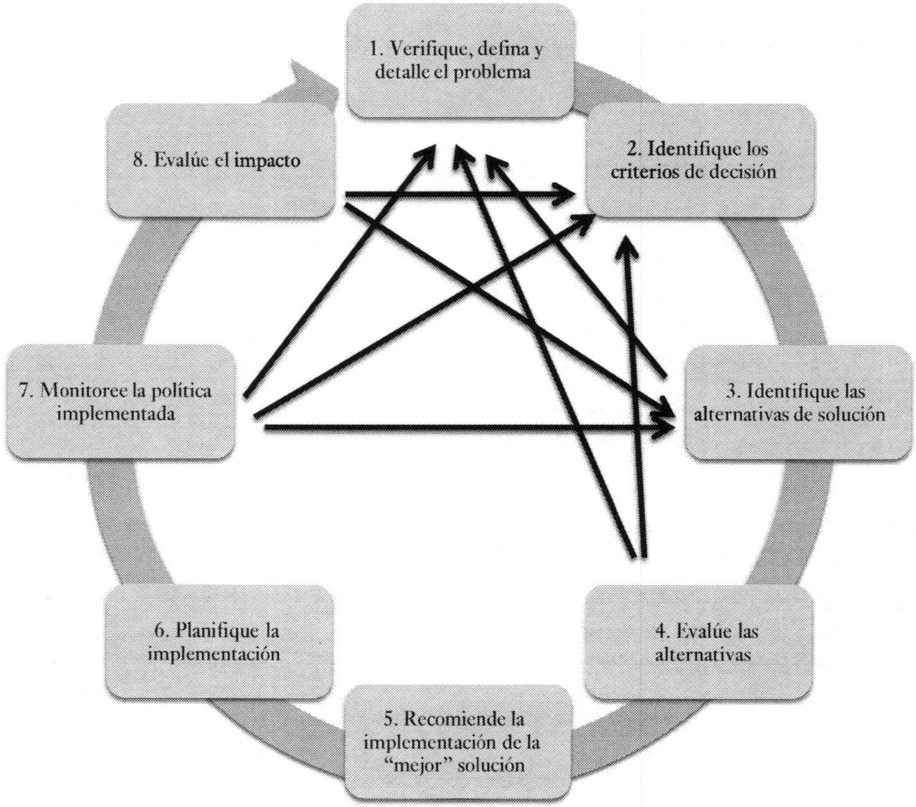

Fuente: elaboración propia.

Así, como lo ilustra la figura 6, la definición del problema no sucede una sola vez, sino que esta debe ser el resultado de revisiones constantes, normalmente en las fases de identificación de alternativas de solución y de evaluación de alternativas, con el fin de garantizar una "conexión" satisfactoria entre las características del problema y su potencial real de solución, a la luz de las capacidades de intervención del Estado. Es común que el analista deba revisar los criterios de evaluación previamente identificados una vez que conozca más a fondo las alternativas de solución y al momento de evaluarlas. Cuando se definan los indicadores que soportarían los ejercicios de monitoreo y evaluación, de nuevo será necesario referirse a los criterios de decisión o evaluación. Más adelante volveremos sobre estos puntos.

De cualquier manera, desconocer o no aceptar el carácter iterativo del ejercicio analítico implicaría que el diseñador se sintiera frustrado en la práctica por la imperiosa necesidad de revaluar sus "logros analíticos" (pues en la medida en que avanza en el proceso analítico aparece nueva información que no se debe ignorar), o, más grave aún, si no revaluara, cometería el error de tercer tipo.

Ahora bien, el ADIPP debe ser, en la medida de lo posible, un ejercicio interactivo o participativo; un ejercicio en el que el conocimiento disponible sobre el tema, tanto de "expertos" como de "no expertos", así como de las opiniones de los actores relevantes, tiene mucho que ofrecer. En efecto, el análisis y diseño participativo de políticas públicas es no solo una condición cada vez más presente en las democracias modernas para garantizar una buena gobernabilidad, sino que, además, es un recurso de gran valor que los analistas deben aprender a aprovechar, pues los problemas públicos son, por lo general, de una complejidad tal que abordarlos analíticamente, de manera individual, es ineficaz y peligroso. Desconocer o no aceptar el carácter interactivo del ADIPP pondría en riesgo su pertinencia, legitimidad e impacto. Sobre estos puntos se volverá más adelante.

TAREAS Y TALLERES

A continuación se proponen algunos ejercicios con el propósito de que el lector aplique los contenidos de esta primera parte del manual.

EJERCICIO 1 (*Problemas y productos analíticos*):
Listar diferentes problemas para que cada producto analítico los aborde.

Producto analítico	Problema asociado
Investigación de políticas públicas	
Análisis de políticas públicas	
Planeación de políticas públicas	
Pronóstico	
Monitoreo de políticas públicas	
Evaluación de políticas públicas	

EJERCICIO 2 (*Subjetividad del analista*):
Después de leer el siguiente texto, el ejercicio consiste en intentar una definición conjunta de la equidad e identificar una forma justa y aceptable de dis-

tribuir una torta para la mayoría de los participantes. La realización de este ejercicio señala la ausencia total de consenso sobre la definición y la realización concreta de la equidad, aunque pueda existir la voluntad para logar un objetivo común de equidad.

En su texto clásico sobre política pública, Deborah Stone (Stone, 1988) cuenta una historia que ilustra la importancia de los valores en el trabajo del analista y en la toma de decisión de las políticas públicas. Se trata de saber cómo se puede dividir una torta de chocolate en un salón de clase de acuerdo con el principio de equidad. Más allá de que el objetivo de equidad pueda entrar en conflicto con otros objetivos, tales como el de eficiencia, demuestra que existen por lo menos seis perspectivas distintas para dividir la torta de manera equitativa.

1) Primero, se podrían proporcionar partes iguales para todos los estudiantes que están en el salón. Pero ¿sería justo eso para los estudiantes que no vinieron porque no sabían que se iba a ofrecer torta?

2) Segundo, se podría distribuir la torta de acuerdo con la pertenencia a grupos; por ejemplo, dar la mitad de la torta a las mujeres y la otra mitad a los hombres. Pero si hay muchos más hombres en el salón, este grupo tendrá menos torta.

3) También se podría buscar ecualizar la comida de cada uno, dando más a los que no tuvieron tiempo para almorzar. Ahora el problema sería cómo distribuir la torta equitativamente en un sentido más amplio, teniendo en cuenta factores externos.

4) También podríamos dar una cuchara a cada uno de los estudiantes, ponerlos a hacer fila en el salón y dejarlos dividirse la torta. Lo que dará como resultado una distribución desigual, pero proporcionando un punto de partida igual, una igualdad de oportunidad en un sentido.

5) Se podría dividir la torta en ocho partes grandes y hacer una lotería para ver cuáles estudiantes tienen más chance. Lo que también tendría como consecuencia una distribución desigual, pero proporcionando a cada uno una igualdad estadística de chance.

6) Finalmente, se podría organizar una elección (una persona, un voto) y entregar la torta al candidato que ganara para que se la comiera, lo que dará por resultado una distribución muy desigual, pero en la que cada uno ha dado un voto igual.

EJERCICIO 3 (*Consideraciones éticas*):

En múltiples ocasiones el analista se ve enfrentado a dilemas morales difíciles de resolver. Si, por ejemplo, el cliente espera que el analista adopte una posición y este no la comparte, debe ser consciente de que cualquier decisión que tome tiene serias consecuencias. En el proceso de encarar dichos dilemas, el analista debe sopesar tres diferentes perspectivas del concepto de *lealtad*. Estas son la "lealtad para con el cliente", la "lealtad para con la causa" y "la lealtad consigo mismo". El analista también debe considerar los efectos tanto de corto como de largo plazo de su decisión. Considere el siguiente ejemplo y responda a la pregunta que aparece al final.

Un alto funcionario del Departamento Nacional de Planeación (DNP) le pide a una firma de consultores desarrollar una proyección sobre el negocio de las drogas en Colombia y un plan de inversión de mil millones de dólares provenientes de los Estados Unidos para combatir las drogas durante los próximos veinte años. Aunque gran parte de la ayuda será destinada a fortalecer el pie de fuerza, también se podrán hacer inversiones en sustitución de cultivos, reparación ambiental y fortalecimiento institucional en las zonas afectadas.

Con dicha inversión los habitantes de las zonas afectadas podrán contar con ayuda para crear microempresas, escuelas bien dotadas, vías de acceso y subsidios, entre otros beneficios. La ayuda, sin embargo, deberá complementarse con una contrapartida por un valor tres veces superior al aportado por los Estados Unidos proveniente del presupuesto nacional.

En un informe preliminar, entregado por los consultores, se proyecta que a diez años la producción de drogas en Colombia habrá desaparecido en aproximadamente la mitad del nivel actual, lo que implicaría una eventual reducción de la inversión en pie de fuerza y hasta en recortar sustancialmente la ayuda extranjera.

El funcionario de Planeación reacciona con furia ante semejantes resultados y ordena una revisión de los análisis hechos. Si se dan a conocer dichos resultados, el país dejaría de recibir el apoyo de la cooperación internacional y los partidos de oposición ganarían terreno en la arena política, pidiendo que el actual Gobierno revaluara su política de seguridad y su plan de desarrollo. Por su parte, en los Estados Unidos el Partido Demócrata presionaría por que la ayuda, o bien se recortara a la mitad, o bien se mantuviera por menor tiempo.

Ante la reacción del funcionario de Planeación, los consultores revisan sus estimaciones y aceptan usar la cota inferior de ellas: desaparición del cultivo en catorce años. Dichos resultados tampoco son del agrado del alto funcionario.

El funcionario les pide a los consultores, o cambiar las cifras, u omitir cualquier referencia al respecto en el informe, petición que los consultores rehúsan hacer porque sienten que ya han ajustado su interpretación de los resultados lo más que pueden y que hacer más sería indebido y técnicamente indefendible.

El funcionario criticó en privado de arrogantes a los consultores y le pide a usted, su asesor del DNP en el tema, reescribir el informe omitiendo las proyecciones. El funcionario les ha pedido a los consultores externos no divulgar sus conclusiones en ninguna circunstancia.

¿Usted qué haría? (al elaborar su respuesta, tenga en cuenta su situación personal actual: edad, estado civil, número de dependientes, condiciones de salud especiales, si aplica, etc. No tiene que referirse a ellas de manera explícita, solo tenerlas en cuenta para que la decisión sea, en lo posible, lo más parecido a la realidad. Tratar de convencer al cliente no es una opción. ¡Él tiene las cosas muy claras!). Las opciones se identifican en la figura 7.

FIGURA 7. DILEMA ÉTICO INHERENTE AL ADIPP

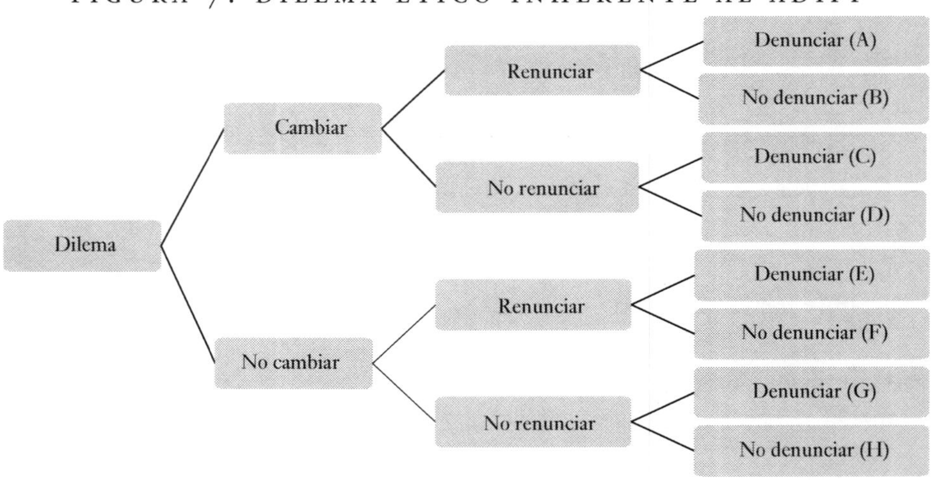

Fuente: elaboración propia.

Ejercicio 4 (*Gobernanza colaborativa*).

Usted tiene la capacidad de decidir cuáles funcionarios serán invitados por el Gobierno nacional a participar en el diseño colaborativo de una política pública nacional para la acción frente a futuras pandemias. Para tomar su decisión, resuelve realizar un análisis del conocimiento que puede aportar cada delegado potencial, otros recursos que podría aportar y relaciones con otros funcionarios —éxito en colaboraciones anteriores, confianza—, y con fundamento en estos datos decidir cuáles funcionarios deberían ser priorizados para proponer ideas según su aporte de conocimiento, a cuáles es indispensable consultar para lograr decisiones viables y comprometer para impulsar la política, a cuáles es necesario involucrar para que le den legitimidad al proceso, dada su autoridad legal o sus relaciones con otros delegados, y cuáles no son indispensables para ninguno de estos objetivos. Este análisis incluye al mismo Gobierno central. ¿Qué le llama la atención?

Tipo de actor	Conocimiento	Otros recursos	Relaciones con otros actores	Priorización
Gobierno nacional				
Departamentos				
Municipios y distritos				
Gremios				
ONG				
Científicos sociales				
Científicos de ciencias naturales				
Ciudadanos no organizados				

APRENDIZAJES DE LA PRIMERA PARTE

En el cuadro 19 se esbozan los principales aprendizajes de la primera parte.

CUADRO 19. PRINCIPALES APRENDIZAJES DE LA PRIMERA PARTE

— En general, las políticas públicas son un conjunto de decisiones que toman diferentes actores, a menudo en distintos niveles de poder del Estado, o fuera de él, pero con su concurso, sobre problemas que se consideran de carácter público, es decir, sobre los que se espera que intervenga, apelando a diversas formas de conocimiento.

— El análisis de políticas públicas es un proceso iterativo e interdisciplinario orientado hacia problemas, que busca usar y producir conocimiento de manera sistemática a partir de la aplicación

(*Continúa*)

de distintos métodos analíticos, lo que implica definir el problema público en cuestión, propósitos de acción, instrumentos y metas para su abordaje, y también evaluar estrategias implementadas con el fin de mejorar la intervención pública y la efectividad de los Gobiernos.

— Diferentes tipos de necesidades pueden atenderse con distintos tipos de análisis de políticas: retrospectivo o prospectivo, normativo o descriptivo, académico o instrumental. Diversos productos analíticos se asocian con cada uno de estos tipos de análisis. Los retos para los analistas son diferentes en cada uno de estos tipos de análisis. El análisis académico de políticas antecedió al instrumental.

— El analista de políticas públicas es un agente de cambio que incide en el proceso de las políticas públicas para mejorar su efectividad. Desempeña el importante papel de "abogado del problema", es decir, el de catalizador de la situación problemática y estructurador del problema formal, sobre el cual se diseñarán las soluciones. Puede también ser "abogado de la solución", en razón a que a veces no solo se tiene interés en que se haga algo al respecto de un problema, sino que, además, se adopte la solución que se juzga ideal según una multiplicidad de criterios.

— El análisis de política pública reduce la probabilidad de caer en el error del tercer tipo, esto es, ofrecer una solución al problema que no es. La consecuencia obvia de caer en este error es que, además de que el verdadero problema no se resuelve, se pueden generar nuevos problemas.

SEGUNDA PARTE
CONOCIMIENTO PARA ILUSTRAR LA TOMA DE DECISIONES DE POLÍTICA PÚBLICA

Objetivos de aprendizaje de esta parte

Con el estudio de esta segunda parte del libro, usted estará en capacidad de:

— Definir el concepto de *problema público*, así como sus características distintivas, tipologías y ciclo de maduración.

— Aplicar distintos métodos para la estructuración de los problemas públicos, con el objetivo de facilitar su comprensión y la eventual definición de acciones para su abordaje, incluyendo los nuevos métodos que se apoyan en el pensamiento de diseño.

— Identificar distintos criterios para la toma de decisiones que faciliten la evaluación *ex ante* de alternativas de solución.

— Distinguir entre diversas fuentes para la definición de posibles alternativas de solución, su desarrollo en instrumentos de política y su contribución con enfoques de innovación pública.

— Comprender distintos métodos para la evaluación *ex ante* de alternativas de solución para su aplicación en contextos de toma de decisiones.

— Interpretar resultados de procesos de evaluación *ex ante* de alternativas de solución, con el fin de formular recomendaciones de política que se fundamenten en argumentos coherentes.

— Recomendar y argumentar de manera persuasiva la alternativa o conjunto de alternativas de la solución que se escogió.

En la primera parte vimos que las políticas públicas, por regla general, siguen un ciclo compuesto de ocho fases que, en breve, inicia con la identificación del problema, pasa por la implementación de soluciones y culmina con su reforma o terminación. Vimos que existen varias teorías y visiones al respecto de cómo se forma la política pública, y que conocerlas le permite al analista tener una visión de conjunto al respecto de su papel específico. En particular, discutimos sobre el importante papel que el analista puede representar para que, desde una posición objetiva, y entendiendo las dinámicas del proceso, pueda aportar información y conocimiento útil para guiar la toma de decisiones y así contribuir a la solución de problemas públicos. Por último, y particularmente relevante para esta segunda parte, vimos que el análisis y diseño de políticas públicas debe concebirse con un ejercicio iterativo e interactivo.

En esta parte abordaremos las formas como la función del analista se puede llevar a cabo con profesionalismo y buena calidad. Es decir, veremos cómo el conocimiento puede nutrir el proceso que siguen las políticas desde la comprensión misma del problema y la concepción y diseño de soluciones (*Knowledge in the Policy Process*). Para ello, abordaremos primero el mayor reto del analista y diseñador de políticas públicas: la identificación y estructuración del problema público que inspira la acción del Estado. Luego veremos el proceso y los métodos relacionados con la identificación de los criterios de decisión. Por último, nos referimos al proceso y los métodos de identificación de las alternativas de solución, con la evaluación de alternativas y con la estrategia de argumentación y recomendación de soluciones.

CAPÍTULO CUARTO

El problema de definir el problema de políticas públicas

En el ejercicio de análisis de política pública la etapa más compleja, más difícil y más importante es la identificación del problema. Si este no se identifica bien, se corre el riesgo de ser ineficaz al solucionarlo, pues se pueden ofrecer soluciones a problemas incorrectos, es decir, caer en el error del tercer tipo. Esta preocupación es lo que ha llevado a avanzar con rapidez en lo que se conoce hoy como la problematología (Turnbull, 2005). Según algunos estudiosos de la materia como Dunn (2004), la estructuración del problema es prioritaria; incluso, está por encima de la solución del problema, lo cual escapa de su control.

Según Aguilar, "quien define es quien decide", pues de la manera como se defina un problema público dependerá el curso de acción, los instrumentos y medios que se utilizarán para intentar resolverlo (Aguilar, 2009). En este capítulo se describirá el proceso de estructuración y definición del problema y se identificará su importancia para la construcción de la política pública.

Es importante tener en cuenta que de acuerdo con varios analistas los problemas no son algo que existe como un objeto concreto que se debe "encontrar", "descubrir" o "identificar", sino que se trata de constructos mentales a los que opta quien toma decisiones; de manera estratégica, denominar, definir y caracterizar como "problema" por conveniencia política (Dery, 1984; Hoppe, 2010; Vesely, 2007).

Como se puede ver en la figura 8, el proceso analítico, al igual que el proceso político, es cíclico, pero no lineal, sino iterativo. Así, la definición del problema es un paso esencial, pero no termina en el momento inicial, sino que se debe abordar de forma reiterada a medida que se avanza en las demás fases del ejercicio. En efecto, en las etapas tres y cuatro, al igual que en la etapa siete del proceso analítico, asociadas con identificación de alternativas de solución, la evaluación de alternativas y el diseño del plan de monitoreo, el analista se remite de nuevo a la definición del problema, pues durante ellas la estructuración del problema se pone a prueba; es allí donde se determina si se está cayendo o no en el error del tercer tipo, es decir, dar solución a un problema equivocado.

Este capítulo contiene elementos tanto teóricos como prácticos, orientados no solo a contribuir al conocimiento del ciclo de las políticas públicas, sino a las mejores formas de aportar conocimiento para que el ciclo se lleve a cabo de la mejor forma posible. Así, en la primera parte se discutirán los elementos conceptuales que permiten entender la naturaleza del principal objeto de estudio de los analistas y diseñadores: los problemas públicos. Allí se abordarán sus características y tipos. Luego se abordarán las fases típicas que surten los problemas públicos desde su percepción hasta que se decide hacer algo al respecto. El propósito de ese análisis es llamar la atención sobre cómo la sensación problemática se forma, se transforma en situación problemática que demanda una acción y se formaliza para inspirar el diseño de la acción por implementar. En seguida se presentan los métodos que se sugieren para llevar a cabo de la mejor forma posible la labor del analista en esta tarea, que consiste en definir y estructurar bien el problema con miras a proponer una solución efectiva. Estamos convencidos de que la discusión teórica que se ofrece al principio nutre de manera fundamental la labor instrumental descrita en los métodos, pues el correcto entendimiento de los problemas públicos y de su complejidad determinará la acertada o incorrecta utilización de los métodos e instrumentos propuestos en este capítulo y, a la postre, el éxito o fracaso del diseño de políticas públicas.

FIGURA 8. PASO 1. ESTRUCTURACIÓN DEL PROBLEMA

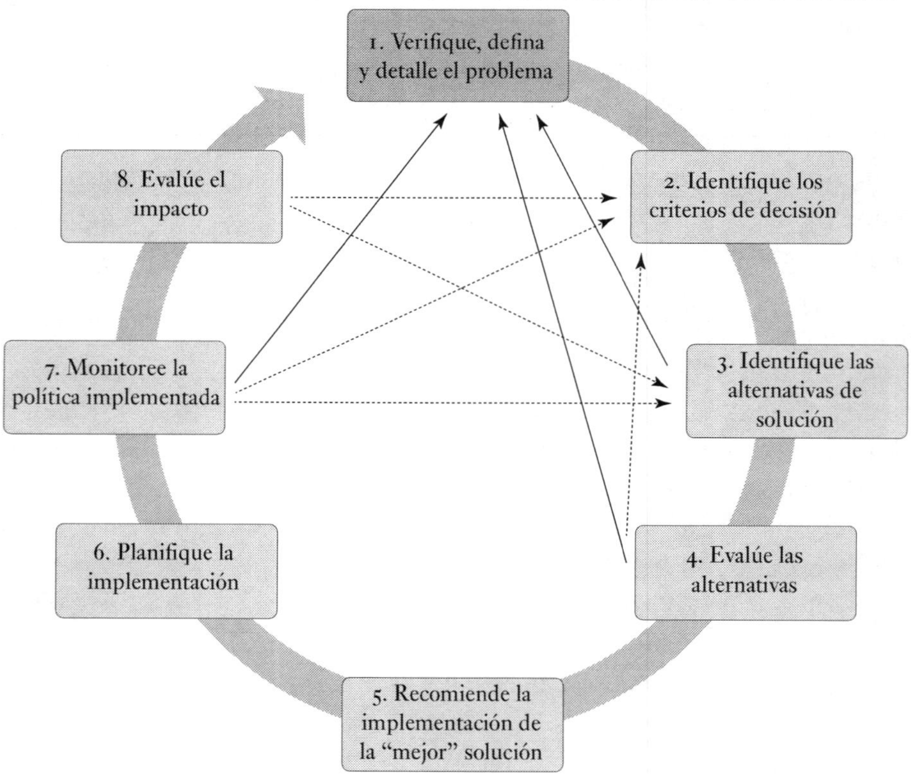

Fuente: elaboración propia.

I. CARACTERÍSTICAS DE LOS PROBLEMAS PÚBLICOS

La Real Academia Española define *problema* como el 'conjunto de hechos o circunstancias que dificultan la consecución de algún fin', o como un 'planteamiento de una situación cuya respuesta desconocida debe obtenerse a través [*sic*] de métodos científicos' (*Diccionario de la lengua española*, 22.ª ed., www.rae.es).

De acuerdo con Dunn (2014, 5), "los problemas de políticas públicas son necesidades, valores u oportunidades de desarrollo que no están resueltas y que son posibles de alcanzar mediante la acción pública". Dichos problemas son la razón de ser del Estado; por ende, su identificación es de gran importancia para los analistas de políticas públicas.

Otros autores como Jean-Gustave Padioleau definen el problema público como "el conjunto de problemas percibidos que demanda un debate público, incluso la intervención de las autoridades políticas legítimas" (1982, 25). Por su parte, Aaron Wildavsky lo define como cualquier problema para el cual exista una solución, mientras que Johan Kingdon se refiere a un problema público cuando "las personas comienzan a pensar que algo puede hacerse para cambiar la situación" (Kingdon, 2003, 114).

Para los propósitos de este manual, proponemos como definición de problema público toda situación que afecta de manera negativa los valores materiales e inmateriales de una colectividad, o amenaza afectar el bienestar de ella en el futuro cercano, y sobre las que se espera que el Estado actúe. Destacan de esta definición los elementos característicos del proceso que va desde la percepción de que "algo está mal", seguida de la identificación de sus elementos sustantivos tales como el hecho de que su existencia afecta ciertos intereses y vulnera determinados valores, pasando por el reconocimiento de que "se debe hacer algo al respecto" y, por último, de que en efecto el Estado es capaz, al menos hipotéticamente, de solucionarlo. Sobre estos elementos volveremos más adelante.

El llamado de atención sobre la importancia de entender bien los problemas para poder solucionarlos resulta del dramático descubrimiento de que en la práctica es más común de lo que se esperaría que los gobernantes fracasen en sus políticas públicas porque han "resuelto" el problema equivocado que porque le hayan dado una solución equivocada al problema correcto. Como ya se discutió, a esto se le conoce como el error del tercer tipo, y es el principal reto del analista. Por este motivo, para diseñar una buena política pública se debe hacer una buena identificación, definición y caracterización del problema que nos preocupa como analistas.

Para una mejor comprensión de la complejidad del objeto principal de estudio de un analista (los problemas de política pública), es necesario tener en cuenta sus características intrínsecas:

1) *Interdependencia de los problemas de políticas públicas.* Los problemas en un área afectan con frecuencia los problemas en otras áreas. Los problemas de política pública no son entidades independientes, sino que forman parte de un sistema más complejo (Brown, 1971). Los sistemas de problemas interdependientes requieren un modelo en el cual se estudien los problemas como unidades indivisibles. Así, como lo argumenta el autor de distintas formas, es mejor resolver diez problemas interdependientes a la vez que uno solo[22].

2) *Subjetividad de los problemas de política pública.* Los problemas de política pública están sujetos a interpretaciones humanas. En realidad, los problemas se apoyan en elementos de una situación problemática que son abstraídos de ella mediante el análisis. Existen elementos objetivos como la tasa de natalidad de una población; sin embargo, dichos datos se pueden interpretar de diferentes maneras e identificarse o no como problemas. Si una situación o circunstancia constituye un problema, es a causa de creencias y valoraciones humanas y no de los hechos mismos (Aguilar, 1993). Es muy importante no confundir una situación problemática con un problema, dado que este es una creación mental que resulta de transformar la experiencia en un juicio humano.

3) *Artificialidad de los problemas de política pública.* Los problemas son una creación del ser humano hecha mediante la interpretación y el juicio. Es la sociedad la que decide si quiere mejorar o cambiar una situación problemática. Cotidianamente las sociedades soportan una multitud de condiciones (*i. e.*, el mal tiempo, las enfermedades incurables, la polución); no obstante, no todas estas necesariamente constituyen problemas públicos (Kingdon, 2003). Hasta que se piensa que una acción debe iniciarse para cambiar las cosas, no se trata de un problema, sino solo de una condición. De esta ma-

---

22 Los de problemas son sistemas en los cuales: 1) todos los elementos son diferentes en propiedades y en comportamiento; 2) las propiedades y comportamientos de cada elemento afectan al sistema en su conjunto; 3) tales propiedades y comportamientos dependen al menos de otro elemento del sistema; 4) todos los posibles subgrupos del sistema tienen efectos sobre el (sistema en su) conjunto.

nera, los problemas no existen sin los individuos o grupos que los definen y manifiestan su existencia. Lo anterior quiere decir que no existe un estado "natural" de la sociedad que constituya problemas de política pública. Igualmente, una situación puede ser considerada un "problema" como resultado de la presión ejercida por "abogados de una solución", esto es, "empresarios" que ofrecen "soluciones" y buscan problemas para justificarlas. Como lo argumenta Hoppe (2010), la definición de un problema es en sí una estrategia política.

Así las cosas, un problema puede ser el producto de un proceso de problematización. Poniendo como ejemplo la política ambiental, se demuestra que la polución empezó considerarse problema a partir de los años setenta, mientras que la polución existía desde la aparición de la gran industria. Así pues, la existencia de un hecho objetivo no implica su calificación automática como problema público. En consecuencia, el problema público resulta de un proceso de problematización, esto es, una serie de mecanismos que intervienen en su definición y en el paso de condición a problema (Sheppard, 2009), en el surgimiento de un problema público y en su inscripción en la agenda.

El problema público también resulta del proceso de publicitación, esto es, la manera mediante la cual entra en la esfera pública. Un problema puede ser público:

> En el sentido en que moviliza diferentes públicos (acción sobre la escena pública, movilización colectiva de los diferentes actores involucrados por el problema).
>
> Cuando penetra en la arena pública, en el espacio público, y es objeto de un debate público (aquí hay que tomar en cuenta el papel que juegan [*sic*] los medios de comunicación y la inscripción del problema en la agenda mediática).
>
> Si las autoridades públicas se hacen cargo de él o si recurre a estas autoridades para resolverlo.
>
> Cuando se inscribe en la agenda política y es objeto de politización, es decir, cuando es usado en la puja por el poder (Sheppard, 2009, 359).

4) *Dinámicas de los problemas de política pública*. "Tanto los problemas como las soluciones están en constante evolución. Las soluciones a los problemas se pueden volver obsoletas, o los problemas pueden cambiar o transformarse" (Dunn, 2004, 76).

5) *Incorporan elementos tanto técnicos como políticos.* Los problemas públicos incorporan aspectos de gran complejidad y especialidad que solo se pueden atender apelando a procedimientos, herramientas o materiales que demandan un profundo conocimiento pocas veces ofrecido, de la especialidad de una o varias disciplinas. También involucran aspectos que tienen el potencial de afectar la distribución de costos y beneficios y por esa vía alterar la balanza de poder y de intereses de ciertas personas, organizaciones sociales o políticas o instituciones. Por lo general, su "solución" nunca es totalmente "satisfactoria" para todos los involucrados. Más aún, genera nuevos problemas. En efecto, para muchos, los problemas no se resuelven, sino que se transforman.

Por último, es importante subrayar que el reconocimiento de las características y naturaleza de los problemas (su carácter dinámico, sistémico, subjetivo, estratégico, etc.) ayuda a evitar las posibles consecuencias que acarrea una mala solución, esto es, pérdida de recursos, costos de oportunidad, inefectividad en resolver una situación conflictiva y generación de nuevos problemas, entre otras. Sin duda, la tarea de identificación y definición del problema es un proceso intelectual que sirve de base para todo el análisis y diseño de las políticas públicas.

II. TIPOS DE PROBLEMAS PÚBLICOS

Según Dunn (2004), los problemas se pueden clasificar en tres tipos. Por razones pedagógicas, en este manual se clasifican en dos categorías, pues de esta manera se hacen explícitas las diferencias entre los tipos. Se puede, entonces, hablar de problemas simples y problemas complejos. O, en términos de Dunn (2004), problemas bien estructurados y problemas débilmente estructurados. La estructura de cada una de estas clases está determinada por su complejidad, es decir, el grado en el cual el problema es en efecto un sistema interdependiente de problemas.

¿Por qué el autor se refiere a ellos desde el punto de vista estructural? Porque es lo que caracteriza el objeto de análisis. Debe recordarse que el analista debe ser antes que un abogado de la solución un buen estructurador de problemas. Si se tiene un problema bien estructurado, el trabajo del analista puede ser relativamente más fácil que si tiene que lidiar con un problema débilmente estructurado. Sin embargo, en la política, el analista se enfrenta a una difícil tarea, puesto que no puede elegir el problema.

Como ya se vio, el problema no está establecido, solo existe una situación problemática. Al analista se le presenta el reto de estructurarlo, definirlo y proponer soluciones.

¿De qué depende la complejidad o la simplicidad del problema? Existen cinco criterios. Estos criterios son: el número de personas que toman decisiones que participarían en su solución, el número de posibles alternativas de solución, los valores en juego, el nivel de certeza de los resultados y la calculabilidad de estos (Dunn, 2004). El cuadro 20 sintetiza esta caracterización.

CUADRO 20. TIPOS DE PROBLEMA SEGÚN SU ESTRUCTURA

Elementos	Problemas bien estructurados (simples)	Problemas débilmente estructurados (complejos)
Quienes toman decisiones	Uno o pocos	Muchos
Alternativas de solución	Limitadas	Muchas
Valores (definir)	Consenso	Conflicto
Resultados	Certeros	Inciertos
Probabilidades	Calculables	No calculables

Fuente: adaptado de Dunn (2004).

Esta división sirve como una categorización conceptual que ayuda al analista a identificar a qué tipo problema se enfrenta y cuáles son sus características. Existen problemas que son, por naturaleza, complejos, o en palabras de Dunn (2004), débilmente estructurados; la diferencia entre estos y los simples o bien estructurados depende del nivel de interrelación con otros problemas. En otras palabras, un problema es simple o complejo según el grado en el cual sea un sistema interdependiente de problemas (Dunn, 2004, 79).

Además, en esta sección se repasa el concepto de *fallas del mercado* como justificación por excelencia de la intervención del Estado por medio de políticas públicas orientadas a corregirlas.

A. PROBLEMAS SIMPLES O "BIEN ESTRUCTURADOS"

En opinión de Dunn (2004), los problemas simples son los que tienen una cantidad limitada de personas que toman decisiones (una o pocas), un número reducido de alternativas, un grado de consenso alto entre los involucrados (*stakeholders*), unos resultados certeros y, por último, con unas probabilidades de éxito o fracaso calculables.

En la categoría de problemas simples se incluye la falta de un acueducto en las favelas de Río de Janeiro, pues son pocas personas las que deciden al respecto: el alcalde, las autoridades locales y la comunidad, entre otras. Así mismo, las alternativas son limitadas, pues la variedad de estas para la creación del acueducto sería de carácter principalmente técnico; por dónde pasan las líneas del acueducto, el modo de financiación, el material para utilizar, el contratista, etc. El grado de consenso en este ejemplo sería alto, pues son relativamente pocos los valores e intereses en conflicto. En cuanto a los resultados, se puede decir que hay un grado alto de certeza de los efectos de cada alternativa, pues no hacer nada tendría como resultado una situación igual: el crear el acueducto con características A, B o C tendría resultados específicos para la población. Finalmente, calcular el efecto de un diseño u otro también es una tarea realizada con algún grado de precisión.

Otro ejemplo de problema simple es una epidemia en Haití, pues el número de los que toman decisiones es relativamente bajo, las alternativas de solución son escasas (pues habría que controlar la epidemia mediante jornadas de vacunación, programas de atención y prevención y campañas informativas, entre otros métodos), nadie pondría en duda la importancia de resolver el problema ni cuestionaría los métodos médicos. Los resultados al aplicar una solución son previsibles y las probabilidades de éxito son calculables. Dadas las características anteriores, en este tipo de problemas es relativamente más fácil llegar a consensos y acuerdos que cuando el problema es más complejo en sus características.

B. PROBLEMAS DÉBILMENTE ESTRUCTURADOS "O COMPLEJOS"

Los problemas complejos son aquellos en los cuales existe un gran número de personas que toman decisiones que, en general, tienen valores e intereses en conflicto. Las alternativas de solución en este tipo de problemas son ilimitadas y, por lo general, los resultados de dichas alternativas son inciertos. Las probabilidades de éxito en los problemas débilmente estructurados son incalculables.

Un ejemplo de problema complejo es la pobreza. Dentro de los actores involucrados están los miembros del Gobierno en áreas como la educación, la seguridad social, la salud y la economía; miembros del Legislativo, la sociedad civil organizada, los empresarios, los sindicatos, incluso agentes internacionales y no gubernamentales. No es de extrañar que entre estos actores existan conflictos de valores. Los resultados de las soluciones que se propongan para este problema, al ser tan complejos, son difíciles de predecir y las probabilidades de éxito son prácticamente incalculables.

El aborto ilegal es otro buen ejemplo de problema complejo. En este caso los que toman la decisión son diversos: el Congreso, el Ministerio de Educación, el Ministerio de Protección Social, centros educativos, centros médicos, las cortes y las organizaciones no gubernamentales, entre otros. Además, existen conflictos de valores en cuanto al problema; la visión de la Iglesia es diferente de la del Gobierno y no hay consenso entre diferentes grupos sociales. Por otra parte, las alternativas de solución son diversas y sus resultados son inciertos.

Como ya se dijo, todo problema tiene dos grandes componentes: el político y el técnico. Si el analista debe recomendar soluciones a un problema simple, sus conocimientos y habilidades en el aspecto técnico serán de particular valor. Si se enfrenta a un problema complejo, sus conocimientos y habilidades en lo político serán de especial relevancia. El analista debe hacer frente a las características de cada tipo de problema. En el caso de los problemas simples, el análisis se concentra en la comparación de alternativas en donde los criterios técnicos predominan. En el caso de problemas complejos, las alternativas requieren un estudio relativamente más político en el que se deberían tener en cuenta los conflictos de intereses, los efectos socioeconómicos, el carácter, ideológico y sociológico, etc.

Otra forma de dar cuenta de la complejidad de los problemas es la que ofrece Hoppe (2010), según el cual esta depende tanto del nivel de consenso en valores y normas en juego como de la certeza que se tiene sobre la capacidad para abordarlos de manera efectiva. Así, de acuerdo con Hoppe, cuando estamos frente a problemas en los que hay consenso en valores y normas sociales y, además, certeza sobre las capacidades del Estado para solucionarlo, hablamos de problemas estructurados. Un ejemplo de este tipo de problemas es el del mal estado de la malla vial. Ante problemas en los cuales hay consenso en valores y normas sociales, pero no hay certeza sobre las capacidades del Estado para solucionarlos, se habla de problemas moderadamente estructurados, en los que el "carácter moderador" viene del lado de los medios o instrumentos. Un ejemplo es el de la inseguridad vial. Frente a problemas en los cuales no hay consenso en cuanto a los valores sociales que hay que defender, pero sí sobre la capacidad para incidir en ellos de manera efectiva, se habla de problemas moderadamente estructurados también, pero en los que el carácter moderador proviene de los fines u objetivos sociales. El ejemplo allí es el del crecimiento demográfico. Por último ante problemas en los que ni hay consenso en valores ni certeza sobre el éxito de la intervención, se habla de problemas no estructurados. Un ejemplo sería el de la prostitución, la drogadicción u otras decisiones individuales de los adultos que dividen la opinión pública y sobre los que no se cree haya "soluciones exitosas". La figura 9 sintetiza la tipología de problemas públicos propuesta por Hoppe (2010).

FIGURA 9. TIPOLOGÍA DE PROBLEMAS PÚBLICOS PROPUESTA POR HOPPE

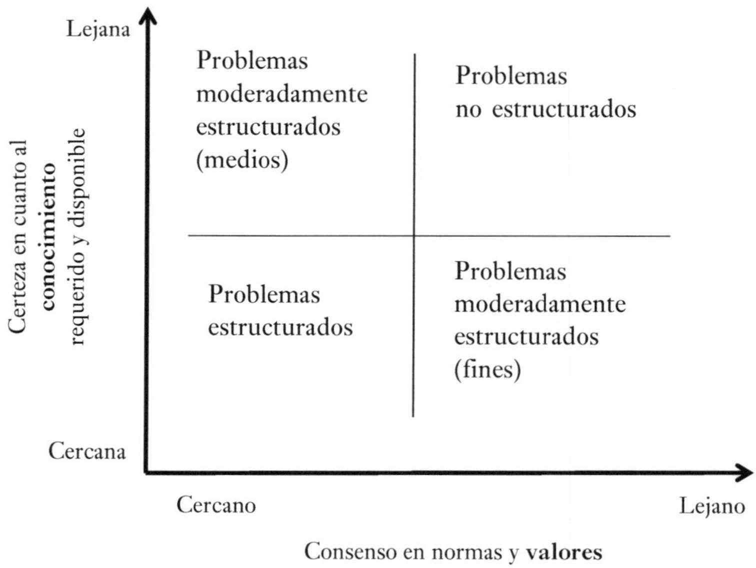

Fuente: Hoppe (2010).

Por último, queremos ofrecer para el debate otra forma de clasificar los problemas según su grado de complejidad. En nuestra opinión, se trata de una clasificación instrumentalmente más útil que las que han ofrecido los autores en la materia hasta el momento. Se trata de diferenciar los problemas teniendo en cuenta el carácter político y el grado de consenso posible (o ausencia de este) en cuanto a la percepción del problema como de las formas de solucionarlo. En parte, la dicotomía planteada responde a las diferencias ideológicas que enmarcan los debates públicos. Así, por un lado, hablaríamos de problemas bien estructurados cuando hay consenso en cuanto a "qué" o cuál es el problema y "cómo" enfrentarlo. Un ejemplo de este tipo de problemas es el de la falta de colegios en municipios alejados o la falta de médicos rurales, etc. Hablaríamos de dos tipos de problemas moderadamente estructurados: cuando hay consenso en cuanto al "qué", pero no en cuanto al "cómo" (*i. e.*, la pobreza, el desempleo, etc.), y cuando hay consenso en cuanto al "cómo", pero no en cuanto al "qué" (*i. e.*, crecimiento demográfico, proliferación de armas, etc.). Por último, habría un cierto tipo de problema y es el relacionado con el estado en el que no hay consenso en cuanto al "qué" ni en cuanto al "cómo" (*i. e.*, falta de espacio público, movilidad urbana, etc.). El cuadro 21 ilustra esta clasificación.

CUADRO 21. TIPO DE PROBLEMA SEGÚN LOS CONSENSOS EN CUANTO AL "QUÉ" Y AL "CÓMO"

¿"Cuál" es el problema? frente a ¿"Cómo" solucionarlo?

		Consenso en cuanto al "cómo"	
		Sí	No
Consenso en cuanto al "qué"	Sí	Problemas estructurados (*e. g.*, puente, escuela, hospital)	Problema moderadamente estructurado (*e. g.*, pobreza, desempleo)
	No	Problema moderadamente estructurado (*e.g.*, proliferación de armas, aborto	Problemas no estructurados (*e.g.*, espacio público, movilidad urbana)

Fuente: adaptado de Hoppe (2010).

Lo anterior da cuenta de la complejidad de la labor del analista, que debe enfrentarse a objetos de análisis tan "gaseosos". Por fortuna, los estudiosos de las políticas públicas han avanzado con rapidez en ofrecer visiones, recursos y herramientas de trabajo para facilitar la labor de los analistas. Si bien estas no garantizan *per se* el éxito en la solución de los problemas, sí contribuyen a mejorar las prácticas y por esa vía reducir los errores y los costos asociados a ellos. En este sentido, todo aporte a la labor intelectual es ganancia. Por eso discutiremos tanto el proceso que siguen los problemas desde su percepción hasta que se les tiene en cuenta para inspirar el diseño de soluciones. Después pasaremos revista a los métodos más utilizados y útiles para facilitar el proceso de estructuración e identificación de los problemas.

C. FALLAS DEL MERCADO COMO TIPO DE PROBLEMA PÚBLICO

Como vimos en el capítulo primero (I.B), una de las justificaciones por excelencia de la intervención del Estado por medio de políticas públicas en economías de mercado tiene que ver con las fallas del mercado (Stiglitz, 2000). Desde esta perspectiva, hay distintos tipos de falla que explican la naturaleza de los problemas públicos, como sostienen Weimer y Vining (2017). De acuerdo con los autores, si un problema público responde a una falla del mercado, el analista es responsable, dentro del ejercicio de diseño y análisis de política pública, de recomendar soluciones y proporcionar información que permitan al Gobierno la regulación adecuada del mercado para su "corrección".

Como se ha planteado en ejemplos anteriores, los tipos de problemas públicos son variados. Quien toma decisiones interviene en racionalidades que explican problemas de distribución, valores sociales, moralidad y comportamiento humano, pero también problemas que se explican desde el punto de vista de la racionalidad económica en economías de mercado predominantemente capitalista. Como lo confirman Weimer y Vining (2017), quien toma decisiones se puede encontrar con problemas que surgen de la transgresión del modelo de competencia perfecta por el que tanto aboga la escuela económica neoliberal dominante. Es más, la gobernante se puede encontrar en un ejercicio de definición en el que se enfrenta a más de una racionalidad explicativa del problema.

Así, desde esta perspectiva, caracterizar los problemas públicos desde la perspectiva de fallas del mercado implica identificar aquellas situaciones que impiden que el mercado opere de manera libre de un modo eficiente y óptimo tal que la homogeneidad y transparencia del mercado permiten la asignación eficiente de los recursos (Óptimo de Pareto), o el equilibrio entre oferta y demanda. En este proceso de identificación, el analista presta especial atención a las siguientes fallas del mercado: bienes públicos, externalidades (positivas y negativas), monopolios naturales y asimetrías de información, y define después los criterios y alternativas que permitan llegar a la situación óptima con una estructura de mercado alterna impulsada por el Gobierno, tal como los subsidios a externalidades positivas, instituciones de control o monopolios socialmente deseables. Sobre los diferentes tipos de "correctivos" a dichas fallas nos referiremos en mayor detalle en el capítulo sexto.

Ahora bien, aproximarse a los problemas públicos desde el punto de vista de las fallas del mercado no implica que el analista deba siempre basarse en la disciplina económica para comprenderlos. Por el contrario, las fallas del mercado contribuyen a clasificar y organizar los problemas para su mejor comprensión con insumos analíticos interdisciplinarios, en los que el perfil y la formación del analista resultan centrales. Naturalmente, la perspectiva de las fallas del mercado implica considerar los costos económicos que los problemas públicos representan para la sociedad, por lo que el análisis de política y del problema puede nutrirse de los insumos de expertos en la disciplina económica.

A continuación se repasa la lógica económica detrás de las fallas de mercado, con el fin de ofrecer herramientas conceptuales que faciliten el análisis económico de los problemas públicos. Cabe señalar que los términos y descripciones de dichas fallas pueden variar según el autor o la escuela económica desde la cual se abordan, por lo que el repaso pretende ser ilustrativo, mas no exhaustivo.

— *Bienes públicos y el problema del polizón (o free rider)*: la ineficiencia en la provisión de estos bienes requiere la intervención estatal. Recordemos que un bien público es aquel del cual puede disfrutar cualquier persona sin crear una rivalidad o una exclusión. La seguridad de un país o el alumbrado público son ejemplos de bienes públicos. En estos casos, si un ciudadano se beneficia de estos servicios, no se limita el acceso o disfrute de otros ciudadanos; es decir, son bienes públicos "puros". En cuanto a los bienes públicos "impuros", son aquellos cuya rivalidad en el acceso es parcial, como por ejemplo la circulación en una vía pública urbana que, si bien la pueden utilizar varios vehículos simultáneamente, en algún momento la entrada de un vehículo adicional podría significar mayor tráfico y menor velocidad en la circulación, limitando el uso de la vía para otros. Los bienes públicos impuros son, en ese sentido, un punto medio entre un bien público y un bien privado, ya que si bien no generan exclusión y los pueden consumir varios simultáneamente, en algún punto pueden producir rivalidad.

— *Externalidades*: en ocasiones existen beneficios o costos generados por la producción o consumo de un bien o servicio que causan un efecto positivo o negativo no intencionado en el entorno y que no capturan el costo de producción o el precio de venta. Esto implica un problema no solo por los efectos, eventualmente negativos, que una acción tiene en el entorno, sino porque desde la perspectiva económica existe una pérdida de eficiencia del mercado que hay que corregir, subsanar o compensar. Pensemos por ejemplo en la deforestación como efecto de la expansión de la frontera agrícola. En este supuesto el Gobierno podrá intervenir para reducir los efectos de la deforestación y reestablecer los derechos de la población afectada por el problema.

— *Monopolios y oligopolios*: la alteración de los precios en los mercados por cuenta de monopolios u oligopolios, los cuales existen a causa de barreras de acceso a competidores y le otorgan el poder del mercado a un productor (monopolio) o a pocos (oligopolio) productores, es a todas luces problemática. Un ejemplo es el elevado precio de ciertos medicamentos o de productos de primera necesidad como consecuencia del oligopolio de farmacéuticas o agricultores y el limitado control del Gobierno.

— *Asimetrías de información:* un limitado acceso a información estratégica distorsiona el acceso al mercado de parte de los consumidores. Por ejemplo, los altos niveles de endeudamiento en mercados financieros informales pueden responder, entre otras causas, al limitado acceso a información del mercado formal y estigmas asociados a su ingreso. El incremento de la obesidad infantil por limitado acceso y falta de claridad de la información nutricional que presentan los productos es otro ejemplo.

Entender la lógica económica de los problemas públicos resulta importante para complementar la integralidad del análisis y diseño de alternativas de solución en las etapas siguientes del ciclo de política pública. Si bien en este punto no se recomienda al analista ser abogado de una solución, sino del problema, resulta útil identificar las posibilidades que el analista tendrá al momento de diseñar alternativas de solución si antes ha identificado la racionalidad económica asociada al problema. El tipo de soluciones que ofrecen los autores se abordarán más adelante en la etapa de diseño de alternativas de solución.

III. CICLO DE MADURACIÓN DE LOS PROBLEMAS PÚBLICOS

Dunn (2004, 83) identifica cuatro fases en la estructuración del problema: su experimentación, búsqueda, definición y especificación. Por considerarlo más útil y claro, partimos de dicha visión para darle un tratamiento distinto y caracterizar los momentos y etapas críticas identificables que van desde la experimentación de la sensación problemática (*input* psicológico), pasa por su ascenso a situación problemática (*input* político), sigue por la objetivización del problema (*input* académico) y culmina con la formalización del problema orientado a inspirar el diseño de soluciones (*input* técnico). Mientras que en las dos primeras fases la intervención del analista es casi nula[23], en las dos últimas es fundamental. La figura 10 sintetiza nuestra visión al respecto.

FIGURA 10. CICLO DE MADURACIÓN DEL PROBLEMA PREVIO A LA SOLUCIÓN

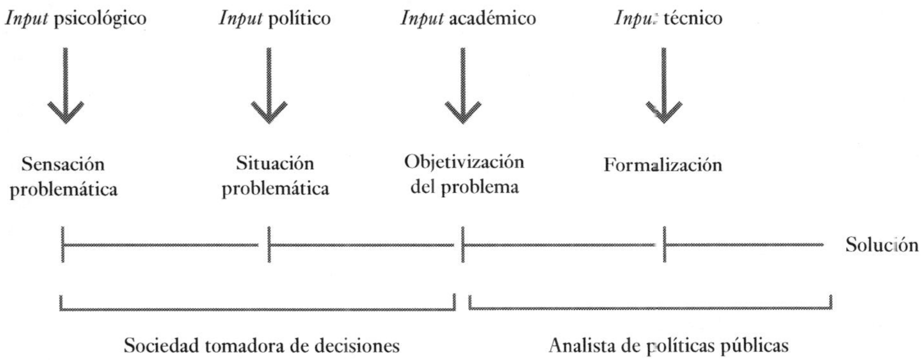

Fuente: elaboración propia.

En este manual se interpretan las etapas de Dunn (2004) a partir de sus resultados más que en función de las acciones que implican su estructuración. Creemos que esta visión enriquece la comprensión del proceso de estructuración del problema y ofrece el contexto necesario para dimensionar el ejercicio que implica el uso de los instrumentos y métodos que se presentan en el manual. A continuación se detalla cada fase.

A. LA SENSACIÓN PROBLEMÁTICA

La primera fase del proceso de estructuración del problema consiste en el reconocimiento emocional y psicológico que se desprende de "vivenciar" la presencia o la existencia de un problema, o como lo define Dunn (2004, 72), de una necesidad no satisfecha, unos valores o unas oportunidades de me-

23 Excepto cuando el analista busca incidir en la percepción pública o representar el papel de abogado de la solución por intereses políticos. De esto hablaremos más adelante.

jorar que solo se pueden alcanzar con la intervención del Estado. Esta sensación no necesariamente la comparten todos los actores para los que un tema es relevante, sino una parte de ellos, que según sea el caso, buscarán influir directamente en los gobernantes, en la burocracia estatal, o lograr atención para el problema poniéndolo en la agenda pública. En el análisis de políticas públicas esto lo han estudiado las teorías sobre el agendamiento (Cobb, Ross y Ross, 1976). Aun entre quienes comparten la sensación de que existe *un* problema pueden existir diferentes formas de entender *cuál es* problema, actualmente llamadas con frecuencia *narrativas*. Las narrativas reciben ese nombre por ser maneras de entender el problema, y se reflejan con frecuencia en relatos o historias sobre él. Sin embargo, para el análisis de políticas, lo esencial de las narrativas no son esas historias que se cuentan, sino cómo reflejan ideas sobre la forma en que diferentes elementos de un problema se conectan. El pionero de este tipo de análisis fue Roe (1994).

En esta fase típicamente se perciben expresiones como "algo malo está pasando", "me molesta esta situación", "hay algo que no funciona bien", etc., pero también "estamos desaprovechando la oportunidad de...". Aquí se encuentra la génesis de la política pública. Sin ella no se hace nada. En esta fase el analista no tiene ningún papel. En efecto, podría ser totalmente ajeno a la situación en cuestión.

B. LA SITUACIÓN PROBLEMÁTICA

La "sensación problemática" puede ascender a "situación problemática" en la escala política, en función del número de los afectados, pero también de su influencia y de la urgencia que se le otorgue al problema. Como lo afirma Aguilar (1993), se trata del conjunto de experiencias que observan y viven los sujetos que tienen como resultado conclusiones negativas y que generan consecuencias que difieren de las condiciones deseadas. En esta etapa con frecuencia la sensación problemática se colectiviza, lo que lleva a la existencia de demandas organizadas concretas a "hacer algo al respecto", aunque también, como mencionamos arriba, puede ocurrir que simplemente un grupo muy influyente logre poner el tema entre los que se esperan decisiones prontas, lo que Kingdon (1984) llamó la *agenda de decisión*. El papel del analista en esta fase sigue siendo más bien pasivo. Tal vez sea un "simple" observador, el cual se entera en los noticieros de lo que se está gestando.

La sensación problemática, sumada a una demanda y preocupación colectiva sobre el tema, desemboca en una situación problemática, pues se apoya en percepciones y sensaciones colectivas que tienen como resultado una apreciación negativa sobre la situación. En este contexto se percibe que el Estado debe y puede hacer algo. Las reformas a la educación, el acceso y gratuidad de la prestación del servicio de salud, etc., son ejemplos de conquistas sociales que resultan de una demanda colectiva. El cuadro 22 sintetiza los pasos que caracterizan el tránsito de la sensación problemática a la situación problemática cuando esta resulta de demandas sociales.

CUADRO 22. TRÁNSITO DE LA SENSACIÓN PROBLEMÁTICA A LA SITUACIÓN PROBLEMÁTICA

Sensación problemática:
"Algo malo está pasando"
"Me molesta esta situación"
"Hay algo que no funciona bien"
¡Se debe hacer algo al respecto!
"¿A alguien le importa esta situación?"
"Es correcto cruzarse de brazos y esperar a que la situación cambie por sí sola?"
¡La sociedad reclama la intervención del Estado!
"¿A quién le corresponde hacer algo al respecto?"
"¿Dónde está el Estado?"
"¿Para qué pagamos los impuestos?"
"¿Para qué lo/la elegimos?"

Fuente: elaboración propia.

En algunos casos la sensación problemática puede ascender al estatus de "situación" por otras vías, por ejemplo, por la vía del reconocimiento que quien toma decisiones puede hacer de una necesidad, como es el caso de la deserción escolar o la inversión en ciencia y tecnología, sobre los cuales no hay y puede que no exista una demanda social suficientemente articulada en el mediano o en el largo plazo. Así mismo, la situación problemática puede constituirse como consecuencia de un mandato legal, institucional o constitucional, como en el caso de problemas relacionados con corrupción, en los cuales se *debe* intervenir, o como resultado de una presión internacional, como, por ejemplo, en casos de violaciones a los derechos humanos, o cuando se abre una ventana de oportunidad para la acción pública ante la existencia de problemas no atendidos o no reconocidos de manera colectiva, como puede ser la identificación de bajos niveles de turismo internos, donde la acción sería deseable[24].

La figura II ilustra las diferentes variables que influyen en la conformación de una situación problemática.

FIGURA II. FACTORES QUE EXPLICAN LA SITUACIÓN PROBLEMÁTICA

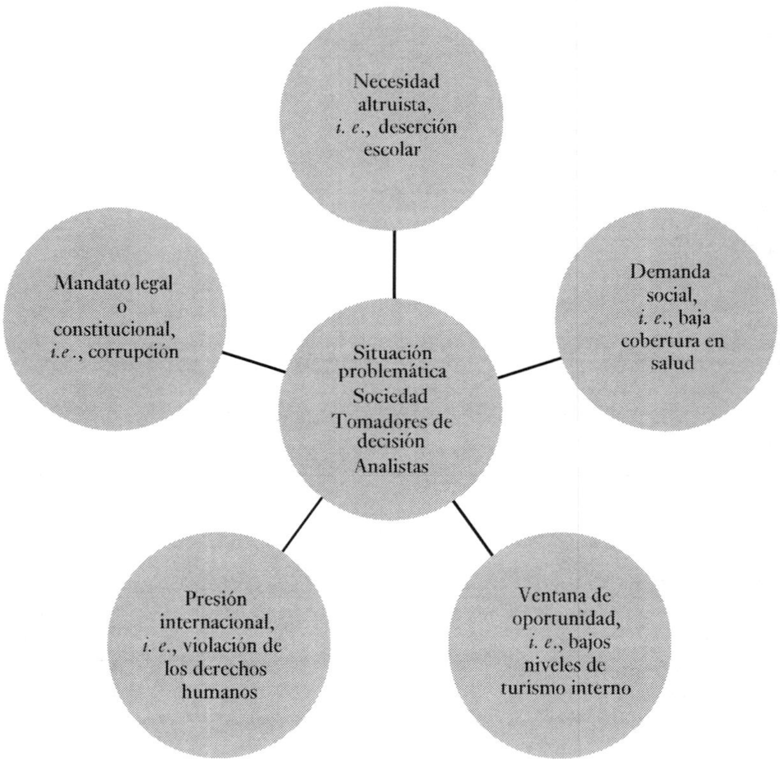

Fuente: elaboración propia.

C. LA OBJETIVIZACIÓN DEL PROBLEMA

A partir de la situación problemática, el analista se ve abocado a la tarea de identificar las posibles manifestaciones del problema concreto al que se en-

24 El abordaje del proceso que culmina con la inclusión de un problema en la agenda pública se ilustra ampliamente en Kingdon (2003).

frenta. En ese proceso, encara el reto de identificar las fronteras del problema sustantivo dentro de un sistema problemático mucho más amplio, o metaproblema.

1. EL METAPROBLEMA

La segunda etapa para la estructuración del problema es la relativa a la identificación de las diferentes formas que puede adoptar la sensación problemática para hallar así el metaproblema. En la práctica los analistas rara vez se ven enfrentados a un problema simple o bien estructurado. La mayoría de las veces se encuentran con multiplicidad de sensaciones problemáticas que han definido como problemas de maneras diferentes por actores y quienes toman decisiones por medio del proceso de política pública. El metaproblema es el "problema de problemas", es la sumatoria de las representaciones individuales del problema, es decir, de la forma como los diferentes actores visualizan o perciben "el" problema.

En esta fase el papel del analista es fundamental. Aquí tiene un objetivo claro, esto es, estructurar el metaproblema, vale decir, definir un problema de segundo orden que contendrá diferentes problemas de primer orden. Para cumplir esa meta el analista empieza a hacer una identificación de las ideas, las visiones, los conceptos, las variables, los supuestos, las premisas, los objetivos, los paradigmas, las políticas, etc., que estarían asociados a una visión del problema, a una representación de él de parte de los distintos actores, de los que tienen algo que decir al respecto. Aquí aparecen de nuevo las diferentes narrativas de los actores sobre el problema.

Un método muy útil para la estructuración del metaproblema es el análisis de fronteras del problema. Mediante un ejercicio juicioso de investigación, el analista puede llegar a encontrar las fronteras del problema. Para ello, indaga, cuestiona, entrevista, lee, estudia las diferentes formas en que el problema se representa o se podría representar. El método de "bola de nieve" es muy útil para ello. En este proceso el analista contacta a las personas de su entorno más cercano que conozcan del problema y puedan aportar definiciones de él. Al final de la entrevista pide que le proporcionen la referencia de otras personas o fuentes que estén involucradas o interesadas en el tema, o relacionadas con él, y así sucesivamente. Mediante este proceso el analista puede recoger diferentes elementos de las definiciones proporcionadas sobre el problema y además puede identificar los actores involucrados en él, aumentando así el acervo de información y conocimientos sobre el asunto. Cuando el analista no pueda encontrar ideas nuevas o fuentes diferentes, habrá encontrado los límites del metaproblema. Más adelante este método se estudiará en forma detallada.

Por ejemplo, en el caso del problema de la contaminación ambiental, el analista se puede topar con personas que opinen que la contaminación es un mal necesario en el proceso de desarrollo de un país. Para esa definición del problema, una solución viable sería establecer estándares mínimos de contaminación que a su vez protegieran el ambiente y no impidieran el desarrollo. Otra percepción del problema que el analista puede encontrar es la que afirma que la contaminación es consecuencia de los empresarios insensibles que solo desean aumentar el margen de utilidad de su empresa, independientemente de las externalidades negativas para el ambiente que ello genere. Frente a esta visión del problema, una alternativa de solución podría ser castigar las utilidades de las empresas por contaminar, o, mejor aún, definir estímulos tributarios para la producción limpia. De esta manera se "juega el juego" que entienden estos empresarios y se logran los dos objetivos en cuestión: generar utilidades y proteger el ambiente. Una visión alternativa del problema puede ser la referente a la contaminación como resultado de los consumidores que no tienen en cuenta el efecto o externalidad asociada con el producto que compran y consumen o no se interesan por él, quizá porque solo se fijan en los precios de los productos que desean comprar. Desde esta perspectiva, una solución viable sería implementar campañas de sensibilización de los consumidores para que consumieran productos limpios que afectaran menos el entorno. El metaproblema para efectos del ejemplo anterior sería la recopilación de todo el panorama de percepciones, actores, visiones y paradigmas acerca de la contaminación.

En la práctica, todas las formas en que se representa el problema del ejemplo tienen algo de razón. Por ello, una visión holística, completa y compleja del analista le permitiría diseñar soluciones más adecuadas, lo que aumentaría su probabilidad de ofrecer la recomendación a una solución exitosa. Por el contrario, si el analista no hiciera el ejercicio de buscar el metaproblema, correría el riesgo de tener en cuenta una única visión (cualquiera de las anteriores u otra) y de esa manera ofrecer una solución sesgada, lo que reduciría la probabilidad de éxito de solucionar el problema real en todas sus dimensiones, cayendo en el error del tercer tipo antes discutido. Sin embargo, hay que notar que con frecuencia los diferentes actores no perciben ese "algo de razón" en las posiciones de los demás. Aunque es posible identificar elementos comunes entre las distintas narrativas —una metanarrativa que correspondería al metaproblema y contuviera los elementos comunes de dos o más narrativas—, es posible que solo un gran esfuerzo logre demostrar a quienes respaldan alguna de las narrativas específicas sobre un problema que su manera de entenderlo sí se ha tomado en cuenta. Algunos ejemplos de ejercicios para encontrar metanarrativas se encuentran en Bridgman y Barry (2002) y Hampton (2009).

2. EL PROBLEMA SUSTANTIVO

Mientras que el ejercicio de encontrar el metaproblema consiste en identificar su complejidad en todas sus dimensiones y características, en esta fase se busca mover el ejercicio analítico en dirección a la acción. Así, la fase consistente en encontrar el problema sustantivo busca empezar a definir el problema en términos más operacionales, más "manejables".

Se trata de un reto intelectual que implica reconocer los elementos sustantivos del problema desde una perspectiva particular en la que el analista toma una posición, privilegiando una visión sobre las demás. En efecto, en la práctica la visión predominante que en últimas se tenga de los problemas depende en gran medida de la profesión, la experiencia y la trayectoria del analista. Así, un economista tiende a ver siempre los problemas desde la perspectiva economicista, esto es, con énfasis en los factores que afectan la producción y la distribución de bienes y servicios, la eficiencia económica, el punto de equilibrio, etc. Esta visión primará, entonces, en el momento de analizar un problema y ofrecer una solución. Si, por el contrario, el analista tiene una preferencia por analizar los problemas públicos desde el punto de vista de la ciencia política, tenderá a ver las cosas desde la perspectiva del énfasis en la distribución del poder e influencia de los diferentes actores involucrados.

De nuevo, es muy probable que los problemas tengan tanto de lo uno como de lo otro, pero si solo se centra en uno de los dos, se limita la probabilidad de ver otras dimensiones del problema que también son importantes. La escogencia de un marco conceptual es similar a la escogencia de una visión del mundo, de una ideología o de una religión, e indica el compromiso con una visión de la realidad muy particular. Inevitablemente representa un sesgo. El cuadro 23 sintetiza lo que implica hallar el problema sustantivo.

CUADRO 23. EL PROBLEMA SUSTANTIVO

Perspectiva disciplinaria:

"Visión *económica*"

— Énfasis en los factores que afectan la producción y distribución de bienes y servicios, la eficiencia económica, el punto de equilibrio, etc.

¿"Visión *sociológica o política*"

— Énfasis la distribución del poder e influencia de los diferentes actores.

"Visión *jurídica*".

— Énfasis en las disposiciones legales o normativas.

Perspectiva sectorial:

Educación.

Salud.

Derechos humanos.

Seguridad.

Desarrollo económico.

La escogencia de un marco conceptual es similar a la escogencia de una *visión del mundo, una ideología o religión*, e indica un compromiso con una visión de la "realidad" muy particular. Representa un "sesgo".

Fuente: elaboración propia.

En efecto, si bien uno de los elementos característicos del ejercicio analítico consiste en buscar las formas para evitar los sesgos en la medida de lo posible, estos no siempre son malos, pues hay que reconocer que en definitiva le dan cabida a la acción.

En la práctica se parte de dos supuestos: el de la simplicidad y el de la complejidad (véase figura 12). En el primero se ven fenómenos desde el punto de vista disciplinario. En el segundo se ven desde la perspectiva multidisciplinaria u holística. Sin duda, la multidisciplinariedad es mejor a la unidisciplinariedad. Sin embargo, situarse en el extremo de la complejidad y no darle prioridad a una visión predominante, "sesgada", traería consigo el riesgo de no hacer nada, de preferir quedarse quietos, con lo que ello puede implicar desde el punto de vista moral, pues para eso está el Estado. Tener una visión compleja evita caer en la simplicidad, el reduccionismo, pero aumenta la probabilidad de no hacer nada. Por otro lado, como ya se vio, situarse en el extremo de la simplicidad lleva a caer en el error del tercer tipo, de ofrecer una solución al problema que no es. En la práctica, lo ideal es no situarse en ninguno de los dos extremos del espectro. En efecto, se trata de un dilema ético que consiste en no saber si es mejor actuar que no actuar. Como se verá más adelante, no hacer nada también se considera una "solución". Sin embargo, esta debe ser una conclusión derivada de un ejercicio analítico y no el resultado de la indecisión o la negligencia.

FIGURA 12. ESPECTRO DE LA DECISIÓN

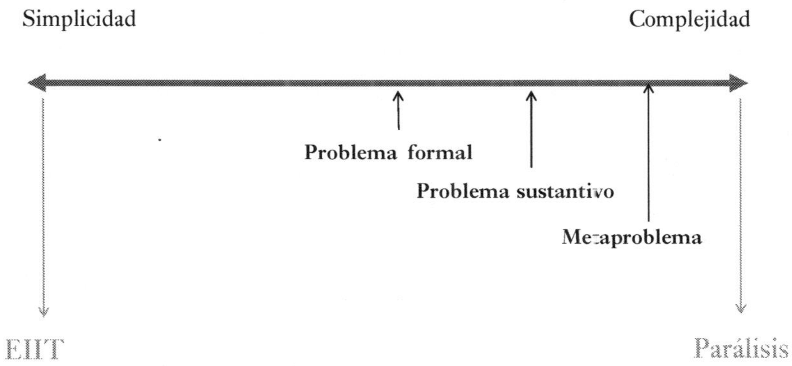

Fuente: elaboración propia.

En la medida de lo posible, se deben crear equipos interdisciplinarios para analizar los problemas y disminuir así las falencias que tienen los analistas individualmente considerados. Por ejemplo, si se quiere solucionar el problema de movilidad, no es suficiente verlo desde la perspectiva económica; quizá también sea importante la psicológica, la sociológica, la antropológica, la filosófica, la política, la legal, la administrativa o la histórica, es decir, una gran cantidad de saberes, perspectivas y experiencias en las que todos tienen algo que decir con algo de razón y que apuntan a entender mejor las distintas dimensiones del problema en cuestión.

Pero aunque existan equipos interdisciplinarios, en la práctica siempre se impone una visión sobre las demás. Hay que anotar, no obstante, que esta no será una visión simplista, pues será una visión más elaborada, producto de la deliberación interdisciplinaria en la que se conocen las fortalezas y debilidades de cada argumento y se opta por la decisión más convincente, más plausible, menos propensa al error o al fracaso. Es esta visión, más compleja que la individual, pero más simple que la grupal, la que dará paso a la acción, a la implementación de soluciones de política pública más exitosa.

Otra razón por la cual es útil encontrar los elementos sustantivos del problema es para identificar el campo de acción del cliente de acuerdo con sus competencias estatutarias. Por ejemplo, ¿qué es lo que hace al problema "de espacio público" un problema de estética urbana, o de competencia leal, o de seguridad, o de empleo? ¿Quién debe hacer qué ante este problema? ¿Qué hace de la mortalidad infantil un problema de corrupción, de falta de recursos, de educación o de voluntad política? ¿Qué le corresponde hacer al cliente? Hay que evitar, por supuesto, definir el problema en función del marco de competencia del cliente. Lo que hay que hacer es reconocer el vacío que puede llenar el cliente, entendiendo el problema en toda su complejidad y sugerir el establecimiento de puentes comunicantes entre quienes toman decisiones y los actores involucrados.

Por ejemplo, del metaproblema del desempleo se pueden derivar diferentes problemas sustantivos. Se puede tomar desde la perspectiva de la educación, entendiendo el problema como una consecuencia de la falta de capacitación de la población, desde la perspectiva de mercado, viéndolo como una cuestión de oferta y demanda laboral, desde una posición social o política, entendiéndolo como la consecuencia de una política laboral inadecuada. Dependiendo de cuál sea la posición elegida, se definen los aspectos sustantivos del problema, el campo de acción y los actores, esto es, el problema sustantivo. Por tanto, de un metaproblema se pueden derivar diferentes problemas sustantivos.

D. LA FORMALIZACIÓN DEL PROBLEMA

La última fase del proceso de estructuración del problema consiste en definir el problema formal, que es el primer peldaño en el proceso de la acción, es el que conecta el ejercicio analítico con el de implementación. Retomando la representación del espectro de la decisión discutido arriba, se trata de un ejercicio que implica un desplazamiento adicional hacia el polo de la simplicidad, considerado necesario, aunque de riesgo. Este ejercicio consiste en hacer una representación mental del problema usando modelos. En efecto, los problemas se "formalizan" con el uso de dichos artefactos. Según Dunn (2004), los modelos se pueden expresar como conceptos, diagramas, gráficos o ecuaciones matemáticas, y obligan al analista a explicitar los elementos de una situación problemática. Cuando se define un modelo, se hacen construcciones o constructos artificiales de la realidad que permiten ordenar las ideas e interpretaciones de la experiencia de una sensación problemática. Los modelos ayudan a distinguir entre los aspectos esenciales y los prescindibles.

Cuando se dejan de lado algunas variables o relaciones causales por fuera del modelo, se opta por una visión (derivada de los componentes sustantivos identificados) y por una solución o una combinación de ellas y se da por sentado que las relaciones que no están presentes no son esenciales y, por ende, no deben ser una preocupación en el diseño. Cuando se hace una gráfica, se esquematiza o formaliza el problema, ya sea utilizando esquemas sencillos o fórmulas complejas; se está tomando una opción, una preferencia, se está explicitando la visión que el analista tiene respecto del problema. Por eso esta metodología le ayuda también al analista a identificar los sesgos y los supuestos que se utilizan y sirven para evaluar las ideas convencionales, lugares comunes, métodos de análisis, etc.

Por ejemplo, en el caso del problema de la pobreza, si el modelo la "ilustra" o expresa como la consecuencia del desempleo, la mala educación, la corrupción, la ineficacia administrativa y el modelo de mercado, se estarían explicitando varios sesgos, mostrando varias preferencias por ciertas variables o por unas relaciones causales en detrimento de otras. Así, de alguna forma se está dando una señal con respecto a las características de las soluciones por diseñar. En la medida en que todo modelo implica la identificación de causas que dan cuenta del problema, así como la identificación de las consecuencias de no hacer nada, las soluciones por recomendar serían tan solo el resultado lógico de cómo se ha percibido el problema y cómo ha sido modelado. El modelo permite visualizar lo que se va a hacer (y a la postre lo que no se va a hacer). Permite también servir de herramienta de negociación, de discusión y servir de guía a la implementación, el monitoreo y la evaluación *ex post*. El problema formal se constituye en la primera propuesta formal que presenta el analista a partir de la cual se puede discutir, hacer contrapropuestas, críticas, etc. Es la antesala a la acción.

La figura 13 ilustra dos ejemplos básicos del problema. Mientras que en el diagrama de la izquierda se da por entendido que se diseñarán políticas públicas que prioricen el empleo y la educación como causas directas y principales de la pobreza, en el diagrama de la derecha se está tomando la educación como una causa del desempleo, y este como causa indirecta de la pobreza; por tanto, se estaría indicando que no se van a diseñar políticas de educación relacionadas con la pobreza como tal, sino políticas de empleo que prioricen el tema de la educación. En esa medida, no solo se les da relevancia a las relaciones causales que están directamente asociadas a la pobreza, sino a las relaciones que explican cómo el desempleo conduce o explica la pobreza. De este modo, la política pública no solo tendrá en cuenta los determinantes de la pobreza en el primer nivel, sino también en el segundo, y eventualmente en el tercero, cuarto o quinto.

La política pública se convierte en un producto más elaborado, pues se tiene una visión más amplia del asunto, y de esta manera se amplía el espectro de la acción pública, con lo cual se aumentan las probabilidades de éxito. El efecto contrario también es posible, esto es, identificar variables y relaciones causales que no son ciertas, lo que podría generar más problemas de los que ya existen. El modelo hace explícita esta visión y facilita el diseño, la decisión y la implementación, y de cualquier manera facilita el debate constructivo.

FIGURA 13. EJEMPLO DE MODELOS BÁSICOS DEL PROBLEMA

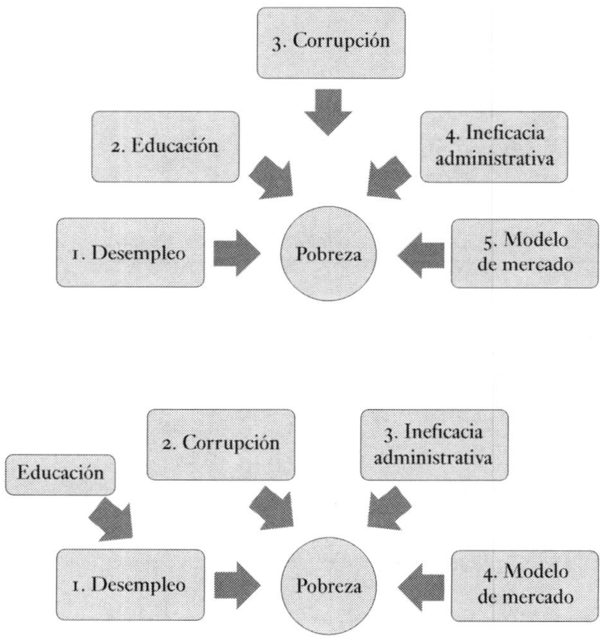

Fuente: elaboración propia.

Aunque los modelos son muy útiles para la estructuración del problema, no hay que olvidar que son meras representaciones de la "realidad" o de las situaciones problemáticas en un momento dado y de acuerdo con la información y el conocimiento disponible. Es importante reconocer que no son fiel copia de la realidad y que por ello se deben revisar con frecuencia, pues no solo la realidad cambia, también la información y el conocimiento disponible al respecto. Aquí radica la importancia de los ejercicios de monitoreo y la evaluación a los que nos referiremos más adelante. A continuación se presentan algunas tipologías de modelos del problema.

1. LOS MODELOS DESCRIPTIVOS Y NORMATIVOS

Según Dunn (2004), los modelos se pueden clasificar en diferentes tipos. Una de las clasificaciones está dada según el propósito del modelo. Aquí se encuentran los modelos descriptivos o los modelos normativos. Los descriptivos son los que muestran la relación entre dos o más variables, y su objetivo es explicar o predecir las causas y consecuencias de las diferentes opciones de política pública. Estos modelos se utilizan para monitorear los resultados de las acciones de política pública y para prever el desempeño económico (Dunn, 2004). Un ejemplo de modelo descriptivo simple es el que se ilustra en el gráfico 14, en el que se representa la relación entre ahorro e interés, y que simplemente se puede manifestar mediante dos ejes que muestran en qué medida aumenta el ahorro cuando aumenta la tasa de interés.

GRÁFICO 14. EJEMPLO DE MODELO DESCRIPTIVO: RELACIÓN AHORRO-INTERÉS

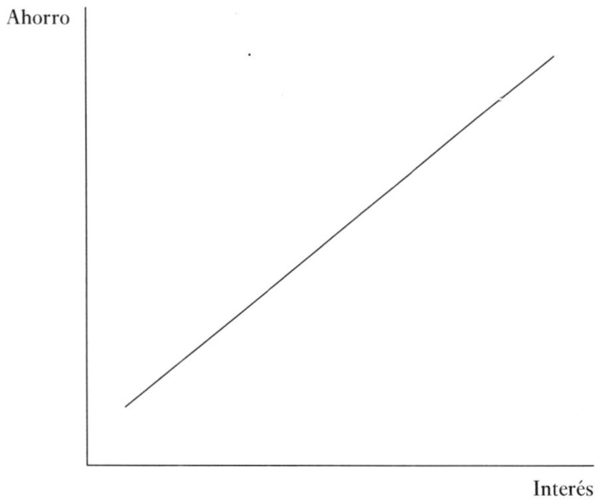

Fuente: elaboración propia.

Por su parte, los modelos normativos son los que de alguna manera llevan implícita la atribución a una relación causal definida como "deseable"; es decir, no solo tienen como objetivo predecir y explicar, sino también proveer y sugerir reglas y recomendaciones para optimizar el logro de alguna utilidad o valor (Dunn, 2004). Mediante estos se pretende demostrar el resultado esperado y las variables que deben cumplirse para obtener dicha meta. Por ejemplo, con el objetivo de obtener ganancias en determinado negocio, se representa un modelo en el que se tienen en cuenta variables como las ventas, los costos, la demanda del producto y gastos operativos, entre otros. De esta manera, el modelo identifica mediante qué medios se espera lograr dicho objetivo.

En el caso de las políticas públicas, estos modelos son útiles para predecir las causas y las consecuencias de las decisiones de política pública. Para el caso concreto de la fase de definición del problema, ayudan a enriquecer el posterior análisis causal.

2. LOS MODELOS VERBALES, GRÁFICOS, SIMBÓLICOS Y PROCEDIMENTALES

Los modelos también se clasifican según las formas de expresión. Dentro de esta tipología se encentran los modelos verbales, los simbólicos o gráficos y los procedimentales o simulatorios.

Los modelos verbales se expresan en el lenguaje cotidiano; son los que utilizan los políticos en el Congreso, por ejemplo, los senadores o los representantes, que en su discurso están tratando de convencer al auditorio de que su modelo es el más adecuado. Ellos tienen una propuesta sobre cuál es el problema, el propósito de una política pública, las causas, las consecuencias y las posibles soluciones a los problemas que les preocupa. De esta manera, se puede "mapear" lo que dice un congresista, sus ideas y argumentos, descomponiendo y despejando lo que se considera es el modelo del argumento. Sin embargo, un limitante de dicho modelo es que las ideas sobre predicciones o recomendaciones pueden estar escondidas o implícitas en el discurso, por lo cual se hace difícil reconstruir y examinar los argumentos en conjunto (Dunn, 2004). Un ejemplo de modelo verbal es que "la distancia más corta entre dos puntos es una línea recta". Allí fácilmente se ve en dónde está el modelo y la forma como se relacionan las variables.

El modelo simbólico o gráfico utiliza, por lo general, símbolos matemáticos para describir la relación entre elementos clave del problema. Por ejemplo, con la fórmula productividad = f(salario, educación, tecnología, motivación) sugieren los determinantes de la productividad. Se pueden obtener con este modelo predicciones o soluciones óptimas haciendo uso de métodos estadísticos, matemáticos o lógicos.

El modelo gráfico más completo es el que se utiliza para describir las causas del problema, sus características, las consecuencias de no hacer nada, los actores y las posibles formas de solucionar el problema. Todo esto se puede representar de manera gráfica en un tablero o en una hoja en blanco. A manera de ejemplo, se presenta en la figura 15 un modelo causal que incluye causas y consecuencias del problema de la pobreza. Esta ilustración incluye relaciones entre los elementos causales y una priorización de las consecuencias.

FIGURA 15. EJEMPLO DE MODELO DE CAUSAS Y CONSECUENCIAS DE LA POBREZA

Fuente: elaboración propia.

Para que este modelo esté completo en su fase descriptiva y pueda ser útil, habría que agregarle las posibles soluciones y los actores involucrados. En este proceso es importante subrayar que un buen modelo debe ser consistente, esto es, asegurarse de que toda solución está asociada a una o varias causas, las cuales deben haber sido debidamente identificadas. También es esencial que toda causa identificada esté representada y asociada al menos a una solución. Así, en el modelo no debe haber causas sin soluciones asociadas, ni soluciones que no estén sustentadas en las causas identificadas con antelación. Sujetarse a un buen modelo impide caer en el error del tercer tipo. Una vez elegido el modelo por desarrollar, se deben hacer explícitas tanto las variables que el analista considera como relevantes (y por deducción, las variables consideradas irrelevantes y que, por ende, se excluyeron del modelo). Así mismo, se debe expresar con claridad cuál es la relación entre estas, cuáles son variables antecedentes, cuáles son variables consecuentes, etc. Así pues, el modelo se convierte en la teoría implícita de la política pública.

Por otra parte, los modelos procedimentales o simulatorios son aquellos que identifican diferentes momentos del proceso de toma de decisiones. Tomando como punto de partida la decisión que esté bajo análisis, la figura 16 ilustra la bifurcación de la decisión en dos, tres o cuatro niveles en los que se exponen las posibles soluciones, las consecuencias de cada una, las probabilidades de éxito y las posibles formas de reaccionar en caso de fracaso. Poniendo como ejemplo de nuevo el caso de la contaminación, se podría, o bien regular la industria, o educar a los consumidores. Si la solución adoptada es la regulación, puede que esta determinación tenga como consecuencia el aumento, la disminución o la continuidad de los niveles de contaminación como resultado de la política pública implementada. Según el resultado, se identifica un nuevo punto de decisión futuro. Por ejemplo, frente a cada uno de los resultados no exitosos se podría prever una acción como la desregulación, y frente a los resultados exitosos se podría pensar en acompañar la política pública implementada con más regulación, o complementarla con una política educativa.

FIGURA 16. EJEMPLO DE MODELO SIMULATORIO

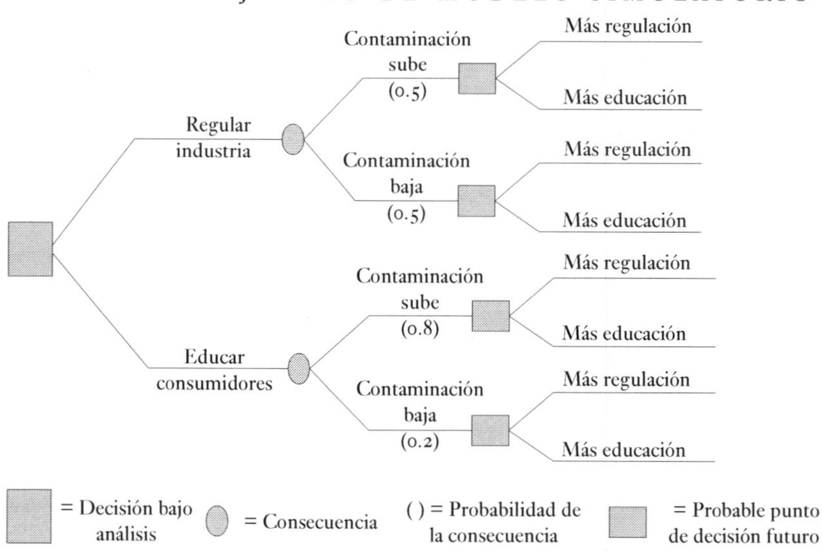

Fuente: Adaptado de Dunn (2004).

El cuadro 24 sintetiza las características de los modelos como representaciones operacionales y sesgadas de la realidad.

CUADRO 24. MODELOS

- Tipos de modelos:
  - Según el propósito:
    - Descriptivos (*i. e.* X causa Y)
    - Normativos (*i. e.* Ganancias > Pérdidas)
  - Según las formas de expresión:
    - Verbales (*i. e.* "la distancia entre dos puntos es una línea recta")
    - Simbólicos o gráficos (*i. e.* ejes X,Y)
    - Procedimentales o simulatorios
- Ventajas:
  - Son el primer paso hacia la acción
  - Induce a la acción
  - Orienta la acción
- Riesgos
  - La realidad es mucho más compleja de lo que se puede representar en un modelo
  - Simplismo/reduccionismo, lo cual puede conducir al error de tercer tipo.

Fuente: elaboración propia.

Es importante reconocer que los modelos son simples representaciones de la "realidad" y, por ende, se deben considerar como una versión limitada de ella, en tanto que aquella no puede ser sustituida por un modelo, por muy complejo y completo que sea. Por ello, en la práctica debemos trabajar con constructos mentales imperfectos. El riesgo de esto es aceptar como verdades supuestos que hacen "lógico" y facilitan nuestro discurso y que hacen referencia a nuestra propia forma de ver el mundo que nos rodea. Se trata de un sesgo que puede impedir ser exitosos en la recomendación de una solución efectiva al problema que ocupe.

Para poner un ejemplo de lo anterior es muy común utilizar el ejercicio de los nueve puntos que se ilustra en los gráficos 17 y 18. En este ejercicio el analista debe unir nueve puntos equidistantes entre sí que forman un cuadrado de tres puntos por tres puntos. Estos puntos representan centros comerciales que el alcalde de la ciudad desea unir. Para unir estos puntos el alcalde solo dispone de la maquinaria y el presupuesto necesarios para hacer cuatro autopistas rectas de una calzada cada una. Una de las exigencias de la administración es que cada autopista debe empezar donde termina la anterior. En este punto, al analista le dan un mapa con la posición de los centros comerciales y le piden que diseñe una alternativa para poder conectarlos todos.

FIGURA 17. EJEMPLO DE PROBLEMA: DESCONEXIÓN ENTRE CENTROS COMERCIALES

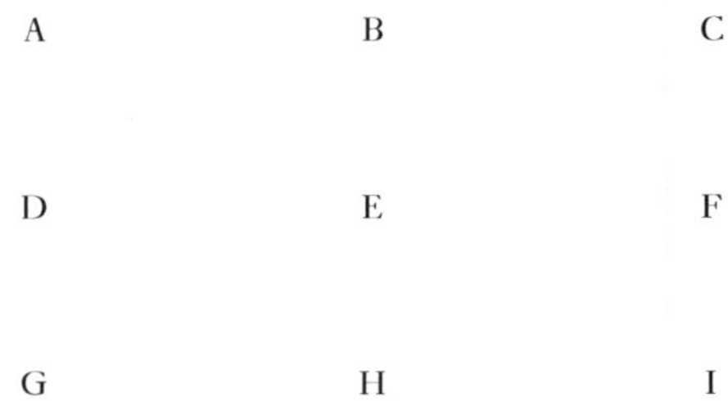

Fuente: adaptado de Dunn (2004).

El analista tendrá que hacer su mejor esfuerzo para cumplir con esa meta. Hay varias soluciones a este problema; una de ellas se ilustra a continuación en la figura 18.

FIGURA 18. EJEMPLO DE SOLUCIÓN: CONEXIÓN CREATIVA ENTRE CENTROS COMERCIALES

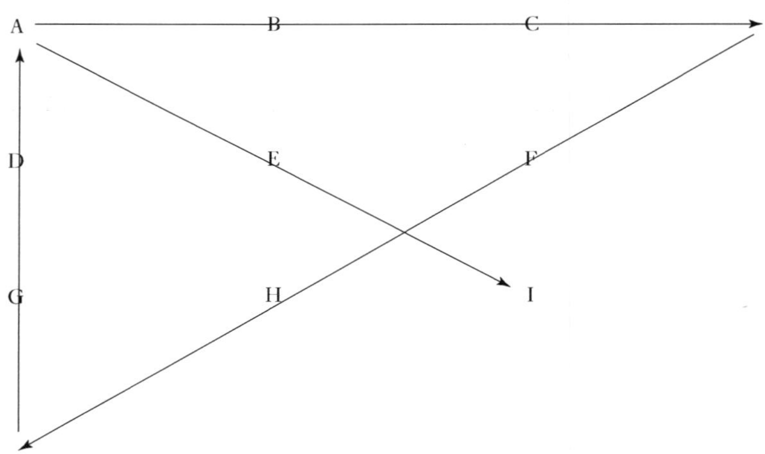

Fuente: adaptado de Dunn (2004).

La lección de este ejercicio es que si el analista se sujeta a lo que se considera "válido" según una serie de parámetros y supuestos que no han sido explícitos ni son fundamentados, pero que se consideran "ciertos" u "obvios", la posibilidad para ofrecer soluciones creativas y eficaces a los problemas se verá limitada. En este ejemplo las soluciones "obvias" nacen del preconcepto de que el límite de acción es el cuadrado. Sin embargo, nadie ha dicho que no se pueda utilizar más espacio del establecido por la distribución de los centros comerciales. Una solución creativa que puede resolver el problema puede no resultar si los perjuicios enceguecen el análisis.

En efecto, esto sucede muy a menudo en la vida práctica en el proceso de análisis de políticas públicas. El analista tiende a hacer suposiciones y a limitar su capacidad creativa y de recursividad para solucionar problemas, porque muy probablemente se encuentra limitado por una gran cantidad de convenciones, lugares comunes, visiones del mundo, modelos causales, etc., que le impiden "salirse del cajón" y de esa manera ofrecer soluciones satisfactorias a los problemas de política pública.

El siguiente apartado describe los métodos de estructuración de problemas de política pública. Para esto, la literatura ofrece un gran número de herramientas. Aquí se expondrán solo ocho, las cuales consideramos las más útiles.

Como ya se vio, la estructuración del problema es el proceso mediante el cual se generan y analizan las diferentes conceptualizaciones de una situación problemática, se identifica el metaproblema, se le reconocen los aspectos sustantivos y se diseña un modelo a partir de la formalización del problema. Existen diferentes técnicas y métodos que ayudan al analista a llevar a cabo actividades de estructuración en cada fase. Cada método expuesto en este capítulo tiene diferentes *objetivos o propósitos* específicos, distintos *procedimientos* para su implementación, diversas *fuentes de conocimiento* que hacen referencia a la información y el saber necesarios y distintos *criterios de evaluación* para juzgar el éxito de la metodología escogida.

IV. MÉTODOS PARA IDENTIFICAR, ESTRUCTURAR Y DEFINIR EL PROBLEMA DE POLÍTICAS PÚBLICAS

Las fases de estructuración del problema permiten llegar a una formulación operativa de él; sus métodos de estructuración permiten no solo definirle la formulación, sino entenderle las dinámicas subyacentes, implicando un grado más profundo de complejidad y análisis. En esta sección se proponen algunos de dichos métodos con el fin de brindarle al analista instrumentos prácticos y metodológicos para lograr una buena definición y estructuración del problema. Es importante aclarar que la aplicación de cada método le brinda al analista oportunidades invaluables de clarificar sus ideas y avanzar en la identificación de las soluciones que mejor responden al problema. Por ende, los métodos no son mutuamente excluyentes, y queda a criterio del analista escoger cuáles utilizar (según sus preferencias o la del cliente, y, en cualquier caso, según la disponibilidad de información). Mientras que aplicar uno solo puede ser insuficiente, aplicarlos todos podría ser redundante.

Retomando el ciclo de maduración del problema, un primer grupo de métodos resultan útiles para analizar las fases de la sensación y situación problemática, en la que el analista se enfrenta a un problema aún incipiente y poco estructurado, en el que es necesario utilizar herramientas exploratorias. Al respecto, la lluvia de ideas, el análisis de múltiples perspectivas, la identificación de similitudes entre problemas (*synetics*), la identificación de las fronteras del problema, el análisis clasificatorio y el análisis de supuestos son aproximaciones útiles para hacerse una mejor idea del problema en cuestión.

Un segundo grupo de métodos permite fundamentar el proceso de objetivización y formalización del problema, con el fin de generar modos específicos de comprender el problema público en cuestión a partir de herramientas visuales y datos. Para esto, es deseable iniciar por la reconstrucción de las relaciones causales que subyacen al problema mediante la construcción del árbol de causas y efectos. Ahora bien, dicho ejercicio analítico se puede complejizar para responder mejor a las particularidades del problema mediante herramientas para la priorización. En ese sentido, el análisis jerárquico y el análisis estructural o sistémico permiten focalizar variables apremiantes del problema. Finalmente, y para tener una perspectiva situada del problema, es necesario mapear y analizar los actores involucrados, con sus intereses y capacidad de incidencia sobre la problemática. A continuación se presentan dichos métodos en el orden citado.

A. LLUVIA DE IDEAS

El primer método se conoce como lluvias de ideas. Es bastante común y útil. En general, las personas lo hacen cuando tienen que resolver problemas y no tienen suficiente claridad sobre qué hacer. También se llama el método de la hoja en blanco. Implica que hay claridad con respecto a la existencia de una sensación problemática, pero no sobre las características del problema ni sobre la manera de abordarlo. Se toma una hoja en blanco y se escriben allí gran cantidad de ideas, propuestas, soluciones, etc., todo lo que venga a la mente, de manera que se pueda ir ganando conciencia y familiaridad al respecto del problema y las posibles soluciones.

Este ejercicio puede ser tan formal como se quiera. Se puede llevar a cabo de manera individual o colectiva. Es mejor si se lleva a cabo en un grupo no demasiado grande. El propósito de este método es crear ideas, objetivos y estrategias. El procedimiento es reunir a personas en seminarios de decisión para deliberar sobre los temas de interés común durante una mañana o todo un día a manera de "retiro espiritual". El grupo debe estar formado por individuos provenientes de diversos sectores, que representen diferentes intereses, que tengan perspectivas distintas. Con la ayuda de un moderador se discute todo lo que los asistentes juzguen relevante discutir sobre el problema que los reúne y así, poco a poco, se van decantando las ideas, de manera que al final de la jornada de trabajo se hayan construido consensos, acuerdos, etc., en los cuales todos hayan tenido la oportunidad de expresarse y así verse reflejados en el producto final.

La fuente de conocimiento es el grupo; cuanto más diverso, mejor. El criterio de evaluación es el consenso, no la unanimidad, pues es poco probable, pero sí un consenso relativamente aceptable. Este método es bastante útil y favorable también para ganar legitimidad y generar compromisos de los participantes, que se sienten partícipes y propietarios del producto final. De alguna forma, este método legitima la decisión, pues es democrático y tiene todas las ventajas de un proceso abierto y transparente de toma de decisiones.

B. ANÁLISIS DE MÚLTIPLES PERSPECTIVAS

Al siguiente método se le conoce como de análisis de múltiples perspectivas. En él se trata de mirar el mismo problema con "lentes" diferentes, idealmente por *equipos* de analistas, y se busca descubrir miradas distintas del problema y alternativas de solución que de otra manera habrían podido pasar inadvertidas. Tradicionalmente, como lo explica Dunn (2004), las perspectivas que se consideran son 1) la técnica —que se relaciona con la efectividad que se espera de las diferentes alternativas—; 2) la organizativa —hace relación a los intereses en juego para la organización que debe tomar la decisión, la forma en que diferentes alternativas refuerzan o debilitan su prestigio o influencia, por ejemplo—; y finalmente, 3) la personal, que tiene que ver con las percepciones, necesidades y valores de quienes toman las decisiones. Para lograr una mayor diversidad en la apreciación de las diferentes perspectivas se sugiere, además de realizar este análisis de parte de equipos, que estos los integren individuos con formas muy diferentes de actuar en el mundo —como un empresario, un abogado y un escritor—, en lugar de, por ejemplo, tres personas dedicadas a áreas diferentes de una actividad, como serían tres personas dedicadas a la actividad científica, como politólogo, economista o psicólogo, o tres dedicadas a la actividad política, como podrían ser representantes de diferentes partidos.

C. "SYNECTICS"

El siguiente método de estructuración del problema se conoce como *Synectics*. El propósito es reconocer similitudes y analogías entre problemas. El procedimiento consiste en la construcción de analogías personales, directas, metafóricas e imaginarias (Dunn, 2004). La *Synectics* es un método ampliamente utilizado en países en desarrollo donde no existe información suficiente para entender bien las características del problema y sus posibles consecuencias y soluciones. Dada la carencia de información, se acude a las comparaciones con temas similares enmarcados dentro de un mismo contexto, o las comparaciones con un mismo tema de referencia pero dentro de contextos distintos.

Por ejemplo, suponiendo que se tiene suficiente información sobre las características, las causas, las consecuencias y las posibles soluciones para problemas de alcoholismo, se podría dar por sentado que se está en capacidad de solucionar el problema de drogadicción, pues se deduce que el problema de alcoholismo es parecido en muchos aspectos al de drogadicción y que las causas que generan aquel son parecidas a las que generan esta. Así, en principio, la efectividad de las soluciones para atacar el alcoholismo podría funcionar, obviamente guardadas las especificidades, para el caso de la drogadicción en un mismo contexto.

Lo anterior es si se hace una comparación entre problemas, pero se puede también hacer *Synectics* comparando el mismo problema en casos distintos. Por ejemplo, si no se tiene conocimiento de cómo atacar el problema de narcotráfico en México, pero sí hay suficiente información sobre cómo se ha hecho en Colombia, se podría suponer que la forma de solucionar el problema de narcotráfico allá sería igual a como se ha hecho aquí.

La fuente de conocimiento de este método es el analista o en grupo, y el criterio de evaluación es la plausibilidad de las comparaciones, es decir, ¿hasta qué punto se parecen el problema del alcoholismo y de la drogadicción en Argentina? ¿Qué los hace distintos? O ¿hasta qué punto el problema del narcotráfico en México es parecido al de Colombia?, etc. Se trata, pues, de un método bastante útil, pero el riesgo que se corre al hacer comparaciones entre cosas que no son comparables es latente.

D. ANÁLISIS DE FRONTERAS DEL PROBLEMA

El siguiente método, que presenta Dunn (2004), se conoce como el análisis de fronteras. Su propósito es estimar los límites del metaproblema. Como ya se vio, el procedimiento consiste en un muestreo de saturación o bola de nieve en el cual se obtienen las diferentes perspectivas o representaciones que puedan existir sobre el problema. Este proceso se lleva a cabo recogiendo los nombres de todos los actores relevantes relacionados con el problema y acumulando por indagación el mayor número de representaciones del problema hasta llegar al punto a partir del cual no hay nada nuevo que aprender. Así, después de indagar, preguntar, encuestar y leer sobre el problema (causas, características, actores, consecuencias, posibles soluciones, ventajas y desventajas de estas, etc.), se debe llegar a un punto en el cual ya no se puede aprender nada nuevo. Este es el punto a partir del cual la curva de aprendizaje empieza a mostrar un proceso de ralentización, de estabilización o de planicie, punto a partir del cual se ha llegado a la frontera del metaproblema. Este punto indica que por más que se investigue, se encontraría una simple repetición. El gráfico 19 ilustra las características de este método.

La fuente de conocimiento de este método es el sistema de saberes sobre el tema, y los criterios de evaluación estarían relacionados con el límite construido, esto es, con los medios para identificar si en realidad se ha llegado a la cima o frontera donde ya no es posible aprender nada nuevo. Al llegar a este punto el analista adquiere el estatus de "experto", pues muy probablemente nadie más sabe tanto o más que él. Más importante aún, cuando llega a este punto es cuando está en la mejor condición posible para diseñar una política pública. Al hacerlo antes se correría el riesgo de caer en el error del tercer tipo, pues implica que todavía no se tiene conocimiento de todas las formas de entender el problema y que aún hay algo que aprender al respecto. El criterio de evaluación consistirá en determinar en qué punto se encuentra el analista y cuánto le falta para llegar a la frontera, si es que ya no se encuentra sobre ella.

FIGURA 19. ANÁLISIS DE FRONTERA

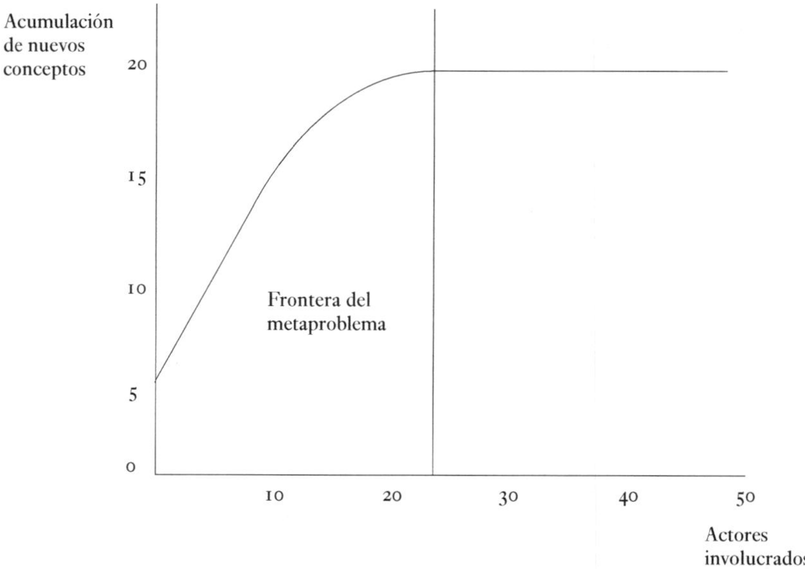

Fuente: adaptado de Dunn (2004).

En la actualidad existen varias herramientas computacionales que facilitan la realización de este ejercicio. Además de las obvias de elaboración de encuestas, se encuentran las que facilitan el análisis de contenido como Atlas ti y N-Vivo, entre otras. Explicar su funcionamiento se sale del alcance de este manual.

E. ANÁLISIS CLASIFICACIONAL

El siguiente método se denomina análisis clasificacional. Su propósito es clarificar conceptos. El procedimiento consiste en hacer una división lógica y una clasificación de conceptos mediante el uso de conjuntos. La fuente de conocimiento es el analista, que debe procurar que las clases sean relevantes, exhaustivas, independientes, consistentes y jerarquizadas (Dunn, 2004). Si se quiere entender mejor el proceso o las características de un problema, la clasificación permite hacer ese ejercicio de manera más eficaz.

Volviendo al ejemplo de la pobreza, el ejercicio debería hacer una distinción entre el grupo poblacional que se encuentra bajo la línea de pobreza y los que están bajo la línea de pobreza extrema, los que reciben subsidios y los que no. De este modo se estarían dividiendo las características del problema en diferentes conjuntos, lo cual permite una mayor claridad en cuanto a las diferencias o similitudes entre ellas.

El criterio de evaluación es la consistencia lógica, es decir, determinar hasta qué punto son estas clases relevantes, exhaustivas, independientes consistentes y jerarquizadas. No hacer una buena clasificación podría conducir a ofrecer soluciones que, combinadas, produjeran resultados neutros, conduciendo a la ineficiencia de las políticas públicas, pues es probable que se pierdan de vista elementos importantes que forman parte esencial del problema como sistema. En el caso de la pobreza, siguiendo el ejemplo propuesto por Dunn (2004), cuando se dividen las familias con respecto a la línea de pobreza, la división puede arrojar una caracterización que proyecta un determinado número de familias pobres en el país. Las alternativas propuestas estarán sustentadas en esta proyección. Sin embargo, si se tienen en cuenta otros factores como por ejemplo las familias que reciben subsidios del Estado, se tendrían que proponer otras alternativas de solución, pues al número de familias identificadas inicialmente se tendrían que sumar todas aquellas que de no recibir subsidios estarían bajo la línea de pobreza. En este caso, el no hacer una clasificación y división exhaustiva y relevante llevaría al analista a proponer alternativas de solución apoyadas en un problema que no es, cayendo en el error del tercer tipo al no tener en cuenta todos los factores necesarios.

En el caso de un problema sobre la adicción a la heroína, se podría hacer una clasificación entre los efectos en los consumidores y los efectos en los demás. Así, por ejemplo, se puede tener un panorama más claro de las características del problema en sus diferentes dimensiones; por una parte, algunas personas pueden considerar que el problema radica en el consumo y, por tanto, la política pública que se plantea estará encaminada hacia la reducción del consumo. Según otras personas, el fin de la política pública debe ser mejorar la calidad de vida de los consumidores, y de acuerdo con otras, debe ser reducir los delitos cometidos por los consumidores de heroína. Dependiendo de cuál sea la formulación del problema, las soluciones propuestas serán distintas. En este caso, las soluciones pueden variar entre el tratamiento obligatorio para los consumidores, la legalización de la heroína y medidas punitivas para los productores y compradores, entre otras (Aguilar, 1993). La figura 20 ilustra el ejemplo.

Sea cual fuere la solución, su éxito depende de que se haya dibujado un panorama claro y se haya hecho una clasificación relevante y exhaustiva de los elementos del problema.

FIGURA 20. EJEMPLO DE ANÁLISIS CLASIFICACIONAL: EFECTOS EN LOS CONSUMIDORES DE LA HEROÍNA

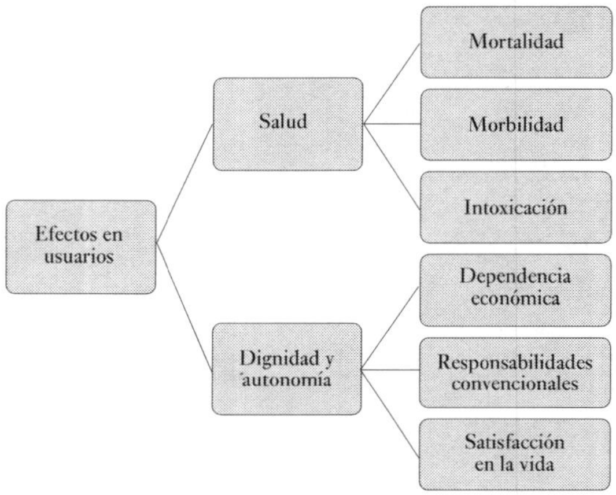

Fuente: adaptado de Moore (1993, 194).

F. ANÁLISIS DE SUPUESTOS

Otro método es el de análisis de supuestos. Es particularmente útil para el caso de los problemas débilmente estructurados. Está diseñado para superar algunas limitaciones del análisis de políticas públicas. Estas limitaciones hacen referencia a que el análisis se sustenta a menudo en los supuestos de un solo tomador de decisiones, o que los analistas por lo general fallan en tomar en cuenta diferentes puntos de vista sobre la naturaleza del problema y sus posibles soluciones.

Este método, expuesto por Dunn (2004), propone elaborar síntesis creativas que se fundamentan en supuestos conflictivos. El procedimiento consiste en hacer explícitos los supuestos en que se apoyan las soluciones que se plantean. Luego, se contrastan los supuestos y se identifican las diferentes soluciones que se derivarían de ellos. Si la contrasolución es plausible, se contrastan las soluciones. Este ejercicio permite identificar hipótesis rivales que conducen a soluciones plausibles. Si se llega a supuestos consensuados tras su validación con información común y verificable, se puede evaluar la plausibilidad entre las soluciones en conflicto. La figura 21 ilustra la estructura básica de este método.

FIGURA 21. ESTRUCTURA DEL ANÁLISIS DE SUPUESTOS

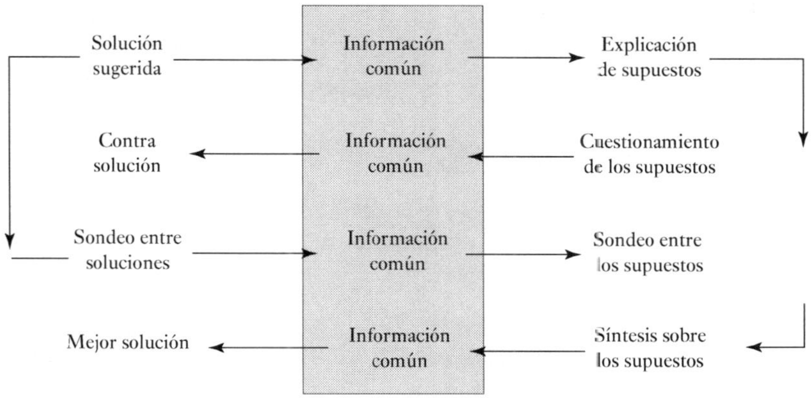

Fuente: adaptado de Dunn (2004).

Por ejemplo, se puede tomar el caso de las diferentes formas de hacerle frente a la pobreza. Existen dos bandos en conflictivo; unos dicen que la mejor forma de atacar la pobreza es generando empleo, lo cual, a su vez, se logra reduciéndoles los impuestos a las empresas. Por su parte, el otro bando afirma que la mejor forma de atacar la pobreza es otorgando subsidios directos a los desempleados, para que de esta manera satisfagan sus necesidades básicas.

El supuesto del primer grupo es que en la medida en que se les reduzcan los impuestos a las empresas, tendrían un excedente que podrían destinar a la continuación de sus actividades, y en esa medida, mantener el empleo o incluso aumentar sus utilidades de manera que pudieran hacer inversiones nuevas que demandarán nueva mano de obra. Esos son supuestos que habría que contrastar. ¿Sí es cierto que mediante la reducción de impuestos las empresas generan más empleos, o será más bien que aumentan su ahorro o consumo, o sus inversiones externas o de especulación y en realidad no generan empleos localmente?

En el caso del otro bando, el supuesto de que el subsidio directo funciona favorablemente contra la pobreza es que este subsidio estaría orientado a satisfacer las necesidades básicas, y una vez logrados esos mínimos necesarios se fomentaría el emprendimiento. Habría que contrastar hasta qué punto esos recursos son destinados a aquellos asuntos y que ello conduzca a generar medios de subsistencia.

Una vez identificados los supuestos, se sondean. Si resulta que ninguno de los dos supuestos propuestos por los bandos se cumple satisfactoriamente, se podría concluir en otra solución que se sustentara en otros supuestos; se podría pensar en reducir la pobreza siguiendo una vía intermedia, mediante la promoción de proyectos productivos, por ejemplo, liderados por los individuos sin empleo, pero con espíritu emprendedor y con el apoyo de las empresas, que podrían ver reducida su base tributaria si contribuyeran a dichos proyectos.

La fuente de conocimiento de este método es el grupo. Cuanto más disperso, mejor. El criterio de evaluación es el conflicto: mientras más conflicto exista, mejor, porque así podríamos llegar a lo que se considera una "mejor solución".

Este es un método relativamente más complejo que los anteriores, pero sin duda es el más enriquecedor y contundente, en la medida en que lo que se observa y se pone en escrutinio son los supuestos que sustentan las soluciones sugeridas. Con este se hacen avances sustanciales en la comprensión de las características y matices del problema.

G. ANÁLISIS CAUSAL. ÁRBOL DEL PROBLEMA

En vista del carácter iterativo, no lineal, del análisis y diseño de políticas públicas, a veces es útil pensar en posibles soluciones para entender mejor el problema. En efecto, la identificación temprana de soluciones implica necesariamente pensar en su relación con las causas que las justifican. De esta manera, el análisis causal es una de las herramientas disponibles para estudiar las características y dimensiones de los problemas públicos. Si bien en ciencias sociales estas relaciones de causas-efecto con frecuencia se cuestionan porque admiten una certidumbre que en ocasiones no es fácil de aceptar, se constituyen en un esfuerzo muy importante y un ejercicio que hay que hacer de la mejor forma posible.

Cada causa identificada es parte del efecto de otra relación causa-efecto, lo que permite identificar una secuencia causal. Esta es una secuencia de factores relacionados por una lógica de causa-efecto que contribuye a un problema definido. Es de gran importancia jerarquizar el análisis causal identificando las causas directas del problema (con frecuencia son condiciones sociales o fisicas específicas). Estas condiciones, a su vez, son causadas por comportamientos humanos o problemas del sistema. Estos los pueden causar la baja capacidad institucional o dinámicas de poder implícitas y comportamientos humanos que son predeterminados por conocimiento, actitudes y creencias de los individuos, los cuales tienen raíces en el contexto o ambiente del problema.

El árbol de causas es un método recomendado para hacer el análisis causal. Representa un enfoque de sistema, en el sentido de que busca identificar secuencias causales en su contexto y no causas aisladas.

En la fase de estructuración de problemas y diseño de alternativas, es necesario escoger unas causas específicas del problema. Existe multitud de factores causales que llevan al problema, pero muy pocas veces se pueden manejar y solucionar todas las causas. Entonces es necesario escoger una o unas causas principales para diseñar soluciones. Para ello se deben escoger las causas principales con apoyo en su importancia relativa respecto al problema, el potencial de sinergias respecto de otras intervenciones y la capacidad de intervención que tiene el hacedor de políticas públicas sobre dichas causas. En la figura 22 se ilustra el árbol del problema en un caso de desnutrición infantil.

Este método se puede enriquecer con el análisis jerárquico de causas, al cual ya se hizo referencia.

H. ANÁLISIS DE JERARQUÍA DE CAUSAS

Al siguiente método se le conoce como análisis de jerarquía de causas. Este método, propuesto por Dunn (2004), tiene como propósito identificar causas posibles, causas plausibles y causas accionables. El procedimiento consiste en hacer una división lógica y una clasificación de causas de manera que se pueda distinguir entre: 1) causas posibles: eventos, circunstancias o acciones que podrían contribuir a la ocurrencia de un problema; 2) causas plausibles: acciones, circunstancias o eventos sobre cuya influencia en la ocurrencia de una situación problemática tenemos evidencia; 3) causas accionables: las que pueden ser sujeto de control y manipulación de los hacedores de políticas.

Creemos que este método, tal como lo describe Dunn (2004), es poco útil. Por esta razón, para efectos de este manual sugerimos darle a esta clasificación una visión práctica y enfocada hacia el campo de acción del que toma decisiones. Así, definimos las causas posibles como aquellas sobre las cuales no se puede hacer nada; las causas plausibles como aquellas sobre

FIGURA 22. EJEMPLO DE ÁRBOL DEL PROBLEMA DE LA DESNUTRICIÓN INFANTIL

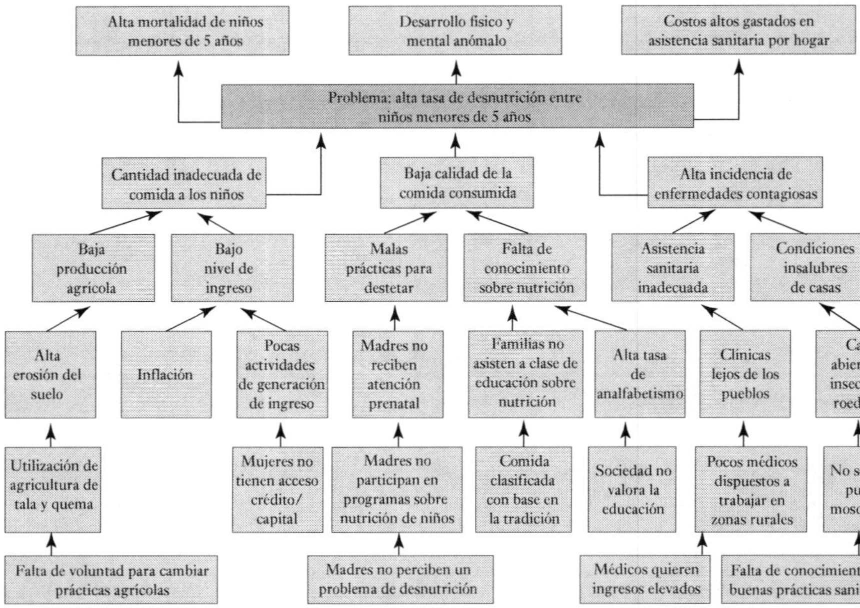

Fuente: adaptado de (Cadwell, 2002, 72).

las cuales se podría hacer algo, pero se sale de la competencia del cliente; y las causas accionables como las que explican el problema y sobre las cuales no solo se podría hacer algo al respecto, sino que, además, estaría dentro de la competencia del cliente. Para un análisis de competencias de los distintos actores gubernamentales colombianos, se recomienda consultar Celis (2023).

Si se toma el caso del problema de la movilidad en Bogotá, se podrían identificar como causas posibles la migración masiva de damnificados por inundaciones hacia la capital y la distribución y localización de las zonas industriales, productivas y residenciales, entre otras. En efecto, en principio no se puede hacer nada al respecto, pues no se podría cambiar la distribución de toda la ciudad o impedirle a la gente entrar a la capital a buscar vivienda y empleo. Son factores que podrían explicar el problema, pero sobre los cuales no se puede hacer nada, o sobre los cuales las probabilidades de éxito en el corto o el medio plazo no solo son inciertas, sino nulas, dadas las condiciones actuales.

Por otro lado, una causa plausible para un problema de desabastecimiento del Ejército en zonas de fronteras podría ser la falta de carreteras e infraestructura. Aunque sea una causa demostrable y comprobable científica y fácticamente, la pregunta es: ¿se puede hacer algo al respecto? Quizá sí. Tal vez se podrían construir carreteras que comunicaran las fronteras con otras ciudades proveedoras de insumos para el Ejército, pero al fin y al cabo esto escapa del marco de acción del cliente, pues el Ministerio de Defensa no es el encargado de construir carreteras, porque esta responsabilidad le compete al Ministerio de Transporte.

Con respecto a las causas accionables, para el problema de la movilidad, por ejemplo, si el cliente fuera la Secretaría de Movilidad, se podría hablar de falta de infraestructura y redes viales. En efecto, se está hablando de algo que se puede solucionar mediante la construcción de puentes, túneles, orejas, etc. La falta de vías es una causa sobre la cual la Secretaría podría tomar acción.

En el caso del problema de la heroína, si el cliente fuera la Policía, dentro de las causas posibles estarían las predisposiciones hereditarias. Dentro de las causas plausibles se encontrarían las condiciones psicosociales o la curiosidad. Y, por último, dentro de las causas accionables estaría la existencia de redes de iniciación, la disponibilidad de la oferta, entre otras causas que se encuentran dentro del poder de acción de la Policía.

En la práctica este ejercicio se lleva a cabo a manera de filtro, de embudo, en el cual se listan primero todas las causas tanto posibles como plausibles y accionables, después solo se listan las causas plausibles y las accionables y, por último, se listan solo las causas accionables (véase figura 23). Es un ejercicio algo repetitivo, pero con gran potencial para entender el fenómeno bajo

FIGURA 23. LÓGICA SUBYACENTE AL ANÁLISIS JERÁRQUICO DE CAUSAS

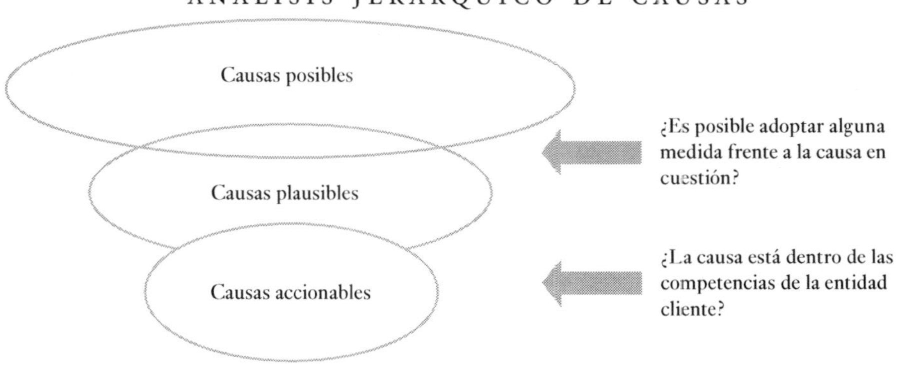

Fuente: elaboración propia.

estudio cuando se aplica juiciosamente. Con este método de alguna forma se están dando los primeros pasos en el diseño de políticas públicas para la solución del problema que nos preocupa, pues sobre las causas accionables y algunas causas plausibles se diseñan las políticas públicas.

La fuente de conocimiento de este método es el analista, que conoce y ha hecho el ejercicio de identificación de causas. El criterio de evaluación es la consistencia lógica, es decir, hasta qué punto las causas identificadas son posibles, son plausibles o son accionables.

La utilidad de este ejercicio radica en que toda política pública responde a las causas accionables y, en algunos casos, dependiendo de la coordinación interinstitucional, también de algunas causas plausibles. Nunca, en cambio, sobre las causas posibles.

I. ANÁLISIS SISTÉMICO DE PROBLEMAS

Este método, inspirado en el análisis de sensibilidad, de impactos cruzados o de Vester, permite dimensionar y jerarquizar los problemas bajo el entendido de que no existen en el vacío, sino que integran un sistema complejo en el que son a la vez causa y efecto de fenómenos de interés. Más concretamente, su aplicación permite comprender las (inter)relaciones entre factores que explican la situación problemática. Para ello, se deben identificar tanto los factores que explican la situación problemática como su capacidad de influir en otros factores o verse influido por ellos y las formas como se ejerce dicha influencia. Por ejemplo, es bien sabido que hay una estrecha relación entre educación, empleo y pobreza, como quiera que esta se defina.

Para clasificar los factores se debe construir una matriz cuya primera fila y columna sean iguales y listen los mismos factores, y cuyas celdas que los relacionan den cuenta del grado de influencia de un factor sobre otro: si el factor A influye bastante en B, su calificación debe ser alta (3, por ejemplo); si es mediana comparado con otra relación (por ejemplo, con C o D), su calificación debe ser media (2), y si incide relativamente poco en B, su calificación debe ser baja (*v. gr.*, 1). Al final se suman los valores horizontalmente (las filas), para dar cuenta de la capacidad que tiene cada factor para influir en los demás, y se suman los valores obtenidos verticalmente (las columnas), para dar cuenta de la sensibilidad de cada factor frente a los demás. Son los factores altamente influyentes, sean sensibles o no, los que deben inspirar la selección del problema para tratar por el ejecutivo, de manera autónoma o en coordinación, según la capacidad de acción (incluida la competencia) del cliente.

A continuación, el cuadro 25 ejemplifica una matriz de impacto cruzado. En este se listan las causas/variables del problema en sentido vertical y horizontal, con el fin de calificar de 1 a 4 (siendo 1 muy baja y 4 muy alta) la influencia de cada variable listada en la primera columna sobre cada variable listada en la primera fila, respondiendo a la pregunta: ¿cuál es el grado de incidencia de la variable *X* sobre la variable *Y*?

CUADRO 25. EJEMPLO DEL FORMATO DE UNA MATRIZ DE IMPACTO CRUZADO

	VARIABLES	A	B	C	D	E	F	G	H	I	J	K	L	M	N	O	P	Q	SA(y)
A		X																	0
B			X																0
C				X															0
D					X														0
E						X													0
F							X												0
G								X											0
H									X										0
I										X									0
J											X								0
K												X							0
L													X						0
M														X					0
N															X				0
O																X			0
P																	X		0
Q																		X	0
	TP(x)	0	0	0	0	0	0	0	0	0	0	0	0	0	0	0	0	0	
	P	0	0	0	0	0	0	0	0	0	0	0	0	0	0	0	0	0	

Fuente: elaboración propia con fundamento en Glenn y Gordon (2004).

Así, retomando el ejemplo de tres factores mencionados, podríamos concluir, de manera simplificada, que mientras que la baja educación incide bastante en el bajo nivel de empleo, su impacto es relativamente menor que el que produce sobre la pobreza, y si esta se ve más afectada por la falta de empleo que por la de educación y afecta a su vez relativamente más el nivel de aquel que el de esta, una forma eficaz de reducir la pobreza a largo plazo y romper el círculo vicioso que la mantiene pasa necesariamente por una mayor inversión en educación generadora de empleo.

La aplicación de este método nos permite dilucidar dicha relación a partir de la identificación de la dirección e intensidad con que un factor influye en otros y se ve influido por ellos. Así pues, con este método se pueden identificar los factores muy influyentes, pero poco sensibles a otros; factores poco influyentes y muy sensibles a la influencia de otros; factores moderadamente influyentes y moderadamente sensibles; y factores bastante influyentes y muy sensibles. La figura 24 ilustra los cuatro tipos de factores que se pueden identificar para entender la relación y que explican el problema.

FIGURA 24. ANÁLISIS SISTÉMICO DE PROBLEMAS

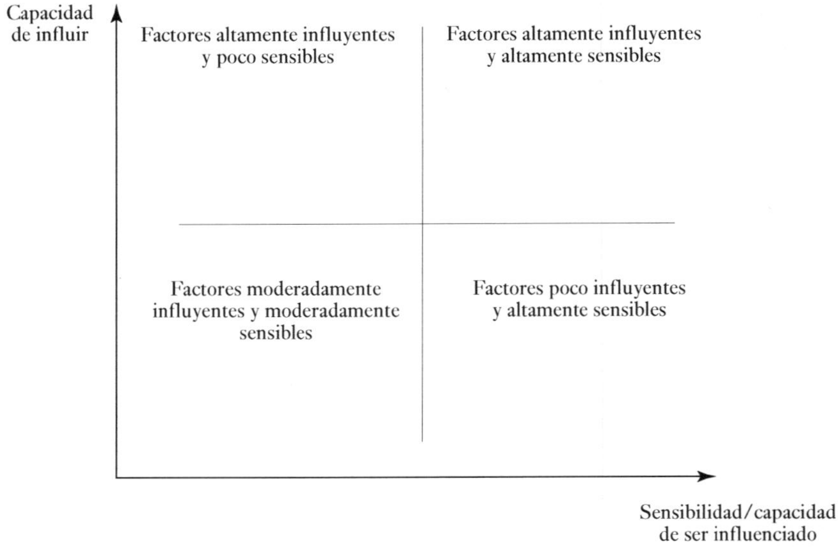

Fuente: elaboración propia.

La fuente de conocimiento necesario para aplicar este método es el analista mismo o un seminario, y el criterio de evaluación es la exhaustividad en la identificación de los factores y la consistencia lógica en cuanto a los valores atribuidos a los efectos estudiados.

J. ANÁLISIS DE ACTORES RELEVANTES

Los actores involucrados son los individuos, grupos u organizaciones que tienen un interés en el problema o la solución y que pueden ser afectados por el problema o las intervenciones públicas correspondientes, o pueden incidir en su desarrollo.

Mediante el análisis de actores relevantes se pueden conocer los actores principales con interés potencial en el problema; así mismo, dicho análisis permite entender sus funciones, responsabilidades, intereses y preocupaciones frente al problema. Por otra parte, se pueden identificar estrategias para fomentar oportunidades de colaboración y mitigar conflictos potenciales.

Este método comienza identificando los actores afectados o con interés en el problema o las soluciones. Es importante considerar desarrollos futuros y posibles efectos secundarios para tener en cuenta un amplio rango de actores involucrados. Es recomendado reunir a los actores en grupos homogéneos con características, intereses y preocupaciones similares. Es fundamental desagregar suficientemente los grupos de actores, teniendo en cuenta la relevancia del enfoque diferencial cuando sea relevante (grupo étnico, de género, edad, posición territorial u otro, o la combinación de alguno de estos).

El segundo paso consiste en identificar las posiciones, papeles y funciones, intereses y preocupaciones, la capacidad de incidir y el poder relativo de cada actor involucrado en el problema. En este análisis es importante tener en cuenta las siguientes distinciones:

Interés frente a posición: la posición es el papel oficial formal del actor involucrado, su posición pública, la cual puede no reflejar sus intereses subyacentes.

Importancia frente a influencia: el actor involucrado puede tener una función fundamental en el problema sin tener una capacidad de incidir de manera significativa (es el caso de los grupos comunitarios, por ejemplo).

Finalmente, es importante identificar las relaciones entre los actores involucrados, poniendo énfasis en el análisis de las potencialidades de conflicto o cooperación, para determinar cómo las relaciones entre actores pueden afectar las alternativas de soluciones y poder identificar estrategias para maximizar el efecto de las soluciones propuestas. El cuadro 26 presenta un modelo de análisis de involucrados.

En el cuadro 27 se ilustra un ejemplo de análisis de involucrados para el caso del consumo de heroína.

El cuadro 28 resume el propósito, el procedimiento y las características de los nueve métodos discutidos en este capítulo. Se trata de un repaso sintético de algunos métodos representativos, por lo que se invita al lector a complementar la aplicación de estos con otras herramientas existentes (*e. g.*, análisis DOFA para la identificación de debilidades, oportunidades, fortalezas o amenazas). En todo caso, la inteligencia artificial puede apoyar la aplicación de cualquiera de los métodos descritos.

De esta manera finaliza la fase de estructuración de problemas de políticas públicas y la primera fase del proceso de análisis de políticas públicas. A continuación se discute la fase de identificación de criterios de decisión.

CUADRO 26. MODELO DE ANÁLISIS DE INVOLUCRADOS

Actor involucrado	Características. Estatuto o papel del actor	Percepción del actor respecto del problema	Intereses del actor	Capacidad de incidir	Acuerdos o conflictos potenciales
Identificación de los grupos relevantes de actores afectados o con un interés en el problema	¿Qué tipo de persona y organismo es el actor? ¿Qué papel y funciones tiene a su cargo? ¿Cuáles son sus características principales relacionadas con la problemática dada?	¿Cómo percibe cada actor el problema? ¿Cuáles son desde su punto de vista las causas principales y los problemas asociados que determinan el problema? Este análisis implica entender las representaciones que el actor ha construido respecto de la problemática.	¿Cuáles son los intereses que cada actor posee y defiende respecto del problema fundamental? En algunos casos los intereses surgen de mandatos formales definidos por la ubicación del actor en un contexto institucional, y en otros reflejan intereses subyacentes del actor.	¿Cuáles son los recursos de poder, sean económicos, políticos, institucionales o de cualquier otra índole que poseen los actores para imponer o defender sus intereses o sus mandatos respecto de la problemática analizada?	¿Cuáles son las relaciones del actor con otros actores involucrados? ¿Cómo el actor se podría ver afectado por las alternativas de solución? ¿Qué acuerdos o conflictos se podrían generar con cada uno de los actores involucrados?

Fuente: elaboración propia.

CUADRO 27. CONSUMO DE HEROÍNA

Actor involucrado	Características Estatuto o función del actor	Percepción del actor respecto del problema	Intereses del actor	Capacidad de incidir	Acuerdos o conflictos potenciales
Consumidores	Individuos afectados por el problema. Son el objetivo de la política.	A veces no reconocen su existencia, y cuando lo hacen se piensan víctimas.	Gozar de la libertad de decidir qué es mejor para ellos (incluso consumir).	Baja	No desean que se les penalice, sino que se les trate como enfermos.
Familias y comunidad	Afectados por el problema. Pueden contribuir a su solución.	Su existencia afecta la paz, la seguridad y la armonía familiares.	Interés en recuperar miembro.	Media	Demandan solución integral.
Policía	Órgano llamado a ser parte de la solución mediante la represión.	Es responsabilidad de los narcotraficantes y de los adictos mismos.	Interés en disminuir el narcotráfico y demás delitos asociados.	Alta	Prefieren la represión.
Narcotraficantes	Organizaciones clandestinas causantes del problema.	Es una oportunidad.	Interés económico en expandir el consumo.	Alta	No están interesados en una solución.
Autoridades de salud pública	Órganos llamados a ser parte de la solución por medio de sus servicios.	Es responsabilidad compartida.	Interés social por mitigar efectos del consumo.	Media	Privilegian la prevención, la dosis mínima en casos necesarios, y el acompañamiento psicoafectivo.

Fuente: elaboración propia.

CUADRO 28. MÉTODOS MÁS COMUNES PARA LA ESTRUCTURACIÓN DE PROBLEMAS

Método	Propósito	Procedimiento	Fuente de conocimiento	Criterio de evaluación
Lluvia de ideas.	Crear ideas, objetivos y estrategias.	Generación y evaluación de ideas en seminarios de decisión o en diseño de escenarios libres u operacionales.	El grupo.	Consenso.
Análisis de fronteras.	Estimar los límites del metaproblema.	Muestreo de saturación (bola de nieve), obtención de representaciones del problema,	Sistema de saberes sobre el tema.	¿Es correcto el límite construido?

(*Continúa*)

Método	Propósito	Procedimiento	Fuente de conocimiento	Criterio de evaluación
		estimación de la frontera por acumulación (*i. e.*, "espacio público").		
Análisis clasificacional.	Clarificar conceptos.	División lógica y clasificación de conceptos. Uso de conjuntos (*i. e.*, desempleo de mujeres pobres cabeza de hogar).	Es el analista quien debe procurar que las clases sean relevantes, exhaustivas, independientes, consistentes y jerarquizadas.	Consistencia lógica.
Análisis sistémico de problemas o de sensibilidad.	Comprender las interrelaciones entre factores que explican la situación problemática.	Identificación de factores según su capacidad de influir en otros factores o verse influido por ellos, y las formas como se ejerce dicha influencia.	El analista o un grupo.	La exhaustividad en la identificación de los factores y la consistencia lógica en cuanto a los valores atribuidos a los efectos estudiados.
Árbol de problemas.	Conocimiento profundo de los factores causales subyacentes al problema.	División lógica y clasificación de cusas y efectos.	El analista.	Consistencia lógica.
Análisis de jerarquías.	Identificación de causas posibles, plausibles y accionables.	División lógica y clasificación de causas (*i. e.*, pobreza: ¿pereza?, falta de formación? falta de oportunidades?	El analista.	Consistencia lógica.
Análisis de actores involucrados.	Identificación de actores y sus posiciones, papeles y funciones, intereses y preocupaciones.	Identificación de actores, análisis de intereses y preocupaciones y capacidad de acción.	El analista o un grupo.	Exhaustividad de la información recogida.
Synectics.	Reconocer similitudes entre problemas.	Construcción de analogías personales, directas, metafóricas e imaginarias (*i. e.*, drogadicción frente a alcoholismo).	El analista o un grupo.	Plausibilidad de las comparaciones.

(*Continúa*)

Método	Propósito	Procedimiento	Fuente de conocimiento	Criterio de evaluación
Análisis de múltiples perspectivas.	Entender mejor los problemas débilmente estructurados.	Análisis de perspectivas técnicas, organizativas y personales.	El grupo.	Mayor entendimiento.

Fuente: elaboración propia.

De esta manera finaliza la fase de estructuración de problemas de políticas públicas y la primera fase del proceso de análisis de políticas públicas. A continuación se discute la fase de identificación de criterios de decisión.

TAREAS Y TALLERES

En seguida se proponen algunos ejercicios prácticos con el propósito de aplicar los contenidos que se presentan en el próximo capítulo.

El siguiente ejercicio consiste en identificar el problema, los supuestos, los actores y posiciones en diferentes políticas públicas. Mediante este ejercicio se evidencia el papel de las visiones del mundo, de la ideología y de los mitos populares en la estructuración de problemas públicos.

Ejemplo 1: Política de protección a la propiedad intelectual en el sector farmacéutico en Colombia.

— ¿Cuál es el problema?

— ¿Cuáles son los supuestos implícitos/subyacentes?

— ¿Quiénes son los actores relevantes y sus posiciones?

— ¿Cuáles son las consecuencias intencionadas y no intencionadas de la política?

Ejemplo 2: Política de apoyo a la realización de cine en Colombia.

— ¿Cuál es el problema?

— ¿Cuáles son los supuestos implícitos/subyacentes?

— ¿Quiénes son los actores relevantes y sus posiciones?

— ¿Cuáles son las consecuencias intencionadas y no intencionadas de la política?

Ejemplo 3: Política de apoyo a la inversión en I + D en Colombia.

— ¿Cuál es el problema?

— ¿Cuáles son los supuestos implícitos/subyacentes?

— ¿Quiénes son los actores relevantes y sus posiciones?

— ¿Cuáles son las consecuencias intencionadas y no intencionadas de la política?

Ejercicio (jerarquía de causas):

La actividad para realizar ahora consiste en que el lector debe hacer el proceso de identificación de causas posibles, causas plausibles y causas accionables relacionadas con el problema que se estudia.

Ejercicio (análisis causal)

Revisar las siguientes frases e identificar el problema (P), las causas (CA) o consecuencias del problema (CO):

La población en el pueblo tiene bajos ingresos ___
Los hombres adultos y los jóvenes tienen acceso a alimentos más nutritivos que las mujeres y los niños ____
La mayoría de los niños en el pueblo sufren de desnutrición ____
Los niños se vuelven más propensos a enfermedades contagiosas ____
Muchos hombres gastan sus ingresos en alcohol y no en comida para la familia ____
Los niños no desarrollan capacidades cognitivas normales ____
En hogares con mujer cabeza de familia, la alimentación es más pobre y el nivel de ingreso más bajo ___
En estos hogares la tasa de asistencia escolar de los niños es más baja___
Las mujeres son excluidas de los procesos de decisión en la comunidad ____
Las mujeres viudas no heredan las tierras de los esposos ___
Las escuelas están abarrotadas y normalmente las niñas son las últimas en inscribirse ____
La cultura y las tradiciones generan un modelo de sociedad patriarcal ____
La tasa de mortalidad infantil es alta en los hogares con mujer cabeza de familia ___

CAPÍTULO QUINTO

Identificación de criterios de decisión

Después que se tiene conocimiento relativamente certero sobre las características del problema, su posición geográfica, lo que lo genera, quiénes contribuyen a él, quiénes son los afectados por él, desde cuándo sucede, si tiene o no solución en el corto plazo y si lo puede o no solucionar el cliente, se pasa a la siguiente tarea del proceso, la cual consiste en identificar qué se necesita para que haya una solución efectiva, qué objetivos específicos queremos alcanzar, qué definimos como una "buena solución" y qué características deberá reunir dicha solución. La figura 25 ilustra el lugar en que nos encontramos en esta fase dentro del análisis y diseño de la política pública.

FIGURA 25. PASO 2: IDENTIFICACIÓN DE CRITERIOS DE DECISIÓN

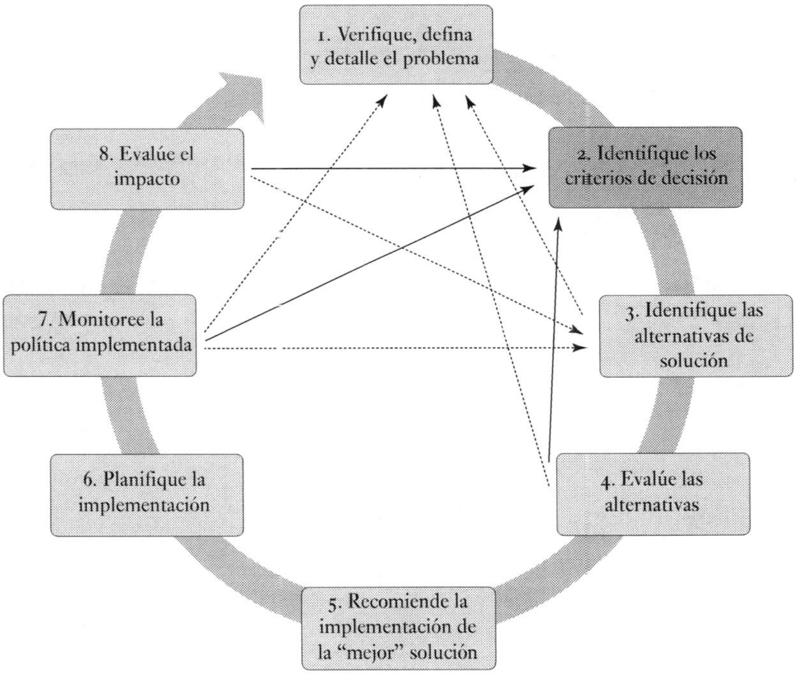

Fuente: elaboración propia.

Como lo ilustra la figura 25 y se detallará más adelante, se trata del segundo paso del proceso de análisis y diseño de políticas públicas. Su función principal es aportar a identificar soluciones efectivas reconociendo objetivos claros y de las características o atributos que debe tener la política pública requerida para que se la juzgue como satisfactoria.

La definición de criterios de evaluación nos permite orientar la búsqueda de soluciones, la elección de las "mejores" soluciones, el diseño del plan de implementación, el monitoreo y la evaluación. Si bien es un paso que se debe definir en segunda instancia una vez que se tenga claro el problema para orientar el resto del ejercicio analítico, su establecimiento definitivo solo sucede tras su validación o modificación después que se hayan contrastado con el plan de monitoreo y evaluación, dado el carácter iterativo ya discutido y que se explicará más adelante.

En este contexto, reconocemos que la "solución" es un concepto mixto que incorpora elementos tanto fácticos como subjetivos que dan cuenta de la desaparición de un problema claramente identificado y que se percibe como una respuesta ante la existencia de una situación que impide la realización de deseos y aspiraciones de la mayoría. En este sentido, llamamos alternativas de solución a las acciones, medidas, proyectos, programas, campañas y otras formas de intervención que pueden formar parte de las políticas públicas, y que pueden estar expresadas en reglamentos, decretos u otras formas de implementación y cristalización, a las que se les atribuye la capacidad teórica o real de propender a la terminación del problema identificado. Aquí tomamos la definición de Bardach, que define las alternativas de solución como las opciones de política, o cursos de acción alternativos, o estrategias de intervención necesarias para solucionar el problema o mitigar sus efectos públicos (Bardach, 1999, 31).

Ahora bien, en esta fase de identificación de criterios y alternativas de solución, el primer paso es definir los objetivos, el segundo es identificar los criterios de decisión que nos permitan evaluar de forma objetiva las alternativas de solución posible al problema, y el tercero es buscar las posibles soluciones por considerar. A continuación se describen dichos pasos.

1. DEFINICIÓN DE OBJETIVOS GENERAL Y ESPECÍFICOS

El primer paso que hay que tomar es definir el objetivo general y los objetivos específicos que se pretenden alcanzar con las soluciones que queremos proponer para atender el problema definido. Pero antes es importante distinguir entre *objetivos* y *metas*, pues ambos conceptos suelen usarse indiscriminadamente como símiles, cuando en realidad hacen relación a nociones distintas. Cinco son las principales diferencias: 1) ambos tienen orientación al futuro; sin embargo, los objetivos proponen propósitos amplios, mientras que las metas buscan proponer propósitos específicos; 2) los objetivos, por lo general, no son cuantificables, mientras que las metas sí lo son, y por lo general deben serlo; 3) contrario a las metas, los objetivos no especifican periodos en los cuales las políticas están dadas a alcanzar las consecuencias deseables; 4) los objetivos son aspiraciones ambiciosas, mientras que las metas son logros realizables por alcanzar; y 5) los objetivos definen poblaciones objetivo en términos amplios, mientras que las metas definen poblaciones objetivo específicas. El cuadro 29 presenta una síntesis de dichas diferencias.

CUADRO 29. CONTRASTES ENTRE OBJETIVOS Y METAS

Características	Objetivos	Metas
Propósitos	Expresado ampliamente: *i. e.*, elevar la calidad del sistema de salud.	Concreto: *i. e.*, incrementar el número de médicos en diez por ciento.
Definición de términos	Formal: *i. e.*, la calidad del sistema de salud refiere al acceso a los servicios médicos de salud.	Operacional: *i. e.*, la calidad del sistema de salud refiere al número de médicos por cada cien mil personas.
Periodo	No especificado: *i. e.*, en el futuro.	Especificado: *i. e.*, en el periodo 2012-2015
Procedimiento de medida	No cuantitativo: *i. e.*, adecuado seguro médico.	Con frecuencia cuantitativo: *i. e.*, cobertura de un ochenta por ciento.
Tratamiento de grupo objetivo	Ampliamente definidos: *i. e.*, personas en necesidad de cuidado.	Específicamente definidos: *i. e.*, familias con un ingreso anual por debajo de los cuarenta millones de pesos.

Fuente: adaptado de (Dunn, 2004, 134).

Es importante subrayar que este paso solo sugiere el establecimiento del objetivo general y los objetivos específicos. En cuanto a las metas, solo se deben definir con fundamento en las alternativas de solución que se vayan a implementar, pues su lugar específico "natural" dentro del ejercicio analítico está en el plan de monitoreo y evaluación, es decir, como parte constitutiva de la última fase del ADIPP. Sin embargo, dado el carácter no lineal del ejercicio analítico, es importante empezar a visualizar dichas metas desde esta fase. De esto hablaremos luego.

Ahora bien, las diferencias entre objetivo general y objetivos específicos se pueden expresar de la siguiente manera: el objetivo general se relaciona directamente con el problema formal definido, pues este es la formulación del deseo de solucionar lo que origina la sensación problemática, y por tanto, su planteamiento debe ir en función de lo que se aspira alcanzar. Es la enunciación en términos positivos del problema. Por ejemplo, ante el problema definido como altos índices de hacinamiento crítico en las cárceles del país, el objetivo general que se podría plantear sería: disminución del hacinamiento en las cárceles.

Así mismo, el objetivo general o deseo general —manteniendo la misma línea discursiva propuesta para diferenciar entre metas y objetivos— se define como la sumatoria de objetivos específicos que se plantean frente al problema que se aborda. Por esta razón, los objetivos específicos son, a su vez, esos deseos más específicos que contribuyen a alcanzar el objetivo general. No sobra aclarar que, para los propósitos de definir los objetivos, la utilidad de herramientas como la inteligencia artificial es más bien limitada.

Para este manual, los objetivos específicos se asocian a aquellas causas que se han identificado como causas accionables —entendiendo que son las que enmarcaran el accionar del cliente según sus facultades—, así como con aquellas causas que se han identificado como plausibles —entendiéndolas como las que explican el problema según estudios u expertos, pero que no son de la competencia del cliente—, que se han identificado como fundamentales de tener en cuenta para solucionar el problema en cuestión. Así, toda causa accionable o "coordinable" (para el caso de las plausibles claves) tendría una relación con al menos un objetivo específico; esto es, cada generador del problema formal propone un deseo específico de ser solucionado para, a su vez, alcanzar el objetivo general que se propone. La estructura básica de un objetivo se ilustra en el cuadro 30.

CUADRO 30. ESTRUCTURA BÁSICA DE UN OBJETIVO DE POLÍTICA PÚBLICA

Objetivo	=	Acción para realizar (verbo en infinitivo)	+	Objeto sobre el que recae la acción	+	Elementos descriptivos del objeto
Ejemplo 1	=	Reducir	+	La tasa de homicidio	+	En la población joven en la región
Ejemplo 2	=	Aumentar	+	La cobertura	+	De acueducto en el departamento
Ejemplo 3	=	Mejorar	+	El estado de las vías terciarias	+	En la zona rural del municipio

Fuente: adaptado de (DNP, 2014, s. p.).

A continuación se expone un ejemplo que permite ilustrar cómo un analista ha manejado el planteamiento de objetivos claros que persigue una política, partiendo de la definición del problema.

Luis Aguilar expone el ejemplo de Mark H. Moore, *Anatomía del problema de la heroína*, u originalmente titulado *Anatomy of the Heroin Problem: An exercise in Problem Definition*, donde se revisa cómo la política sobre la heroína genera posiciones disímiles (Aguilar, 1993, 189), pues, por un lado, están los que consideran que el objetivo debe ser la reducción de su consumo, y, por el otro, los que reclaman que el objetivo debe ser mejorar la calidad de vida de los consumidores. Así, como afirma Moore, el Gobierno podría perseguir ambos objetivos con alternativas de solución que respondieran a los distintos ámbitos de aplicación.

La relativa amplitud o estrechez del ámbito de aplicación de las alternativas de solución que defina el analista orienta la intervención en grupos objetivo. Por ejemplo, para el caso que se describe, se define si se busca influir en la conducta de la sociedad en general o si se busca influir en la conducta de quienes ya consumen heroína. Esas dos categorías de ámbito pueden, a su vez, ser abordadas según se quiera influir en un amplio rango de conductas con políticas generales para la sociedad en general, o si se quiere influir solo en el consumo de heroína con políticas preventivas.

El cuadro 31 resume el trabajo de Moore según los ámbitos de aplicación de las alternativas de solución.

Avanzando en el ejemplo que brinda Aguilar sobre el análisis de Mark Moore, el autor argumenta que hay políticas que atacan síntomas y políticas que atacan causas, y que mientras que aquellas están diseñadas principalmente para reducir el consumo actual, estas tienen cobertura más amplia: buscan modificar más aspectos de la conducta (no solo el consumo) y extender su influencia a una porción mayor de la población total (Aguilar, 1993).

En efecto, las políticas o alternativas de solución que solo atacan síntomas son ineficientes, en la medida en que no curan la enfermedad, mientras que las alternativas que atacan la enfermedad eliminando sus causas son más eficientes. Como se vio en el ejemplo de Moore, es de gran importancia establecer los objetivos de la intervención y con ello determinar de paso los ámbitos de aplicación de las alternativas de solución por proponer. Tener claro tanto los objetivos como los ámbitos de aplicación de las alternativas permite que los procesos posteriores de establecimiento de criterios de decisión y de identificación de alternativas de solución sean más coherentes y efectivos.

CUADRO 31. EJEMPLO: OBJETIVOS Y ÁMBITOS DE LAS ALTERNATIVAS

Objetivo A: Reducir el número de personas que consumen heroína		Objetivo B: Mejorar la conducta y condiciones de los consumidores actuales	
Políticas que influyen en la conducta de la sociedad en general		Políticas que influyen solo en la conducta de quienes ya consumen heroína	
1 Políticas que influyen en un amplio rango de conducta (políticas generales)	2 Políticas que solo influyen en el consumo de heroína (políticas preventivas, población vulnerable)	3 Políticas que influyen en un amplio rango de conducta	4 Políticas que solo influyen en el consumo de heroína
Macropolíticas de empleo	Prohibición de todas las ventas y consumo de heroína	Comunidades terapéuticas	Desintoxicación ambulatoria
Programas de bienestar	Programas de educación sobre drogas	Psicoterapia individual	Tratamiento "sin esqueleto", o desarticulado a base de metadón
Programas de salud pública	Detección temprana y programas de cuarentena	Tratamiento con metadón y servicios auxiliares	
Programas antipobreza	Programas de inmunización antagonista temprana	Libertad bajo palabra y condicional	
Programas de capacitación		Consumidores internados en hospitales psiquiátricos	
Prohibición de tratos discriminatorios en las contrataciones		Programas de empleo asegurado	
Programas contra la delincuencia juvenil			
Cárceles y prisiones			

Fuente: adaptado de (Aguilar, 1993).

Es de subrayar que el proceso de definir criterios de decisión debe anteceder la identificación de alternativas, pues dicha secuencia ayuda al analista a evitar encerrarse en alternativas preferidas que no responden al problema de manera satisfactoria. Veamos, pues, a continuación, las características de estos dos procesos.

II. DEFINICIÓN DE CRITERIOS

La instrumentación de las políticas inicia con el proceso de selección de alternativas de solución y de los instrumentos adecuados para su implementación y que respondan a los objetivos planteados. Para esto, la selección de los instrumentos debe responder a criterios de decisión previamente definidos.

Los criterios de decisión son factores, juicios de valor preestablecidos que determina el analista de común acuerdo con el cliente para evaluar todas las alternativas de solución que se van a identificar, constituyéndose en el marco para generar recomendaciones de políticas públicas. En esta sección se describen algunos de los criterios más frecuentes para la evaluación *ex ante* de alternativas de solución, así como criterios complementarios que consideran los enfoques diferenciales.

A. CRITERIOS MÁS FRECUENTES EN LA LITERATURA

La literatura señala una serie de criterios de decisión que se utilizan con frecuencia para juzgar la idoneidad de las alternativas de solución que se puedan identificar o construir en respuesta al problema identificado. Patton y Sawicki (1993) proponen, como primer paso, definir y establecer criterios que sean aceptables y útiles. En cuanto a la aceptación de parte del cliente, advierten que en la práctica los que toman decisiones pueden no mostrarse dispuestos a establecer criterios claros, en la medida en que tendrían que argumentar sus decisiones sobre conceptos como *equidad* y *eficiencia*, y no quisieran apoyar su decisión a favor de un grupo en detrimento de otro.

Así, para buscar una aceptación básica de ellos, y antes de intentar la construcción de los criterios con el cliente, es indispensable identificar las preferencias y el perfil de este y sus hojas de ruta —si son gobernantes, se asocian con sus planes y programas de gobierno expresados en épocas electorales y sus planes de desarrollo establecidos ya en el momento de gobernar—, para identificar, a partir de ellos, los principales intereses en los que el cliente buscaría priorizar, la forma como entiende el problema y sus elementos sustantivos, identificar las preferencias ideológicas o la visión sobre cómo se deben abordar los problemas, etc., todo ello con el propósito de iniciar el proceso de construcción de los criterios con un terreno abonado para la decisión.

De cualquier manera, es importante tener en cuenta que incluir dichos asuntos no debe conducir a limitar el espectro posible de análisis, pues en muchas ocasiones el decisor, o bien no tiene claros los criterios y en parte por ello acude a sus servicios, o bien no quiere ver en su analista a alguien que no tiene capacidad propia de proponer visiones alternativas, si se quiere incluso "contrarias" a las suyas. En este sentido, cuando no hay coincidencias entre la visión del analista y la del cliente, aquel no debe imponer sus preferencias, pero tampoco debe dejar de hacerle ver a este, de manera profesional y respetuosa, las visiones alternativas. En últimas, él decide. En el largo plazo esta posición analítica, crítica y objetiva puede ser muy apreciada por el cliente. Sin embargo, no hay que olvidar que en la práctica hay varios perfiles de decisores, en los que algunos pueden ser de mente abierta y apreciar la dialéctica y la crítica, y otros pueden manejar su ego de manera distinta.

En cuanto a la utilidad de los criterios, Patton y Sawicki (1993) sugieren el uso de los siguientes cuatro tipos de criterios que con más frecuencia se utilizan: viabilidad técnica, viabilidad política, viabilidad administrativa y viabilidad económica y financiera. Algunos de los criterios que incluye cada una de estas categorías se describen más adelante.

1) *La viabilidad técnica* hace referencia a la pregunta ¿existen los recursos técnicos y el saber hacer para implementar la alternativa de solución? Este criterio busca medir si la alternativa funcionaría en un sentido técnico. Aquí se encuentran criterios como la efectividad (*effectiveness*) y la suficiencia (*adequacy*).

2) *La viabilidad política* plantea ¿qué tan complejo es el ambiente político donde se debe abordar el problema? ¿Qué tan impopular o qué tan fácil políticamente puede aceptar el cliente implementar la alternativa? Este criterio busca enmarcar si será necesario considerar lo estable o turbulento del ambiente político, y se mide desde el punto de vista de la repercusión posible en los grupos de interés como los legisladores, los administradores públicos, los ciudadanos y sus movimientos, los grupos barriales o comunales, los sindicatos, los partidos políticos, etc. La pregunta central es si se aceptaría o se podría aceptar en los grupos relevantes de interés. Establecer este criterio de decisión indica que el contexto político en el cual se deben tomar las decisiones es de gran relevancia y quizás existan grupo de interés con la suficiente capacidad de incidencia como para impedir o revertir la implementación de alternativas de solución que se escoja. Algunos criterios

de viabilidad política son, por ejemplo, la equidad (*equity*), la capacidad de respuesta (*responsiveness*) y la adecuación (*appropriateness*).

3) *La viabilidad administrativa* busca responder: ¿están dispuestas las condiciones necesarias para su implementación? Este criterio mide cuán posible es la implementación de la alternativa en un contexto administrativo. Por ejemplo, reconocer si el *staff* o personal disponible cooperaría con la entrega del servicio propuesto, o si se tienen las capacidades, facilidades o herramientas físicas y materiales para implementar la alternativa. Algunos ejemplos de criterios de viabilidad técnica son el compromiso institucional, que se refiere al apoyo de las organizaciones gubernamentales en distintos niveles para la implementación de la solución, o la capacidad organizativa, humana y financiera de la entidad responsable de la implementación.

4) *La viabilidad económica y financiera* pretende responder: ¿el costo de la alternativa se puede cubrir con recursos públicos u otras fuentes de recursos para su implementación? Este criterio es de vital importancia, porque, por un lado, la ausencia de recursos es una constante con la cual todo administrador debe trabajar, y, por otro, en la administración pública la destinación de estos en la gran mayoría de los casos ya viene definida por la ley, y los problemas por superar con los recursos de libre destinación son usualmente numerosos[25]. El criterio económico más común es la eficiencia (*efficiency*) o la relación costo-beneficio.

5) *La viabilidad ambiental*: en un contexto de grandes retos ambientales como el cambio climático o la pérdida de biodiversidad, las alternativas de solución deberían mitigar sus posibles implicaciones en el ambiente. En ese sentido, interesa responder a la pregunta: ¿en qué medida la alternativa de solución puede derivar en efectos negativos sobre el ambiente? Se trata de un criterio que busca reducir además el riesgo de conflictos socioambientales en el abordaje de un problema público determinado, sea un problema ambiental o no. Este criterio es relativamente nuevo en la literatura sobre políticas públicas y resulta de consensos internacionales tales como los Objetivos de Desarrollo del Milenio, los Objetivos de Desarrollo Sostenible y la Conferencia de las Partes (COP), entre otros, trascendiendo incluso los

---

25 De acuerdo con Patton y Sawicki (1993), este criterio propone la medición de beneficios directos o indirectos, de corto o de largo plazo, cuantificables o no. Sin embargo, en este manual estos análisis se abordarán más adelante bajo el criterio de costo-beneficio de manera individual e independiente.

asuntos meramente ambientales para incorporar factores políticos y socioeconómicos de creciente preocupación.

A continuación se repasan algunos de los criterios que corresponden a las cuatro categorías arriba descritas. Propuestos por Dunn (2004), son *effectiveness*, *efficiency*, *adequacy*, *equity*, *responsiveness* y *appropriateness*, los cuales procuraremos definir en español de la mejor forma posible, a pesar de la especificidad de algunos de ellos. Por último, agregamos una serie de criterios a la lista básica, los cuales se han sido identificados como útiles con fundamento en nuestra experiencia. Estos son:

1) La efectividad: plantea la siguiente inquietud: ¿la alternativa logra el objetivo que se pretende alcanzar, a la luz del tiempo que se requiere en su implementación y los recursos por invertir? Una política es efectiva cuando logra el objetivo propuesto teniendo en cuenta la relación tiempo y recursos necesarios para lograrlo.

2) La eficiencia: busca responder a la pregunta: ¿estarán bien invertidos los recursos destinados al logro de los objetivos mientras se maximizan los beneficios con ellos? Una alternativa o política es eficiente cuando es efectiva y logra el resultado a bajo costo al mismo tiempo.

3) La suficiencia: se refiere a: ¿la alternativa soluciona las necesidades, satisface los valores o propicia las oportunidades que dieron origen al problema por abordar? Este criterio muestra la relación entre las alternativas y los resultados valorados. El criterio de suficiencia estudia cuatro tipos de problemas según Dunn (2004):

a) Problemas de primer tipo: son los que implican costos fijos y efectividad variable. Cuando la mayor parte del presupuesto de gastos se constituye en costos fijos, la prioridad es maximizar la efectividad con recursos disponibles. Las respuestas a estos problemas se llaman *equal-cost analysis*, y con ellas los analistas deben comparar las alternativas y su efectividad, teniendo en cuenta que los costos son constantes. La alternativa de solución más adecuada es la que maximiza el logro de los objetivos mientras permanecen las limitaciones de los costos fijos; por ejemplo: dado un presupuesto fijo de un millón de dólares para cada uno de los programas, un analista en políticas de salud recomendará la alternativa que tenga mayor calidad para el sistema de salud en la comunidad.

b) Problemas de segundo tipo: son los que tienen efectividad fija y costos variables. En esta situación se intenta disminuir los costos, pues la efectividad que se espera es la misma para todos los casos. Las respuestas a estos problemas se llaman *equal-effectiveness analysis*, en con ellas los analistas comparan las alternativas que varían en costos mientras la efectividad es la misma. Las alternativas de solución más adecuadas para este tipo de problemas son aquellas cuyo costo sea el más bajo mientras alcanza el grado fijo de efectividad. Por ejemplo: si el sistema de transporte público debe servir al menos a cien mil personas al año, el problema es identificar cuál de las alternativas (bus, metro, tren) puede alcanzar el grado fijo de efectividad al menor costo.

c) Problemas del tercer tipo: son aquellos en los que se tienen costos y efectividad variables. Las respuestas a estos problemas se llaman *variable-cost-variable-effectiveness analysis*. En este caso la solución más adecuada es la que maximice la proporción entre costo y efectividad. Por ejemplo: escoger un presupuesto óptimo para maximizar los objetivos propuestos por una agencia o institución.

d) Problemas del cuarto tipo: son los que tienen los costos y la efectividad fijos. Las respuestas a estos problemas se llaman *equal-cost-equal-effectiveness analysis*, y son particularmente difíciles de resolver porque los analistas no solo están limitados por unos costos que no se pueden exceder, sino, además, por unos niveles de efectividad que se deben alcanzar. En casos en los cuales alguno de los dos requisitos no se pueda cumplir, bien sea por costos imposibles o efectividades inalcanzables, la mejor alternativa es no hacer nada. Así, por ejemplo, si el sistema de transporte público debe servir a un mínimo de cien mil personas al año con unos costos fijos establecidos, cualquier alternativa de solución debe satisfacer ambas limitaciones; de lo contrario, serían rechazadas.

4) La equidad: está estrechamente relacionada con la racionalidad social y legal-justicia, y se refiere a la pregunta: ¿qué distribución de cargas y beneficios a los grupos que conforman la sociedad plantea la implementación de la alternativa? Una política equitativa es aquella en la que las cargas y los beneficios se distribuyen de igual manera para todos los individuos. Este criterio se relaciona con los dilemas éticos asociados con la distribución de los recursos en la sociedad: ¿cómo puede una política pública maximizar el bienestar de la sociedad y no solo el de un grupo particular de individuos? Para este criterio existen algunos subcriterios que pueden ayudar a resolver dilemas típicos asociados a la equidad:

a) *Maximización del bienestar individual.* El analista intenta maximizar el bienestar de todos los individuos de forma simultánea. Ello requeriría un rango de preferencias transitivas construido con fundamento en todos los valores de cada individuo. Con el teorema de imposibilidad de Arrow[26] se ha demostrado que esto puede ser imposible, incluso cuando hay dos personas y tres alternativas. Por ejemplo: una población desplazada que necesita ser reasentada y tiene tres alternativas de lugares diferentes. Si a la población de cinco mil habitantes se le pregunta por su orden de prioridad de cada una de las tres opciones, el sistema buscaría reflejar una primera mejor opción, una segunda mejor opción y una tercera mejor opción; no obstante, este sistema puede que no refleje todos los valores que cada persona tuvo en cuenta.

Es decir, un tipo de pregunta usual para este caso es: "Priorice de 1 a 3 el lugar donde quisiera que el reasentamiento se realizara, donde 1 es el lugar de mayor preferencia y 3 el de menor". Supóngase que las respuestas a la pregunta sobre los tres lugares (A, B y C) se expresan como lo ilustra el cuadro 32.

CUADRO 32. TEOREMA DE LA IMPOSIBILIDAD DE ARROW

Respuestas	Zona A	Zona B	Zona C	Tamaño de la muestra encuestada
Primera mejor opción	50%	10%	40%	353
Segunda mejor opción	30%	15%	55%	
Tercera mejor opción	20%	75%	5%	
Número de respuestas a la pregunta formulada				1059

Fuente: adaptado de Dunn (2004).

Esos resultados demuestran la dificultad para definir y decidir en qué lugar se debería dar el reasentamiento, garantizando la satisfacción de todos los encuestados cuando deben elegir entre tres o más alternativas de solución.

b) *Protección de un bienestar básico.* En este punto el analista intenta aumentar el bienestar de un grupo mientras trata de proteger el de grupos en peores condiciones. Esto se apoya en la teoría del óptimo de Pareto, según el cual el bienestar consiste en que al menos uno de los actores se benefi-

26 Conocida también como la Paradoja de Arrow, expone que cuando se tienen al menos tres alternativas para que cierto número de personas voten por ellas, no es posible diseñar un sistema de votación que permita generalizar las preferencias de los individuos hacia una preferencia global de la comunidad, el cual debe satisfacer varias características deseables simultáneamente (véase *supra*, cap. segundo, I.B). Este teorema lo enunció el premio nobel Kenneth Arrow.

cie sin que ningún otro salga perjudicado. Por ejemplo: ante un problema de abastecimiento de agua a las personas de bajos recursos de una comuna de la ciudad, el Gobierno plantea la provisión de agua a dicha población objetivo apoyándose en un esquema que permite que los estratos sociales más altos deben pagar en su consumo un valor mayor sobre cada metro cúbico consumido y con ese valor subsidiar la prestación de servicios de agua a los estratos sociales más necesitados.

c) *Maximización del bienestar neto.* Aquí el analista se apoya en el criterio de Kaldor-Hicks, en el cual las ganancias de unos deben tener la capacidad de compensar la pérdida de los otros actores. Por ejemplo: el incremento del salario mínimo legal a los trabajadores podría aumentar los costos en los que tienen que incurrir los empleadores, pero podría también incrementar el consumo de los productos que se ofrecen en el mercado.

d) *Maximización del bienestar distributivo.* El analista intenta maximizar beneficios redistribuidos para un grupo específico de la sociedad. Por ejemplo, los oprimidos raciales, pobres o enfermos. Un criterio de redistribución lo propuso el filósofo John Rawls: un Estado social es mejor que otro si da como resultado una ganancia de bienestar para los miembros de una sociedad que menos tienen o más necesitan. Por ejemplo: la ley podrá establecer una circunscripción especial para asegurar la participación y representación en los procesos electorales de grupos étnicos como los afrodescendientes o los indígenas.

Cabe mencionar que ninguno de estos subcriterios es totalmente satisfactorio si se concibe de manera independiente, y que cada uno tiene sus debilidades. Esto se debe a que en la sociedad existen muchas variables culturales, políticas y jurídicas que no pueden solucionarse con un simple razonamiento económico.

5) La capacidad de respuesta: este criterio se refiere al siguiente interrogante: ¿los criterios de efectividad, eficacia, suficiencia y la equidad envuelven los verdaderos valores, necesidades y deseos del grupo al que se dirige la política pública? Este criterio busca determinar el grado en que una alternativa satisface las necesidades, preferencias o valores de grupos particulares de la sociedad identificados como población objetivo. Es importante, pues las alternativas pueden cumplir con todos los demás criterios posibles y aun así no responder a las necesidades del grupo que se supone se beneficiará de la política.

6) *Appropriateness* (preferimos dejarlo en inglés por no encontrar una buena traducción. Quizá sería "pertinencia para la sociedad". Lo dejamos a juicio del lector): este criterio está íntimamente relacionado con cuán apropiada es la política pública para la sociedad. Es decir, mientras todos los otros criterios dan por sentado sus objetivos, este criterio cuestiona su pertinencia para la sociedad, para lo cual toma todos los criterios en conjunto y utiliza un *higher order criteria* (metacriteria) que ayuda a priorizar, de forma lógica, entre todos los criterios.

Este criterio no cuenta con una definición única; por esto es mejor entenderlo con un ejemplo: ¿es la equidad un criterio razonable cuando existen de por medio razones de tipo ético dentro del problema? Es decir, muchas veces una solución que sea equitativa no es necesariamente apropiada para la sociedad y sus convicciones morales y éticas. En algunos casos las soluciones más eficientes, equitativas o eficaces necesitarían incurrir en complejos dilemas morales para tener solución. La pena de muerte, el aborto y la investigación genética son algunos ejemplos de tipos de políticas que presentan estos problemas.

B. CRITERIOS COMPLEMENTARIOS Y ENFOQUES DIFERENCIALES

Como complemento a lo anterior, sugerimos agregar a la lista de criterios clave para evaluar alternativas los siguientes:

1) Impactos secundarios/externalidades: este criterio busca responder a la pregunta: ¿qué efectos positivos y negativos no intencionados podrían resultar de la implementación de la alternativa en cuestión? Este es un criterio particularmente importante, en la medida en que toda intervención pública produce efectos no intencionados, los cuales pueden ser de ambos tipos, positivos y negativos. Ejemplo de estos efectos son el (des)empleo, el daño ambiental, la salud pública, etc., los cuales podrían ser denominados "efectos secundarios", en tanto no son el centro de interés de la política, pero no por ello son de menor importancia.

2) Impactos en otras políticas: pretende responder a la pregunta: ¿cómo afectaría la alternativa en cuestión a la implementación y al logro de los objetivos de otras políticas públicas en curso? Al igual que el criterio anterior, este indicador llama la atención al respecto de la importancia de hacer el análisis de las alternativas teniendo en cuenta el contexto en que se imple-

mentarían, pues en principio no sería deseable consolidar una política que resultara por afectar, de manera grave, la implementación de otras igualmente justificadas, anulando así los efectos que se buscan.

3) Estabilidad: este criterio busca responder si los objetivos se alcanzarían a pesar de que se presentaran disturbios o cambios; es decir, ¿qué pasa si las condiciones cambian? A manera de ejemplo, ¿qué pasaría si la alternativa dependiera de recursos por regalías del petróleo y estas se acabaran por una caída en la explotación petrolera? Este criterio se asocia al que usan otros analistas, como el de robustez. Así mismo, se asocia con factores externos al accionar del cliente.

4) Vulnerabilidad: pretende evaluar si la alternativa continúa su implementación o ejecución en caso de que una de las partes del proceso falle. En otras palabras, sería resolver el interrogante: ¿qué pasaría si alguno de sus componentes fallara? A manera de ejemplo, ¿qué pasaría si el alcalde municipal o el gobernador fueran destituidos por fallas administrativas y la alternativa dependiera de su voluntad? Este criterio se asocia con factores más internos del accionar del cliente.

5) Comunicabilidad: busca responder a la pregunta: ¿la alternativa es fácil de entender por aquellos involucrados y no dentro del problema?

6) Mérito: plantea el interrogante: ¿la alternativa responde a las necesidades/demandas del problema?

7) Simplicidad: plantea la pregunta: ¿qué tan difícil es la implementación de la alternativa seleccionada? Como ejemplo, se puede preguntar: ¿qué tan fácil de implementar es el desarrollo de granjas autosostenibles en el desierto?

8) Compatibilidad: indaga: ¿qué tan congruente es la alternativa de solución con las normas y procedimientos de mayor jerarquía?

9) Reversibilidad: pregunta: ¿qué tan difícil es regresar a las condiciones iniciales si la alternativa falla? En otras palabras, el analista se pregunta: ¿podemos desmontarla sin mayores traumatismos? Un ejemplo podría ser el sistema de restricción vehicular conocido como el "pico y placa" implementado en Bogotá y los traumatismos de su posible desmonte sin otras intervenciones desarrolladas paralelamente durante su implementación.

En este contexto cobran además relevancia los enfoques diferenciales (género, orientación sexual, identidad de género, pertenencia étnica, discapacidad y edad, entre otros), por lo que se le recomienda al analista incluirlos de manera explícita en el proceso de evaluación de alternativas. Es interesante ver que con el tiempo este tipo de criterios, al igual que lo relativo al impacto ambiental, se consideraban subsidiarios, para ahora tomarlos como uno de los más importantes, en reconocimiento de la diversidad que caracteriza a la sociedad en su conjunto. En otras palabras, es lo que se conoce en inglés como "one size does not fit all".

Así pues, además de esta serie de criterios comúnmente usados, el analista puede considerar el enfoque de inclusión social, étnico o de género como criterios de decisión. Esto resulta útil y aplicable en la mayoría de los análisis de problemas y no solo cuando grupos de poblaciones vulnerables o minorías son parte evidente del problema: tanto organizaciones internacionales como Gobiernos nacionales y locales han venido realizando esfuerzos para generar capacidades de intervención en este campo para que diferentes actores diseñen instrumentos considerando la inclusión de las poblaciones vulnerables y las minorías en los casos a que haya lugar.

El Banco Mundial define como poblaciones vulnerables a los grupos con características de género, raza, etnia, religión, orientación sexual, situación de discapacidad y nacionalidad a partir de las cuales se crean dinámicas de exclusión (2013). Realizar el análisis considerando estos grupos poblacionales garantiza la inclusión social y de género a lo largo del proceso de diseño de intervenciones públicas.

En este sentido, es interesante (y decepcionante) ver cómo por tanto tiempo la humanidad en general, y sus instituciones políticas en particular, le han dado la espalda a algo tan obvio como que más de la mitad de la población mundial se compone de mujeres, las cuales tienen condiciones particulares que requieren la entera consideración de los Gobiernos, bien sea para minimizar los efectos negativos propios de la discriminación machista que caracteriza a unas sociedades más patriarcales que otras, como para potenciar y reconocer sus capacidades y contribución a la sociedad en su conjunto. Por eso la Organización de las Naciones Unidas (ONU) (2016) sugiere el abordaje de problemas de equidad desde esferas adicionales a la económica y la generación de ingresos, incluyendo los aspectos sociales y culturales como los valores, normas y tradiciones, y el aspecto político como las estructuras formales y problemas asociaos al contexto institucional.

El objetivo en este sentido es aportar a la inclusión social a partir de la implementación de políticas y programas que contribuyan a "mejorar las condiciones en los que los individuos y grupos sociales hacen parte de la sociedad, mejorando la habilidad, oportunidad, y dignidad de las poblaciones vulnerables debido a su identidad" (Banco Mundial, 2013). La propuesta del Banco Mundial, por ejemplo, la *Herramienta de Evaluación de Inclusión Social* (SIAT, por sus siglas en inglés) describe el proceso de realizar las preguntas adecuadas para identificar soluciones adecuadas (2013), las cuales en los ejercicios de análisis y diseño de políticas públicas podrán guiar la identificación de los criterios de decisión que garantizaran la inclusión social. El cuadro 33 describe las preguntas propuestas por el Banco Mundial.

CUADRO 33. PREGUNTAS PROPUESTAS POR LA "HERRAMIENTA DE EVALUACIÓN DE INCLUSIÓN SOCIAL"

Fase	Objetivo	Tipo de preguntas
Identificación	Identificar si hay exclusión de grupos sociales	¿A quién se le está excluyendo en el marco del problema? ¿Existen grupos que se beneficien menos de ciertas intervenciones por su identidad?
Análisis	Identificar análisis previos y el Estado actual de la exclusión	¿Cómo y por qué es el grupo(s) excluidos?, ¿Qué motiva esta exclusión?
Acciones	Identificar acciones que cambiarán las situaciones de exclusión	¿Tendrá la intervención acciones que mejoran la situación de exclusión?
Monitoreo	Identificar los indicadores que medirán la situación de exclusión	¿A partir de qué información podremos monitorear el progreso en la situación de inclusión? ¿La intervención contendrá indicadores de inclusión?

Fuente: adaptado del Banco Mundial (2013).

Durante la identificación del problema y la definición de los criterios de decisión, el analista debe incluir en el análisis un enfoque de género. Así, es importante identificar si las situaciones vividas por las personas y la caracterización del problema se relacionan con el sexo de dichos individuos y con las normas sociales asociadas a las funciones de género, y si, además, existen otras variables sociodemográficas que influyen en el problema. Realizar un análisis de género le permitirá al analista identificar disparidades de género presentes en el problema. De acuerdo con el informe ONU (2015), el uso de datos e información desagregada por sexo y género ayuda a comprender las disparidades de los diferentes grupos y la forma en la que el problema los afecta.

La propuesta de diferentes organizaciones internacionales es que los analistas realicen análisis de género resolviendo las siguientes preguntas:

1) ¿Cuál es el contexto de género del problema?

2) ¿Cuáles son los papeles de hombres y mujeres, niños y niñas en el contexto del problema?

3) ¿Quién controla los recursos relacionados en el problema?

4) ¿Cómo son los procesos de decisión para hombres y mujeres en el marco del problema?

5) ¿Quién se beneficia del problema?

En este caso se sugiere que aborde estas preguntas al igual que las preguntas del marco de inclusión social desde el proceso inicial de definición del problema, pero también a lo largo del proceso de análisis, siendo así una herramienta prevalente durante todas las fases del proceso y no solo al momento de definición de criterios de decisión.

C. CRITERIOS PARA SELECCIONAR LOS CRITERIOS

Es importante tener en cuenta que los criterios pueden ser de una gran variedad y que su relevancia depende principalmente de la naturaleza del problema que se busque afrontar, los objetivos propuestos y el tipo de programa o políticas que estén bajo análisis. Por ejemplo, ante problemas relacionados con la falta de infraestructura moderna para la exportación, se pueden proponer criterios relacionados con el impacto ambiental (con la deforestación de zonas protegidas), el impacto social sobre comunidades indígenas, etc.

Es fundamental considerar que para que los criterios seleccionados sean útiles a la hora de ilustrar una decisión, si todas las alternativas que se van a comparar se califican de igual forma según el criterio X, entonces X no es un buen criterio, pues estos deben ayudar a tomar una decisión. Igualmente, si al menos una alternativa se califica como "No relevante" o "No aplica" respecto al criterio X, entonces X no es un buen criterio, o las alternativas no son comparables (*i. e.*, hacen referencia a diferentes aspectos del problema). En este caso, se recomienda hacer más matrices de evaluación utilizando diferentes conjuntos de criterios y alternativas. En vista del carácter subjetivo y la connotación inherentemente política de esta labor, definir criterios de decisión para luego comparar las diferentes alternativas de decisión hace que el uso de herramientas como la inteligencia artificial sea de utilidad limitada, o incluso hasta inconveniente. Este es uno de los ejercicios en los que la "inteligencia humana" es claramente más pertinente.

Así mismo, la selección de uno u otro instrumento o alternativa de solución debe responder siempre a las variables del contexto, las cuales incluyen la forma en que se ha definido el problema, los actores involucrados y las características del sistema político y económico, entre otras (Rist, 1998). Por ejemplo, autores como Bressers y O'Toole (1998) sugieren un marco de selección de instrumentos sustentados en las características de las redes de actores involucradas en el problema público en cuestión. Estas redes pueden variar según la fortaleza o debilidad de su cohesión (grado de empatía/coincidencia entre estos y asuntos de política común) e interconexión (grado de relacionamiento de los actores).

En todo este proceso de análisis de políticas públicas siempre surge la pregunta ¿por qué la fase de definición de los criterios debe anteceder a la fase de identificación de las alternativas de solución? La razón es que el análisis de las alternativas debe hacerse a la luz de lo que el analista y el cliente juzguen *a priori* como "deseable". En efecto, identificar las alternativas antes de definir los criterios con los cuales estas se evaluarán sesgaría la selección misma de las alternativas, lo cual limitaría nuestra creatividad e incrementaría la probabilidad del analista de caer en el error de tercer tipo.

Es importante enfatizar que en este punto del proceso analítico se espera que el analista sea un "abogado del problema" más que un "abogado de la solución", tanto así que, incluso, algunas veces el criterio de "legalidad" puede no ser un buen criterio, pues la sujeción a una ley puede ser causa del problema de interés. Este es un punto polémico, por supuesto, y que los estudiosos del derecho encontrarán inaceptable. Sin embargo, en ese caso, si solo proponemos soluciones que son "legales", corremos el riesgo de no solucionar el problema verdadero. Claro está que esto no implica ignorar el Estado de derecho, ni más faltaba, o que se busquen soluciones ilegales en sentido estricto, sino que se invita a que el analista, desempeñando el papel del "abogado del problema", considere la reforma a la ley que sea necesaria, acudiendo a los procedimientos democráticos de rigor disponibles, como parte de la solución. De otra manera, el espectro analítico se reduciría sustancialmente y nuestra probabilidad de éxito en la solución de los problemas se vería limitada. Toda selección de alternativas debe hacerse de manera transparente, explícita y considerando las alternativas de solución posible (excluyendo obviamente las que a simple vista parezcan absurdas, tales como pensar en la promoción del uso del caballo en las grandes ciudades para dar solución a los problemas de contaminación ambiental que resulta de la relativa inmovilidad vehicular, o de promover el uso de vehículos voladores, etc.). Para ello, es importante indagar entre los actores involucrados sus intereses, sus posiciones y sus posturas. Esto permitiría priorizar entre criterios.

Una última recomendación en este punto del proceso es que típicamente debe haber una priorización entre criterios de decisión, pues no siempre los criterios cuentan o valen o pesan lo mismo. Además, se deben ofrecer definiciones operacionales de los conceptos utilizados. Por ejemplo, si la alternativa debe ser "eficaz", se debe ofrecer una definición operativa del concepto de *eficacia*. ¿Qué se debe entender por *eficaz* o *ineficaz* a la luz del problema analizado? En ocasiones es útil listar los indicadores que darían cuenta de la "eficacia". Por ejemplo, volviendo al tema de movilidad, uno de los principales indicadores de la solución del problema es la disminución del tiempo de desplazamiento. En el caso del maltrato de mujeres, sería el número de denuncias. En el caso del problema de la baja calidad de la educación, el indicador sería el puntaje promedio en las pruebas estandarizadas, etc.

Una vez que se tiene claridad sobre los objetivos por alcanzar y los atributos que deben tener las alternativas de solución para que estas sean elegidas, pasamos a discutir lo relativo a la identificación de alternativas de solución.

CAPÍTULO SEXTO

Identificación de alternativas de solución

Después que se tiene (o se cree tener) claro el problema y se han definido los criterios de evaluación que nos servirán de guía para la toma de decisiones, entramos al paso 3 del análisis y diseño de políticas públicas: la identificación de alternativas. Esta actividad, también conocida como la instrumentación de políticas, describe el proceso de selección y uso de instrumentos de política pública para que esta se desarrolle material y operacionalmente (Lascoumes y Le Galès, 2007). Como mencionamos en el capítulo primero (I.C), los instrumentos de política constituyen el abanico de alternativas de solución en el marco de una política pública, por lo que los instrumentos están en el centro de la solución a un problema público.

Además del valor obvio de esta fase, es importante tener en cuenta que, dado el carácter iterativo del ADIPP al que nos hemos referido en contadas ocasiones y que retomamos en la figura 26, la definición del problema público en cuestión se puede (y se suele) modificar en esta fase, pues al momento de recabar mayor información sobre las posibles formas de atacarlo es probable encontrar aspectos desconocidos de él, o simplemente, de la imposibilidad de que se resuelva en el corto o el medio plazo y con los recursos disponibles. En efecto, la revisión del problema a la luz de las alternativas

FIGURA 26. PASO 3: IDENTIFICACIÓN DE ALTERNATIVAS DE SOLUCIÓN

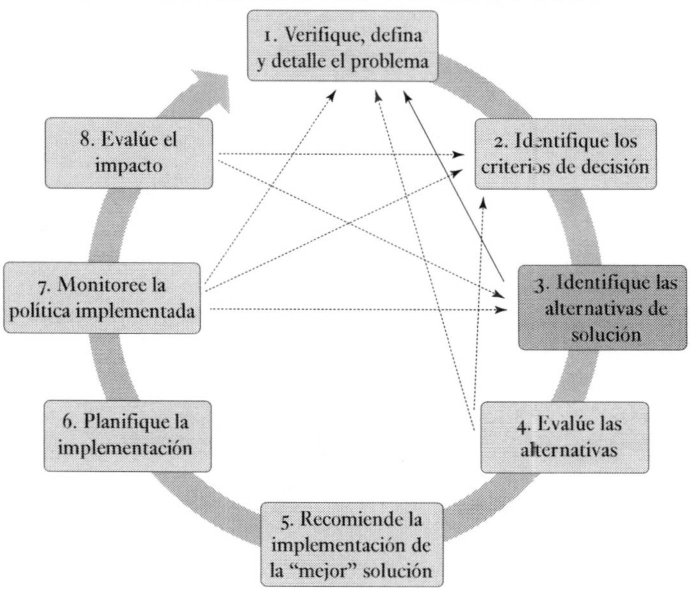

Fuente: elaboración propia.

identificadas debe conducir a establecer, en parte, la elegibilidad o idoneidad inicial de ellas, y en dicho ejercicio es posible que se encuentre que el problema se deba reformular. Sin embargo, como se verá más adelante, si bien esto es previsible y en muchos casos deseable, es importante evitar que se redefinan los problemas simplemente para que coincidan con las características de la solución preferida por el cliente o por el analista.

Como se dijo al comienzo de este capítulo, es importante tener en cuenta que al igual que el concepto de *problema*, el de *solución* es también un concepto relativo y subjetivo. Aquí la pregunta que se haría es: ¿solución para quién? En efecto, mientras que algunos perciben una acción de Estado como una solución a los problemas, según otros se trata de una fuente de nuevos problemas. A continuación discutiremos algunos tipos de solución más comunes.

I. TIPOS DE SOLUCIÓN

En la literatura se pueden encontrar varios tipos de soluciones: existen soluciones activas o pasivas, las cuales resultan de la acción o la inacción, decisiones a la que nos referiremos más adelante. Hay también soluciones directas o indirectas; soluciones monetarias o no monetarias; soluciones incrementales, radicales o innovadoras; soluciones exitosas o fallidas; soluciones reactivas o preventivas; soluciones informativas, coercitivas o incentivadoras; soluciones distributivas, redistributivas o regulatorias; soluciones locales, regionales, nacionales o exteriores; soluciones de corto o de largo plazo; soluciones focalizadas o generales; soluciones simples o complejas; soluciones sectoriales o transversales; soluciones sociales, económicas, ambientales, de seguridad, de ciencia y tecnología, de innovación, de educación, etc. Son estos tipos de intervenciones y de instrumentos de política los que informan sobre el tipo de políticas que los Gobiernos implementan, así como el "estilo" de gobierno en cuestión.

Anderson (2003) clasifica las intervenciones públicas entre sustantivas y procedimentales. Aquellas involucran por ejemplo la creación de vías intermunicipales, la construcción de escuelas veredales u hospitales regionales, mientras que entre las procedimentales se incluyen por ejemplo las leyes antimonopolio o el requisito de realizar consulta previa a comunidades indígenas como condición para la realización de obras de infraestructura en sus proximidades.

También distingue las intervenciones dependiendo de que sean materiales o simbólicas; entre aquellas estarían por ejemplo políticas conducentes al establecimiento del salario mínimo o la disposición de vivienda de interés social, mientras que entre las simbólicas estarían por ejemplo las declaraciones públicas como la Declaración de Río y las subsiguientes en pro de la contención del calentamiento global.

Por último, distingue las intervenciones públicas que involucran bienes colectivos de las que incluyen bienes privados. En la primera categoría estarían por ejemplo la seguridad nacional, el control vehicular y las campañas de vacunación; en la segunda, la recolección de basuras, el servicio postal o los museos. Las políticas públicas también se pueden agrupar según las características de su diseño, su alcance o sus efectos. El cuadro 34 sintetiza esta perspectiva.

CUADRO 34. CLASES DE POLÍTICA PÚBLICA SEGÚN SUS CARACTERÍSTICAS

1) En función de las características de su diseño: — Sustantiva/procedimental/simbólica — Activa/pasiva (p. ej., acción/inacción) — Directa/indirecta/estatal/no-estatal — Monetaria/no monetaria — Informativa/persuasiva/coercitiva/incentivadora — Distributiva/redistributiva/regulatoria — Reactiva/preventiva — Simple/compleja — Conservadora/liberal	2) En función de su alcance: — Local/regional/nacional/exterior/internacional — Enfocada/general — Corto plazo/largo plazo — Sectorial/transversal/intersectorial — Social, económica, ambiental, seguridad, ciencia y tecnología, educación, etc... — Consultada/inconsulta/*top-down*/*bottom-up*
	3) En función de sus efectos: — Continuista/innovadora/incremental/radical — Popular/impopular — Sensible moralmente (aborto, pena capital, legalización de drogas, derechos homosexuales, pornografía, eutanasia, etc.) — Exitosa/fallida

Fuente: elaboración propia.

Lowi (1972) propone una distinción de las formas de intervención del Gobierno a partir de la intensidad de la intervención o probabilidad de "coerción" (directa o indirecta) y de su orientación o aplicabilidad de la "coerción" (individuos o el contexto) (véase cuadro 35). El autor distingue así cuatro tipos de políticas. Primero, cuando son políticas que buscan incidir en los individuos y de manera directa, se trata de políticas regulatorias, como por ejemplo el control a la polución o la regulación de los servicios de transporte público. Por el contrario, cuando las políticas dirigidas a los individuos tienen una incidencia indirecta, nos encontramos frente a políticas distributivas, como, por ejemplo, el ofrecimiento de educación gratuita, el establecimiento de programas de entrenamiento laboral o programas de ayuda a familias pobres como el programa Familias en Acción.

Segundo, si las políticas buscan incidir en el contexto más amplio de la población, se trata de políticas redistributivas cuando operan de manera directa. Ejemplo de estas son el impuesto a la gasolina. Por su parte, cuando estas políticas orientadas al contexto inciden de manera indirecta, son políticas constitutivas/constituyentes, que buscan beneficiar no solo a la ciudadanía, sino al mantenimiento del establecimiento gubernamental, como por ejemplo las políticas de defensa nacional.

CUADRO 35. TIPOS DE POLÍTICAS PÚBLICAS SEGÚN LOWI

		Aplicabilidad de la coerción (opera mediante)	
		Conducta de individuos	Conducta del contexto
Probabilidad de la coerción	Remota (indirecta)	Política distributiva	Política constituyente
	Inmediata (directa)	Política regulatoria	Política redistributiva

Fuente: Lowi (1972, 300).

O'Hare en su escrito de 1989 propone una clasificación de soluciones entre directas e indirectas, las cuales pueden ser monetarias y no monetarias. En primer lugar, las soluciones directas pueden ser monetarias e implican proveer o adquirir. Dentro de la clasificación de soluciones monetarias directas está, por ejemplo, el proveer la construcción de un puente. También está el adquirir o comprar tecnología nacional para promover las capacidades locales de ciencia y tecnología.

Por otra parte, las soluciones no monetarias directas incluyen las acciones de prohibir y de requerir o exigir. Un ejemplo de solución no monetaria directa sería prohibir la estafa, so pena de acarrear cárcel para los infractores. También están las soluciones no monetarias directas como las de requerir, por ejemplo, el cumplimiento de reglas fitosanitarias.

En segundo lugar, las soluciones indirectas pueden ser de carácter monetario o no monetario. Dentro de las soluciones monetarias indirectas están las multas o los impuestos, y los subsidios o los impuestos en cumplimiento de leyes antimonopolio. O el no cobro del impuesto al valor agregado (IVA) para computadores, pues sería un subsidio que tendría un efecto favorable en la competitividad y la productividad cuyo costo lo asumiría principalmente el mercado.

Por su parte, una solución no monetaria indirecta puede resultar de la acción del Estado de informar o de implorar. Dentro del primer tipo, los sistemas de información de precios para generar mayor transparencia son un ejemplo. La realización de campañas publicitarias contra el consumo de drogas, o la promoción de un destino turístico, son otro ejemplo. El cuadro 36 resume la clasificación propuesta por O'Hare.

CUADRO 36. TIPOS DE POLÍTICAS PÚBLICAS SEGÚN O'HARE

	Directa	Indirecta
Monetaria	*Proveer* Construir un puente *Adquirir* Comprar tecnología nacional	*Impuesto/multa* Antimonopolio, sobre tasa a la gasolina *Subsidio* No IVA para computadores, exención por donaciones
No monetaria	*Prohibir* Penas, sanciones, cárcel para estafadores *Requerir* Reglas fitosanitarias	*Informar* Sistema de precios *Implorar* Campaña contra las drogas

Fuente: adaptado de O'Hare (1989).

Mientras que en las políticas públicas directas el Estado es el que ofrece la solución, en las indirectas es el ciudadano, la sociedad o el mercado el que la ofrece o está en la posición o en la obligación de ofrecerla.

De acuerdo con Knill y Tosun (2012), que retoman la tipología que Wilson propuso, las políticas públicas se pueden clasificar en función del papel de la *politics* en estas, lo cual, según los autores, depende del grado de concentración o dispersión de los costos y los beneficios para los actores relevantes (*stakeholders*). En reconocimiento de que toda política pública implica una selección *de facto* de ganadores y perdedores, sobre lo cual hablaremos al detalle más adelante, para nuestros propósitos se podría decir entonces que toda política pública involucra una puja entre distintos tipos de "abogados del problema" y entre algunos de estos y los "abogados de la solución", en la que supondríamos que su grado de organización es en realidad determinante.

Así, adaptando los postulados de los autores, se podría decir que cuando los costos y los beneficios se encuentran muy concentrados, se habla de políticas públicas asociadas a procesos de *interest group politics*, en los cuales el conflicto es típicamente alto porque habría intereses encontrados e igual poder de influencia entre los abogados del problema y los distintos abogados de la solución (p. ej., los acuerdos de libre comercio), suponiendo que ambos están bien organizados.

En el caso de que los costos estén concentrados pero los beneficios sean dispersos, se hablaría de políticas públicas asociadas a *entrepreneurial politics*, lo cual hace que las políticas públicas dependan en gran medida del poder de cabildeo de alguno de los abogados de la solución (p. ej., uso del *fracking*), el cual se supone que está comparativamente bien organizado.

Cuando los costos se encuentran dispersos pero los beneficios están concentrados, se habla de *clientelistic politics*, lo que hace que las políticas públicas dependan del poder de cabildeo de los abogados del problema (p. ej., seguros de salud para la población con discapacidad), los cuales se suponen relativamente bien organizados.

Por último, cuando tanto los costos como los beneficios se encuentran dispersos, se habla de *majoritarian politics*, lo que hace que las políticas públicas sean bastante viables, porque habría en principio fácil alineación de intereses entre los abogados del problema y los de la solución (p. ej., cubrimiento universal de los servicios de salud), en cuyo caso el grado de organización es indiferente. El cuadro 37 resulta de la adaptación propuesta con fundamento en los postulados de Knill y Tosun (2012).

II. INSTRUMENTOS DE POLÍTICA PÚBLICA

Bemelmans-Videc, Rist y Vedung (1998) afirman que existen instrumentos internos y externos. Los internos se orientan a operacionalizar el funcio-

CUADRO 37. RELACIÓN POLÍTICA PÚBLICA-"POLITICS"

Costos	Beneficios	
	Concentrados	Dispersos
Concentrados	*Interest group politics*. Abogados del problema y abogados de la solución están enfrentados e igualmente organizados. Ej. Acuerdos de libre comercio (conflicto)	*Entrepreneurial politics*. La política pública depende del grado de organización de los abogados de la solución Ej. Uso del *fracking*. (difícilmente viable en la práctica)
Dispersos	*Clientelistic politics*. La política pública depende del grado de organización de los abogados del problema Ej. Seguros de salud para la población con discapacidad (altamente viable en la práctica)	*Majoritarian politics*. El grado de organización de los abogados del problema y de los abogados de la solución es indiferente. Los intereses están alineados. Ej. cubrimiento universal de los servicios de salud (altamente viable en la práctica)

Fuente: adaptado de Knill y Tosun (2012).

namiento de la administración gubernamental; es decir, son instrumentos de tipo más bien administrativo en el sector público. Los externos, que son en los que nos centramos en este manual, son aquellos que en efecto desarrollan las políticas públicas de cara a resolver un problema público en la sociedad.

En una tipología básica, Vedung (1998) distingue entre instrumentos de tipo regulatorio (*sticks*), económicos (*carrots*) e informativos (*sermons*)[27]. Dentro de los regulatorios están los positivos (prescriptivos), que ordenan o permiten hacer algo, o los negativos (proscriptivos), que prohíben hacer algo. Los autores se centran en los negativos, distinguiendo cuatro tipos: prohibiciones absolutas o sin condiciones, las prohibiciones condicionadas con excepciones, regulaciones habilitantes, o prohibiciones que incluyen excepciones con la previa notificación. En cuanto a los instrumentos económicos, cuando son monetarios también existe la distinción entre positivos (transferencias, subsidios, exenciones tributarias) y negativos (tasas, tarifas, impuestos). Los positivos pueden también presentarse en especie cuando se trata de la provisión de bienes y servicios públicos, bien sea directamente por el Gobierno o por concesión a privados (construcción de un puente, prestación del servicio de acueducto). Finalmente, los instrumentos informativos pueden ser mediados (indirectos) o interpersonales (directos). En los mediados el Gobierno apela a distintos canales para comunicarse con la ciudadanía (campañas publicitarias o informativas en vallas, televisión, ra-

27 Garrotes, zanahorias y sermones.

dio, internet), mientras que en los interpersonales el Gobierno se comunica directamente con la ciudadanía (talleres, audiencias públicas, consultas previas, exhibiciones, conferencias). Lo anterior se sintetiza en el cuadro 38.

CUADRO 38. TIPOS DE INSTRUMENTOS DE POLÍTICA SEGÚN VEDUNG (1998)

Instrumentos regulatorios	Instrumentos económicos	Instrumentos informativos
— Positivos (prescriptivos) — Negativos (prohibitivos) — Prohibición absoluta — Prohibición condicionada — Con excepciones — Regulación habilitante — Con notificación	— Monetarios — Positivos — Transferencias — Subsidios — Exenciones tributarias — Negativos — Tasas — Tarifas — Impuestos — En especie — Provisión de bienes y servicios de parte del Gobierno o de privados	— Mediados (indirectos) — Radio — Televisión — Vallas — Internet — Interpersonales (directos) — Talleres — Audiencias — Consultas — Conferencias

Fuente: Vedung (1998).

En esta misma línea, Lascoumes y Le Galès (2007) identifican, además de los regulatorios, económicos e informativos, instrumentos que se fundamentan en acuerdos e incentivos y estándares de buenas prácticas. Los regulatorios, económicos e informativos son la tipología más tradicional, y su definición no es distinta de las tipologías de políticas propuestas por otros autores. Los instrumentos que se apoyan en acuerdos e incentivos se refieren a aquellos con los cuales el Estado coordina y genera acuerdos con otros actores involucrados en la política, como por ejemplo las alianzas público-privadas. Finalmente, los instrumentos del tipo estándares de buenas prácticas son aquellos que se dirigen a organizar las interacciones entre actores económicos o entre actores económicos y el Estado, como lo por ejemplo las sanciones para proteger la libre competencia en el mercado.

Los autores incluso distinguen también los instrumentos de las técnicas y de las herramientas dentro de las políticas públicas, en las cuales las técnicas son dispositivos que desarrollan los instrumentos y las herramientas, que operan en el plano micro-, materializan las técnicas (Lascoumes y Le Galès, 2007, 4). Por ejemplo, un instrumento regulatorio para una política ambiental se desarrolla por medio de la técnica legislativa e incluye como herramienta una sanción a la emisión de gases contaminantes.

En línea con las tipologías anteriores, y apoyados en Hood y Margetts (2007), Versluis *et al.* (2011) distinguen cuatro tipos de instrumentos de política pública: los instrumentos de información como las campañas publicitarias, los instrumentos de autoridad como las regulaciones, los instrumentos del tesoro como los subsidios y los instrumentos organizativos sectoriales como la defensa, la educación o el suministro de agua, por ejemplo.

Por su parte, Weimer y Vining (2004) proponen una agrupación de las políticas económicas y sus instrumentos en las siguientes cinco categorías: 1) *freeing* (liberar), facilitar y estimular mercados; 2) usar impuestos y subsidios para alterar incentivos; 3) establecer normas; 4) suministrar bienes por medio de mecanismos que no son de mercado; y 5) proveer seguros y protección económica. A continuación se exponen ejemplos para cada categoría.

Liberar, facilitar y estimular mercados incluye medidas como la desregulación, la legalización o la privatización. La facilitación de los mercados incluye la asignación de privilegios mediante los derechos de propiedad y la creación de nuevos bienes mercadeables. Por último, sobre el estímulo a los mercados, destacan los remates, las licitaciones, etc.

El uso de impuestos y subsidios para alterar los incentivos involucra 1) los impuestos a la oferta, los cuales buscan desestimular la producción o aprovechar sus rentas para propósitos redistributivos. Es el caso del impuesto sobre la renta que recae en entidades económicas (y también en las personas), lo que permite gravar las utilidades que dejan los negocios; 2) subsidios a la oferta, cuyo propósito es fomentar la producción de ciertos bienes o servicios. Dentro de estos destacan la cofinanciación de proyectos de parte del Gobierno nacional con contrapartidas en las que las entidades del Gobierno ofrecen recursos, bienes o servicios a bajo precio para que el sector privado desarrolle su actividad empresarial. A manera de ejemplo se puede citar el caso de los proyectos que el Fondo de Promoción Turística de Colombia aporta a las entidades territoriales (alcaldías y gobernaciones) cofinanciando hasta un setenta por ciento para los proyectos que busquen mejorar la competitividad de los destinos con obras de infraestructura. Otro ejemplo clásico de subsidio a la producción es la financiación del Estado a proyectos de investigación y desarrollo orientada a fomentar la innovación tecnológica nacional.

Así mismo, dentro de esta subcategoría podríamos mencionar 3) los estímulos tributarios como la exención del pago de impuesto de renta a los inversionistas que quieran construir alojamientos o remodelar sus instalaciones dentro de la industria turística. O la reducción del impuesto a las empresas que lleven a cabo actividades de investigación y desarrollo. Incluso cabe incluir en esta subcategoría los créditos con tasas compensadas que Bancóldex en Colombia otorga a empresarios del sector turístico según sus líneas especiales de crédito.

En 4), impuestos a la demanda, se incluyen los impuestos destinados a desestimular el consumo de ciertos bienes o servicios o a aprovechar dicho consumo con miras a recaudar más recursos públicos. Como ejemplo están los impuestos al tabaco y los licores.

Y dentro de 5), subsidios a la demanda, cuyo propósito es fomentar el consumo de ciertos productos, bien sea porque revisten un bien social o porque se espera con ello fomentar su oferta de parte de los productores de los bienes o servicios en cuestión. El ejemplo es el subsidio otorgado a quienes quieran comprar casa propia y con ello estimular el sector de la construcción.

En cuanto al establecimiento de normar o regulaciones, están los marcos legales relacionados con las leyes civiles de responsabilidad y las leyes criminales, y entre las reglamentaciones están la regulación de precios de los productos básicos de la canasta de consumo familiar, los registros sanitarios y las certificaciones y licencias para desarrollar una actividad económica o profesional.

La provisión de bienes por medio de mecanismos distintos del mercado incluye la provisión directa mediante empresas del Estado, las agencias autónomas como las corporaciones gubernamentales y los distritos especiales, la contratación directa o la contratación indirecta con la mediación de ONG u otros intermediarios sin ánimo de lucro. Un ejemplo de este tipo de políticas es la construcción de carreteras, la defensa nacional, la educación pública, las campañas de saneamiento público, etc.

Por último, la provisión de seguros y protección económica se asocia a las soluciones de garantías o seguros y colchones, donde las garantías y seguros incluyen las garantías ofrecidas por entidades del Estado a créditos o inversiones de particulares, los seguros obligatorios, los seguros subsidiados, los encajes y reservas (*stockpiling*), los rescates a empresas en peligro de bancarrota, las tomas temporales de participación (*buy-outs*) de empresas en dificultades o en proceso de ser reformadas, los periodos de gracia otorgados a los créditos públicos, las normas transitorias (*grandfathering*) destinadas a proteger temporalmente las empresas en proceso de consolidación y los auxilios. A manera de ejemplo, podremos citar el seguro obligatorio para quienes porten armas, tal como sucede con quienes manejan automóviles, para cubrir daños a terceros en caso de un accidente, los auxilios otorgados para paliar los efectos de los desastres naturales, o la gran variedad de medidas adoptadas cada cierto tiempo tanto en los Estados Unidos como en Europa con ocasión de las crisis financieras desatada por la explosión de la burbuja inmobiliaria norteamericana, o las consecuencias de la reciente pandemia de la COVID-19, entre otros.

Es importante subrayar como un tipo de "solución" el no hacer nada, en la medida en que esto puede ser mejor que intentar resolver el problema, porque se podría empeorar la situación que se busca afrontar. Un ejemplo clásico de no hacer nada, de preferencia de la corriente neoliberal, es dejar que "la mano invisible del mercado" se encargue de dar solución a los problemas sin una intervención activa del Estado. Como se discute más adelante, el carácter de política pública de "no hacer nada" es un tema de debate.

Para el analista será un reto escoger el tipo de solución que mejor se ajuste a los objetivos, que como veremos más adelante, responden a la definición de las victorias a corto y a largo plazo que permitan mejorar las condiciones de la población afectada por el problema. Además de las categorías que definen Weimer y Vining (2017), ya descritas, estos autores detallan también la imposibilidad del analista de definir una "solución perfecta", a causa de la naturaleza de los problemas públicos que abordamos en la primera parte de este manual.

Con todo, dichos autores entregan una clasificación de los tipos de soluciones a las que los analistas podrán acudir cuando se trata de problemas que responden a la racionalidad económica de "fallas de mercado", las cuales se les sugiere revisar desde una perspectiva de referentes de solución, pero no como aquellas intervenciones que garantizarán por sí solas la solución efectiva del problema. En el capítulo cuarto (II.C) abordamos los tipos de problemas que subyacen a estas fallas de mercado.

Si bien la teorización económica cuenta con un contenido bastante científico, los modelos y las soluciones dependen de la postura del autor y escuela económica a la que pertenece. En consecuencia, se necesitará un abordaje pragmático e interdisciplinario de parte del analista para garantizar una visión holística del problema. El cuadro 39 incluye estas fallas y los tipos de solución asociados a cada una.

CUADRO 39. TIPOS DE SOLUCIÓN A LOS PROBLEMAS ASOCIADOS A LAS FALLAS DE MERCADO

Liberar, facilitar y estimular mercados		
Tipo de solución	Definición	Falla de mercado
Asignación mediante derechos de propiedad. Subastas.	El objetivo es asignar derechos de propiedad para la producción o explotación de un mercado intermediando la negociación entre potenciales compradores y dueños de los factores de producción.	Externalidades negativas. Bienes públicos. Monopolios naturales. Bienes públicos.
Subsidios e impuestos como incentivos		
Tipo de solución	Definición	Falla de mercado
Impuestos a la producción.	Definir impuestos para limitar la cantidad o modificar la forma de producción de un bien específico.	Externalidades negativas.
Subvenciones de contrapartida.		Externalidades positivas. Bienes públicos.
Impuestos (deducciones a empresas y créditos).	Es una de las formas de incentivar y subsidiar la producción de bienes o servicios. El objetivo es motivar la producción por medio de deducciones a empresas o facilidad de acceso a créditos.	Externalidades positivas. Bienes públicos.
Subsidios en especie.	El objetivo es incentivar el consumo de bienes específicos mediante la provisión directa del Estado.	Externalidades positivas.
Vouchers.	El objetivo es fomentar entre grupos poblacionales específicos el consumo de bienes de mercado a precios más bajos que los del mercado.	Externalidades positivas.
Impuestos (deducciones a personas naturales y créditos).	Creación de impuestos a industrias para incentivar el incremento en su producción y por ende de las externalidades positivas.	Externalidades positivas.
Impuestos comerciales y tarifas al usuario.	Creación de impuestos a la comercialización de productos específicos o a su consumo.	Externalidades negativas. Asimetrías de información. Bienes públicos.
Definición de normas o reglas		
Tipo de solución	Definición	Falla de mercado
Leyes civiles.	Definición de leyes para el control o incentivo de comportamientos que afectan la eficiencia del mercado.	Externalidades negativas. Asimetrías de información.

(*Continúa*)

Leyes penales.		Bienes públicos. Externalidades positivas. Bienes públicos.
Regulación de precios.	El objetivo de controlar los precios, fijando máximos y mínimos, es mejorar la competitividad y fomentar el acceso al mercado.	Monopolios naturales.
Regulación de cantidades de producción.	Definir cuotas de producción para controlar la generación de externalidades o regular cuotas de importación para la protección de la industria nacional.	Externalidades negativas. Bienes públicos.
Provisión directa de información.	Definir la forma más efectiva de informar de manera directa y clara a todos los ciudadanos.	Asimetrías de información. Externalidades negativas.
Provisión indirecta de información.	El objetivo es informar sobre la cualidad de los productos mediante registros, licencias o certificados que indican la calidad y características especiales de los productos o servicios.	Asimetrías de información. Externalidades negativas.
Provisión de bienes con mecanismos diferentes del mercado		
Tipo de solución	Definición	Falla de mercado
Agencias.		Bienes públicos. Externalidades negativas. Monopolios naturales.
Corporaciones gubernamentales.	La racionalidad de las corporaciones del Gobierno es ejercer un papel de representación —intervención gubernamental— en lugares con monopolios naturales o fallas de mercado.	Monopolios naturales. Externalidades positivas.
Distritos especiales.	El objetivo es crear entidades que provean bienes de monopolios naturales o bienes públicos y así internalicen las externalidades y provean al consumidor información transparente de la provisión del bien y los impuestos.	Monopolios naturales. Bienes públicos locales. Externalidades negativas.
Contratación directa.	Incrementar la eficiencia de la prestación de bienes y servicios mediante su contratación y provisión directa entre el privado y el ciudadano, como alternativa a la triangulación de contratación privado-Estado-ciudadano.	Bienes públicos locales.

Fuente: Weimer y Vinning (2017).

En definitiva, no hay tipología perfecta, pues en la práctica no es posible imaginarse las categorías como "comportamientos estaco", y al encontrarse traslapes entre sí, si bien ayudan a visualizar el espectro de manera panorámica, su utilidad para inspirar el diseño de políticas públicas es en ocasiones de alcance limitado. De acuerdo con Knill y Tosun (2012), para que las clases o categorías sean útiles, deben ser relevantes y exhaustivas e independientes cada una de las demás, de manera que demarcaciones entre ellas deben ser claras, lógicas y posibles. Por ejemplo, una política regulatoria (que pone énfasis en los procedimientos administrativos) puede tener también efectos (re)distributivos (que pone énfasis en los efectos, los cuales a su vez solo se pueden observar *ex post facto*) al mismo tiempo. Más aun, en este ejemplo, ante la pregunta sobre si los efectos son distributivos o redistributivos, habría que preguntarse para quién.

III. "POLICY MIXES"

En efecto, en política pública no existen fórmulas mágicas para abordar problemas públicos: la complejidad de estos y su contexto no admiten las soluciones tipo "bala de plata", en las que se implementa una única alternativa como estrategia para su abordaje. Por el contrario, las políticas públicas por definición involucran un *conjunto* de acciones; es decir, integran una combinación de instrumentos que permite el abordaje de los problemas públicos en sus diversas dimensiones y, así, de manera más comprehensiva.

Esto trae a colación la noción de *policy mix*, en la que diversos propósitos, estrategias e instrumentos se combinan e implementan de manera complementaria en el marco de una política pública para aumentar la probabilidad de éxito frente a problemas públicos multicausales en contextos complejos. Un ejemplo de este tipo de problemas o propósitos multidimensionales es el de la transición a la sostenibilidad, que involucra aspectos ambientales, sociales, económicos y políticos, para los que se requieren combinaciones de instrumentos (Kern, Rogge y Howlett, 2019).

Rogge y Reichardt (2016) proponen un marco analítico útil para diseñar combinaciones de política (*policy mixes*) (véase cuadro 40). Los autores argumentan que los *policy mixes* se componen de dos elementos característicos: en primer lugar, de distintos instrumentos de política complementarios, que incluyen sus funcionalidades, tipologías y características particulares. En segundo lugar, de una estrategia de política, esto es, la combinación de objetivos que permitan abordar de modo comprehensivo el problema en cuestión y planes para desarrollarlos. Así mismo, los autores subrayan que estos elementos dependen del momento del proceso de la política en que ocurra la intervención y de las dimensiones estructurales del problema público, y de una serie de características básicas que garanticen la consistencia del *policy mix*.

CUADRO 40. ELEMENTOS BÁSICOS DE UN "POLICY MIX"

<table>
<tr><th colspan="2" rowspan="2">Proceso de la política</th><th colspan="2">Elementos del "policy mix"</th><th rowspan="2">Dimensiones del problema</th></tr>
<tr><th>Estrategia de política</th><th>Combinación de instrumentos</th></tr>
<tr><td colspan="2">— Diseño de la política.
— Implementación de la política.</td><td>— Combinación de objetivos.
— Planes.</td><td>— Funcionalidad.
— Tipología.
— Características.</td><td rowspan="3">— Ámbito o sector (salud, educación, vivienda).
— Nivel de gobernanza (nacional, subnacional, local).
— Delimitación y características geográficas.
— Momento/tiempo.</td></tr>
<tr><td colspan="4">Características</td></tr>
<tr><td>Consistencia entre elementos.</td><td>Coherencia en el proceso de política.</td><td>Credibilidad.</td><td>Comprehensividad.</td></tr>
</table>

Fuente: Rogge y Reichardt (2016, 1629).

En suma, un *policy mix* es la combinación coherente tanto de distintos objetivos como de instrumentos de política con el propósito de abordar de manera más comprehensiva problemas públicos multivariables y en contextos que demandan intervenciones complementarias.

De cualquier manera, más importante aún, y como ya se dijo, el concepto de *solución* es en últimas relativo, subjetivo, pues cabría preguntarse: ¿solución para quién? En efecto, el carácter relativo de "solución" se debe a que toda acción entraña efectos secundarios, deseados o no deseados. Por ejemplo, en el caso de la alta accidentalidad automovilística causada presumiblemente por jóvenes de 18 a 21 años, podríamos decir que la mejor solución sería aumentar la edad mínima para conducir. Sin embargo, es fácil imaginar que varios actores no compartirían la misma opinión, en razón a los efectos secundarios o externalidades que se derivan de ella, lo que hace que dicha "solución" constituya causa de nuevos problemas.

En efecto, para el ejemplo en cuestión, el aumento de la edad mínima para conducir podría tener al menos tres efectos visibles. El primero, que la política naturalmente generaría una reducción, una caída en el número de accidentes ocasionados por los jóvenes menores de 21 años. Ese es el efecto deseado. Pero si aumentamos la edad mínima para conducir, también se reducen las ventas de automóviles y de seguros, e implicaría que algunos universitarios o profesionales menores de 21 años debieran ser conducidos por sus padres u otros adultos a su destino, o que debieran tomar transporte público, y, creámoslo o no, habría mucha gente poco contenta con la medida.

Así, tendríamos al menos tres actores con algo qué decir al respecto de la solución ofrecida. La Secretaría de Tránsito, los padres y los electores o los votantes y las compañías de venta de automóviles y de seguros. Podríamos ver que todos estarían contentos con el primer efecto, es decir, con la reducción del número de accidentes causados por jóvenes. Finalmente, ese es el problema que inspira, en primera instancia, el diseño de una política pública en este sentido. En cambio, veríamos que los padres o electores y las compañías de ventas de automóviles o de seguros no estarían muy de acuerdo con esta medida, por el hecho de que habría menos jóvenes con capacidad de utilizar el carro, y entonces tendrían que acudir a los padres para que los transportaran, lo cual también implicaría que las compañías de automóviles y seguros redujeran sus ventas.

En cuanto al tercer efecto, es decir, la reducción de ventas de automóviles y seguros, mientras que la Secretaría de Tránsito no tendría ningún inconveniente y los padres o electores podrían verlo como algo positivo (y una excusa para no ceder ante las presiones de los hijos que quieren hacerse a un automóvil), naturalmente sería muy mal recibido por las compañías de automóviles y de seguros, pues implicaría menores ingresos. El cuadro 41 sintetiza esta discusión y ejemplifica el carácter relativo de toda "solución".

Problema: accidentes automovilísticos.
Solución: aumento de la edad mínima para manejar

CUADRO 41. EL CARÁCTER RELATIVO DE LAS "SOLUCIONES"

Efectos / Actores intereses	Menos accidentes ocasionados por jóvenes	Menos jóvenes conduciendo	Menos ventas de carros y seguros
Secretaría de Tránsito	+	?	?
Padres y votantes	+	–	+
Compañías de carros y seguros	+	–	–

Fuente: adaptado de Patton y Sawicki (1993).

En suma, vemos que todas las soluciones que se planteen son relativas y que cada una tiene externalidades positivas o negativas para diferentes grupos de actores o *stakeholders*. Hay que señalar que cada alternativa de solución supone efectos secundarios que debemos tener presentes y prever, con el ánimo de diseñar planes que mitiguen el riesgo, y que tales efectos secundarios pueden escalar si son negativos y terminar entorpeciendo la implementación de las alternativas de solución que se escogieron e impidan así alcanzar los objetivos propuestos.

IV. FUENTES DE IDEAS DE SOLUCIÓN

Como ya se dijo, una vez que el problema público se ha identificado claramente y estructurado de la manera debida, el siguiente reto del analista es identificar o diseñar la mejor alternativa de solución posible. Para ello, hemos dicho que se deben definir los objetivos y los criterios de decisión que deberán servir de guía en el proceso de selección de la mejor solución y que la consecuencia de no hacer un ejercicio juicioso es cometer el error del tercer tipo, al cual nos referimos en el capítulo anterior (recomendar una política pública para solucionar el problema equivocado), en el que las preferencias del cliente o del analista por una solución particular o el desconocimiento de mejores alternativas contribuyen al fracaso en el logro de los objetivos sociales que se buscan.

Para identificar y construir alternativas de solución se debe tener en cuenta que, como se discutió arriba, por lo general los problemas "simples" requieren identificar alternativas que demandan un conocimiento más técnico que político en el cual el número de alternativas de solución es relativamente pequeño, mientras que buscar alternativas para problemas más "complejos" requiere un conocimiento más amplio de los factores en juego así como el quehacer político y los supuestos de gran incertidumbre, que casi siempre conducen a identificar un número mayor de alternativas.

Aquí se discuten algunos métodos y procedimientos que con más frecuencia se utilizan para identificar las alternativas más relevantes de solución. Para ello se requiere combinar altos niveles de creatividad y de investigación. Antes de referirnos a las fuentes típicas de ideas de alternativas de solución, es importante reconocer que, como dijimos, "no hacer nada" se puede algunas veces considerar una alternativa de "acción" aceptable. En efecto, contrario a la inacción por indecisión o negligencia, no hacer nada como decisión resultante de un análisis juicioso de las posibilidades, ventajas, desventajas, repercusiones, etc., se podría considerar como una política pública que consiste, en este caso, en dejar que las circunstancias cambien por sí solas de manera natural y que con el tiempo desaparezca el problema, o alternativamente, que se piense que hacer algo podría empeorar las cosas. En muchas ocasiones no hacer nada es lo que se conoce como alternativa de *statu quo*, en la cual frente a un problema público que ya está en la agenda de decisión (véase cap. cuarto, III.B) y para el cual ya se venía haciendo *algo* simplemente se plantea mantener el mismo curso de acción que ya se venía siguiendo o hacerle modificaciones muy pequeñas.

En efecto, es importante tener presente que en algunas ocasiones "hacer algo" o hacer algo *diferente* puede conducir a aumentar el problema o a causar nuevos problemas de mayor gravedad. Por ello, un análisis riguroso puede concluir que "no hacer nada" sería la mejor alternativa de acción. Por otra parte, plantear no hacer nada cuando no hay un análisis que lo justifique sería mera negligencia e ineficiencia institucional. O no hacer nada porque "no hay recursos" podría también definirse como incapacidad u inoperatividad institucional. En efecto, en algunos casos la falta de recursos es una excusa recurrente para los que carecen de imaginación. Hoy en día hay una multiplicidad de mecanismos que los gobernantes desconocen para apalancar recursos de la sociedad o el mercado por medio de voluntariados, apelando a la responsabilidad social empresarial, a la cooperación internacional, a los empréstitos, a los *joint ventures* y demás estrategias no convencionales e innovadoras. De esto hablaremos más adelante.

Sin embargo, el debate a este respecto está abierto. Mientras que, como vimos arriba, de acuerdo con Michael E. Kraft y Scott R. Furlong (2007) la política pública se define como un curso de acción o inacción del Gobierno en respuesta a problemas públicos, según otros como Repetto (2004), no hacer nada es más una decisión o acto público, pero no una política pública. Dye (1992) define la política pública como todo lo que el Estado hace o deja de hacer. En nuestra opinión, entonces, la decisión de no hacer nada sería una alternativa de solución, y en caso de resultar como conclusión de un ejercicio analítico juicioso como el que se propone en este manual, se debería considerar como una política pública.

De cualquier manera, y por razones analíticas, "no hacer nada" es una decisión que siempre se debe tener en cuenta para compararla con las otras alternativas. Se le debe considerar para evaluar si es la mejor "solución" o no. Algunos le dan mayor peso a la alternativa de mantener el *statu quo*, considerando que es necesaria como una línea base para los análisis costo-beneficio que se puedan hacer (Patton y Sawicki, 1993). Por regla general, la principal guía para identificar y construir alternativas de solución es reconocer las causas del problema, pues van a referenciar esos puntos determinantes por abordar y los objetivos específicos que buscamos lograr con la implementación de alternativas de solución. Las causas ilustran aquello de lo que se carece o sobre lo que se necesita trabajar y determinan las soluciones que debemos escoger.

Las ideas sobre alternativas de solución suelen provenir del conocimiento de otros expertos con experiencia en el análisis de problemas similares, de la investigación, de los estudios de caso, del estudio de analogías, de casos paralelos, de la realización de experimentos, de la modelación macroeconómica, de la experiencia de las autoridades, de las opiniones de los afectados, de las prescripciones legales y del conocimiento técnico de quienes tienen preferencias por algunas soluciones en particular, entre otras fuentes. Más adelante se discute sobre ellas y sobre los métodos asociados.

Patton y Sawicki (1993) recomiendan hacer una recolección pasiva y "objetiva" de ideas. Esta aproximación da por sentado que no todas las alternativas pueden encontrarse si se adopta un papel activo de búsqueda de nuevas ideas. En efecto, las preferencias con frecuencia existen antes del análisis, y muchas veces los analistas no están del todo dispuestos a considerar todas las alternativas de solución posible. Este es el caso frecuente en el que el analista asume un papel de "abogado de la solución", dejando de lado, de forma prematura, el papel de "abogado del problema", lo que, como ya se dijo, aumenta el riesgo de caer en el error del tercer tipo.

Algunas veces las alternativas pueden venir de los mismos clientes, de superiores o incluso de diferentes organizaciones o grupos de interés. En ese sentido, el analista, aparte de buscar activamente alternativas, podría registrar de manera sistemática las que otros proponen, incluso alternativas con actores directamente afectados, aunque no organizados. Por esta razón, sugerimos que un poco de humildad en la forma de admitir que otra persona tiene una buena idea puede llevar al analista a identificar buenas alternativas.

Bardach (1999) plantea que existen dos tipos de alternativas o soluciones: las que uno tiene que encontrar y las que tienen que crearse o diseñarse. Sobre el primer tipo, se sugiere que para buscar alternativas que ya existen hay varios enfoques, por ejemplo, la investigación histórica o analógica para encontrar problemas similares y la búsqueda activa o pasiva (con la mediación de otras personas). En el segundo tipo de alternativas, las que tienen que diseñarse, se propone diseñarlas de dos formas: modificando alternativas preestablecidas o derivando alternativas a partir de unos objetivos y limitantes específicos. En el siguiente aparte se desarrolla más este punto.

Por último, pero no menos importante, es de subrayar el papel instrumental que pueden tener las nuevas tecnologías de la información y las comunicaciones en el proceso de identificación de alternativas de solución. Aquí destacan las redes sociales en internet, como las listas de correo electrónico, Facebook, LinkedIn y Twitter, en las que se pueden organizar foros y discusiones colectivas ágiles; o herramientas de videoconferencia (como Zoom, MS Teams, Skype y Google Meet, entre otras), que permiten desarrollar entrevistas cara a cara con expertos de cualquier parte del mundo; o Survey Monkey, en la cual se pueden armar encuestas virtuales, los cuales abren nuevos canales de comunicación y participación ciudadana.

Es menester reconocer que en países en desarrollo existe una barrera típica que es la falta de información y de mecanismos de comunicación, lo que afecta gravemente la identificación y construcción objetiva de soluciones exitosas. A continuación se discuten los métodos que más se utilizan en el proceso de identificación y construcción o diseño de alternativas de solución.

V. MÉTODOS PARA IDENTIFICAR ALTERNATIVAS DE SOLUCIÓN

En seguida se exponen algunos de los métodos más útiles, a nuestro juicio, para identificar alternativas de solución. En el anexo se presenta una mayor profundización al respecto.

El primer método es la revisión literaria, la cual consiste en hacer una exploración de la información contenida en libros, revistas especializadas, informes de prensa, literatura gris (informes de gestión, reportes, memos, etc.) en el tema, los cuales suelen contener casos que pueden iluminar la identificación de alternativas. En la actualidad existen extensas bases de datos de fácil consulta que permiten hacer este tipo de ejercicios de manera rápida y satisfactoria[28]. En este ejercicio se pueden identificar variables re-

---

28 Entre estas se encuentra la Web of Science, del Institute of Scientific Information (ISI); la base de Scopus, de Elservier, y la base de datos de Scielo, de Bireme, entre muchas otras. Las herra-

levantes, relaciones causales no pensadas, teorías explicativas, argumentos plausibles, métodos adecuados, etc. Se trata de evitar "reinventar la rueda".

Otro método es el sondeo, que consiste en realizar consultas rápidas apelando al conocimiento disponible sobre el tema tanto de los funcionarios públicos relacionados con el problema o las posibles soluciones como de expertos en el tema que se va a abordar. Patton y Sawicki (1993) proponen el método práctico y simple de dejar saber a otros analistas y amigos que se está trabajando en un problema de interés, para obtener de ellos sus recomendaciones o al menos un compromiso para estar atentos y transferir ideas o información relevante cada vez que les sea posible.

Otro método es el modelo lógico (no confundir con el *marco* lógico), el cual consiste en modelar la solución redefiniendo el problema considerando puntos de vista alternativos adquiridos mediante la revisión literaria, las encuestas, las entrevistas, etc., o partir de un "ideal", al cual poco a poco se le van agregando limitaciones; o empezar de una solución genérica a la cual se le van haciendo modificaciones para encontrar la solución "a la medida"; o hacer modificaciones a la política pública actual; o hacer simulaciones, diseñar supuestos, etc. Para ello, y como Patton y Sawicki (1993, 232) recomiendan, en cualquier caso es útil identificar las creencias y los valores de los grupos afectados, y un sistema de ética, porque las ideas ofrecidas por sociólogos, críticos y filósofos son también fuente importante de ideas de soluciones.

También se pueden realizar análisis comparativos o *benchmarking*, con los cuales se recolecta información sobre intervenciones consideradas exitosas para un problema similar, y luego se contrastan para determinar su pertinencia y efectividad en diferentes casos. En efecto, observar cómo los problemas similares se han resuelto en contextos similares es una práctica muy útil. Por ejemplo, si en Bolivia no existe claridad de cómo atacar el problema de la drogadicción, se podría analizar cómo este problema se ataca en Perú, suponiendo que en este país dichas políticas han sido exitosas.

Considerar las situaciones análogas a pesar de que hayan sucedido o sean relativas a problemas distintos provee claves relevantes para reconocer que a veces lo que parece un problema nuevo es en realidad un problema antiguo. La idea es que podamos relacionar lo que ya sabemos sobre un problema y

---

mientas de inteligencia artificial desarrolladas hasta el momento pueden ser de gran utilidad como complemento a los ejercicios de investigación que se describen en este libro.

sus soluciones y otro problema y soluciones potenciales para incrementar así la capacidad de solucionar el problema que nos ocupa. En efecto, parte del ejercicio se sustenta en ver el problema con una nueva mirada, ya que en la práctica no hay muchos problemas "nuevos" o sobre los cuales no se tenga conocimiento o experiencia. Se trata de hacer una mirada nueva del problema para identificar nuevas soluciones.

Así, del ejercicio de comparación *synectics* se pueden derivar ideas tanto de casos paralelos (diferentes problemas, pero mismo entorno) como de analogías (mismos problemas, pero en entornos diferentes) o de metáforas, en las que de cualquier manera es importante advertir que no existen garantías de que las analogías o metáforas nos puedan conducir inequívocamente a identificar alternativas adecuadas, porque en ocasiones se tiene la tentación de comparar fenómenos o aspectos que no son comparables, o hacer generalizaciones espurias o falaces.

Otro método muy utilizado es la realización de encuestas, las cuales, cuando se dispone de tiempo suficiente, permiten indagar sobre las actitudes, opiniones y creencias de grupos afectados y no afectados. Sobre ellas se profundiza en el anexo.

Otra técnica es desarrollar grupos focales o *focus groups*, o foros o seminarios con representantes de la sociedad civil organizada, los cuales se pueden llevar a cabo de manera presencial o virtual, aprovechando las herramientas tecnológicas mencionadas. Otro procedimiento para identificar potenciales alternativas de solución es desarrollar tipologías. En este caso las ideas se pueden agrupar en tipos y clases, pues pensar en los tipos de individuos, grupos y organizaciones afectados por un problema y una política potencial puede ayudarnos a identificar alternativas.

Por último, una técnica muy utilizada es la lluvia de ideas. Consiste en coordinar sesiones en las cuales se producen ideas para solucionar los problemas de interés. Estas sesiones pueden ser informales, entre miembros del equipo de trabajo, entre expertos, entre consultores o entre amigos. Esta es una técnica que viene practicándose de manera organizada desde la década de los años treinta del siglo pasado, y sugiere ciertas recomendaciones para hacer de estas sesiones espacios donde puedan surgir más ideas de solución[29].

---

29 Patton y Sawicki (1993, 233-245) profundizan en esta técnica y otras más.

Como se puede apreciar, la literatura ha propuesto un gran número de métodos para identificar ideas y alternativas de solución. Sin embargo, para que el ejercicio del analista sea exitoso se requiere ser innovador en el diseño de soluciones efectivas y eficientes.

VI. INNOVACIÓN PÚBLICA Y COCREACIÓN DE POLÍTICAS

Los métodos abordados en la sección anterior le permiten al analista obtener ideas de diferentes fuentes, incluidos los mismos grupos afectados, para desarrollar alternativas de solución. En los últimos años, sin embargo, ha ganado fuerza el movimiento de innovación pública, que busca crear valor público al dar un carácter protagónico a los usuarios de los servicios públicos y los afectados directos por las políticas en su diseño, no solo como fuentes de información. El primer referente importante de ese enfoque fue el profesor Mark Moore, de la universidad de Harvard (Moore y Stewart, 1997).

El punto central del análisis enfocado en innovación pública es la cocreación de las soluciones con los usuarios, que se convierten también en analistas. Si bien hay muchas maneras de hacer innovación pública, entre las metodologías más utilizadas están las de pensamiento de diseño (*design thinking*), que enfatizan en la importancia de diseñar las políticas poniendo en el centro las necesidades de las personas, tanto los funcionarios públicos como los ciudadanos. Se busca superar lo que se considera un error frecuente en el diseño de alternativas de solución: la tendencia a buscar alternativas de solución que sean eficientes para los Gobiernos, más que útiles para los ciudadanos.

Podemos distinguir cinco pasos centrales en los procesos de *diseño*:

1) Identificación del problema que busca describir causas más allá del problema aparente —como en los métodos de estructuración vistos arriba—, pero con énfasis en múltiples perspectivas, *sobre todo de los usuarios* o afectados directos (fase anterior a este punto).

2) Creación de un reporte del reto: se centra en detectar un foco para la intervención; se distingue por preguntar: ¿cómo podríamos? más que ¿qué deberíamos? cambiar. Rechaza preguntas que no admitan múltiples respuestas (fase anterior a este punto).

3) Cocreación de conceptos: se busca establecer, *con los usuarios o directos afectados*, propuestas relativamente detalladas que identifiquen los usuarios,

que tendrán la forma en que la alternativa espera serles útil y las posibles barreras para su implementación (con frecuencia se realizan talleres de co-creación). A quienes participan se les trata como parte del equipo, no solo como fuentes de información.

4) Prototipado: se detalla aún más el concepto y se pone a prueba en su uso por miembros de la que sería su población objetivo. Se identifican de nuevo posibles barreras y factores críticos para el éxito, se toma nota de todo aquello que no funciona como estaba previsto y se busca ajustarlo. Los métodos son múltiples, desde ejercicios en papel hasta juegos de *roles*, construcción de espacios físicos y simulaciones o ejercicios de realidad virtual.

5) Pilotos: se prueba un concepto que ya se considera maduro —y para el que se hicieron ejercicios de prototipo, por ejemplo— en un espacio más amplio, por grupos más amplios, para confirmar si efectivamente induce las conductas esperadas y logra los resultados deseados, antes de *escalarlo* (iniciar su uso a gran escala)[30].

VII. EL CARÁCTER ITERATIVO DEL ADIPP Y LA IDENTIFICACIÓN DE ALTERNATIVAS DE SOLUCIÓN

Es necesario tener en cuenta que las ideas sobre alternativas de solución van emergiendo en la medida en que se contrastan con las diferentes redefiniciones del problema, pues como ya dijimos, el proceso de ADIPP no es lineal, sino iterativo que requiere regresar en sus etapas. En este sentido, al identificar alternativas de solución se puede encontrar la necesidad de reestructurar el problema e iniciar de nuevo el proceso analítico, pues al momento se podrían haber descubierto elementos que no se conocían al respecto del problema en cuestión. Así, a medida que se redefine el problema y se aclaran los criterios, también se regresa a revisar y reelaborar las estrategias alternativas. Como se trata de un ejercicio de doble vía, lo que se debe evitar, claro está, es redefinir el problema para que se "ajuste" más a las características de las alternativas, pues de esa manera se caería en el error de tercer tipo que se discutimos.

30 El detalle de estos pasos y los métodos puede encontrarse en Nesta (2017).

La verdadera creatividad no necesita solo ingenio, sino mucha recopilación, análisis y transformación de información, con una parte residual inexplicable y, reconozcámoslo, inevitable e inmanejable. A continuación abordaremos los métodos y los procedimientos para evaluar las alternativas de solución identificadas o creadas.

CAPÍTULO SÉPTIMO

Evaluación "ex ante" de alternativas

Un paso importante en el análisis y diseño de políticas públicas es la evaluación de alternativas de solución. Se trata del paso 4, que retomamos en la figura 27.

FIGURA 27. PASO 4: EVALUACIÓN DE ALTERNATIVAS DE SOLUCIÓN

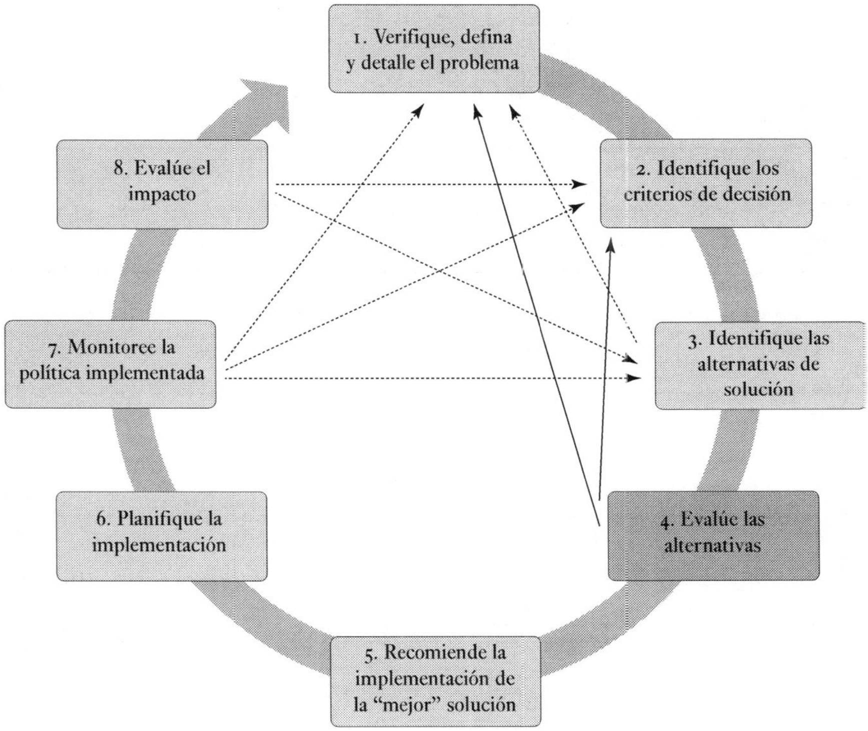

Fuente: elaboración propia.

Como se ilustra en la figura 27 y se detalla a continuación, en este paso se lleva a cabo el proceso de "filtrado" de las alternativas que se han identificado, lo que debe conducir a la selección de la mejor alternativa. En este proceso puede verse la necesidad de revisar tanto el problema como los criterios de decisión. Si ese es el caso y no hay riesgo de sesgar el análisis, no hay razón para no hacerlo.

En este sentido, es importante tener en cuenta que, como afirman Weimer y Vining (2004, 209), "los problemas públicos rara vez tienen soluciones perfectas, pero algunas políticas son mejores que otras". Para que este ejercicio cumpla con su objetivo de la mejor forma posible, una regla básica es que una alternativa de solución o grupo de alternativas no se debe recomendar o seleccionar si no se ha evaluado respecto de un listado, en lo posible numeroso, de opciones consideradas.

En efecto, muchas veces alternativas con potencial de éxito las descartan de manera prematura analistas o clientes porque *a priori* parecen políticamente inaceptables, muy costosas o pensadas como alternativas que nadie aceptaría dentro del contexto problemático. Lo ideal es considerar todas las opciones posibles y no eliminar *a priori* ninguna. Este ejercicio de eliminación de alternativas debe realizarse mediante un proceso sistemático con distintos métodos de evaluación, de forma que se exprese con claridad cuáles fueron las condiciones que condujeron a su descarte o con qué criterios se descartaron, y a la vez, cuáles fueron las seleccionadas y sus razones. No es raro encontrar alternativas que parecen buenas pero que no se han podido implementar, lo cual refuerza la importancia de realizar análisis con todas las alternativas identificadas. A continuación se discuten algunos métodos de evaluación para apoyar la toma de decisiones de política pública.

I. PREDICCIÓN DE RESULTADOS

El primer método es de predicción de resultados. Este método encaja en las evaluaciones de tipo *ex ante*. En él la principal actividad es predecir futuros. Como lo explican Patton y Sawicki (1993), la predicción de resultados empieza con la predicción del futuro sin una acción tomada, o bien, como se ha dicho, bajo la alternativa de "no hacer nada", en tanto ella sirve como línea base para comparar efectos posibles con fundamento en los comportamientos que se pueden producir tras la implementación de otras alternativas.

En esta etapa del proceso es relevante identificar qué se debe evaluar y por tanto qué buscaremos predecir. Un ejercicio fundamental del análisis y diseño de políticas públicas es la comparación de alternativas para seleccionar aquella (en caso de que sean mutuamente excluyentes) o aquellas (en caso de que sean complementarias) que tenga(n) potencial para aportar a la solución del problema de manera satisfactoria. Así, para iniciar, se debe responder a la pregunta: ¿cómo responde cada alternativa a los criterios definidos?

Las preguntas que casi siempre se plantean en esta fase son: ¿hasta qué punto la alternativa X puede lograr los objetivos que se buscan? ¿Pueden alcanzarse los objetivos que se buscan con esta alternativa concebida de manera individual, o se debe adoptar en conjunto con otras? ¿Qué alternativa(s) se puede(n) descartar fácilmente?, etc.

Se deben realizar las predicciones (especulaciones) de la forma más ilustrada posible. El reto es anticiparse a resultados posibles para así proponer soluciones eficaces y eficientes. Para ello, la literatura ofrece métodos para hacer pronósticos (Patton y Sawicki, 1993, 258). Entre estos existen tres grandes tipos: predicciones intuitivas, modelos teóricos y extrapolación.

A. PREDICCIONES INTUITIVAS

El primer tipo involucra la aplicación de métodos sustentados en la intuición *intuitive forecasting*, es decir, que se apoyan en el conocimiento, en la experticia, en la opinión de "expertos", en las estimaciones subjetivas. En este caso podría ser el conocimiento del cliente o del analista, como principal insumo para predecir posibles efectos. Este es uno de los métodos que más se usan, y cobra mayor interés cuando los recursos y el tiempo son escasos.

Para predicciones sencillas, se pueden consultar personas por el futuro de, por ejemplo, no hacer nada, o en el caso de implementar una solución específica. Varias metodologías o técnicas se han desarrollado con el paso del tiempo para hacer de este un ejercicio riguroso y evitar apoyarse únicamente en la intuición o conocimiento de algunos pocos: hoy se hace uso del método Delphi, el análisis de cruce de impacto —*o cross impact analysis*— y el *feasibility assesment*, los cuales según Patton y Sawicki (1993, 273) son parte de las sofisticadas metodologías que se han desarrollado para hacer de las proyecciones intuitivas ejercicios más acertados, más legítimos, más objetivos y ricos en detalles y con más peso en el contexto de las políticas.

El método Delphi se destina a indagar, obtener, intercambiar y desarrollar opinión informada sobre eventos futuros relacionados con posibles soluciones mediante la consulta a expertos, que a su vez pueden referir a otros expertos para una mejor identificación de casos variables. Inicialmente, esta técnica surge como respuesta a la inefectividad de comités, paneles de expertos y otros procesos grupales que caen en análisis sesgados. Con esta técnica se busca evitar la comunicación distorsionada que se da en ocasiones en procesos grupales, en la que una persona o varias dominan la discusión y ejercen presión para confirmar la opinión sesgada grupal.

A manera de ejemplo, se puede exponer aquí el caso que ofrecen Patton y Sawicki (1993, 274) sobre la posible reducción de impuestos a la propiedad para motivar el redesarrollo de una zona particular del centro de la ciudad que está en declive. Con esta técnica, y frente a este ejemplo, es necesario tener presente que el primer principio por considerar es escoger personas reconocidas a quiénes entrevistar sobre este tema, como podrían ser personas profesionales en planeación y con experiencia en reducción de impuestos en otras ciudades como líderes industriales y financieros. Además de estas personas con conocimiento, es de importancia entrevistar también un grupo de personas comparables que conocen la ciudad donde se aplicaría la medida y otras personas expertas en finca raíz, finanzas y mercadeo.

El segundo principio hace referencia al anonimato de las personas entrevistadas. En principio, un número adecuado de entrevistas con poco tiempo son diez personas. Ellas deben entrevistarse de forma independiente y mantener su anonimato al menos al comienzo de la técnica. Una vez obtenidas sus respuestas, se deben compilar, resumir y expresar de forma escrita y verbal para comentarlas entre los expertos y así revisar por última vez sus predicciones[31].

Por su parte, la técnica de análisis de impactos cruzados informa sobre juicios acerca de la probabilidad de ocurrencia de eventos futuros sustentados en la ocurrencia o no ocurrencia de eventos relacionados. El objetivo de este tipo de análisis es identificar eventos que facilitarán o evitarán la ocurrencia de otros eventos relacionados. Dunn (2004) recuerda que esta técnica la desarrolló la misma corporación de investigadores que desarrollaron la técnica Delphi, y fue diseñada con el interés de servir de suplemento a esa técnica convencional. La herramienta que más se usa en esta técnica es la matriz o tabla simétrica, que lista potenciales eventos y los relaciona entre sí en filas y columnas para conocer los impactos de cada uno de los supuestos[32].

Según la Comisión Europea, el análisis de impactos cruzados es una técnica que ayuda a determinar el campo de las ocurrencias futuras posibles

---

31 Por su parte, Dunn (2004, 181) plantea cinco principios básicos para tener en cuenta en la aplicación del método Delphi: 1) el anonimato inicial de los participantes; 2) interacción con la cual se agregan y se comunican por series de rondas las opiniones de los expertos y se permite el aprendizaje colectivo y social, y la modificación de los juicios previamente expuestos; 3) la información controlada o *controlled feedback*, con el objetivo de recibir juicios u opiniones a manera de mediciones de resúmenes de respuestas de cuestionarios; 4) respuestas estadísticas grupales en las que todas las respuestas se tienen en cuenta estadísticamente; y por último, 5) un consenso entre los expertos, el cual sería uno de los propósitos principales, en el que solo con pocas excepciones se logra unanimidad al final entre todos los expertos como parte del producto final del ejercicio.

32 Para ver el estudio de caso "Análisis de algunas variables que impactan la expansión de servicios de una institución bancaria", véase De Sánchez Guerrero (2003).

para reducir incertidumbres. El origen de esta técnica se dio cuando se preguntaba a quienes usaban la técnica Delphi sobre las predicciones acerca de eventos individuales cuando otros eventos individuales también los podían afectar (European Commission, 2011).

Según Dunn (2004), el análisis de impactos cruzados trabaja bajo el principio de probabilidad condicional. Esta expone que la probabilidad de ocurrencia de un evento depende de la ocurrencia de algunos otros eventos. Las probabilidades condicionales se denotan como $P\ (E1/E2)$, lo cual se lee como la probabilidad de que ocurra el primer evento dado un segundo evento. Por ejemplo, la probabilidad (P) de ser elegido presidente ($E1$) después que un candidato ha recibido el apoyo de un partido ($E2$) puede ser 0,5, esto es, una posibilidad de 50-50 de ganar las elecciones $P\ (E1/E2) = 0{,}50$. Sin embargo, la probabilidad (P) de ser elegido presidente ($E1$) sin el apoyo de un partido ($E3$) es baja, porque la candidatura de un partido es casi un prerrequisito para aspirar a la presidencia $P\ (E1/E3) = 0{,}20$ (Dunn, 2004). En Colombia la candidatura la puede garantizar un movimiento ciudadano que colecte el número de firmas determinado por el Sistema Nacional Electoral. El ejemplo se ilustra en el cuadro 42.

CUADRO 42. PREDICCIÓN INTUITIVA-PROBABILIDAD CONDICIONAL

	Evento 2 *Con apoyo de un partido*	Evento 3 *Sin apoyo de un partido*
Evento 1 *Ser elegido presidente*	0,5	0,2

Fuente: adaptado de Dunn (2004).

Ahora bien, ampliando el alcance del ejemplo anterior, expresaremos cómo las probabilidades de ocurrencia del evento de ser elegido presidente pueden variar aún más si otras condiciones u posibilidades surgen. La probabilidad de ser elegido presidente (P) con apoyo de un partido ($E12$) cambia (inicialmente se pensaba en solo dos candidatos) si en la contienda surgen dos candidatos más y se pasa de 2 a 4 candidatos ($E4$). La probabilidad puede ser de $P\ (E12/E4) = 0{,}25$. Sin embargo, la probabilidad (P) de ser elegido presidente sin apoyo de un partido ($E13$) es más baja, porque además de ser la candidatura casi un prerrequisito, la competencia será mayor entre los aspirantes. La probabilidad puede ser $P\ (E13/E4) = 0{,}10$. El cuadro 43 ilustra el análisis de impactos cruzados para este nuevo supuesto.

CUADRO 43. PREDICCIÓN INTUITIVA-IMPACTOS CRUZADOS

	Evento 12 *Ser elegido presidente con apoyo de un partido*	Evento 13 *Ser elegido presidente sin apoyo de un partido*
Evento 4 *Contienda electoral con cuatro candidatos a la Presidencia*	0,25	0,1

Fuente: adaptado de Dunn (2004).

Por su parte, la técnica de *Feasibility Assessment*, o valoración de la evaluación, está diseñada para producir conjeturas sobre el comportamiento futuro de los grupos de interés o *stakeholders* a la luz de las alternativas consideradas. Esta herramienta ayuda a los analistas en la producción de predicciones sobre el impacto probable en apoyar o no apoyar la adopción y o la implementación de diferentes alternativas de solución. Esta herramienta es de gran utilidad para estimar la legitimidad de la alternativa en condiciones de conflicto político y distribución inequitativa de poderes y otros recursos.

Esta técnica se focaliza en comportamientos políticos y organizativos. Por ejemplo, la posición de personas clave en la discusión, los recursos con que dispone cada persona para apoyar su posición y el rango de los recursos relativos, a la luz de los recursos de los demás actores.

Sobre la posición en la discusión, el analista estima la probabilidad de que los grupos de interés o personas relevantes puedan apoyar, rechazar o comportarse de manera indiferente frente a la alternativa de solución en cuestión. Esta posición se puede codificar como propone Dunn (2004), como de apoyo (+1), rechazo (–1) o indiferencia (0). Además, el analista asigna una calificación subjetiva, de 0 a 1, en la que 0 es la mínima importancia y 1 la máxima que daría cada persona sobre el tema o alternativa de solución que se considera.

Sobre los recursos disponibles, el analista estima los recursos con que cuenta cada persona o grupo de interés en la búsqueda de imponer sus respectivas posiciones. Estos recursos incluyen legitimidad, prestigio, dinero, personal y acceso a la información y redes de comunicación. Todos ellos agregados, se deben calificar según cada persona o grupo de interés en una escala de 0 a 1.

El último comportamiento político y organizativo que se busca medir es el rango relativo de los recursos con que cuenta cada persona, en el cual el analista determina el rango relativo de cada uno de las personas o grupos de interés con respecto a los recursos de los demás. Medidas como "poder" o "influencia" proveen una noción de su alcance político y organizativo. Su escala de calificación es de 0 a 1.

A manera de ejemplo, Dunn (2004) expone un caso en el que dado el déficit en un municipio se determina la necesidad de aumentar los impuestos a la propiedad en 1 %, o bien, reducir gastos en los servicios municipales. Ante esos supuestos, el alcalde reconoce que tiene al menos dos grupos de interés que pueden presentar resistencia a alguna de las dos medidas: los contribuyentes al impuesto a la propiedad y los empleados sindicalizados de la Alcaldía. En caso de conflicto, el alcalde solicita que el analista le provea una valoración de la factibilidad o evaluación de las dos alternativas de solución analizadas. Este ejemplo se ilustra en los cuadros 44 y 45.

CUADRO 44. EVALUACIÓN DE ALTERNATIVA I

Alternativa 1 (aumento de impuestos)					
Actores o grupos de interés (1)	Posición frente a la discusión (Positiva o negativa) (2)	Importancia considerada la alternativa (En rango de 0 a 1) (3)	Recursos disponibles (En rango de 0 a 1) (4)	Recursos relativos (En rango de 0 a 1) (5)	Puntaje de factibilidad (*F*) = (2)*(3)*(4)*(5)
Alcalde	+1	0,2	0,2	0,4	0,016
Concejo Municipal	–1	0,6	0,7	0,8	–0,336
Asociación de contribuyentes	–1	0,9	0,8	1,0	–0,720
Sindicato de trabajadores	+1	0,9	0,6	0,6	0,324
Medios de comunicación	+1	0,1	0,5	0,2	0,010
ΣF = —0,706					
Índice de factibilidad (*IF*) = ΣF / *n* = —0,706 / 5 = —0,14					
Índice de factibilidad ajustado* (*IFA*) = —0,14 / (2/5) = —0,35					

* El índice de factibilidad se debe ajustar, en la medida en que depende de las posiciones negativas o positivas que asignen al tema por evaluar. Es decir, si la sumatoria del índice de factibilidad es negativa, se deben tener en cuenta la cantidad de posiciones negativas, o si el índice de factibilidad es positivo, se deben tener en cuenta la cantidad de posiciones positivas, para realizar el ajuste a la muestra, en cuanto necesitamos expresar dentro del rango de +1 y —1 el número de posiciones negativas o positivas asignado. Este ajuste se realiza tomando el número de posiciones positivas o negativas según arroje el índice de factibilidad y se divide por el número de la muestra de los actores o grupos de interés que se tuvieron en cuenta. En este caso, el ajuste se hace de la siguiente manera: 2 (que representa las dos positivas negativas. Estas se tienen en cuenta porque el IF fue negativo) y se divide entre 5 (la muestra), es decir 2/5, lo que da 0,4. Este valor, que se conoce como

el mayor valor del índice de factibilidad, se convierte en el denominador de la división del IF por el IF mayor valor, es decir, —014/0,4 = —0,35, lo cual corresponde al índice de factibilidad ajustado.

Expresado de otra forma:

IF = —0,14

Índice de factibilidad ajustado *IFA* = *IF* / *IF* mayor valor

IF mayor valor = ¿?

IF mayor valor = sumatoria de posiciones negativas o positivas, donde se toman las posiciones que el *IF* indique / Muestra de actores o grupos de interés que se tienen en cuenta

IF mayor valor = 2/5

IF mayor valor = 0.4

IFA = —0,14 / 0,4

IFA = — 0,35

Fuente: adaptado de Dunn (2004).

CUADRO 45. EVALUACIÓN DE ALTERNATIVA 2

Alternativa 2 (recorte de gastos de servicios municipales)					
Actores o grupos de interés (1)	Posición frente a la discusión (Positiva o negativa) (2)	Importancia considerada la alternativa (En rango de 0 a 1) (3)	Recursos disponibles (En rango de 0 a 1) (4)	Recursos relativos (En rango de 0 a 1) (5)	Puntaje de factibilidad (*F*) = (2)*(3)*(4)*(5)
Alcalde	+1	0,8	0,2	0,4	0,192
Concejo Municipal	+1	0,4	0,5	0,8	0,160
Asociación de contribuyentes	+1	0,9	0,7	1,0	0,630
Sindicato de trabajadores	–1	0,9	0,6	0,6	–0,432
Medios de comunicación	–1	0,1	0,5	0,2	–0,010
ΣF = 0,54					
Índice de factibilidad (*IF*) = ΣF / *n* = 0,54 / 5 = 0,11					
Índice de factibilidad ajustado (*IFA*) = 0,11 / (3/5) = 0,183					

Fuente: adaptado de Dunn (2004, 194).

Con la aplicación del análisis de factibilidad a ambas alternativas expuestas para el caso anterior, se deduce que la mejor "solución" es el recorte de los gastos de los servicios municipales. Aunque en ambos casos hay un número de dos grupos de actores o *stakeholders* que se oponen en ambos supuestos, para el caso de la alternativa dos, quienes se oponen representan menor posición negativa que en el caso 1, e igualmente, quienes apoyan la medida dos representan una mayor posición positiva que en el caso 1, teniendo en cuenta sus recursos relativos y disponibles y la importancia que se le otorga al tema en cuestión.

Las ventajas de estos métodos, que se apoyan en la intuición, incluyen la relativa simplicidad y el hecho de que son formativos e informativos. Sus desventajas son la subjetividad e inconsistencia lógica que pueda existir, además de requerir tiempo y recursos, máxime si involucran técnicas que no son métodos de predicción sencilla o primaria.

B. MODELOS TEÓRICOS

Otro tipo de métodos de predicción toma en cuenta los modelos teóricos, en los que típicamente se acude a lo que dicen la literatura y la teoría, y lo que dicen los ejercicios académicos realizados para anticipar posibles consecuencias en la implementación de las alternativas analizadas. La lógica deductiva que caracteriza este método consiste en la utilización de axiomas, leyes y proposiciones, para mostrar la verdad o falsedad de declaraciones, incluso las conclusiones en torno a las predicciones. En este método, como lo expresa Dunn (2004), es frecuente la utilización de argumentos causales que buscan demostrar que si ocurre un evento *X*, entonces *Y* lo seguirá.

La ventaja es que son métodos plausibles sobre los que hay consensos, sobre todo si se apoyan en estudios elaborados por personas con credibilidad y rigor metodológico. Herramientas como la inteligencia artificial pueden apoyar en cierta medida este proceso. La desventaja es que se puede caer en "lugares comunes", donde se usan supuestos falsos o se pasan por alto variables no consideradas.

C. EXTRAPOLACIÓN

Por último están los métodos econométricos o de extrapolación, con los cuales se infiere el futuro con fundamento en los patrones observados del pasado. Aquí se suele suponer que las condiciones se mantendrán a un ritmo constante y predecible en el futuro. Eso es lo que típicamente se hace con econometría.

La aplicación de este método requiere tres condiciones básicas: persistencia, regularidad y confiabilidad y validez de la información. Estas tres condiciones se ejemplifican de la siguiente forma según Dunn (2004, 142):

Persistencia: parámetros observados en el pasado persistirán en el futuro. Por ejemplo, si el consumo de energía ha crecido en el pasado, esta crecerá en el futuro.

Regularidad: variaciones pasadas en tendencias observadas ocurrirán de nuevo en el futuro. Si en el pasado han ocurrido guerras cada 20 o 30 años, estos ciclos se repetirán en el futuro.

Confianza y validez de la información: las mediciones de tendencias son confiables si son relativamente precisas o internamente consistentes, y son válidas cuando se construyen para medirse. Por ejemplo, las estadísticas de violencia son mediciones de ofensas criminales relativas e imprecisas.

La ventaja de estos métodos es que son bastante persuasivos. La desventaja es que son deterministas, ignoran cambios en el entorno y son incrementalistas, y pueden ser inútiles en el caso de problemas nuevos, sobre los cuales no hay trayectoria, no hay observación precedente, no hay rastros y, por ende, no hay forma de hacer proyecciones ni predicciones confiables.

II. MÉTODOS MÁS COMUNES PARA EVALUAR DE MANERA "EX ANTE" ALTERNATIVAS DE SOLUCIÓN

Al tener que escoger entre todas las alternativas de solución que del proceso se vayan proponiendo, destacan distintos métodos que también se pueden utilizar para facilitar la toma de decisiones. Es recomendable aplicar al menos dos métodos de evaluación a todas las alternativas propuestas, con el ánimo de confirmar o complementar el análisis que se le presentará al cliente. Cada método tiene ventajas y desventajas que exploraremos a continuación.

A. MÉTODO DE COMPARACIÓN POR PAREJAS O EL MÉTODO DE LAS ELIMINATORIAS

El primer método se conoce como de comparación por parejas o el método de las eliminatorias. Es un método similar al que se usa en las competencias deportivas. Aquí se compara la alternativa 1 con la alternativa 2, la ganadora luego se compara con la alternativa 3, la ganadora entre estas dos se compara con la alternativa 4 y así sucesivamente. Al final se obtiene la alternativa ganadora según los criterios de evaluación elegidos, por lo general a la luz del criterio de selección asignado y con mayor peso.

La ventaja de este método es que es simple. La desventaja es que es tedioso si tenemos un gran número de alternativas, pero más grave aún es que el resultado puede verse afectado por el orden de las comparaciones, tal como sucede en los campeonatos deportivos. Sin embargo, se utiliza mucho en la práctica. La figura 28 ilustra el modelo de representación del método de comparación por parejas.

FIGURA 28. EVALUACIÓN POR PAREJAS

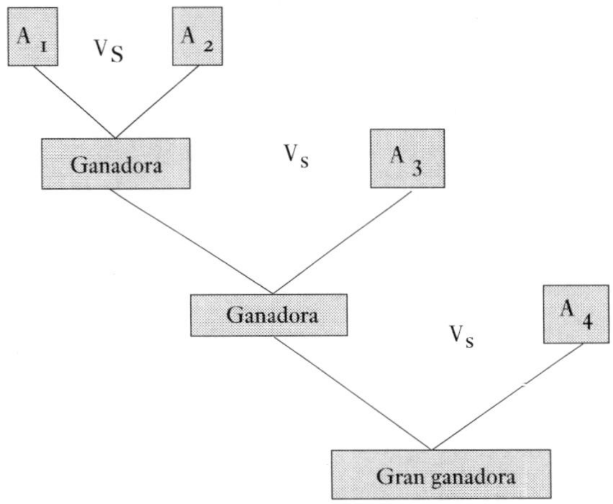

Fuente: elaboración propia.

B. MÉTODO "SATISFICING" O MÉTODO DEL LIMBO

El segundo método se conoce como *satisficing* o el método del "limbo". Recordemos que el juego del limbo es aquel en que la barra sostenida en sus dos extremos va bajando a medida que cada concursante pasa por debajo de ella, y gana quien pueda pasar por debajo de la barra en su nivel más bajo.

La ventaja de este método es que se garantiza que se logren los objetivos mínimos que se buscan y eventualmente más. La desventaja es que hay un sesgo sobre lo cuantitativo, y la elección de la "mejor" alternativa puede verse afectada por la definición de lo que se considere "aceptable".

Un ejemplo de la aplicación de este método es el caso en el que tenemos tres posibilidades con expectativas distintas. A medida que vamos aumentando el nivel de exigencia y también nuestras expectativas, vamos eliminando las alternativas que no cumplan con dichos niveles. Así, por ejemplo, la pregunta es: ¿cómo decidir qué empresa contratar para la administración por concesión de un parqueadero público?

Los tres criterios son ingresos semanales, cobertura o porción del mercado y grado de satisfacción de los usuarios. Si se parte del supuesto en el cual se quiere lograr al menos un ingreso de cinco mil dólares a la semana, una porción del mercado del 10 % y un grado de satisfacción del 60 %, entonces se comparan las alternativas para ver cuál puede lograr los tres objetivos de manera simultánea. Las alternativas que no logren los tres objetivos de manera simultánea serían eliminadas. Luego se aumenta el nivel de exigencia o de expectativa (es cuando se baja la barra en el juego del limbo), así que ya no se quieren cinco mil dólares de ingresos semanales, sino 5200, no se quiere el 10 %, sino el 20 % de cobertura del mercado y un 70 % del grado de satisfacción. Se comparan las alternativas que sobrevivieron del ejercicio anterior y eliminamos las que no satisfagan alguno de estos criterios. Después se aumenta de nuevo el nivel de expectativas, los umbrales se incrementan sucesivamente hasta que quede una alternativa final. Nótese que en este caso se está hablando de alternativas mutuamente excluyentes; por eso, este método es útil para ese tipo de situaciones. En el ejemplo la alternativa escogida es la número 6. El cuadro 46 ilustra la aplicación del método *satiscifing* o limbo.

CUADRO 46. MÉTODO DEL LIMBO

Alternativas	U1	U2	U3
	I = 5000 USD Δ = 10 % ☺ = 60 %	I = 5200 USD Δ = 20 % ☺ = 70 %	I = 5500 USD Δ = 25 % ☺ = 80 %
A1	X		
A2	✓	X	
A3	✓	X	
A4	X		
A5	✓	✓	X
A6	✓	✓	✓

Fuente: elaboración propia.

C. MÉTODO DE EVALUACIÓN "EX ANTE" POR CALIFICACIÓN BÁSICA

El siguiente método es el de calificación. Para ello hay que crear una matriz en la que se cruzan los criterios con las alternativas y luego calificamos cada alternativa a la luz de cada criterio. Allí las alternativas se califican como "aprueba" o "reprueba" según cada criterio, y al final se escoge la alternativa que más "apruebas" tenga.

Un ejemplo de este caso es cuando tenemos diferentes alternativas de solución y a cada una le asignamos una calificación respectiva para seleccionar la mejor o las mejores. Por ejemplo, ante el problema de deserción escolar, entendido como el abandono del sistema educativo antes de terminar el ciclo escolar correspondiente al periodo para el cual se matriculó, se pueden listar algunas alternativas de solución como: mayores rutas escolares que garanticen el desplazamiento de los estudiantes hasta las escuelas, alimentación reforzada que brinde nutrición de mejor calidad y en mayores cantidades, desarrollo de bicirrutas y caminos para que los padres y los mismos estudiantes puedan desplazarse hasta el colegio en mejores condiciones de seguridad y comodidad, mejorar la infraestructura de los colegios para que los estudiantes se sientan cómodos y con estímulos para ir a la escuela a estudiar, campañas educativas sobre la importancia de la asistencia escolar y la educación dirigida a padres y a hijos, dotación de útiles escolares para los estudiantes que no pueden cubrir los costos de los materiales escolares, fortalecimiento del apoyo psicológico que realice acompañamiento constante a los estudiantes para que no dejen la escuela por causa de factores externos al colegio como problemas familiares o problemas internos (como inconvenientes con otros estudiantes de su mismo grado), bicicletas para los estudiantes que no tienen cómo movilizarse hasta la escuela y sus padres tampoco los pueden llevar a la institución educativa, mejoramiento de la calidad de la educación para que los estudiantes se sientan recibiendo un conocimiento enriquecedor y de interés para ellos y, por último, no hacer nada, para citar algunas alternativas.

Cada una de esas alternativas propuestas se debe evaluar frente a los criterios que se definan prioritarios. En este podríamos señalar los criterios de equidad de la alternativa para con la sociedad, simplicidad de la alternativa respecto de la sencillez relativa para su adopción e implementación, viabilidad administrativa de la alternativa para que esta sea implementada por la capacidad administrativa, de recursos humanos y técnicos de la institución, la viabilidad política o popularidad que mide la forma como los *stakeholders* y sociedad en general recibirían la alternativa o la forma como afectaría la popularidad del cliente o político al cual se asesora, el criterio de impacto ambiental —el cual significa los efectos ambientales de la alternativa— y, por último, la viabilidad económica que busca determinar qué tan viable en términos económicos es la alternativa por las inversiones que representa frente a los recursos con lo que cuenta para adelantar iniciativas públicas.

Las calificaciones se asignan como A para las alternativas que aprueban la calificación frente a cada uno de los criterios que se seleccionaron, y R para las alternativas que reprueban la calificación según los mismos criterios listados. Es importante mencionar que pueden existir casos en que las alternativas no se puedan calificar frente a ciertos criterios y, por tanto, su calificación sería "no aplica". Es decir, frente a nuestro caso de ejemplo, pueda que el cliente sugiera como criterio de decisión revisar el impacto ambiental de cada una de las alternativas de solución. Sin embargo, como analistas en esta fase de construcción de alternativas de solución, puede que no contemos con suficiente información como para conocer el efecto ambiental de una alternativa como la de alimentación reforzada en calidad y cantidad para evitar que los estudiantes se retiren del sistema educativo, o no le determinemos relación alguna a la alternativa frente a dicho criterio. Ante esas posibilidades se debe calificar "no aplica" (NA) y separar dichos criterios del análisis.

Con apoyo en este ejemplo, se concluye que después de aplicar el método de calificación las mejores alternativas de solución por considerar son: campañas educativas, dotación de materiales escolares, apoyo psicológico, bicicletas para el desplazamiento de los estudiantes, pues recibieron cinco aprobados en comparación con otras alternativas que reciben menos aprobados. El cuadro 47 ilustra la aplicación del método de calificación.

CUADRO 47. MÉTODO DE EVALUACIÓN POR CALIFICACIÓN BÁSICA

Alternativas	Equidad	Solidaridad	Simplicidad	Viabilidad administrativa	Viabilidad económica	Impacto ambiental	Total
Rutas escolares	A	A	R	A	R	R	3A
Alimentación reforzada en calidad y cantidad	A	A	A	A	R	NA	4A
Desarrollo de bicirrutas y caminos para peatones	A	R	R	R	R	R	1A

(*Continúa*)

Alternativas	Equidad	Solidaridad	Simplicidad	Viabilidad administrativa	Viabilidad económica	Impacto ambiental	Total
Mejoramiento de la infraestructura de los colegios	A	R	R	A	R	NA	2A
Campañas educativas sobre la importancia de la asistencia	A	A	A	A	A	NA	5A
Dotación de útiles escolares	A	A	A	A	R	NA	5A
Fortalecimiento de apoyo psicológico	A	A	A	A	A	NA	5A
Otorgar bicicletas a los estudiantes para su desplazamiento casa-escuela	A	A	A	A	R	A	5A
No hacer nada	R	R	A	A	A	NA	3A

Fuente: elaboración propia.

La ventaja de este método es que es simple. La desventaja es que es subjetivo, pues ¿qué se entiende por "aprueba"? ¿Qué se entiende por "reprueba"? Cuando se aplica, el analista debe explicar la tabla, pues habrá reclamos sobre el resultado. Otra ventaja de este método es que permite y orienta la discusión. Este es un método de evaluación ampliamente utilizado en la práctica.

D. MÉTODO DEL ORDEN LEXICOGRÁFICO

El siguiente método es el del orden lexicográfico. Consiste en que con fundamento en el criterio de mayor valor (nótese que aquí hay un elemento nuevo, que es el valor de los criterios, pues hasta aquí estábamos suponiendo que todos valían lo mismo, y en este método se da por sentado que hay jerarquías entre estos) se selecciona el *set* de alternativas que mejor responde a ellos. Entonces, partiendo del criterio con mayor valor, se empieza a hacer el análisis de las alternativas, y aquellas alternativas que respondan bien a ese criterio se mantienen; luego se analiza el *set* de alternativas que quede y se evalúa a la luz del segundo criterio en importancia, y así sucesivamente, hasta llegar a encontrar una sola alternativa ganadora (en caso de contar con alternativas mutuamente excluyentes) o las alternativas complementarias que se implementarían en conjunto.

La ventaja de este método es que es persuasivo. La desventaja es que supone que hay consenso sobre el escalafón de los criterios; es decir, se supone que hay una jerarquía entre criterios, y en ese sentido habría que justificar por qué unos valen más que otros. En efecto, este método es de difícil aplicación para los problemas complejos que involucran múltiples intereses en juego. Otra desventaja, principalmente de tipo estadístico, tiene que ver con que este método no toma en cuenta la distancia entre los criterios, pues se da por cierto que la diferencia entre ellos es constante, lo cual conduce a un sesgo estadístico.

E. MÉTODO DE ALTERNATIVAS NO DOMINANTES

El siguiente método es el de las alternativas no dominantes. El procedimiento consiste en clasificar las alternativas a la luz de cada criterio, y en el caso de empate al final de las comparaciones, se agrega un nuevo criterio para romper el empate. Se preguntará el lector: ¿por qué agregar un criterio al final y no incluirlo desde el principio? La razón es que este criterio, en particular, no hace relación con un efecto directo sobre el problema estudiado, sino que está asociado a las externalidades de la solución, esto es, a los posibles efectos secundarios de la solución analizada. Por eso se trata de un criterio que se puede no considerar al principio, pues no es relevante al no estar directamente asociado al problema en cuestión. A este nuevo criterio le podemos dar cierto grado de importancia, porque podría mejorar las circunstancias bajo análisis. Sin embargo, este criterio se debería acordar en discusiones previas con el cliente y otros colegas.

La ventaja de este método es que es simple y persuasivo. La desventaja es que supone que los criterios valen lo mismo, y juzgar la idoneidad del nuevo criterio puede ser difícil. Así mismo, agregar un nuevo criterio cuando otras alternativas se han descartado puede prestarse a discusión. El "arte" está en justificar y defender el análisis realizado.

F. MÉTODO DE CRITERIOS PONDERADOS

El siguiente método es el de criterios ponderados. Aquí se le asigna un peso porcentual a cada criterio de la lista de criterios seleccionados para el análisis (es decir, vamos a dar por sentado que los criterios tienen un valor distinto), de manera que la suma de los pesos sea igual al ciento por ciento. El peso que se le asigne a cada criterio dependerá de la importancia que le atribuya el cliente o el analista. Como ya vimos, esto depende de factores como la ideología, los compromisos, las ambiciones, la visión sobre el problema, etc. En cualquier caso, es importante contar con la suficiente argumentación para explicar dichos pesos. En todo caso, los pesos de los criterios los debe proponer inicialmente el analista y se deben consultar con el cliente, que podría tener consideraciones distintas sobre los pesos asignados (suponiendo que ya hay consenso entre los dos sobre qué criterios son relevantes, como se discutió en el apartado anterior). Naturalmente, la retroalimentación solo sucede en los casos en que la participación de quien toma decisiones en el ejercicio analítico es activa o "fácil" de involucrarlo.

Con posterioridad al establecimiento de los pesos representado en un valor porcentual se califica cada alternativa de 1 a 5 a la luz de cada criterio, en el que 1 es una calificación baja (la alternativa no responde bien al criterio en cuestión) y 5 es una calificación alta (la alternativa responde muy bien al criterio en cuestión). La calificación se asigna según dos factores simultáneamente: 1) el efecto de la alternativa de solución sobre los objetivos específicos y general que se pretenden alcanzar, por ejemplo, de acuerdo con criterios de mérito, eficacia, eficiencia, etc.; y 2) la posibilidad de ser implementada según criterios que evalúan la alternativa, como por ejemplo viabilidad política, viabilidad económica, simplicidad, robustez, etc.

Una vez calificadas todas las alternativas, se pondera esta calificación con el peso asignado al criterio en cuestión. Luego se suman los resultados de las ponderaciones, y la alternativa que tenga mayor puntaje final será la escogida.

Se da un ejemplo para ilustrar cómo funciona. Se supone que el problema aquí es la invasión del espacio público de parte de vendedores ambulantes. Contamos con cuatro alternativas que son las casetas o quioscos, los convenios, el desalojo y no hacer nada (recuerde que "no hacer nada" siempre se debe tener en cuenta como una alternativa más). Los criterios de evaluación son: el empleo (60 %), la popularidad (25 %) y los costos (15 %). El peso de cada criterio se debe discutir precisamente con el cliente. Supongamos que aquí ya se hizo. Hay que tener en cuenta que todo valor asignado puede contestarse. El asunto no es tratar de ser exacto, sino establecer un orden de magnitudes y prioridades. Sin esto la decisión sería aún más debatible. Habría, eso sí, que argumentar por qué el orden sugerido acordado. Las calificaciones otorgadas a cada alternativa según cada criterio pueden ser solo de 1 a 5, como se explicó arriba.

Por ejemplo, si se cree que el desalojo afecta negativamente al empleo, entonces la calificación tendría que ser de 1 o 2, dependiendo de cómo se define ese criterio. Dicha calificación se multiplica por 0,6, suponiendo que el peso relativo del empleo es 60 %. Luego, si se cree que el desalojo es medianamente popular, entonces se asignaría una calificación entre 3 o 4, y se multiplicaría por 0,25, dando por sentado que la popularidad pesa 25 % del total de la decisión. Y así se hace con el criterio de costo. Sin embargo, para este criterio hay que tener en cuenta la relación negativa entre el costo y la calificación y que, por ende, la escala se debe invertir, de manera que 5 debe ser la calificación de la alternativa menos costosa y 1 la calificación de la más costosa. Al final se suman los resultados ponderados, y la alternativa que obtenga el resultado final más alto es la escogida. Esto no excluye recomendar una combinación de alternativas, lo cual se debe describir al detalle en el plan de implementación. Como se verá más adelante, y tratándose de alternativas complementarias, el orden hallado dará cuenta de las prioridades, lo cual podrá ser útil de tener en cuenta en el plan de implementación.

Según nuestro ejemplo para el método de criterios ponderados, la mejor alternativa de solución entre las cuatro expuestas es el desarrollo e implantación de casetas, por obtener la mayor calificación con un 3,175 sobre 5, mientras que las demás alternativas reciben menores calificaciones. El cuadro 48 ilustra la aplicación del método de criterios ponderados:

CUADRO 48. MÉTODO DE CRITERIOS PONDERADOS

Alternativas	Empleo: 60 %	Popularidad: 25 %	Costo: 15 %	Puntaje total
Casetas	4 x 0,6 = 2,4	2,5 x 0,25 = 0,625	1 x 0,15 = 0,15	3,175
Convenios	3,5 x 0,6 = 2,1	1,5 x 0,25 = 0,375	3 x 0,15 = 0,45	2,925
Desalojo	1,5 x 0,6 = 0,9	3,5 x 0,25 = 0,875	4,5 x 0,15 = 0,675	2,45
No hacer nada	1 x 0,6 = 0,6	1 x 0,25 = 0,25	5 x 0,15 = 0,75	1,6

Fuente: elaboración propia.

Conviene aclarar que en el marco de las clases donde se aplicó este ejercicio los resultados han variado. A veces la alternativa ganadora es la de convenios. La razón de esto, y que se constituye en una lección interesante, es que los resultados dependen de las definiciones que se adopten, tanto en cuanto a criterios como a las alternativas de solución.

La ventaja de este método es que es persuasivo y simple. La desventaja es que da por sentado que se pueden dar valores a los criterios y a las alternativas. Este es uno de los métodos más utilizados en la práctica.

G. HERRAMIENTA "GOELLER SCORECARD"

Una herramienta de evaluación para quien toma la decisión es el *goeller scorecard*, el cual consiste en exponer una comparación de las alternativas según cada criterio utilizando calificativos como "aceptable" o "inaceptable", "conveniente" o "inconveniente", o más útil aún, dando información relevante. Por medio de una matriz que expresa la información sin calificaciones, se le brinda al cliente un mapa general de la situación, y es él quien debe decidir qué hacer. La ventaja de esta herramienta es que no sesga la decisión, solo la ilustra, y no usa cuantificaciones superficiales. La desventaja es que es poco persuasivo, naturalmente, pues el propósito no es persuadir a nadie, sino informar, ilustrar, mostrar matices de un proceso en su conjunto. En la práctica es una de las herramientas más útiles, aunque poco utilizadas.

Es necesario concluir que, como hemos dicho, es importante utilizar al menos dos métodos, incluso la última herramienta expuesta, y en caso de no haber claridad o haber discrepancia, se recomienda recurrir a un tercer método. La argumentación y recomendación debe apoyarse en el uso de dichas matrices, cuadros y herramientas. Si bien su presentación en público no se recomienda, su uso adecuado facilita el diálogo, negociación y comunicación sustantiva entre usted y su cliente, entre su cliente y su audiencia, y entre usted y sus pares. Sin duda, contar con dichos instrumentos garantiza una mayor robustez de las conclusiones. El cuadro 49 sintetiza las características de cada método discutido en esta sección.

CUADRO 49. SÍNTESIS DE MÉTODOS RECOMENDADOS PARA APOYAR LA TOMA DE DECISIONES

Método	Procedimiento	Ventajas	Desventajas
Comparación por parejas "Eliminatorias".	(A1 frente a A2) frente a A3	Simple.	Tedioso. El resultado puede verse afectado por el orden de las comparaciones.
Satisficing o juego del limbo.	Se define un umbral y se evalúa cada A. Luego se redefine el umbral y se vuelve a evaluar hasta que quede una sola A.	Garantiza que se logren los mínimos necesarios buscados y eventualmente más.	Sesgo hacia lo cuantitativo. Puede verse afectada la definición de lo "aceptable", al final del ejercicio.

(*Continúa*)

Método	Procedimiento	Ventajas	Desventajas
Calificación.	Las alternativas son evaluadas "Aprueba" o "Reprueba" para cada criterio y se escoge la A que más "Aprueba" tenga.	Simple.	Subjetivo.
Orden lexicográfico.	Con fundamento en el "C" con mayor valor, se selecciona el *set* de "A" que mejor responde. Luego se toma el "C" que sigue en importancia y se vuelve a definir el *set* de "A" que responde satisfactoriamente a dicho criterio y así sucesivamente.	Persuasivo.	Supone que hay consenso sobre el rango de los criterios. Difícil de aplicar para problemas débilmente estructurados y con múltiples intereses en juego. No toma en cuenta las distancias entre criterios.
Alternativas no dominantes.	Clasifique las alternativas para cada criterio. En caso de empate, agregue un nuevo criterio para romper el empate.	Simple y persuasivo.	Supone que los criterios valen lo mismo. Agrega un nuevo criterio al final cuando otras alternativas ya se han eliminado.
Decisión que se apoya en criterios ponderados.	Asigne un valor a cada criterio de manera que la suma sea = 1,0. Luego otorgue puntajes de "Satisfacción" a cada alternativa según cada criterio. Multiplique puntaje por peso para cada alternativa y según cada criterio. Sume los resultados y compare los totales de cada alternativa. La de mayor puntaje gana.	Persuasivo y simple.	Supone que se les pueden dar valores a los criterios y a las alternativas.
Goeller scorecard	Compare las alternativas según cada criterio usando calificativos como "Aceptable" o "Inaceptable", o "Conveniente" e "Inconveniente", o dando información relevante.	No "sesga" la decisión, solo la "ilustra". No usa cuantificaciones superficiales.	Poco persuasivo.

Fuente: elaboración propia.

De acuerdo con Patton y Sawicki (1993, 245), la gran mayoría de los métodos para encontrar soluciones plantean revisar o adaptar alternativas más que crearlas propiamente. Por esta razón, estos dos autores identifican el método de "las manipulaciones prácticas" o de "manipulaciones factibles" desarrollado por May como un punto intermedio entre la identificación, la evaluación y la creación de alternativas de solución (Patton y Sawicki, 1993, 246-248). Este método, al igual que los anteriores, propone iniciar con la identificación de las variables del problema, encontrar qué se puede y debe hacerse, y con fundamento en ello, diseñar un paquete de "estrategias" (o alternativas de solución, en nuestro lenguaje). Aquí también las variables manipulables o manejables por el cliente pasan a ser parte de las estrategias que el analista sugiere como alternativas de solución. Este se presenta como un método interesante para crear alternativas viables, y sus dos pasos principales son:

1) Identificar las variables manipulables y el grado en que se pueden manipular. Se trata de identificar las intervenciones posibles, las medidas factibles que se pueden realizar con el fin de alterar aspectos del problema en cuestión, y

2) Combinar y articular algunas de estas acciones y transformarlas en "estrategias" (alternativas de solución).

Para explicarlo, tomamos el ejemplo propuesto por May reseñado por Patton y Sawicki (1993, 247), en donde se ilustran las posibles formas de reducir el tiempo libre de los presos (periodos en que no tienen nada que hacer), con el fin de inhibir los motivos que los llevan a desarrollar acciones de rebelión o protesta. Las variables fundamentales de la política según este ejercicio son:

— las actividades en las que la población interna se puede involucrar,

— los requerimientos para participar individualmente en los programas de la cárcel,

— los beneficios por participar en varias actividades,

— los horarios de las actividades,

— y la clase de persona que se encarga de supervisarlos.

En este análisis se tomó como un hecho que las autoridades están dispuestas a considerar un espectro bastante amplio de acciones posibles, desde las relativamente liberales (como la participación voluntaria) hasta las más conservadoras (como el trabajo obligatorio). Las intervenciones factibles para influir en las diversas variables de una política son los elementos con los que se elaboran las alternativas de política.

El ejemplo de May sobre manipulaciones factibles al respecto del tiempo libre en las cárceles se presenta en el cuadro 50, que recoge cada una de las variables políticas enumeradas y comparadas de acuerdo con los criterios de rango de manipulación: limitada, moderada y amplia. Se presentan para este caso las cinco variables políticas enumeradas, y sobre cada variable se proponen alternativas de solución o de acción en el marco de los tres criterios mencionados.

CUADRO 50. MANIPULACIONES FACTIBLES DE MAY

Variable política	Rango de manipulación		
	Limitada	Moderada	Amplia
Rango de actividades de la población interna o reclusos.	Actividades institucionales y de apoyo.	Actividades institucionales y de apoyo; educación vocacional limitada.	Actividades institucionales y de apoyo; educación vocacional y académica; programas estructurados de recreación.
Requerimientos individuales de participación.	Participación obligada de diez horas por día	Participación mínima obligada de cuatro horas por día.	Participación voluntaria.
Beneficios de participación.	Sin remuneración, castigo por no participar.	Pago nominal por algunas actividades.	Pago y consideraciones verbales.
Horario de actividades.	Compatible, diez horas de disponibilidad por día.	Escalonado, doce horas de disponibilidad por día.	Ofrecimiento múltiple: dieciséis horas de disponibilidad por día.
Vigilancia o supervisión personal.	Los guardias supervisan las actividades.	Semiprofesinales supervisan las actividades.	Los reclusos supervisan las actividades.

Fuente: adaptado de May (1981, 237) en (Patton y Sawicki, 1993, 247).

Después de haber listado las alternativas de solución como lo buscaba el ejemplo anterior, se puede proceder a "empacar" las acciones potenciales en conjuntos de estrategias o alternativas más competitivas, que son las recomendaciones que se le van a proponer al cliente. Como se evidencia, se trata de ir más allá de la simple identificación de una medida considerada como la mejor, o de la presentación de todas las opciones posibles. Se trata de buscar la forma de combinar y articular, de manera eficiente, las alternativas según las variables identificadas.

En estas combinaciones es muy importante tener presente que la transformación de las distintas variables de política en una alternativa estratégica no es un simple proceso de modificación, pues se debe ser capaz de conceptualizar los modelos en que los diferentes elementos pueden ser compatibles y coherentes entre sí.

Así, entonces, y con el propósito de combinar y articular las variables de política, para el caso de los problemas que genera el tiempo libre de los reclusos se pueden concebir tres acciones convertidas en "estrategias": la primera opción es una estrategia de incentivos que proporciona recompensas a los reclusos por participar en actividades programadas; la segunda es una estrategia de "desincentivos" que induce a alguna clase de participación e incluye sanciones justas por no participar; la tercera es una participación forzosa en un número ilimitado de actividades.

El cuadro 51 ilustra la combinación de las variables de políticas planteadas inicialmente.

CUADRO 51. RECOMBINACIÓN DE VARIABLES POLÍTICAS DE MAY

	"Statu quo"	Incentivos	Desincentivos	Participación forzada
Rango de actividades de la población interna o reclusos.	Moderado	Amplio	Moderado	Limitado
Requerimientos individuales de participación.	Participación voluntaria.	Participación voluntaria.	Participación obligatoria de cuatro horas por día.	Participación obligatoria de diez horas por día.
Beneficios de participación.	Pago nominal por algunas actividades.	Pago y liberación temprana bajo condiciones.	Castigo por no participación.	Pago nominal.
Horario de actividades..	Concurrente.	Ofertas múltiples.	Concurrente.	*Staggered.*

Fuente: adaptado de May (1981, 241), en Patton y Sawicki (1993, 247).

Como lo reconoce el autor, para poder afinar el análisis y tomar decisiones se necesita más detalle sobre el contexto del problema, tales como actitudes de los reclusos, monto de los pagos y niveles de aceptación de los directores carcelarios. Este caso ejemplifica que la falta de especificidad en el conocimiento del problema puede impedir un análisis profundo y acertado.

En este punto del análisis de políticas públicas ya se debe saber con precisión cuál es el problema, con qué criterios se va a decidir qué hacer, qué alternativas hay disponibles y cuál o cuáles son las mejores soluciones según el ejercicio de evaluación de alternativas. Después de estos pasos se avanza en la siguiente fase, que consiste en recomendarle al cliente una línea o un conjunto de líneas de acción para afrontar el problema.

Antes de abordar dichos pasos, vale la pena tener en cuenta el hecho de que, dada nuestra cultura institucional, persisten algunas dificultades al realizar los ejercicios de evaluación *ex ante* que aquí se proponen. En efecto, es importante tenerlos claros para no llamarnos a engaños, y más bien incidir en su corrección en la medida de nuestras capacidades como "agentes de cambio" en pro de la adopción de buenas prácticas.

TAREAS Y TALLERES

Considere el caso del alto nivel de hacinamiento en las cárceles de Bogotá. La figura 29 presenta información resumida y base para desarrollar este ejercicio.

FIGURA 29. ALTO NIVEL DE HACINAMIENTO CARCELARIO EN BOGOTÁ

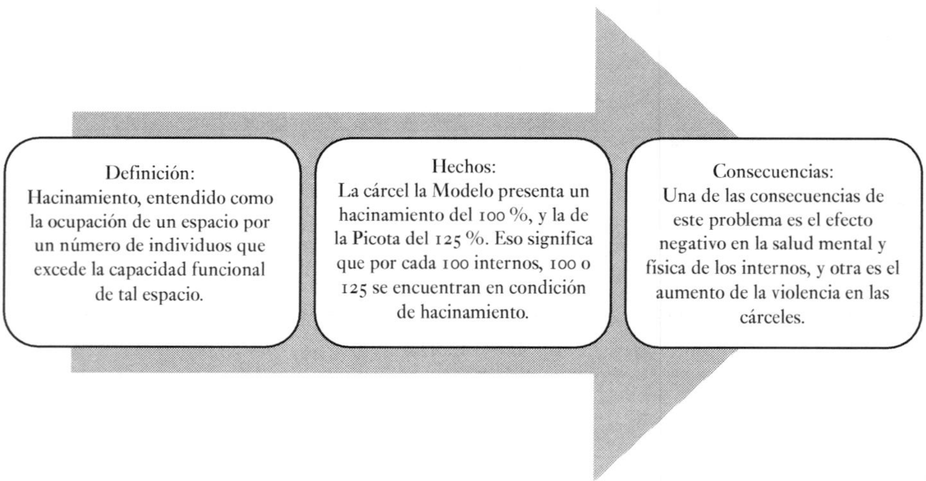

Fuente: elaboración propia.

Con fundamento en esta información, responda a las siguientes preguntas:

1) ¿Cuáles son los objetivos?

2) ¿Qué criterios podríamos utilizar para evaluar las alternativas de soluciones?

3) ¿Qué alternativas se podrían proponer?

Evalúe las alternativas de solución según el método de criterios ponderados.

Compare el desarrollo de este ejercicio hipotético con su análisis de política pública.

CAPÍTULO OCTAVO

Recomendación de políticas y argumentación

Llegamos al quinto paso del proceso de ADIPP (véase la figura 30). Aquí empieza el papel del analista como "abogado de la solución", esto es, de "defensor" o proponente de aquella o aquellas alternativas de solución que se evaluaron bajo los métodos que se vieron en el paso anterior y que salieron mejor "calificadas". Recomendar soluciones que no se evaluaron conduce a caer en el error del tercer tipo antes discutido y por esa vía fracasar en el intento de recomendar una solución efectiva al problema que nos ocupa.

FIGURA 30. PASO 5: RECOMENDACIÓN Y ARGUMENTACIÓN

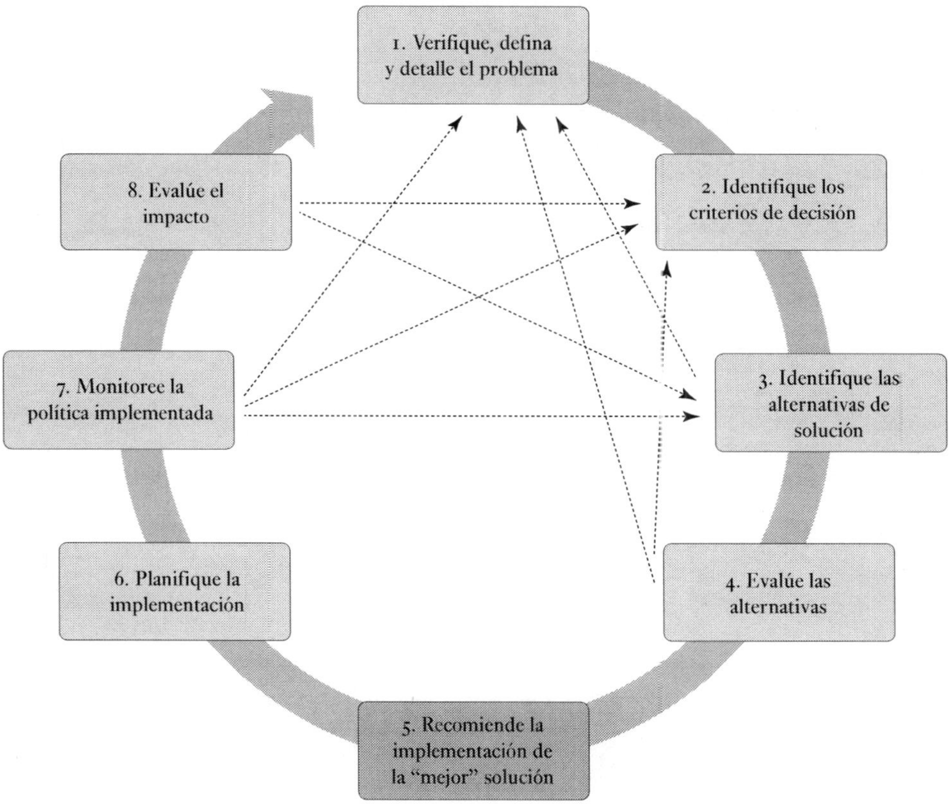

Fuente: elaboración propia.

En esta fase se debe recomendar, apelando a la argumentación persuasiva, la implementación de una (en el caso de ser mutuamente excluyentes) o varias (en el caso de ser complementarias) alternativas de solución. En el muy frecuente caso de recomendar más de una solución, el analista debe indicar el orden de prioridad. Sobre este tema se hablará en el siguiente capítulo. La recomendación, sustentada entonces en una o varias alternativas, se debe apoyar en una argumentación persuasiva, la cual debe estar compuesta de argumentos robustos y plausibles. Solo así se puede hacer una "venta" efectiva de la solución recomendada.

Para ello es necesario subrayar que, como lo expresa Dunn (2004, 377), toda argumentación se compone de por lo menos seis elementos, los cuales deben estar relacionados de manera "lógica" entre sí, como se planteará a continuación:

1) A partir de una definición clara del problema (Pro), 2) se ofrece una recomendación (Rec), 3) porque se sustenta en una razón (Ra), 4) pues existen unas pruebas (P). Sin embargo, 5) la argumentación debe considerar posibles refutaciones o críticas (Rf) y 6) así, a partir de dichas debilidades, deben identificarse unos condicionantes, para ofrecer conclusiones "robustas" (Con). La figura 31 presenta los seis elementos básicos de toda argumentación

FIGURA 31. ELEMENTOS DE UN ARGUMENTO

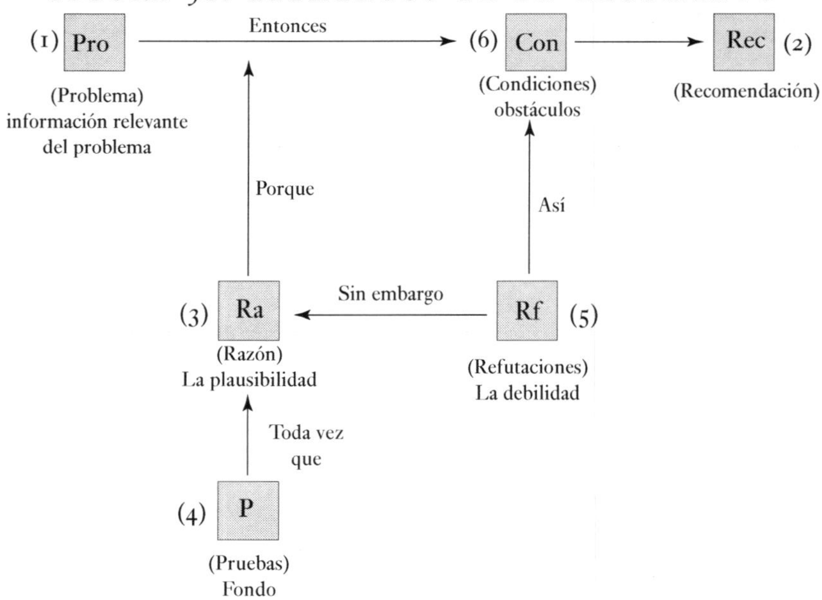

Fuente: adaptado de Dunn (2004).

Como lo muestra la figura 31, la recomendación debe ser consistente con la descripción que se da del problema. La razón explica el "porqué" dicha recomendación es plausible. La prueba, que son datos, estadísticas, estudios, etc., muestra por qué esa es una buena razón. La refutación se refiere a la "debilidad" del argumento, en general, sustentado en la razón y las pruebas ofrecidas. Los condicionantes emanan de la refutación; la conclusión debe entonces ser el resultado robusto una vez considerada la refutación y las condicionantes que se derivan de ella. Cualquier salto lógico entre los elementos del argumento conduce a una mala argumentación y, por ende, a un argumento débil. Así mismo, cualquier salto lógico del proceso argumentativo puede conducir a falacias, como se verá más adelante.

A manera de ejemplo, la figura 32 ilustra el modelo argumentativo referente al sistema de transporte masivo Transmilenio de Bogotá. El problema que se identifica allí es: el tráfico de la carrera Séptima está generando problemas ambientales (Pro). Ante él, se recomienda organizar el tráfico con Transmilenio (Rec). Como razón se argumenta que el Transmilenio es un sistema amable ambientalmente (Ra). La prueba (P) vendría siendo que la producción de dióxido de carbono (CO_2) del Transmilenio es baja. Sin embargo, ante este argumento podrían surgir refutaciones que controvirtieran y contraargumentaran la recomendación propuesta. Actores del problema o el mismo cliente del análisis podrían plantear que, aunque el Transmilenio es un sistema "amable ambientalmente", no desestimula el uso del carro, el cual también contamina (Rf). Por esta razón, la refutación de la razón que apoya la recomendación hace sugerir un condicionante de la recomendación, y es que el problema ambiental causado por el tráfico sobre la carrera Séptima se puede mitigar con la organización del tráfico sobre esta avenida con el sistema Transmilenio, pero siempre y cuando se restrinja también el uso del carro por número de pasajeros (Con). La figura 32 ilustra la representación gráfica del ejemplo.

Es importante tener en cuenta que la validez, plausibilidad y posible robustez del argumento que se ofrecen en este ejemplo son secundarios. Lo que se quiere es ilustrar aquí cómo se compone una argumentación. En efecto, hay otras argumentaciones que se pueden ofrecer para refutar la que se ilustra en el ejemplo. De eso trata el arte del análisis de política pública y la toma de decisiones deliberativa que explican muy bien Fischer y Forester (1993).

El carácter persuasivo de la recomendación depende de la robustez del argumento que sustenta la argumentación o ejercicio deliberativo. Dicho de otra manera: una vez descartadas todas las "recomendaciones rivales" tras el ejercicio deliberativo (argumentos van, argumentos vienen), la que "sobreviva" debe ser la que se escoja. En el capítulo anterior vimos algunos de los métodos para sustanciar este ejercicio deliberativo. Aquí simplemente los ilustramos para dar cuenta del valor persuasivo que debe acompañar a toda recomendación.

FIGURA 32. EJEMPLO DE ARGUMENTO: TRANSMILENIO

Transmilenio por la Séptima

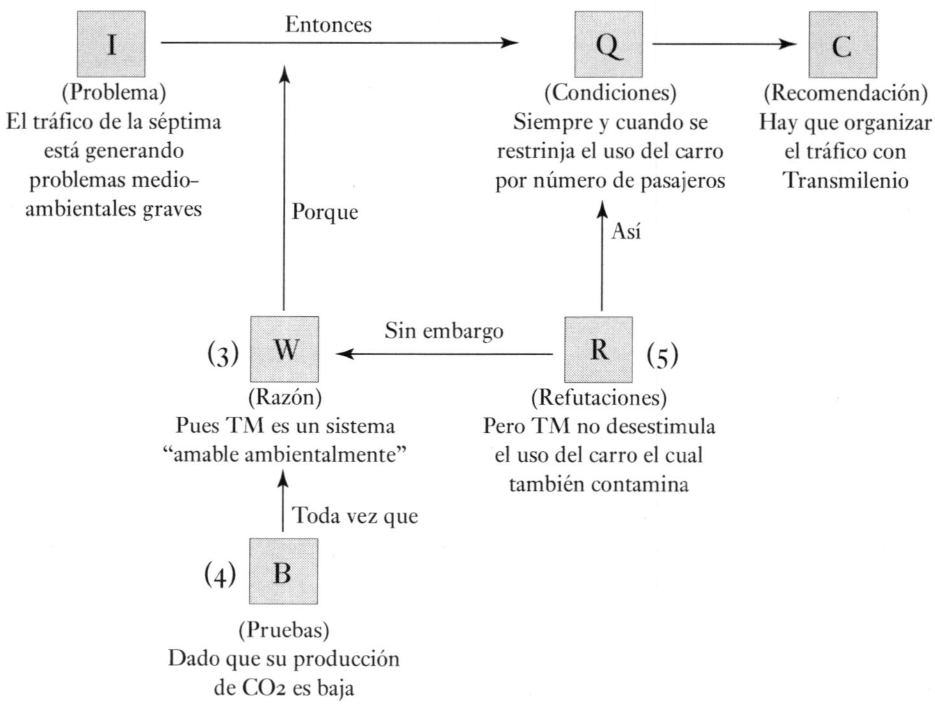

Fuente: elaboración propia.

A continuación se discutirá sobre algunos modos de argumentación que se usan como métodos de persuasión. Su reconocimiento permite valorar la robustez y plausibilidad de los argumentos que se sugieren o se encuentran en el debate. Cabe anotar que existen diferentes métodos de argumentación de los que aquí se expresan y que los puede usar a discreción el abogado de la solución.

I. MODOS DE ARGUMENTACIÓN

En este numeral se discuten aquellos modos de argumentación que utilizan quienes argumentan, ya sea que se apoyen tanto en los conceptos de *autoridad* como en la razón. Modos como los de las señales, los de clasificación y los de ética se toman de Dunn (2004) y se discuten a continuación.

A. MODOS DE ARGUMENTACIÓN SUSTENTADOS EN EL CONCEPTO DE "AUTORIDAD"

Si el analista argumenta con fundamento en la "autoridad", normalmente apela a la credibilidad supuesta de una persona o institución, reconocidos por algún atributo: un líder político, un experto, un grupo social, un clérigo, un dios, un superior jerárquico, el Departamento Nacional de Estadística, un periódico, etc. Un ejemplo de argumentación sustentado en la autoridad resulta de una columna de opinión que reclama que según la Constitución "todos debemos ser tratados de igual forma; entonces, el Gobierno debería ofrecer trabajo a todos los ciudadanos". La razón que se ofrece para convencer que esto es verdad es que la Constitución, por ser la norma más importante dentro del ordenamiento legal, es una razón suficiente para adoptar esta medida. Entonces, el peso del argumento para este caso se sustenta en quien lo dice, en la institución que, según el autor del argumento, es autoridad en la materia.

Entre las autoridades se incluyen los presidentes y los altos rangos militares, al afirmar, por ejemplo: "Hay que hacer esto porque es orden del presidente" o "Mi general ordena que se realice esto porque es mandato del superior jerárquico". Siempre que alguien utiliza como principal razón una instancia "superior" para tratar de convencer de que está en lo cierto, está argumentando con fundamento en la autoridad.

Este modo se apoya también en los argumentos sustentados en quienes producen información para el analista. Por ejemplo, información provista por quienes tienen reconocimiento de productores de información relevante como expertos, científicos, especialistas, gurús, etc. (Dunn, 2004). La figura 33 ilustra un ejemplo de ese tipo.

Otro ejemplo de argumentación que se sustenta en la autoridad es cuando se apela a la credibilidad aparente en un "método", pues se trata de una autoridad que parte de consensos sobre química, física, economía, sociología, psicología, etc. Cuando se argumenta con apoyo en un método para decir, por ejemplo, que el problema de movilidad en Bogotá requiere soluciones a largo plazo y que el metro subterráneo es la mejor solución porque "la distancia más corta entre dos puntos es una línea recta", también estamos argumentando con sustento en una "autoridad": la del método incontestable. Se puede ver este tipo de argumentación en la figura 34.

FIGURA 33. MODO DE ARGUMENTACIÓN SUSTENTADO EN LA AUTORIDAD DE UNA PERSONA

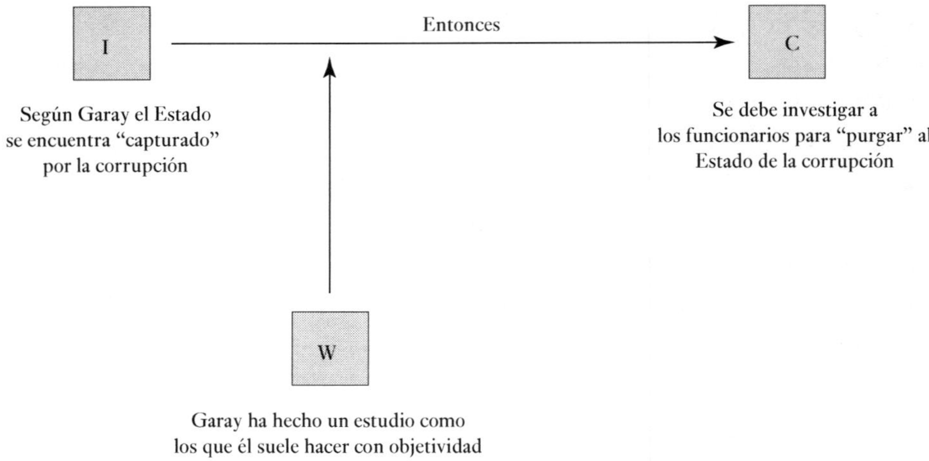

Fuente: elaboración propia.

FIGURA 34. MODO DE ARGUMENTACIÓN APOYADO EN LA AUTORIDAD DE UN MÉTODO

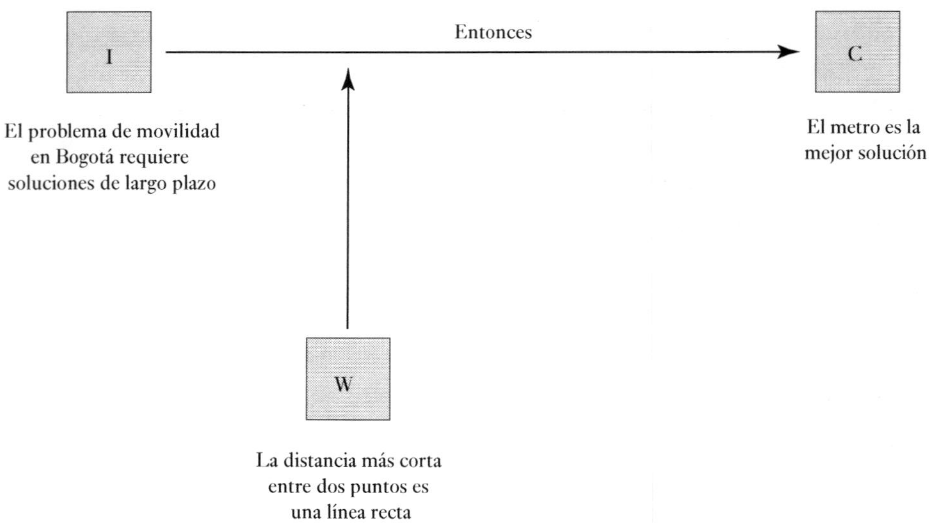

Fuente: elaboración propia.

Existen también quienes argumentan con fundamento en la "ética", aludiendo a la moralidad, autoridad y validez de estas premisas. Un ejemplo se representa en la figura 35.

FIGURA 35. MODO DE ARGUMENTACIÓN APOYADO EN LA ÉTICA

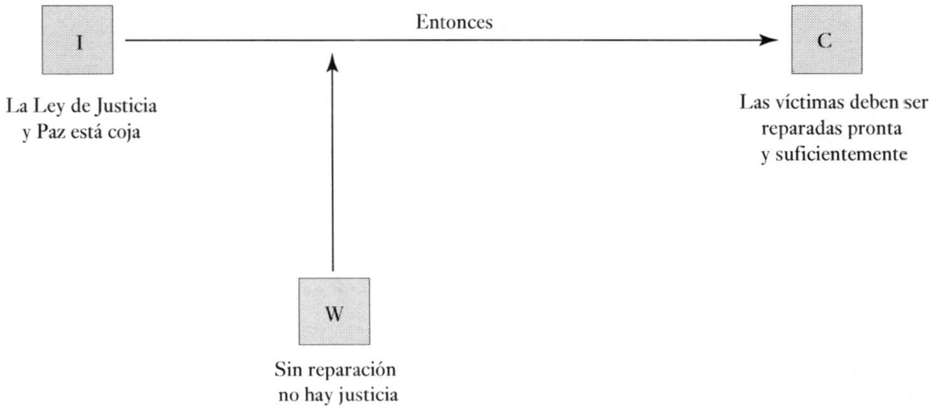

Fuente: elaboración propia.

Por último, están quienes argumentan con fundamento en la supuesta autoridad que brinda su "intuición", sus conocimientos, experiencia, el "sentido común", el capricho, el *feeling*, el "no sé qué", que utilizan como principal razón para que su propuesta sea aceptada.

B. MODOS DE ARGUMENTACIÓN SUSTENTADOS EN LA "RAZÓN"

Por otra parte, cuando el argumento se apoya en la razón, el analista pretende convencer o persuadir a su interlocutor de que está en lo cierto poniendo de resalte la "relación causa-efecto", lo cual se considera una argumentación "lógica" y por ello potencialmente menos arbitraria que la argumentación que se sustenta en la "autoridad".

Con este modo de argumentación el analista se apoya en leyes o en teorías económicas que expresan las relaciones causales entre variables, los factores causantes de los problemas y las consecuencias de las decisiones. Tal como lo reconoce Dunn (2004, 386), la mayoría de las argumentaciones de política pública se sustentan en los razonamientos de causa.

Un ejemplo sería el afirmar que "Grecia requiere medidas urgentes de alivio de la banca comercial porque de lo contrario la zona euro se verá gravemente afectada", en el que se acude a la estrategia de argumentar con sustento en una relación causal: si Grecia se declara en moratoria, la zona euro se cae. Otro ejemplo sería el que se ilustra en la figura 36.

FIGURA 36. MODO DE ARGUMENTACIÓN SUSTENTADO EN LA RAZÓN

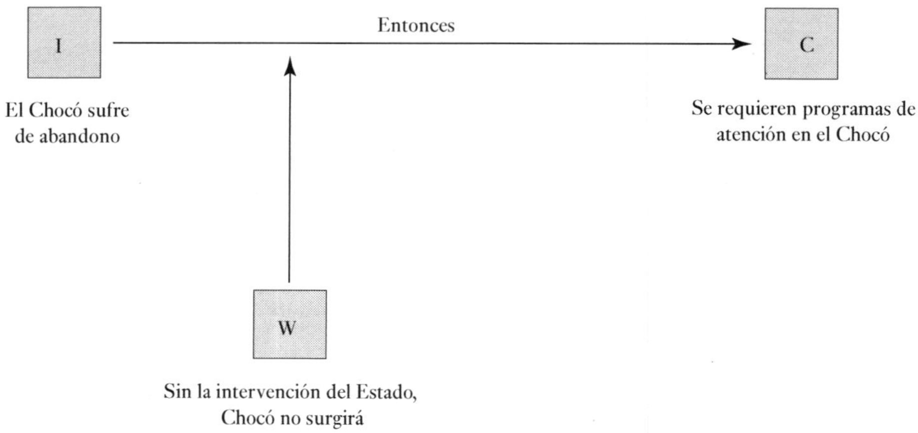

Fuente: elaboración propia.

Como una derivación de este grupo está el modo de argumentación que se apoya en las "señales", que se refiere a la posibilidad de argumentar con fundamento en signos, señales, referentes o indicadores que permiten suponer ciertas condiciones específicas para dar unas conclusiones. Estas señales no suponen la razón en sí misma, sino la muestra de la existencia de una situación que se convierte en la razón para tomar la decisión; por ejemplo, un indicador sobre el nivel de desempleo; el indicador no es la razón, sino que refleja la razón para adoptar la decisión.

Según Dunn (2004), una señal indica la presencia de un evento o condición, porque una señal sugiere que va a ocurrir algo junto. Como ejemplos convencionales subrayamos los indicadores de desempeño institucional o los de desempeño económico.

La argumentación sustentada en la *generalización* señala que "si un estudio arroja que una población Y tiene X comportamiento, y si A forma parte del grupo Y, podemos afirmar que A tiene X comportamiento porque es un elemento constitutivo de Y. La muestra es representativa y los resultados son confiables". Por ejemplo, si el promedio de la talla de los alemanes es 1,78 metros, puede presumirse que Hans, que es alemán, mide 1,78 metros.

El argumento que se fundamenta en la *clasificación* supone un comportamiento determinado o esperado de un grupo o individuo, pues este pertenece a una clase de grupo asociada. En otras palabras: este modo propone que todos los que son de la clasificación, clase, grupo X harán Y, porque todos los que son X hacen Y. Por ejemplo, Dunn (2004) plantea que un país que posee un sistema económico socialista será un país con bajos niveles de democracia, en la medida en que los sistemas socialistas carecen de democracia.

El modo de argumentación que se sustenta en *la analogía* tiene en cuenta problemas distintos que se suceden en un mismo supuesto o entorno. Un ejemplo de este modo es decir que "si la forma como se trató la drogadicción funcionó en los Países Bajos, y si la drogadicción se parece al alcoholismo, entonces podemos intuir que esa misma estrategia se puede utilizar para solucionar el problema del alcoholismo en los Países Bajos".

Otro ejemplo de argumentación apoyada en la razón es el de *casos paralelos*, en la que se argumenta con fundamento en el mismo problema, pero presente en casos distintos. Así, si el caso que nos preocupa es el de la drogadicción en Ecuador y no contamos con suficiente información sobre el fenómeno en dicho país, pero sí tenemos suficiente información sobre el caso en México, entonces argumentaríamos a favor de la solución que funcionó en este último país. De nuevo, mientras que el argumento que se apoya en casos paralelos se sustenta en un problema tratado en distintos contextos (drogadicción en Ecuador frente a drogadicción en México), el que se fundamenta en la analogía hace relación a distintos problemas, pero en el mismo contexto (drogadicción en los Países Bajos frente al alcoholismo en este país).

Cabe señalar que estos métodos de argumentación no son excluyentes entre sí y que, por el contrario, a mayor cantidad de métodos el argumento es más robusto y más convincente. Sin embargo, hay que ser selectivo. En efecto, en la práctica es una habilidad útil del analista poder distinguir entre los diferentes modos que se suelen utilizar para recomendar cuáles son los más robustos, los más plausibles, etc., pues se debe estar en capacidad de discernir entre ellos y hacer críticas respecto de ellos utilizados por otros.

Contar con la habilidad para reconocer fácilmente los modos de argumentación utilizados por el interlocutor permite identificar fallas en el ejercicio lógico de la argumentación, pues son estas fallas las que conducen a lo que comúnmente se denomina "falacias". A continuación se definen algunas de ellas.

II. FALACIAS

Las falacias son proposiciones con apariencias de verdad que involucran fallas en el proceso de argumentación y conducen al error. Hay diferentes tipos de falacias, y estas se encuentran en los discursos públicos, las columnas de opinión de los periódicos, en reportes, informes académicos y, naturalmente, en los análisis de políticas públicas. Se cometen falacias y fallas en los procesos de argumentación con el propósito de convencer sobre una verdad que se dice tener, pero que esconde valores e intereses. Algunos argumentan que se puede ofrecer una argumentación falaz sin tener conciencia de estarlo haciendo. Veamos algunos de los ejemplos de falacias más comunes.

El primer tipo de falacia es afirmar lo consiguiente a partir de una verdad precedente. Un ejemplo es: "Si Pedro viola los derechos humanos y el grupo terrorista de las Fuerzas Armadas Revolucionarias de Colombia (FARC) viola los derechos humanos, entonces Pedro es de las FARC". Este método se utiliza mucho y busca confundir en aras de proponer una conclusión plausible o una solución. En este caso se está suponiendo que como Pedro se comporta igual que las FARC, entonces él es miembro de dicho grupo.

Otro tipo de falacia consiste en negar el antecedente: "Si los católicos son generosos y Ana no es católica, entonces Ana no es generosa". Esta es una conclusión falaz porque el hecho de que Ana no sea católica no impide que sea buena persona. Aquí hay varias falacias: el hecho de que Ana no sea católica no quiere decir que no sea generosa, o que todos los católicos son generosos.

Otra estrategia falaz frecuente es la de utilizar falsas analogías: "La drogadicción se parece al alcoholismo, y si los drogadictos son violentos entonces los alcohólicos también lo son". De nuevo, es una conclusión falaz que da por sentado que el problema de los drogadictos y el de los alcohólicos es el mismo y que incluso todo drogadicto es ladrón.

Otro tipo de falacia es la denominada *argumentun ad verecundiam* o dirigido al respeto, o falacia de la autoridad. Es la versión de falacia del modo de argumentación que se apoya en la autoridad discutida antes. "La crisis financiera durará dos años; si lo dice *Newsweek*, es por algo", dirían quienes creen que por decirse en la revista *Newsweek* debe ser verdad. "El aborto debe ser prohibido por la Constitución; la mayoría del pueblo colombiano es católica y la Iglesia católica lo rechaza" es otro tipo de argumento muy utilizado.

Está también el *argumentum ad hominem* o dirigido a la persona. En este caso se dice, por ejemplo, que "El expresidente Bush no tiene la autoridad moral para reclamar el regreso masivo de tropas americanas de Afganistán". En este ejemplo se está acudiendo a una conclusión que se apoya en las características supuestas sobre los individuos a las que hacen referencia los análisis. Uno se preguntaría: ¿por qué el expresidente no tiene autoridad moral para pedir el retorno de las tropas?

Otra modalidad de falacia es el *argumentun ad populum* o dirigido al pueblo. "Nadie discute" que la inequidad es mala, o "todo el mundo" sabe que la tierra no es cuadrada, como se creía siglos atrás. En estos ejemplos se apela a una creencia u opinión mayoritaria para argumentar la veracidad del argumento como si el hecho de que la opinión fuera mayoritaria implicara que el argumento fuera válido.

Existe también el *argumentum ad ignorantiam* o el que apela a la ignorancia. Este tipo de argumentación recurre al desconocimiento de la verdad por parte del interlocutor para refutar un argumento. Por ejemplo, "Los extraterrestres no existen, y si existen, pruébemelo", o, muy frecuente en nuestro medio, "Nuestro programa es exitoso puesto que no se ha recibido ninguna queja".

Por último está el *argumentum ad misericordiam* o el que apela a la misericordia. Un ejemplo de este tipo de argumento se da cuando los alumnos en una clase exigen "un examen final más fácil como consecuencia del duro trabajo que han tenido que 'sufrir' durante las últimas tres semanas".

También hay falacias que se sustentan en el uso de estrategias o estratagemas psicológicas, es decir, derivadas de las relaciones de poder entre el orador y el interlocutor. Un ejemplo es argumentar diciendo que "Yo digo que esta es la conclusión correcta y se debe aceptar porque yo soy el que ordena". Aquí se supone que por estar en una posición superior tiene más razón que el subordinado. Hay también falacias sustentadas en estatus sociales, políticos o en apego a principios de aglutinamiento como son los llamamientos al patriotismo, a la religión, a la raza o al género.

Para concluir, hay que decir que las falacias son saltos lógicos en el proceso de argumentación; esto es, se comete una falacia en el momento en que: 1) no hay una relación lógica directa que conecte la conclusión (Rec) y las características del problema (Pr); por ejemplo: se debe desalojar el espacio público para generar empleo formal. 2) Cuando la razón (Ra) que se ofrece para sustentar la conclusión (Rec) tampoco se desprende de manera lógica de la conclusión ni de las características del problema (Pro), como afirmar que "bajar los impuestos conduce a promover la inversión privada y por esa vía generar nuevos empleos". 3) Cuando las pruebas que se ofrecen (P) no están directamente vinculadas con la razón (Ra) al decir, por ejemplo, simplemente que "Corea del Sur logró crecer a tasas del 10 % anual". 4) Igualmente, cuando las refutaciones (Ref) no tienen relación con la argumentación que se ofrece (Ra): "A pesar del ahorro que puede generar la energía solar (Ra), esta tecnología no se utiliza mucho en el país (Ref)". 5) O, por último, cuando los condicionantes no se desprenden de manera directa de las refutaciones; por ejemplo, si se afirmara, en el caso sobre la implementación del Transmilenio en la carrera Séptima, que como no desestimula el uso del carro (Ref), se debe organizar el tráfico con Transmilenio (Rec) solo si se utilizan buses eléctricos para este sistema (Con).

Hay falacias que resultan de sustentar un argumento a partir de algunas verdades, pero que conduce a concluir algo que es falso. En efecto, no porque se digan varias verdades las conclusiones también lo serán. Más importante aún, si bien una argumentación falaz puede ser muy persuasiva, en un ejercicio deliberativo cae fácilmente.

TAREAS Y TALLERES

Identifique tres métodos de argumentación y tres falacias en una columna de opinión en la revista de su elección.

Identifique a qué tipo de falacia corresponden las siguientes afirmaciones: "Aquellos que creen que la astrología no es de confiar se equivocan. Los hombres más sabios de la historia se interesaron en la astrología, así como reyes y reinas de todas las eras que guiaron los asuntos de sus naciones con base en esta" ("Introduction to Logic", 2004).

"No creo que podamos tomar en cuenta la propuesta del gobernador Smith acerca del incremento en el impuesto a la venta de vehículos. Él ha pasado sus últimos veinte años en el Gobierno estatal y por ende no es una fuente imparcial" ("Introduction to Logic", 2004).

"Es ampliamente aceptado por la gente que la presente revolución tecnológica ha afectado las bases éticas de la institución nacional de la educación. Puesto que este pensamiento es ampliamente aceptado, no cabe duda de su veracidad" ("Introduction to Logic", 2004).

APRENDIZAJES DE LA SEGUNDA PARTE

En el cuadro 52 se esbozan los principales aprendizajes de la primera parte.

CUADRO 52. PRINCIPALES APRENDIZAJES DE LA SEGUNDA PARTE

— Un problema público es toda situación que afecta negativamente los valores materiales e inmateriales de una colectividad, o amenaza afectar su bienestar en el futuro cercano, y sobre la que se espera que el Estado actúe.

— Estos problemas se clasifican típicamente por su grado de estructuración en problemas simples (bien estructurados) o complejos (débilmente estructurados), y evolucionan desde una sensación problemática, pasan por una situación problemática, su objetivización y, finalmente, su formalización en modelos explicativos.

— Entre algunos de los métodos más comunes para la estructuración del problema se encuentran el análisis causal a partir del árbol del problema, el análisis jerárquico de causas, el análisis estructural o sistémico y el análisis de actores, que se apoyan en estrategias más amplias como la lluvia de ideas, el análisis clasificacional, el análisis de fronteras del problema y *synetics* o la realización de comparaciones, entre otras. Se han incorporado a esta caja de herramientas nuevos métodos de análisis que se fundamentan en el pensamiento de diseño.

— La definición de criterios de decisión aporta a la identificación de soluciones efectivas definiendo objetivos claros y las características o atributos que debe tener la política pública requerida para que se le considere satisfactoria. Esto nos permite orientar la búsqueda de soluciones, la elección de las "mejores" soluciones, el diseño del plan de implementación, el monitoreo y la evaluación. Los tipos de criterios recomendados son de viabilidad política, administrativa, técnica y económica, sin prescindir de la valoración sobre los posibles impactos ambientales de las alternativas propuestas.

— La identificación de alternativas de solución se apoya en la consulta a fuentes diversas, bien sea expertos, literatura o repositorios experiencias de otros contextos y lluvia de ideas, entre otras. Dichas alternativas implican la combinación de distintos instrumentos de política para su operacionalización, apelando a herramientas normativas, económicas e informativas, por citar algunas.

— La evaluación de alternativas de solución implica, en un primer momento, la predicción de efectos, es decir, el pronóstico de los posibles impactos que podrían derivarse de la implementación de cada uno de los cursos de acción planteados. Luego, la evaluación de las alternativas de solución incluye métodos diversos, cuya aplicación facilita la toma de decisiones. Algunos de los métodos de estructuración de problemas públicos más comunes son la comparación por parejas, el método del limbo, calificación básica y criterios ponderados.

— Existen modos de argumentación que se sustentan en la razón o en el concepto de autoridad, y comúnmente se acude a múltiples falacias que el analista debe reconocer y evitar.

TERCERA PARTE
CONOCIMIENTO PARA GENERAR IMPACTO

Objetivos de aprendizaje de esta parte

Con el estudio de esta tercera parte del libro, usted estará en capacidad de:

— Entender el concepto de *implementación de políticas públicas*, así como los distintos enfoques que explican dicho proceso y las variables relevantes para un proceso de implementación eficaz y exitosa en diferentes contextos.

— Aplicar herramientas útiles para el diseño de planes de implementación en contextos como el de Colombia y otros países en desarrollo, entendiendo la importancia de la teoría de cambio y de los modelos lógicos para la elaboración de estos planes.

— Comprender los conceptos de *monitoreo* y *evaluación ex post de políticas*, sus tipologías y diferencias en los procesos de las políticas públicas.

— Identificar distintos métodos para el monitoreo y la evaluación *ex post* de políticas, con especial interés en las evaluaciones de resultado e impacto que den cuenta de las transformaciones producidas por las intervenciones en las condiciones de bienestar de la población objetivo.

— Identificar indicadores para el monitoreo y la evaluación *ex post* de proyectos, programas o políticas.

— Dominar técnicas relevantes para la comunicación asertiva y persuasiva de los productos y procesos derivados del análisis de política pública.

En la segunda parte discutimos sobre los métodos y los procesos más relevantes relacionados en el análisis y diseño de políticas públicas en cuanto a la estructuración del problema público, la identificación de objetivos y criterios de decisión, la identificación y construcción de alternativas, la evaluación de estas y la argumentación de las conclusiones. A continuación discutiremos sobre la forma como lo diseñado se puede traducir en soluciones reales, esto es, en cristalizar las conclusiones con el fin de lograr el cambio deseado y el impacto buscado. Discutiremos lo relativo al diseño de un plan de implementación, el de un plan de monitoreo, la elaboración de un plan de evaluación, y finalmente nos referiremos a las estrategias y herramientas para la comunicación efectiva de los ejercicios y conclusiones del análisis y diseño de políticas públicas. En nuestra opinión, como lo veremos más adelante, si bien el papel del analista podría concluir con la recomendación al respecto de qué hacer ante la existencia de un problema público, su papel tendría más impacto si además participara en el diseño de su implementación, monitoreo y evaluación, pues es quien (o quienes, si pensamos en equipos) a estas alturas mejor conoce el objeto de análisis y estudio. La visualización de dichos aspectos (los qué, quiénes, cómo, cuándo, etc., así como los retos, oportunidades y dificultades inherentes) desde el proceso inicial de diseño, al igual que una comunicación efectiva y persuasiva de los resultados analíticos, aumenta la probabilidad de alcanzar los objetivos que se buscan.

CAPÍTULO NOVENO

Diseño de planes de implementación

Una vez que se tiene claro qué alternativa(s) de solución debe(n) implementarse como parte de la política pública, por ser juzgada(s) como mejor opción tras considerar y evaluar un nutrido número de opciones alternativas, y después que se hayan identificado algunos de los prerrequisitos básicos tanto legales como financieros, administrativos, técnicos, políticos, etc., para alcanzar los objetivos que se buscan, se debe iniciar el proceso de planificación de la implementación. En nuestro proceso de ADIPP nos referimos al paso 6, que se ilustra en la figura 37.

FIGURA 37. PASO 6: ELABORACIÓN DE UN PLAN DE IMPLEMENTACIÓN

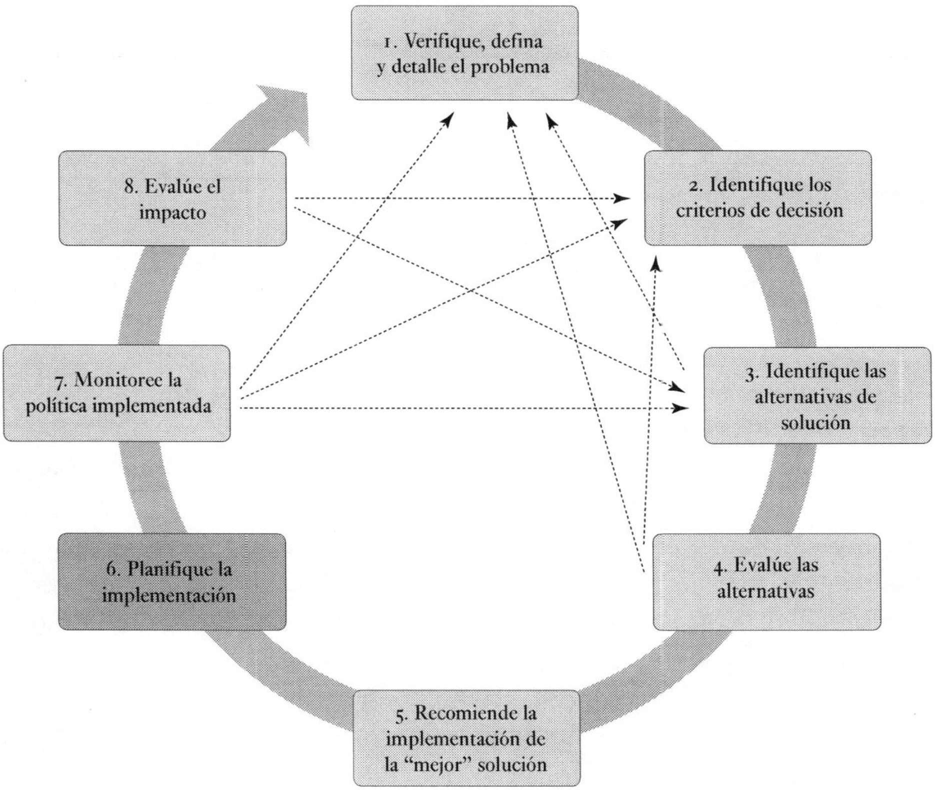

Fuente: elaboración propia.

Los estudios sobre la puesta en marcha o implementación de las políticas públicas son, en general, abundantes, pero existen pocos consensos entre ellos. Esto es paradójico, si se tiene en cuenta que el proceso de implementación de una política pública es definitivo, en la medida en que en este punto el discurso se transforma en una realidad palpable, y es aquí donde se va a vislumbrar el resultado del ciclo de la política. Con lo anterior en perspectiva, en las próximas líneas se busca aclarar lo que es la implementación y su importancia en la globalidad del proceso de construcción de políticas públicas.

En retrospectiva, hasta la década de los años setenta el proceso de implementación se veía en general como poco problemático. Como lo afirman Howlett *et al.* (2008, 185):

> Aunque en el momento existiera una gran bibliografía al respecto en campos como la administración pública o el comportamiento organizacional relacionada con la ejecución efectiva de las decisiones del Gobierno, muchos estudiosos en la materia ignoraban o minimizaban los aspectos problemáticos de esta etapa del ciclo de la política, asumiendo que una vez era tomada una decisión, el brazo administrativo del Gobierno simplemente lo llevaría a cabo correctamente.

De esa manera, la implementación se consideraba un aspecto meramente administrativo, en el que las dificultades y fallas de la puesta en marcha de la política se remitían a aspectos técnicos de la gestión pública que se utilizaba. Sin embrago, como afirma Roth (2004, 108), "considerar este problema como principalmente 'técnico' parece demasiado simplificador y reductor, ya que deja su carácter conflictivo, o sea, su dimensión política". A partir de este tipo de reflexiones en la actualidad el proceso de implementación se ve como una etapa fundamental en el ciclo de una política pública, en la cual hay un ejercicio de gobierno en el que la técnica, o lo administrativo, y la política interactúan, y en el cual confluyen los caminos del diseñador y del implementador de la política. En realidad es con frecuencia la etapa más prolongada del ciclo de las políticas. Por ello, el diseñador de la política debe apoyar, de manera constante, la labor de implementación y así minimizar el margen de error derivado de la única interpretación del implementador de los planes que se presentan en la formulación.

En realidad, la implementación consiste en múltiples nuevas decisiones que pueden tomarse en uno o varios niveles de gobierno (nacional, regional, local) y en una o varias organizaciones (ministerios, secretarías, empresas públicas). En muchos casos, pero en algunas decisiones más que en otras, la población objetivo de la política —ciudadanos individuales, organizaciones, comunidades— tiene un papel fundamental en el éxito o fracaso de la implementación. Aunque esas nuevas decisiones siempre deberán tomar en cuenta múltiples retos, desde los recursos disponibles hasta el contexto político y las condiciones específicas de ciertas circunstancias, la literatura sobre implementación ha identificado algunas condiciones muy concretas de cierto tipo de decisiones.

Saber que siempre habrá múltiples factores afectando el resultado explica por qué desde el mismo momento de la formulación de la política pública es esencial diseñar un plan de implementación en el que no solo se busque cumplir las metas que plantea la política, sino en el que el analista estudie el entorno en el cual se hará la implementación y sea capaz de prever cambios o anticipar dificultades al llegar a esta etapa.

Es menester subrayar que, por la diferencia de los problemas, de las políticas y de los grupos a los cuales se dirige cada una de ellas, es arriesgado, por no decir imposible e inadecuado, hablar de métodos estandarizados de implementación de políticas públicas. De esta manera, se señala la importancia de la implementación y de los implementadores en particular, en tanto su labor no puede limitarse únicamente a recrear herramientas que intenten conseguir un fin, sino, por el contrario, a buscar las que mejor se adapten a entornos sociales y económicos específicos. Así las cosas, la implementación de una política pública en una población puede variar diametralmente de la implementación en otro grupo, aun cuando ambas compartan un mismo objetivo, enfrenten problemas muy similares e incluso sean la misma.

A pesar de lo anterior, se pueden identificar ciertos patrones y prácticas que, al apoyarse en experiencias tanto exitosas como fallidas conducen a evitar errores lamentables; o, en otras palabras, llevan a implementar las políticas de manera acertada, con resultados efectivos en la resolución de problemas y, en conclusión, una puesta en marcha exitosa de una decisión de política que se ha tomado. Con todo lo anterior en perspectiva, a continuación se introduce la literatura pertinente en la materia, así como las enseñanzas derivadas de esta para obtener ideas provechosas para un proceso de planeación de la implementación exitosa.

I. ¿QUÉ ES LA IMPLEMENTACIÓN DE POLÍTICAS PÚBLICAS?

Hasta aquí se ha visto que la implementación es un proceso esencial en el ciclo de una política pública, que en ocasiones puede tornarse difícil por el desconocimiento sobre esta etapa del ciclo. Al respecto, el debate se enfoca en si la etapa de implementación es un proceso técnico-administrativo o de dimensión política, lo que origina las diferentes maneras en las que se puede poner en marcha la política.

Pese a las distintas concepciones que se puedan dar a la fase en cuestión, se puede decir que, como lo sugieren Mény y Thoening (1992, 159), es "la fase de una política pública durante la cual se generan actos y efectos a partir de un marco normativo de intenciones, de textos o discursos". Lester Goggin y O'Toole (1987, 210) la definieron como "el desarrollo oportuno y satisfactorio de ciertas tareas relacionadas con el cumplimiento del mandato", donde el mandato es aquello que es decisión en la fase anterior del proceso de la política. Si bien esta es una forma estándar de entender este proceso, diferentes enfoques se han desarrollado en lo que respecta a la forma de implementar una política.

A. MODELOS DE IMPLEMENTACIÓN "TOP-DOWN"

Los modelos *top-down* o de arriba abajo, corresponden a aquellos enfoques explicativos del proceso de implementación de las políticas públicas en los que, desde una perspectiva clásica de la administración pública, se da por sentada la centralidad del Estado en el proceso de puesta en marcha de las políticas.

Así las cosas, como argumenta Roth (2004, 110), "se concibe la administración como un sistema unitario con una línea de autoridad sencilla y claramente definida que observa estricta y uniformemente las reglas y los objetivos, en un contexto de control administrativo perfecto y una excelente coordinación e información entre las distintas unidades administrativas". Así, se presupone que la administración pondrá en marcha la recomendación del analista de la mejor manera, proceso mediante el cual los objetivos se alcanzarán a la perfección al llevar la política a su fase técnica.

En consideración a lo anterior, los enfoques de implementación *top-down* describen la ejecución de la política como un proceso desde el centro hacia la periferia, una vez tomada la decisión que busca dar solución a problemas públicos. Luego, entonces, la efectividad de la acción se medirá únicamente con el paso del tiempo. Sabatier y Mazmanian (1980) identificaron una serie de condiciones centrales para el éxito de la implementación *top-down*:

1) Condiciones relacionadas con la capacidad básica para resolver el problema (tractabilidad del problema):

—Disponibilidad de teoría válida y tecnologías: de esto depende la capacidad para medir los cambios en la dimensión del problema y saber si la intervención está siendo efectiva. En la política que estudian los autores —regulación de la calidad del aire en los Estados Unidos— señalan que ni siquiera tiene sentido imponer estándares de calidad de aire mediante normas si la tecnología que permite cumplir con los nuevos estándares no está disponible.

—Diversidad de la población objetivo: mientras mayor sea esta diversidad, más puede complejizarse la escogencia de instrumentos de política, ya que unos pueden ser más relevantes que otros para obtener los cambios deseados en grupos específicos de la población.

—El tamaño del grupo objetivo: cuanto mayor sea el tamaño del grupo objetivo como porcentaje de una población, más difícil se hace focalizar acciones de forma que sean más controlables, y el esfuerzo y sus resultados se perciban más.

—Dimensión del cambio esperado: mientras mayor sea el cambio de conducta que se espera, más desafiante será la implementación. Recordemos que, como lo conceptualizan Hill y Hupe (2014), la implementación es un equilibrio entre la ambición de las metas y la autonomía de los implementadores para lograrlas.

2) Condiciones relacionadas con el estatuto:

—Teoría causal adecuada: la política, que Sabatier y Mazmanian (1980) siempre imaginan representada en una norma, responde a una teoría causal implícita o explícita (conocida también como "teoría de cambio" o "teoría causal subyacente", como se verá más adelante) sobre el efecto de ciertas acciones sobre determinados resultados. No solo debe estar presente esa teoría —lo que se incluye en las condiciones de tractabilidad del problema—, sino debe ser correcta y estar representada en la política.

—Claridad del mandato y prioridad relativa de los objetivos: el mandato es aquello que se decidió en la etapa anterior (la decisión) y que corresponde ejecutar. En un modelo que prioriza el control es importante que no haya dudas sobre lo que se pide ejecutar, para que la implementación sea fluida. Por otro lado, con frecuencia las organizaciones públicas deben ejecutar múltiples políticas al tiempo y necesitan claridad sobre dónde se espera que concentren sus esfuerzos, qué objetivos son los más importantes por los cuales serán evaluadas.

—Recursos financieros: con estos se pagará el personal y los equipos que se requieran, incluso en el caso de políticas regulatorias que pueden requerir policías, inspectores de trabajo y otros tipos de personal para monitorear el cumplimiento de las normas y aplicar sanciones, si es el caso.

—Integración jerárquica en las organizaciones y entre ellas: para que el control funcione se requieren líneas de autoridad claras que faciliten la transmisión de la información requerida para la toma de decisiones hacia quienes están en la parte superior de la pirámide y de las decisiones de aquellas hacia quienes están en los niveles inferiores. Si la integración es escasa, hay que esperar grandes variaciones en los niveles de cumplimiento de la política de parte de los mismos funcionarios que deberían implementarla, y por supuesto, de parte de la población objetivo.

—Reglas de decisión de las organizaciones implementadoras: deben estar sesgadas a favor del cumplimiento de los objetivos. Volviendo al ejemplo de la política ambiental, la carga de la prueba de que una iniciativa no tendrá efectos ambientales adversos debe caer en quienes la proponen. Lo mismo podría pensarse de medidas regulatorias de todo tipo, como los impuestos o las cuarentenas: mientras más excepciones, menos efectividad de la implementación.

—Agencias y funcionarios capaces y comprometidos con la implementación: dadas las dificultades que siempre se encuentran en la implementación, Sabatier y Mazmanian (1980) estiman que objetivos ambiciosos solo pueden lograrse con agencias y funcionarios capaces y que asignan gran valor a los objetivos de la política. Tanto las organizaciones como los funcionarios requieren altas capacidades además de entusiasmo, pero sin este no será posible lograr objetivos que demandan gran esfuerzo.

—Participación de actores externos sesgada en favor de los objetivos: dichos autores consideran que las políticas que facilitan la participación individual de miembros de la población beneficiaria, sea ejecutando las decisiones o solicitando rendición de cuentas, tienen más probabilidades de éxito. Esto se explica por la presión que pueden ejercer sobre los implementadores, incentivándolos a lograr mejores resultados. El seguimiento legislativo previsto a una política también puede facilitar su implementación si se centraliza en instancias que la impulsaron en vez de dispersarse hacia sectores menos interesados, sobre los que grupos mejor organizados, que muchas veces corresponden a los actores más poderosos, pueden ejercer influencia.

3) Otras variables que afectan la implementación:

—Cambios en el contexto (las condiciones varían en el tiempo y el espacio): las condiciones sociales, económicas y tecnológicas pueden cambiar entre diferentes lugares y entre momentos en el tiempo. Los problemas pueden volverse más o menos urgentes al ser comparados con otros a lo largo del tiempo, pero también entre diferentes jurisdicciones —las regulaciones de calidad del aire, o del agua, por ejemplo, no se perciben tan urgentes donde la contaminación no es aún tan evidente; la prevención de desastres aumenta entre las prioridades inmediatamente después de un desastre; la seguridad se percibe menos importante cuando se supera determinado nivel de alerta, etc.—. También es posible que desarrollos tecnológicos faciliten la solución de problemas públicos —como la mitigación del cambio climático— y aumenten la presión para actuar.

—Atención mediática: la atención de los medios puede facilitar la percepción de los implementadores y del público general de los cambios que se hayan dado en las condiciones externas que influyen en la implementación de la política —como cuando los medios reportan cambios demográficos, tecnológicos, nuevas amenazas, variaciones en la frecuencia y gravedad de crímenes o denuncias de corrupción, etc.—. Si un programa recibe atención mediática, se facilita su implementación exitosa.

—Apoyo del público: al público lo influye la cobertura mediática, pero también otros factores —sus propias experiencias, las redes sociales—. Las variaciones en el apoyo del público a una medida en diferentes jurisdicciones ponen presión sobre las implementadoras para aplicarlas con más o menos rigor según el caso. Esto puede ocurrir con medidas sanitarias como las cuarentenas en diferentes ciudades o sectores de una ciudad, pero también con la recolección de impuestos, la imposición de multas, las acciones afirmativas en favor de diferentes grupos sociales o el impulso a las energías limpias, por ejemplo. Es común que las políticas se pongan en marcha después de algún evento que recalca la gravedad del problema público en cuestión, y que tiendan a perder apoyo con el paso del tiempo y la aparición de nuevas preocupaciones. Los grupos afectados negativamente por esas políticas esperan con frecuencia a que baje la marea de la atención pública para comenzar a oponerse a determinadas acciones previstas en las políticas.

—Apoyo de los supervisores de las instituciones implementadoras: esos supervisores son quienes controlan los recursos legales y de otro tipo de los implementadores, e incluyen a las cortes, los cuerpos legislativos relevantes, los superiores en el Poder Ejecutivo en el nivel de Gobierno pertinente y las organizaciones jerárquicamente superiores, cuando se trata de esfuerzos intergubernamentales. Estos superiores pueden impulsar o entorpecer políticas según estén alineadas con sus propias prioridades o con la forma en que interpreten que afectan sus misiones o competencias.

—Capacidad y compromiso de quienes implementan: estos son tan importantes como los de las entidades mismas, y no pueden especificarse en la norma que da fuerza legal a una política, sino que dependen de cada contratación concreta. Estos implementadores deben tener incentivos para asumir tareas desgastantes de manera sostenida, capacidad general para tomar decisiones y hacer seguimiento a resultados y también la capacidad de mantener en alto el ánimo de quienes trabajan con ellos, aun frente a adversidades que casi seguramente se presentarán.

Como argumentan Mény y Thoening (1992,160), en el enfoque *top-down* se supone que "la administración realiza a la perfección su tarea instrumental de transformar los objetivos en medios, sustituir la política por la técnica y los conflictos por las racionalidades". Dicho esto, al estar la implementación focalizada en este sistema unitario, se hace más sencillo el control de los procesos, y la comunicación es más directa, de tal forma que es más sencillo mantener la coordinación entre los agentes involucrados en esta fase con líneas claras de autoridad y acción.

La construcción de una política pública implica la cimentación de objetivos que pueden traducirse en promesas para la población. Una ventaja de este modelo de implementación es que la Administración tiene la información suficiente para conocer la capacidad de cumplimiento de promesas; de esa manera, "los tomadores de decisiones no deben prometer lo que no pueden ofrecer. Si el sistema no permite tales condiciones, entonces es mejor controlar las promesas hechas y llevarlas a un nivel más asequible para el proceso de implementación" (Parsons, 1995, 464).

Así las cosas, en la puesta en marcha se van a considerar aspectos como normas y presupuesto de manera más rigurosa, para cumplir los objetivos claramente establecidos, en los que se limitan las promesas según la capacidad administrativa. Ahora bien, otro punto a favor de este modelo se encuentra al no presentarse suficiente capacidad local o voluntad política para el diseño y la implementación de políticas públicas; sin un enfoque en el que las acciones se realicen desde el centro hacia la periferia, se corre el riesgo de que los problemas públicos permanezcan e incluso empeoren. Así, este modelo puede ser muy útil en este tipo de situaciones.

Se dice que esta visión idealizada de la "implementación perfecta", a partir de un proceso técnico, encuentra sus críticas al evaluar los resultados inefectivos de la política al terminar su implementación. Según sus críticos, la acción ejecutada, más allá de los tecnicismos, debe ir de la mano de su característica política. De esa manera, se propone que el plan de implementación se empiece a preparar desde el momento de formulación de la política y así evitar o anticipar fuertes sacudidas ante cambios previsibles.

Una de las críticas se refiere al control jerárquico. En la medida en que se presupone que por ser la Administración la ejecutora por excelencia, va a tener el control total de la política. Dicha situación ideal lleva a que los cambios en el entorno pasen inadvertidos por las cúpulas jerárquicas, que terminan perdiendo el control sobre los resultados de la política, y su puesta en marcha termine siendo inefectiva. El hecho de que la Administración central o los que toman decisiones de la cúpula administrativa consideren que existen objetivos claros y consistentes que van a perpetuarse de manera exacta en el momento de implementar, lleva a que no haya una respuesta acertada ante los cambios de la política en la base y se afecte la gobernabilidad.

Todos estos aspectos llevaron a reformular la forma de implementar con una concepción más abierta a los cambios del entorno y menos centralista o jerarquizada. Diferentes estudios se realizaron en la década de los setenta, los cuales arrojaron resultados que ponían énfasis en que las "políticas públicas debían tener en cuenta la interacción de los burócratas con sus clientes en el 'nivel de la calle'" (Parsons, 1995, 468). Es así como se da paso al modelo *bottom-up*.

Este modelo, cuyo punto de partida es claramente una decisión previa dotada de autoridad, puede ser relevante para aproximarse a situaciones en que la implementación se da en uno o muy pocos niveles del Gobierno, siguiendo líneas claras de autoridad y cuando no se espere que la población objetivo de la política tenga ninguna razón para oponerse a ella o para no utilizar los servicios que se ponen a su disposición.

B. MODELOS DE IMPLEMENTACIÓN "BOTTOM-UP"

Los modelos *bottom-up* surgen como una crítica a ese modelo centralizado y jerarquizado de implementación. En consecuencia, la puesta en marcha de una acción ya no se va a caracterizar como una política emanada de la cabeza de la Administración que desciende a la sociedad, sino como una que va a resolver problemas desde el punto más cercano a la situación problemática. En otras palabras, como afirma Roth (2004, 126), "se trata de analizar los comportamientos de los individuos o de los grupos organizados y buscar los mecanismos para corregirlos desde este nivel".

En estos modelos cobra más fuerza la idea de la construcción participativa de política pública, con una separación menor entre la formulación y la ejecución en la que la técnica y la política se aproximan en búsqueda de resultados efectivos. En efecto, este modelo considera la participación de las bases en el ciclo de políticas públicas, la negociación y construcción de consensos teniendo en cuenta que habrá intereses opuestos en los agentes que afectan la acción.

Para entender de forma cabal este modelo, se debe tener en cuenta que las políticas están en constante cambio. En efecto,

> el estudio de la implementación es un estudio del cambio: cómo ocurre el cambio, posiblemente la forma en que puede ser inducido. Es también un estudio de la microestructura de la vida política, cómo las organizaciones dentro y fuera del sistema político conducen sus asuntos e interactúan unos con otros, lo que motiva a actuar en la manera que lo hacen, y lo que podría motivarlos a actuar de manera diferente (Parsons, 1995,461).

En ese contexto, en la implementación va a ser necesario que los ejecutores e innovadores sean flexibles al cambio, ante una situación en la que estarán en continuo aprendizaje a lo largo del proceso, aspectos que contribuyen a una implementación exitosa de una decisión. El cuadro 53 sintetiza los dos modelos discutidos.

La aproximación *bottom-up* incluye múltiples contribuciones, desde el estudio de cómo la implementación se da mediante la acción de "estructuras" que comprenden varias organizaciones (Hanf y O'Toole Jr., 1992) hasta el análisis de la participación de diversos niveles de gobierno en las decisiones y las implicaciones particulares de las estructuras federales (Elmore, 1985; Stoker, 1989). Esta perspectiva da más importancia al análisis de las relaciones interorganizativas, y aunque no puede confundirse con el estudio de la gobernanza, sí existen puentes entre ella y el estudio de las redes y de la llamada gobernanza colaborativa (Ansell y Gash, 2008; Emerson, Nabatchi y Balogh, 2012). Esa aproximación, la de la implementación en el marco de la gobernanza colaborativa, es la que abordamos en el siguiente aparte.

CUADRO 53. IMPLEMENTACIÓN "TOP-DOWN" FRENTE A LA "BOTTOM-UP"

Modelo de implementación "top-down"	Modelo de implementación "bottom-up"
Concepción clásica de la implementación en la que la Administración pública se concibe como el actor ideal para ejecutar las decisiones políticas. Esta etapa depende exclusivamente del papel de la Administración. Esta pondrá en marcha la recomendación del analista para alcanzar los objetivos que se plantean en su fase técnica. Ejecución de la política del centro hacia la periferia. Mayor control de los procesos de parte de la Administración. Hay una clara distinción de responsabilidades y tareas entre el formulador y el ejecutor. Asume información constante y clara del entorno político y económico. Considera que existen objetivos claros y consistentes. Evaluación del efecto de la política solo al final de la implementación. Brecha entre lo político y lo técnico al implementar. No permite observar cambios en la política ni proceso de aprendizaje. Casi siempre se usa en países en vías de desarrollo, donde no hay canales suficientes de participación y la sociedad civil está poco organizada.	Concepción moderna de la implementación. Surge como una crítica al modelo centralizado y jerarquizado de implementación. Tanto la ciudadanía como la Administración son actores esenciales en el proceso de implementación; tanto el formulador como el ejecutor son claves para obtener una política exitosa. La puesta en marcha se va a caracterizar por la ejecución de una política que busca resolver problemas desde el punto más cercano a la situación problemática. Este modelo considera la participación ciudadana en las diferentes fases del ciclo de políticas públicas, en el que se necesitan la negociación y la construcción de consensos, así como la implementación compartida. La incertidumbre es una variable con la que se debe trabajar. Se entiende que las políticas y las circunstancias están en constante cambio. Por ende, los objetivos pueden cambiar. La evaluación es periódica, constructiva y participativa. Construcción participativa de política pública, en la cual la técnica y la política se aproximan en búsqueda de resultados efectivos. Los ejecutores son flexibles al cambio, y están abiertos a este y al aprendizaje continuo. Predomina en los países desarrollados, donde la sociedad civil tiene un papel importante (capital social), dada su organización en sindicatos, ONG y otras formas de organización y participación ciudadana.

Fuente: elaboración propia.

C. MODELO DE IMPLEMENTACIÓN "GOBERNANZA COLABORATIVA Y EN RED"

Hasta aquí se han explorado modelos de implementación sustentados en el Ejecutivo como principal artífice de la puesta en marcha de la política pública, con el propósito de cumplir con los objetivos planteados durante su formulación. Si bien en el ejercicio de la *Policy* es fundamental que el Estado se configure como un actor preponderante, la misma evolución del accionar político, así como la dinámica social, ha generado la necesidad de profundizar en herramientas ajenas a lo público, en un principio, para caminar hacia el éxito de la implementación de las acciones del Estado, con apoyo en preceptos de colaboración con los que los diferentes actores sean públicos, privados o comunitarios, trabajen de manera conjunta para obtener los resultados que se esperan.

Como se estableció en la segunda parte de este manual, el ejercicio de la definición del problema tiene como insumo una sensación común de que algo no está bien, y según como esa sensación madure, llegará a contar con relevancia en la agenda pública, con fundamento en el pensamiento colectivo. Así, y en línea con la necesidad social y pública de resolver problemas milenarios, los diferentes actores interesados que forman parte del problema no se deben ver como actores pasivos en la implementación de la solución. En efecto, varios de esos actores se reconocen como sujetos activos respecto de la definición y solución del problema, de acuerdo con el concepto de la acción colectiva definido según Trujillo (2016, 140) como "la capacidad de un grupo de individuos para hacer frente a sus propios problemas como grupo, y tener voz en las decisiones que les afectan". Es así como los grupos de interés no solo se evidencian como un actor a quien se le rinde cuentas según los deberes de lo público, sino que se asimilan como parte de la solución, con un componente importante en la implementación, según una visión de gobernanza colaborativa (véase la introducción al concepto de *gobernanza* en el capítulo primero).

La literatura sobre gobernanza colaborativa, por ejemplo, en los trabajos de Ansell y Gash (2008) y de Douglas *et al.* (2020) identifica una serie de condiciones para la toma de decisiones conjunta entre diferentes organizaciones no solo públicas, sino también de la sociedad civil. Entre esas condiciones resaltan las siguientes.

La percepción de interdependencia: esta percepción de cada actor de necesitar a los demás genera disposición a colaborar sin necesidad de que existan jerarquías u obligaciones legales que obliguen a ello, e incluso más allá de lo que esas jerarquías y obligaciones puedan imponer cuando existen. Las organizaciones que están en el mismo nivel del Gobierno, o en diferentes niveles, deciden colaborar más cuando perciben que se acercan más a sus propias metas al hacerlo. Al contrario, incluso cuando existen esquema de colaboración como las asociaciones o los sistemas nacionales de entidades dedicadas a un tema (como el Sistema Nacional Ambiental, el Sistema Nacional de Atención Integral a Víctimas o el Sistema Nacional de Cambio Climático en Colombia), la colaboración entre sus miembros puede ser poca si cada organización percibe que colaborar con las demás aporta poco a sus propias metas.

La confianza: la literatura académica sobre colaboración —y otras literaturas conexas, como la de redes de política— consideran que la confianza facilita la colaboración al disminuir las barreras que los actores típicamente ponen para protegerse de posibles abusos de los otros, y esto hace más fácil tanto el inicio mismo de la colaboración como su progreso a lo largo del tiempo. Un actor que confía en el otro no exigirá tantos requisitos y garantías de su parte, y es más proclive a asumir riesgos dentro de la colaboración —desde firmar un acuerdo de paz para poner fin a un conflicto armado prolongado hasta constituir un fondo conjunto para adquirir vacunas y enfrentar una pandemia—.

Las ideas: la literatura sobre análisis de políticas reconoce un papel muy importante a las ideas sobre los problemas en el proceso de las políticas (por ejemplo, Peters y Nagel, 2020; Schön y Rein, 1994). Siendo la implementación una serie de nuevas rondas de decisión sobre problemas específicos que se vuelven necesarias tras "la decisión" que escogió una alternativa de acción frente al problema público, las ideas son relevantes también en esta fase.

El liderazgo: a diferencia de la visión tradicional del liderazgo, que consiste en el papel de un líder al conducir a "seguidores" hacia una meta a la que no llegarían por sí mismos (Bennis, 1959), la implementación en contextos de colaboración enfatiza el liderazgo facilitador, con una organización líder —con frecuencia parte del Gobierno— que crea reglas para que otros actores puedan participar y hacer oír sus voces en contextos de confianza. El líder ayuda a conseguir recursos para sostener la implementación colaborativa, crea y hace cumplir reglas, resuelve disputas (Ansell y Gash, 2012; Hart, 2014).

El diseño institucional: los investigadores sobre gobernanza colaborativa esperan que esta se beneficie de reglas sobre acceso a la participación, transparencia y toma de decisiones, entre otros temas, que fortalezcan la confianza y la legitimidad de los procesos. Estas reglas tienen, por supuesto, importancia en cada una de las decisiones que se tomen en la implementación. Aunque la gobernanza colaborativa se orienta a buscar consensos que no siempre son posibles, se espera que un diseño institucional transparente y que fomente la participación ayude a legitimar las decisiones que se toman.

Es así como cobra relevancia coordinar una acción colectiva en torno a la implementación de políticas públicas. En la gobernanza colaborativa estudiada desde la lente de la gestión de lo público, los arreglos son convocados por —y obligan a la participación de— actores del sector público que convocan otros actores de la sociedad en los procesos de decisión e implementación de políticas públicas (Ansell y Gash, 2008). Este modelo busca generar estructuras más horizontales para solucionar asuntos comunes generando acuerdos y actividades que permitan mayor fluidez al momento de poner en marcha una solución.

Así pues, y con el espíritu que se mantiene a lo largo de este manual, para aplicar un modelo de gobernanza colaborativa es necesario considerar cuatro aspectos respecto de la implementación de una solución de política, como lo identifica Trujillo (2018): 1) campo de acción de la implementación, 2) instituciones, 3) procesos y 4) estructuras. En el cuadro 54 se puntualizan los aspectos que hay que tener en cuenta para incluir el modelo en la implementación.

En cuanto a la estructura que se ha de tener en cuenta para implementar una solución, la implementación en red se compone como una alternativa para alcanzar los objetivos de las políticas públicas de una manera exitosa. Según Provan y Kenis (2007, 231), "la razón más obvia es que las redes se componen de organizaciones autónomas, y así, son esencialmente conglomerados cooperativos". En el caso de la implementación en red, lo que se busca es que la red se conforme de manera intencional enfocada en objetivos, o dicho de otra forma, con un propósito específico, sea por creación propia o por mandato. Al final lo que se busca es que la colaboración derive en acuerdos fuertemente estructurados, así como en acciones desarrolladas en conjunto para alcanzar los objetivos de la política ya establecidos. Así las cosas, se enmarca en el concepto de la *acción colectiva* por medio del liderazgo e impulso de actividades orientadas a resultados.

Este modelo de gobernanza colaborativa en red permite solucionar posibles conflictos y potenciar posibles acuerdos que se hayan identificado antes en el análisis de actores. Aquí es importante puntualizar que la gobernanza en red se fundamenta en la unión de varias organizaciones que luchan por un fin común, sean estas formales o informales, de tal manera que no se pretende generar una nueva organización de organizaciones o de individuos, sino generar una estructura organizativa de gobernanza colaborativa.

CUADRO 54. MODELO DE GOBERNANZA COLABORATIVA

Aspecto	Definición
Campo de acción de la implementación.	Así como la definición del problema implica el análisis de diferentes posibilidades, actores y discusiones, entre otros aspectos, la implementación no se debe reducir a un componente organizativo, sea este una entidad nacional o local. El análisis en la implementación debe desarrollarse desde "un nivel de análisis que es superior al de las organizaciones, pero inferior al de la sociedad como un todo" (Trujillo 2018, 16). Si se quiere, se puede comparar con el análisis industrial en el sector privado, como por ejemplo la industria automotriz. Así, es fundamental retornar a la definición del problema, en la cual se cuenta con pleno conocimiento del campo de acción, así como los actores que lo involucran, y mantener ese análisis por fuera de los límites organizativos, enfocados en el cumplimiento de los objetivos que se plantean en el análisis.
Instituciones que hay que tener en cuenta para la implementación.	Sin lugar a dudas, las "reglas de juego" para implementar se deben definir con claridad. Al establecer instituciones se hace referencia a las reglas y acuerdos formales e informales (North, 1990) que se presentan en el campo de análisis. Por tanto, es completamente necesario profundizar en el campo de acción en función de normatividad, así como en esos acuerdos que ya existen o que se puedan generar en la implementación, con lo que se sugiere hacer una revisión al análisis de actores en cuanto a potenciales acuerdos o conflictos que se puedan generar.
Procesos que se deben tener en cuenta para la implementación.	Una vez esclarecidas las instituciones, es necesario enfatizar en los mecanismos de cooperación y colaboración que se pueden desarrollar entre los interesados, de cara a los asuntos comunes.
Estructuras que se han de tener en cuenta para la implementación.	Finalmente, el analista debe preguntarse si es necesario reforzar o generar una estructura colaborativa en torno a la implementación de la solución. La gobernanza colaborativa privilegia la acción colectiva, por ejemplo, en redes, de tal manera que así como se percibe y define un problema común, se implementa y se genera impacto de una manera colectiva.

Fuente: elaboración propia.

Ahora bien, las organizaciones en sí mismas pueden existir, ya sea de manera formal o informal, por mandato o por costumbre. Por ende, al presentarse una gobernanza en red, es necesario clarificar la forma como va a operar, sobre todo de cara a las decisiones que se deben tomar para una gestión adecuada, así como la obtención de productos, resultados e impactos provechosos. Así, y según lo que proponen Provan y Kenis (2007), en el cuadro 55 se presentan tres formas de gobernanza en red respecto de los procesos de toma de decisiones y gerencia de las actividades.

CUADRO 55. FORMAS DE GOBERNANZA

Forma de gobernanza en red	Características
Redes lideradas por participantes.	La red es liderada por todos los participantes, y las decisiones las toman de manera conjunta las diferentes organizaciones que la componen. En el caso de las actividades, pueden ser lideradas por diversas organizaciones, según su experiencia y la determinación del grupo. Este tipo de redes puede ser bastante descentralizado, con lo que involucran a todos o a la mayoría de las organizaciones miembro. De esa manera la gerencia de la red se comparte entre los participantes.
Organización líder.	La red la lidera una de las organizaciones que la componen, sea esta por consenso o por mandato. De esa manera, las decisiones clave, así como las actividades de red, son administradas por la organización líder. Es importante tener en cuenta que la organización forma parte de la red desde su conformación.
Organización administrativa independiente.	La red es liderada por una organización externa a ella, ya sea una organización específicamente creada para esa función, o una organización externa diseñada para facilitar actividades y decisiones para alcanzar los objetivos propuestos.

Fuente: elaboración propia.

Con lo anterior surge la pregunta: ¿cuál es la mejor forma de gobernanza en red? Provan y Kenis (2007) identifican cuatro características que se pueden tener en cuenta en función de la red y el campo de estudio para identificar cuál es la más apropiada, sin decir que será totalmente exitosa:

1) *Confianza*: para este caso, se define como la voluntad de los miembros de ceder su poder de decisión apoyados en las expectativas frente a las intenciones y actuaciones de otros. En términos prácticos, es la posibilidad de otorgar el derecho de gerencia o administración a las otras organizaciones de la red, según los resultados esperados por los miembros de esta.

2) *Número de participantes dentro de la red*: Provan y Kenis (2007, 238) establecen con total precisión que un problema fundamental acerca de la gobernanza en red son las necesidades y actividades de las diversas organizaciones que deben ser acomodadas y coordinadas. Así las cosas, es imprescindible analizar el tamaño de la red en función de la cantidad de organizaciones parte.

3) *Consenso sobre los objetivos de la red*: teniendo en cuenta los objetivos definidos en el marco de la política pública, se esperaría que la red contara con consenso frente a ellos para la solución del problema. Sin embargo, puede suceder que los objetivos específicos y los resultados que espera cada

organización, así como su priorización en el cumplimiento, sean diferentes entre las organizaciones.

4) *Necesidad de competencias de la red*: por último, es necesario considerar aquellas características con las que debe contar la red para ser efectiva frente a los diferentes propósitos planteados. Con fundamento en estas cuatro características, el cuadro 56 evidencia la mejor forma de gobernanza colaborativa en red.

CUADRO 56. EFECTIVIDAD DE LAS FORMAS DE GOBERNANZA

Formas de gobernanza	Confianza	Número de participantes dentro de la red	Consenso sobre los objetivos de la red	Necesidad de competencias en la red
Redes lideradas por participantes.	Alta: prevalece la coordinación por la confianza entre sus miembros.	Pocos.	Alto.	Bajo.
Organización líder.	Baja: es necesario centralizar decisiones y actividades.	Muchos. Moderado.	Moderadamente bajo.	Moderado.
Organización administrativa independiente.	Moderada: a la organización independiente la monitorean los miembros.	Pocos. Moderado.	Moderadamente alto.	Alto.

Fuente: adaptado de Provan y Kenis (2007).

Hay que tener en cuenta que para el administrador público será tentador que la red sea gerenciada por una organización líder, específicamente de la Administración local o nacional, según sea el caso de la política planteada. Sin embargo, se insta al analista de políticas públicas a analizar la mejor forma de gobernanza colaborativa según las características que se han expuesto.

Para finalizar, y teniendo en cuenta la importancia del impacto a razón de la acción colectiva, es importante que al considerar este modelo de implementación apoyado en la gobernanza colaborativa en red el analista se asegure de contar con cinco condiciones para el impacto colectivo (véase cuadro 57).

CUADRO 57. CINCO CONDICIONES PARA CREAR IMPACTO COLECTIVO EN LA IMPLEMENTACIÓN DE POLÍTICAS PÚBLICAS

Agenda común	Es importante que los diferentes grupos de interés, en especial las organizaciones que componen la red, compartan la visión construida en la definición del problema. Esto representa los valores fundamentales para establecer un asunto común para solucionar.
Herramientas de medición	Recolectar datos y medir resultados de manera consistente de parte de la red en conjunto asegura que los esfuerzos se mantengan alineados y se generen los mecanismos de coordinación y rendición de cuentas entre cada uno de los participantes.
Actividades que se refuerzan mutuamente	Las actividades de los diferentes participantes deben ser diferenciadas, mientras están coordinadas con un plan de acción con el que se complementa y se refuerzan mutuamente.
Comunicación constante	Se necesita una comunicación abierta y consistente de los diferentes participantes, apoyada en la construcción de confianza, aseguramiento de objetivos y resultados comunes y generación de motivación conjunta.
Forma de gobernanza	Definir la forma de gobernanza según las características de la red. Hay que tener en cuenta que la forma de gobernanza se puede modificar, siempre de una manera juiciosa según su evolución.

Fuente: adaptado de Kania y Kramer (2013).

II. LA IMPORTANCIA DE PLANEAR LA IMPLEMENTACIÓN AL DISEÑAR UNA POLÍTICA PÚBLICA

La aplicación de los modelos vistos no va a garantizar una implementación exitosa de una política. Diferentes factores deben tenerse en cuenta para reducir el riesgo de una puesta en marcha fallida. Como primer paso, para mitigar el riesgo de no lograr los objetivos es importante planear la implementación desde el momento mismo del diseño de la política pública, tarea que en ocasiones se pasa por alto, pues se presupone que esta fase es simplemente un proceso técnico y fácil de realizar una vez tomada una decisión.

En la práctica, los procesos de implementación son procesos contingentes para los que no existe una sola fórmula del éxito, sino que dependen de las condiciones siempre variantes en diferentes niveles de decisión, para políticas que operan según lógicas diferentes y en contextos espaciales y temporales distintos. Debe entonces tenerse en cuenta que elementos como la estructura social, el accionar estatal, otras políticas, la cultura y el momento económico, entre otros, se deben considerar al momento de la implementación. Los anteriores elementos, sumados a los intereses involucrados en la formulación de la política y a las externalidades que ya existen, van a ser fundamentales para la efectividad de la acción, dependiendo de la flexibilidad de la política frente a las alteraciones de contexto. Lo anterior evidencia que la implementación de cada política es única en cada caso; de esa manera, aprender haciendo puede ser una buena posibilidad para una formulación exitosa.

Sin embargo, así como algunas decisiones dentro de la implementación se prestan para ser analizadas suponiendo que se cuenta con la autoridad para hacerlas cumplir, pero cuidando una serie de factores relacionados con la solidez de la decisión, la claridad de lo dispuesto y las capacidades y actitudes de los implementadores y otros actores (las condiciones analizadas al repasar la implementación *top-down*), otras parecen ser relevantes siempre al analizar la implementación en contextos de gobernanza colaborativa (las que se describieron al final de la sección sobre el modelo *bottom-up*). Y en algunos casos, las decisiones de la población objetivo de las políticas (los ciudadanos, empresas y organizaciones para las que se diseña) son determinantes para su éxito. En esos casos, el análisis de las narrativas y de las conductas institucionalizadas y las que se desea institucionalizar son esenciales para la implementación, que requiere persuadir a esa población objetivo.

Dada la gran cantidad de situaciones imprevisibles que se pueden encontrar, es esencial desarrollar habilidades de previsión para disminuir así el riesgo de un resultado fallido o una implementación de características distintas de la que se esperaba al formular la política. En esto influye mucho la habilidad del analista al crear una política flexible, adaptable a cambios del entorno sin ser una acción débil. Para ilustrar este punto, basta considerar un ejemplo: la política denominada "pico y placa" en Bogotá, cuyo objetivo prioritario es mitigar el embotellamiento en las calles y así mejorar la movilidad.

En un inicio la política de "pico y placa" fue diseñada e implementada con vehículos particulares privados a horas "pico" en Bogotá y después se extendió a catorce horas de restricción vehicular por causa de la gran cantidad de obras de construcción que se llevan a cabo en la ciudad, además de los críticos embotellamientos. Tras un cuarto de siglo de implementada esta política, las lecciones que se derivan de ella son un llamado fehaciente a la previsibilidad como valor fundamental para lograr los objetivos que se buscan de manera eficaz y, sobre todo, eficiente.

En un principio dicha política se diseñó e implementó como una medida transitoria que se esperaba conduciría a desestimular el uso del automóvil. Pero el resultado fue inverso, en el sentido de que condujo al incremento acelerado del número de vehículos que circulaban por la ciudad, pues las familias optaron por adquirir un segundo y hasta un tercer automóvil para mantener sus hábitos de movilidad por la ciudad. Hoy en día desmontar dicha medida sería impensable, políticamente suicida.

A lo anterior se suman otros efectos no deseados, pero previsibles, tales como la aparición de mercados negros del transporte público y otros que no es menester tratar aquí. Así, la identificación de hipótesis, condiciones y perspectivas frente a las situaciones que se deberían dar para la efectiva consecución de la política y de los riesgos a los que se puede enfrentar la decisión son acciones que contribuyen a mitigar la posibilidad de obtener resultados fallidos al implementar la política pública. Esto lo pueden llevar a cabo los diseñadores de la acción, en cuanto son los que tienen en cuenta los factores y planteamientos que dieron paso a dicho diseño y desde el mismo momento de la identificación de posibles soluciones al problema. Por eso, desde el diseño mismo de la política se deben calcular las estrategias y las formas de realizar los ajustes necesarios para implementar el planteamiento de manera exitosa.

Para lo anterior es pertinente visualizar el futuro y con ello realizar modelos de simulación para definir posibles escenarios. Así como se explicó en el capítulo sexto sobre identificación y evaluación de alternativas de solución de políticas públicas, un método para elegir las alternativas más convenientes es la predicción, para anticiparse así a los resultados posibles de la forma más ilustrada. Esta es una manera de predecir cómo se va a ejecutar la política desde el momento en el que se escoge la alternativa, teniendo en cuenta los involucrados, los posibles cambios, los consensos necesarios, etc. Como bien lo expresa Dunn (2004, 128), "la capacidad para predecir los resultados esperados de la política es fundamental para el éxito de su análisis, así como una mejor formulación de la misma. A través de la predicción, se puede obtener una visión prospectiva, o de previsión, ampliando así las capacidades de comprensión, control y orientación de la sociedad". Con la simulación del futuro, teniendo en cuenta las variables que pueden afectar a la política, se podrá hacer un plan de implementación más acertado.

Aún mejor, si este ejercicio se lleva a cabo de manera participativa, se cierra la brecha entre lo político y lo técnico; de esa manera, se asegura el éxito antes de la implementación. De acuerdo con Roth (2004, 124), Aaron Wildavsky acierta al proponer el proceso de implementación como "un proceso en constante redefinición de los objetivos y de reinterpretación de los resultados, es decir, como una evolución". En esta concepción se evidencia que la separación entre la formulación de la política y su puesta en marcha debe reducirse cada vez más. Así, tanto lo político como lo administrativo van a estar sujetos a una constante reformulación de la política, teniendo en cuenta el universo de factores que la pueden afectar. Con esto en perspectiva, el aprendizaje durante la implementación va a estar acompañado de conocimientos previos adquiridos y así no se caerá en los mismos errores y dificultades ante los cambios del entorno.

Ahora bien, cuando el diseñador de la política realiza un plan, en este se van a reflejar las acciones necesarias para implementar la política de la mejor manera. De esa forma, un estudio riguroso en el diseño de la política concluirá en su adopción de la mejor manera posible. Aunque es inevitable que se presenten circunstancias no anticipadas, el plan de implementación puede prever muchas otras.

Una acción importante en cada nivel de decisión durante la implementación es el análisis de actores -que también es aconsejable realizar durante la etapa de formulación de la política. Cada decisión sobre los lineamientos de la política, los programas, proyectos o normas que se requieran, la realización de pilotos, los responsables, etc., puede beneficiarse de un análisis de actores que ayude a anticipar quiénes pueden apoyar u oponerse a las diferentes alternativas.

De esta manera, dichos procesos pueden ser menos complejos al estar ya identificados los elementos por tratar. En la práctica, de la aceptación y colaboración de los actores clave de otros niveles del Gobierno, de otros poderes del Estado, de otras organizaciones estatales o no estatales o de los mismos ciudadanos va a depender el éxito. Para este propósito, un análisis de actores y roles y funciones es fundamental, como se discutió en el capítulo sobre la definición del problema. Con este análisis se pueden identificar las funciones e intereses de diferentes actores.

En resumen, planear la implementación desde el momento del diseño de la política contribuirá a menguar los riesgos de resultados fallidos y, finalmente, una política inefectiva, en la medida en que se realizará un plan, sustentado en planteamientos y situaciones analizados durante todo el diseño de la política, desde sus lineamientos iniciales hasta cada una de las decisiones específicas, teniendo en cuenta las ventajas, desventajas y desafíos que la acción suscita. Lo anterior no quiere decir que con un plan realizado antes no se presentarán cambios al momento de implementar; lo importante es aprender haciendo, con la capacidad de adaptarse a los cambios que sobrevengan para que no deterioren el resultado de la política después de su puesta en marcha.

III. DE LA TEORÍA A LA PRÁCTICA

Habiendo revisado la literatura académica sobre los enfoques para la implementación, y una vez señalada la importancia de planearla al diseñar una política pública, en esta sección ofrecemos algunas observaciones que hay que tener en cuenta para aplicar lo anterior a la práctica. Para esto reflexionamos primero sobre las características típicas de una implementación "exitosa"; en segundo lugar, discutimos sobre la frecuente confusión entre políticas públicas y planes de desarrollo, en países donde existe dicha figura, y finalmente hacemos referencia a las complejidades de la implementación de políticas públicas en economías emergentes como las de los países latinoamericanos, particularmente en lo relativo al papel de los "burócratas del nivel de calle".

A. LA IMPLEMENTACIÓN "EXITOSA"

Como ya dijimos, no existe una forma infalible de implementar una política. Así, se han realizado diversos estudios orientados a identificar las condiciones óptimas para llevar a cabo una implementación exitosa. De esta manera, Sabatier y Mazmanian (1980) indican diversas condiciones que los legisladores, los diseñadores y los ejecutores de políticas públicas tendrían que tomar en cuenta si buscaran alcanzar los objetivos de una política pública. Roth (2004, 114) las resume con bastante claridad, y las mencionaremos a continuación junto con lo que se debe evitar para la implementación fallida de una buena decisión.

Para ilustrar este punto se supondrá el caso de la implementación de una política pública en educación que pretende ampliar la oferta de actividades extracurriculares en los colegios públicos de un municipio, con el fin de generar capacidades técnicas en los futuros graduandos y de esa manera insertarse más fácilmente en el mercado laboral. Además se promoverán convenios con empresas privadas para que adquieran y apliquen conocimientos que les serán útiles para el futuro. Revisemos ahora los postulados necesarios que Sabatier y Mazmanian (1980) proponen para la implementación exitosa de una política.

En primer lugar, según dichos autores, la política se debe fundamentar en una teoría sólida en la que se prevea que hay cambios sociales que podrían alterar el resultado de la puesta en marcha de la política. De esa manera, es esencial entender las relaciones causales que subyacen a la existencia de un problema y a sus posibles formas de solución. Así, se deben identificar de forma plausible las variables más relevantes y las formas como estas se encuentran relacionadas entre sí y que dan cuenta de las características del problema, los afectados, las consecuencias y sus posibles soluciones. A esto se refieren algunos autores como "teoría de cambio" (véase más adelante) o "teoría causal subyacente".

Por su parte, es esencial incluir diversos actores sociales y políticos en el proceso, no solo a la autoridad ejecutora, como se hace en el enfoque tradicional. Al respecto, es imperativo que se presente una coordinación entre diferentes instituciones en el proceso de implementación. Es normal que haya participación de más de una instancia de poder o de implementación. De ese modo, de la manera en que estas se puedan interrelacionar dependerá el éxito de la política; como en el mecanismo de un reloj, cuando una de las piezas del engranaje falla también lo hace el aparato en su conjunto.

Se va a suponer, entonces, que las entidades involucradas en el proceso del ejemplo son únicamente la Secretaría de Educación o su equivalente y los colegios municipales donde se implementarán las jornadas extracurriculares. Si los colegios municipales adoptaran una actitud negativa frente a la propuesta, porque implicara mayor desgaste de sus directores o plantas docentes, o por cualquier razón, por más que la política estuviera bien diseñada estaría condenada al fracaso.

Tarde que temprano los resultados serían una baja calidad de los conocimientos impartidos a los estudiantes, que a su vez se representaría en una baja productividad en trabajos y, por tanto, en el rechazo de la empresa privada en la contratación de los jóvenes recién graduados. En resumen, la política pública resultaría ineficiente, es decir, se cancelaría su ejecución. Este ejemplo evidencia que es necesario que se presente una sinergia entre las entidades que implementan la política, lo que va a generar que se tenga la visión de diferentes actores esenciales, además de evitar problemas en las esferas de poder.

Ahora bien, la política debe estar bien concebida, de tal manera que la decisión que se toma contenga lineamientos de actuación y objetivos claramente establecidos, en los que el tomador de decisión sea capaz de anticiparse a las circunstancias cambiantes al momento de poner en marcha la política, desde el momento de su formulación, y reducir de esa manera el riesgo de que los involucrados se comporten de manera imprevista y perjudicial para el cumplimiento satisfactorio de los resultados que se esperan.

Este es un punto crucial, pues es aquí donde toma fuerza el hecho de que la implementación debe planearse desde el momento del diseño de la política. Así, es esencial tener cuidado en la determinación de las causas que crean un problema. Aquí, el implementador se puede encontrar ante el caso en el que los hechos que generan el problema se determinaron de manera poco acertada o indebida. De esta manera, las soluciones que se plantean para resolver el problema no necesariamente responderán a su solución.

Otro aspecto para tener en cuenta es la consistencia entre las causas y las alternativas implementadas. La esencia de cualquier política pública consiste en la posibilidad de que las alternativas implementadas puedan resolver el problema que genere un valor agregado para la población objetivo de la política. Así las cosas, es clave que las alternativas respondan de manera directa a las causas del problema. De lo contrario, aun cuando las alternativas se puedan considerar benéficas para la población, la política no alcanzaría su objetivo final.

En el caso esbozado, esta situación se ve representada si las alternativas solo fueran a institucionalizar actividades extracurriculares en los colegios de la zona de intervención. Así, entonces, se contaría con una serie de alternativas que por diversas razones resultarían benéficas para la población (alejar a los niños y jóvenes de las calles, donde están expuestos a diferentes peligros e incentivar la capacidad creativa y curiosa de los jóvenes, entre otras), pero que puede que no respondan al objetivo principal de la política, que es preparar técnicamente a jóvenes para que puedan ingresar a un mercado laboral en condiciones dignas.

Otro punto fundamental es identificar correctamente los objetivos de la política, con apoyo en la comprensión de las características del problema. Este aspecto se puede considerar como el complemento del punto anterior. La buena identificación de una situación problemática no va a garantizar una política exitosa; tener claro adónde se quiere llegar con la decisión es fundamental para evitar una implementación fallida. Dicho de otro modo: se pueden diseñar alternativas para tratar el problema, de las cuales no se tendría una medición final satisfactoria en tanto la política no fuera clara en lo que estuviera buscando.

En este caso de educación se puede suponer que está claro que el problema que afecta a la población juvenil es la falta de capacidades y conocimientos sobre algunas áreas técnicas. Sin embargo, al momento de la formulación de la política para la solución del problema se determina que lo que se requiere son actividades extracurriculares. De esta manera, es posible favorecer el aprendizaje de los estudiantes, pero no se logra garantizar que este se utilice provechosamente para sus vidas.

Para finalizar este postulado, es importante considerar las consecuencias de la implementación en el largo plazo: el proceso de la implementación de una política pública debe entenderse en conjunto. Es decir, las implicaciones que generará en una sociedad o grupo social no se limitan a las que durante el proceso se conciban; por el contrario, con el cambio que se cause se pretende cambiar también toda la sociedad. Así, el implementador y diseñador de la política debe analizar los efectos inmediatos y posteriores que se crean en la sociedad con el fin de minimizar el riesgo de que se tornen negativos.

Como segundo postulado para llegar a una implementación exitosa es vital que los responsables de ejecutar la política dispongan de capacidades políticas, técnicas, financieras y de gestión y se sientan comprometidos con los objetivos de esta. Para ello es fundamental que el analista conozca el ambiente político y los intereses de los que tienen algún interés en la política, de tal suerte que proponga la asignación del trabajo a un funcionario apto para su puesta en marcha. También es esencial prever la disponibilidad de recursos necesarios para la implementación de la política.

En este momento es esencial hacer referencia a las capacidades administrativas, aspecto con el cual es válido realizar una analogía con la empresa privada. Por más acertada que sea la posición de una empresa, si no tiene un manejo administrativo está destinada a sucumbir. Lo mismo sucede con la implementación de las políticas públicas. Si las intenciones de acción que motivan la política no están soportadas en estudios consistentes que demuestren las condiciones y el futuro de esta, en bases de datos que determinen las poblaciones objeto de la política, entre otros aspectos, esta no tendría una sostenibilidad necesaria para su implementación con éxito.

Se puede afirmar que la dirección de la política tiene que estar regida por una visión gerencial de la situación.

En el caso del ejemplo, se podría presentar la situación en la que se implementaran las jornadas estudiantiles sin tener claro cuántos jóvenes podrían y estarían interesados en acudir a ellas. Así mismo, ante un manejo irresponsable de la implementación es posible volver al punto donde se utilicen ciertas clases y cursos que no responden a los objetivos que persigue la política.

El manejo de dinero es esencial en esta etapa del ciclo de la política. Contradictoriamente, al hablar de implementación de políticas públicas por lo general no se presta la debida atención al tema de recursos, aunque sea preponderante. Por un lado, la financiación de una política puede ser muy buena; los procesos de implementación no siempre son austeros, y por el contrario, tienden al despilfarro. En consecuencia, el proceso de implementación y sus encargados deben tener buenos conocimientos de planeación presupuestal, con el ánimo de tomar posiciones más eficientes que permitan hacer más con menores costos. Este punto cobra vital importancia sobre todo en países en vías de desarrollo, donde los recursos para inversión son limitados y los procedimientos para este propósito deben cumplir largos requisitos legales.

Por otro lado, en ocasiones hay ausencia de recursos, lo que puede imposibilitar la realización de las estrategias previstas en la política. En el ejemplo que se propone, se podría suponer que ante la implementación de las jornadas extracurriculares no se contara con dinero suficiente para la contratación de personal en jornadas adicionales a sus contratos, o para los estudios necesarios destinados a determinar qué tipo de actividades resultarían propicias para cubrir la falta de capacidades técnicas de los estudiantes. Ante este panorama la política fracasaría, puesto que aunque se cuenta con excelentes propuestas no es posible materializarlas.

Una tercera consideración para la implementación exitosa de una política es el apoyo político. Como argumenta Roth (2004, 118), es necesario "contar con el apoyo de grupos organizados y de actores políticos de peso durante todo el transcurso de la implementación para la realización de los objetivos de la política". De esa forma, es fundamental buscar consensos entre las fuerzas presentes en el ambiente social y el político, así como reafirmar compromisos entablados entre dichas fuerzas; esto se relaciona directamente con una teoría sólida en la que se consideran los actores de poder en el sistema.

Para finalizar, la implementación exitosa depende de la existencia de un entorno favorable. La formulación de una política pública se realiza en unas situaciones socioeconómicas específicas que, si se mantienen, contribuyen al éxito de la política. Pese a esto, el entorno es cambiante y puede poner en riesgo el modelo técnico de la política. Es necesario que su formulación y ejecución vayan de la mano, de tal manera que se puedan hacer cambios necesarios. Así, es inevitable que durante todo el proceso de la política se establezcan claramente parámetros que permitan el seguimiento, en tiempo real, de los avances alcanzados y de las fallas que se presenten en el proceso, para su corrección. De esta manera, junto con la propuesta debe diseñarse, de manera clara, un mecanismo de seguimiento de la política en su fase de implementación, con lo cual será más sano y eficiente el ejercicio.

En caso de que la política del ejemplo estuviera en marcha, un buen plan de monitoreo podría ser realizar evaluaciones anuales tanto a profesores como a estudiantes de las prácticas impartidas y aprendidas, para la fase de jornadas en la institución educativa. En lo referente a la incursión en el mercado laboral, podría llevarse el registro anual de los graduados que hayan ingresado a empresas y que estas proporcionen evaluaciones o informes de la evolución y rendimiento de sus empleados. De esta manera, se puede hacer una medición efectiva del efecto que la política generó en el grupo poblacional.

Ahora, es fundamental que la población objeto perciba el problema como tal, lo que propicia un ambiente favorable para la puesta en marcha de la decisión; sin duda, la existencia de una política pública está determinada por la necesidad que tenga un grupo poblacional. Así, el punto de partida de todo esfuerzo público para solucionar un problema consiste en la percepción del problema de parte de la población. De esta manera, la falta de puentes peatonales en una localidad no podrá verse como un problema si la población no siente que se necesiten para su cotidianeidad. Ante esta situación, es labor de los diseñadores de políticas públicas concienciar a las localidades y grupos sociales sobre cuáles son los problemas que los aquejan y por qué deberían solucionarlos.

Para la política pública que se ha utilizado, el claro ejemplo de este punto se experimenta cuando los jóvenes y sus familiares consideran que el hecho de salir del colegio para subemplearse, o dedicarse a cualquier actividad no cualificada, es la condición que desean para su vida futura. O, por otro lado, no se enfocarán en un futuro próximo, sino en el inmediato plazo. Ante esto, se podría implementar la política, aunque la asistencia sería mínima o nula, pues el primer grupo no tendría incentivos para asistir y el segundo estaría más preocupado por la superación de sus condiciones de vida actuales y ocupado en ello que por dedicarle tiempo a una actividad que no está generando un ingreso actual.

El cumplimiento de todo lo anterior no garantiza de forma cabal la implementación exitosa de una política pública, pero sí contribuye, en gran manera, a evitar una puesta en marcha con resultados fallidos. Así las cosas, el cuadro 58 recoge una lista de chequeo que puede ser de utilidad para el momento de hacer un plan de implementación al diseñar la política y mientras se lleva a cabo la decisión.

CUADRO 58. LISTA DE CHEQUEO DE LA IMPLEMENTACIÓN EXITOSA

Criterio	Sí	No
1. Buen diseño.		
1.1 Están correctamente determinadas las causas del problema.		
1.2 Hay consistencia entre las causas del problema y las alternativas implementadas.		
1.3. Los objetivos de la política están de acuerdo con la formulación del problema.		
1.4. Se consideraron las consecuencias de la implementación en el largo plazo.		
2. Buen apoyo administrativo.		
2.1. Se cuenta con responsables con capacidades administrativas para la implementación de la decisión.		
2.2. Hay coordinación entre diferentes instituciones en el proceso de implementación.		
2.3. Se cuenta con responsables aptos para el buen manejo del dinero.		
3. Buen entorno.		
3.1. Se cuenta con el apoyo de grupos organizados y de actores políticos de peso para la implementación de la decisión.		
3.2. Existe un plan de monitoreo para determinar los cambios en el entorno y hacer los cambios necesarios.		
3.3. La población objetivo es consciente de la existencia del problema.		

Fuente: adaptado de las cinco condiciones de efectividad en la implementación, de Sabatier y Mazmanian (1980).

Además de las consideraciones prácticas que se han descrito, es necesario tener en cuenta cómo se manifiesta el proceso de implementación de las políticas públicas, particularmente en el contexto de países en desarrollo como Colombia, o donde existen los denominados planes nacionales de desarrollo y políticas públicas locales. A continuación abordaremos estas relaciones a veces poco claras en algunos contextos y para algunos autores y actores.

B. LOS PLANES DE DESARROLLO Y LAS POLÍTICAS PÚBLICAS LOCALES

La relación entre políticas públicas y lo que se conoce en varios países como "planes de desarrollo" no está del todo clara en países como Colombia. La confusión es aún mayor al respecto de los denominados planes *nacionales* de desarrollo, de iniciativa de los Gobiernos centrales de cada país.

En este sentido, por lo general, los planes nacionales de desarrollo, como en el caso colombiano, contienen las "orientaciones generales de política", tal como lo señala el artículo 339 constitucional. Eso implica que los Gobiernos nacionales deben definir qué temas de los que forman parte del programa de Gobierno que se ha transformado en plan de desarrollo deben elaborarse en el formato de política pública (Ley 152 de 1994). Desde esta perspectiva, según la Constitución, las políticas públicas deben ser el resultado de trascendencia más allá del periodo de gobierno y tener procesos de institucionalización progresiva de Gobierno a Gobierno.

Más aun, en ocasiones se considera que la categoría política pública es una expresión del Gobierno nacional o central, y que los organismos territoriales (departamentos, provincias, municipios, distritos, territorios indígenas, cantones, etc.) solo son implementadores de las directrices nacionales, negando la posibilidad de políticas públicas locales. En realidad, en la práctica existen dos categorías de políticas públicas locales: las que desarrollan directrices de políticas nacionales, de la cual la política de infancia y adolescencia o la de juventud es un buen ejemplo en el caso colombiano, y las que desarrollan los órganos territoriales en el ámbito de sus competencias[33]. Esas políticas generalmente se plantean en los planes regionales, municipales o departamentales de desarrollo, cuando es una práctica cimentada,

---

33 Por ejemplo, la Ley 151 de 2012 establece que los municipios tienen la competencia y la obligación de "[p]rocurar la solución de las necesidades básicas insatisfechas de los habitantes del municipio, en lo que sea de su competencia, con especial énfasis en los niños, las niñas, los adolescentes, las mujeres cabeza de familia, las personas de la tercera edad, las personas en condición de discapacidad y los demás sujetos de especial protección constitucional". En la práctica, implica que las alcaldías deben elaborar políticas públicas para estas poblaciones vulnerables en desarrollo del principio de autonomía territorial y atendiendo a la magnitud de los problemas.

y su densidad y duración dependen de la magnitud de los problemas, pero sobre todo de las eventuales capacidades de respuesta.

Así, propiamente en los planes de desarrollo, sean del orden nacional o central, o del orden local, no están desarrolladas las políticas públicas, ya que el proceso de elaboración de estas corresponde a los ministerios y secretarías en el ámbito de sus competencias sectoriales o territoriales, de suerte que en el plan de desarrollo puede quedar incluida la meta de elaboración, actualización o evaluación de la política, según el grado de desarrollo de ella[34].

Otra posible relación entre planes de desarrollo y políticas públicas es la que nos señala que los programas y los proyectos en cada periodo de Gobierno, en el contexto de los planes de acción de las entidades, son desarrollo de los lineamientos de las políticas públicas que existen antes del plan, y en ese sentido, los proyectos de inversión serían en estricto sentido proyectos de inversión. Por ejemplo, si en la política pública municipal de habitantes de calle se establece que es necesario construir y dotar varios centros de atención integral durante un periodo de diez años, en cada Gobierno y en cada plan de desarrollo debe avanzarse en esa meta hasta llegar a la meta definida en la política pública.

En los planes de desarrollo pueden incluirse también actividades para la implementación de las políticas vigentes, tales como actualización de los diagnósticos, de la línea base, consideración de nuevos instrumentos de política, nuevas perspectivas de implementación y ejercicios de evaluación. Si bien no son políticas públicas en estricto sentido, sí son un marco que las facilita.

C. LAS COMPLEJIDADES DE LA IMPLEMENTACIÓN EN LOS PAÍSES EN VÍAS DE DESARROLLO

Cuando se habla de implementación de políticas públicas casi siempre se piensa que las estructuras institucionales están lo suficientemente adecuadas para la materialización de los instrumentos, pero como bien lo señalaron en

34 Se ha venido imponiendo una costumbre especialmente en el ámbito departamental y el municipal de llevar el documento de política pública a un instrumento normativo (acuerdo municipal u ordenanza departamental), con el propósito de asegurar la continuidad de la política adoptada en otros gobiernos. Esto no siempre funciona, porque la continuidad de una política pública no depende tanto del instrumento normativo que la soporte como de los consensos políticos, sociales y arreglos institucionales que la sustenten.

su momento Pressman y Wildasky (1998), la materialización de una política pública es uno de los temas más complejos en el *policy cycle*.

Son muchas las actividades que es necesario desarrollar que no siempre están alineadas con los propósitos de la política pública, y que obedecen más a una lógica e inercia administrativas con sus propios ritmos y reglas de juego que a las del sistema de la política pública. Contratar, generar nuevos espacios de coordinación administrativa, gestionar nuevos recursos y estructurar y ejecutar planes de acción son actividades que precisan de equipos, de posibilidades de articulación y de coordinación y de recursos tecnológicos e infraestructuras que es necesario incorporar al proceso de la política pública.

Toda política pública tiene su espacio de implementación y de relacionamiento con las poblaciones objetivo y beneficiarias. Es lo que Michael Lipsky (1980) ha denominado el *street level bureaucracy*, es decir, servidores públicos o contratistas del Estado que tienen contacto con la ciudadanía, tales como los profesores, los policías, los funcionarios judiciales, los trabajadores y gestores sociales, el personal de la salud y todas estas personas que están en la calle —o en oficinas de atención al ciudadano del nivel de la calle— en permanente contacto con los ciudadanos y que tienen el poder de resignificar los alcances de la política pública. Así como en los trabajos de Pressman y Wildasky (1998) se ponía el acento en las estructuras administrativas y los procedimientos, en este nuevo enfoque el énfasis está en las acciones y en la racionalidad de quienes son los encargados de materializar los contenidos de la política pública. Los burócratas del nivel de la calle a menudo son la cara visible del Estado y de las políticas públicas, y no han participado en la etapa del diseño de la política pública, pero su accionar tiene una importancia fundamental que se debe tener en cuenta como presupuesto de éxito. Es la ausencia de estas personas en los procesos de diseño de política pública, entre otros aspectos, una de las principales características del quehacer de los Gobiernos en países en vías de desarrollo, tal como ya lo señalamos.

IV. RECOMENDACIONES PARA ELABORAR UN PLAN DE IMPLEMENTACIÓN

Para diseñar un plan de implementación es útil apelar a esquemas sencillos que permitan evidenciar las actividades más importantes que se van a realizar. Si bien un plan de implementación se puede diseñar de diferentes maneras, lo importante es que sirva de guía para la puesta en marcha de la política diseñada.

Así, para llevar a cabo un plan de implementación que tenga una visión estratégica, según los objetivos establecidos en el marco de la política, es recomendable establecer algunos elementos diferenciadores que luego llevarán a la consideración de variables decisivas para generar los cambios en la dirección intencionada. Así las cosas, Hambrick y Fredrickson (2005) proponen cinco elementos para elaborar una estrategia, que para los efectos aportará a identificar el destino final que se quiere alcanzar con la implementación diseñada.

Como primera medida, se propone identificar las *arenas* en las que se va a implementar la política pública. En ese sentido, la pregunta por excelencia es: ¿dónde estaremos activos en la implementación? Esto es fundamental, en la medida en que no solo el lugar geográfico importa, sino también el *momentum* político y técnico, así como la percepción que del problema tienen los involucrados, entre otros aspectos. Ello determinará qué actividades son más apropiadas para cumplir los objetivos de la política. De igual modo, como parte de la programación es necesario identificar los supuestos o aspectos dependientes a los que nos deberemos enfrentar al momento de implementar. Esto cobra relevancia al retomar el postulado de que los problemas públicos son interdependientes e intersectoriales, lo que definitivamente llevará a que otras arenas sean de influencia en la implementación. De esta manera, se proponen preguntas como: ¿en qué área geográfica se va a implementar la medida? ¿Qué enfoque o aproximación sustantiva de tipo social, económico, cultural o ambiental, entre otros, se tomará? ¿Qué supuestos políticos, técnicos, científicos y sociales, entre otros, se deben considerar? ¿En dónde se podría presentar un cambio y agregar valor público?

En segundo lugar, identificadas las arenas para una apropiada implementación, es importante establecer los *vehículos* para llegar a los objetivos establecidos. En especial los medios necesarios para la generación de valor público. Por supuesto, los medios que se identifiquen como importantes son los que se podrán utilizar en los casos identificados a partir de las preguntas relacionadas con las arenas. Así, lo ideal es analizar de nuevo los medios que se establecieron en el árbol de objetivos, de tal forma que el análisis de políticas públicas tenga coherencia con su proceso de formulación. En esta fase la pregunta central es: ¿cómo llegar a los objetivos que se plantearon? Así, con el análisis de los medios identificados, algunas preguntas pertinentes pueden ser: ¿cuál es la preparación adecuada para la implementación de la política? ¿Quién está llamado a hacer qué en función de sus competencias legales, funcionales o institucionales? (Celis, 2023). ¿Qué tipo de acuerdos se deben realizar con diferentes grupos de interés? ¿Qué tipo de actividades podrían ser las más adecuadas para la generación de valor público agregado?

En tercer lugar, se recomienda identificar los factores *diferenciadores* que no solo promuevan lo asertivo de la formulación del análisis, sino que generen valor público agregado al final de la implementación. En este punto, la pregunta pertinente es: ¿cómo generaremos el valor público? Así las cosas, es necesario enfatizar en que no solo por llevar a cabo un análisis juicioso de políticas públicas quiere decir que la implementación será igualmente exitosa. Entonces, se propone realizar preguntas como las siguientes: ¿qué es lo que no ha funcionado en el pasado en la implementación y que se debería cambiar? ¿Cómo lograr que los involucrados perciban de la manera como se está presentando el problema en el análisis? ¿En qué se debe innovar según el caso en que nos encontramos? ¿Cómo hacer que se perciba como confiable la implementación de la política?

Finalmente, una vez identificados los elementos anteriores, lo siguiente es la *proyección en tiempos*. Esto será importante para la definición posterior de los tiempos en los que se va a proponer la ejecución. En este momento la idea es establecer cuáles son las fases para la implementación, iniciales, intermedios y finales para una implementación exitosa. Si bien algunos insumos, gestiones y productos se pueden llevar a cabo de manera concomitante, es necesario identificar qué aspectos deben tener una secuencia lógica, sin los que no se podría proseguir a una etapa subsecuente. En este último punto, la pregunta para realizar es: ¿cuál será la velocidad y la secuencia que hay que seguir para implementar la política? En este acápite se recomiendan dos preguntas generales: ¿cuáles son las etapas de implementación según la secuencia lógica? ¿Cuál es la velocidad de implementación?

En el centro de los pasos descritos debe estar la preocupación por la forma de generación del valor público, lo que se definirá como la lógica de valor público, que se enfoca en los beneficios de la implementación de la política que se apoya en el cambio. Aquí cabe señalar que no basta con la realización del análisis del problema público y las políticas en cuestión, sino que se debe propender a la generación de valor público por la vía de la implementación de las alternativas de solución recomendadas. Nos preguntaremos en este punto: ¿cómo generaremos valor público? Esta inquietud se puede desagregar en preguntas específicas como las siguientes: ¿cómo maximizar el beneficio de la población a partir de la implementación? ¿Cómo ser eficientes en la implementación de la política? ¿Qué componentes son claves para que la implementación de la política sea efectiva? ¿Cómo generar mayor popularidad durante la implementación de la política?

Las anteriores recomendaciones nos permitirán clarificar el modo en que mediante la implementación de políticas públicas se puede producir mayor valor público que beneficie a la población objetivo en el proceso de abordaje de los problemas, procurando alcanzar los resultados y efectos esperados. Lo descrito hasta aquí se resume en la figura 38.

FIGURA 38. ELEMENTOS Y PREGUNTAS RELEVANTES EN EL PROCESO DE GENERACIÓN DE VALOR PÚBLICO DURANTE LA IMPLEMENTACIÓN DE POLÍTICAS PÚBLICAS

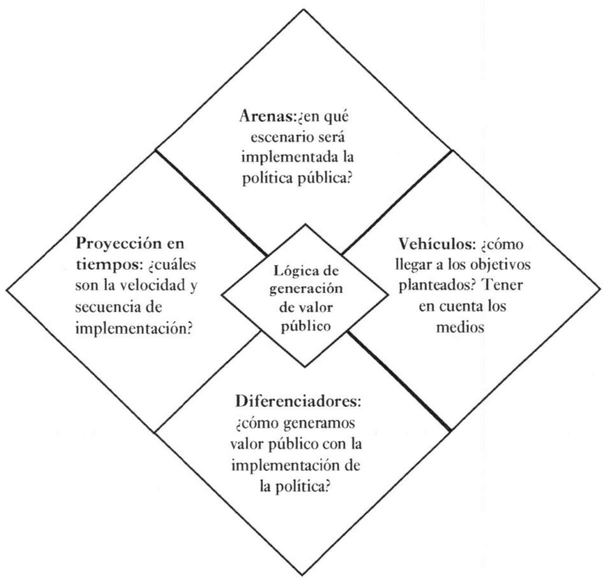

Fuente: elaboración propia con fundamento en Hambrick y Fredrickson (2005).

En suma, es recomendable identificar ciertas variables que van a ser indispensables en esta etapa del proceso, entre las cuales se encuentran:

— Los resultados que se esperan con la política.

— Las actividades que conducen a los resultados esperados de la política y cómo se deben realizar.

— La forma como los interesados contribuirán en la implementación de la decisión.

— Dónde se hará la implementación.
— Hacer un posible cronograma de implementación.
— Las fuentes de financiación.
— El marco legal que la sustenta o podría sustentar, así como las reformas que se necesiten para ello.

Los cuadros 59 y 60 reúnen dichas características tomando como ejemplo el plan de implementación de las soluciones recomendadas para disminuir el hacinamiento de las cárceles en Bogotá.

Con frecuencia los planes de implementación de políticas públicas se encuentran en la forma de "planes de acción", con mayor o menor grado de complejidad, según el documento de política utilizado. En el caso colombiano los documentos Conpes de política incluyen detalles como las instancias encargadas de la implementación de cada actividad.

Tal como los planes de implementación/acción, existen también diferentes instrumentos que le permiten al analista y diseñador de políticas públicas llevar a cabo esta etapa de manera sistemática. Un común denominador de tales instrumentos, llámese "marco lógico", "modelo lógico" o herramientas como la "metodología general ajustada (MGA)" utilizada en Colombia, es lo que se denomina "teoría de cambio (TdC)" o teoría causal subyacente, la cual, como vimos, pero también como se verá más adelante, no solo es útil para el diseño de planes de implementación, sino también de monitoreo y de evaluación *ex post*. A continuación abordaremos estos aspectos con más detalle.

A. LA TEORÍA DE CAMBIO

La aproximación de la teoría de cambio (TdC) o de la teoría causal subyacente, como ya se esbozó, no es otra cosa que un instrumento cognitivo que permite pensar en cómo llevar a cabo actividades para la transformación de insumos (recursos, conocimiento, tecnologías, infraestructura, personal, etc.) en productos (bienes o servicios, soluciones) que viabilicen el logro de los objetivos de política planteados.

Una teoría del cambio explica entonces cómo ciertas actividades producen una serie de resultados que contribuyen a lograr los resultados finales deseados en un evento, un proyecto, un programa, una política, una estrategia o una organización. Es decir, la teoría del cambio se puede utilizar para cualquier nivel de intervención (Rogers, 2014). Por tanto, la TdC, como lo

CUADRO 59. HACINAMIENTO CRÍTICO EN CÁRCELES DE BOGOTÁ[35]
EJEMPLO DE PLAN DE IMPLEMENTACIÓN

Recomendación: cambio en la legislación en materia penal (específicamente en lo que se refiere a la prisión preventiva) y la implementación de proyectos productivos y educativos en los dos centros carcelarios y penitenciarios que creen las posibilidades para la redención de la pena por trabajo y estudio.

Actividad	¿Quién la implementa?	¿Cómo la implementa?	¿Cuándo se implementa?	¿Dónde se implementa?	Fuente de financiación
Elaboración del proyecto de ley de modificación de la legislación en materia penal.	Ministerio de Justicia junto con Fiscalía General de la Nación y el Instituto Nacional Penitenciario y Carcelario (Inpec).	Establecimiento de una comisión de expertos (abogados) de la Fiscalía General de la Nación y el Inpec encargados de elaborar la propuesta. Deben tener en cuenta los elementos esenciales de dicha propuesta: limitación de la prisión preventiva.	Noviembre 2009-febrero 2010.	En el Inpec.	Presupuesto de la Fiscalía General de la Nación y el Inpec (en lo que se refiere al pago de personal encargado de elaborar la propuesta).
Presentación del proyecto de ley ante el Congreso de la República.	Fiscalía General de la Nación.	Hacer llegar el proyecto de ley e incluirlo en la agenda del Congreso por medio de la intervención de la Fiscalía General de la Nación.	Marzo de 2010 (radicación).	En el Inpec.	0

(*Continúa*)

35 Plan de implementación y cronograma realizado en el marco de la materia Métodos de Análisis de Políticas Públicas del programa de Gobierno y Relaciones Internacionales de la Universidad Externado de Colombia en el 2009 por las estudiantes Silvia Herrera, Michelle Hernández y Rossana Páez, en el trabajo académico titulado *Hacinamiento crítico en las cárceles Modelo y la Picota de Bogotá*, pp. 22-25.

Actividad	¿Quién la implementa?	¿Cómo la implementa?	¿Cuándo se implementa?	¿Dónde se implementa?	Fuente de financiación
Elaboración del proyecto de presupuesto del Inpec en el cual se incluye la propuesta de aumentar el presupuesto destinado a la creación de talleres y contratación de personal destinados a la educación de los internos.	Encargado del presupuesto en el Inpec/ DNP	Encargar a los contadores del Inpec que elaboren un presupuesto en el que se establezcan los recursos necesarios para la implementación de la política, las fuentes de financiación y en qué se van a utilizar los recursos.	Abril-agosto de 2010.	En el Inpec.	Presupuesto de la Fiscalía General de la Nación y el Inpec (en lo que se refiere al pago de personal encargado de elaborar la propuesta).
Presentación de la propuesta ante la entidad.	Encargado del presupuesto del Inpec.	El contador o el encargado del gasto se dirige al ordenador del gasto de la entidad, en este caso el Inpec, para que evalúe y apruebe el proyecto presentado.	Septiembre 2010.	En el Inpec.	0
Presentación del presupuesto ante el Ministerio de Hacienda y el DNP para su aprobación.	Encargado del presupuesto del Inpec.	Una vez aprobado por el ordenador del gasto de la entidad, se hace llegar al Ministerio de Hacienda para que se apruebe el presupuesto de la entidad en el cual se incluyó un rubro específico para la implementación de la política.	Octubre de 2010.	En el Ministerio de Hacienda.	0

(*Continúa*)

Actividad	¿Quién la implementa?	¿Cómo la implementa?	¿Cuándo se implementa?	¿Dónde se implementa?	Fuente de financiación
Realización de entrevistas para la contratación del personal idóneo que dicte talleres y que supervise el trabajo.	Jefe de personal del Inpec o su delegado.	La entidad abre un proceso de entrevistas en el cual pueden presentarse todas las personas interesadas en trabajar en la política y que tengan los requisitos mínimos para ser contratadas. Los encargados de realizar la entrevista deben ser imparciales y escoger a las mejores, tanto en función de educación como de aptitudes para trabajar con los internos.	Enero-abril de 2011.	Inpec.	Presupuesto del Inpec (en lo que se refiere al pago de personal encargado de llevar a cabo las entrevistas).
Contratación de personal destinado a la capacitación de los internos.	Jefe de personal del Inpec.	Una vez elegidas las personas por contratar, se procede a firmar la orden de trabajo.	Mayo-junio de 2011.	En el Inpec.	Presupuesto del Inpec aprobado por el Ministerio de Hacienda en el que se incluyen los rubros para la implementación de la política (que incluye el pago de salarios del personal contratado).
Búsqueda y establecimiento de convenios con entidades educativas, el sector privado y ONG que estén dispuestas a vincularse con la política.	Inpec, Ministerio de Educación y Ministerio de Justicia.	Buscar establecimientos educativos que estén dispuestos a establecer un convenio para que sus estudiantes realicen sus prácticas en las cárceles (carreras relacionadas con la educación). Además, establecer convenios con empresas privadas para que realicen sus programas de Responsabilidad Social Empresarial con las cárceles objeto de la política. Por último, contactar a ONG interesadas en aportar educativa y económicamente en la disminución del hacinamiento y en consecuencia en el mejoramiento de las condiciones de vida de los internos.	De enero de 2010 a abril de 2011.	A nivel nacional.	0

(*Continúa*)

Actividad	¿Quién la implementa?	¿Cómo la implementa?	¿Cuándo se implementa?	¿Dónde se implementa?	Fuente de financiación
Firmar contratos con las entidades antes nombradas.	Representante legal del Inpec o su delegado.	Reunión de los representantes legales de las entidades educativas/empresas/ONG para firmar los contratos que establecen los acuerdos.	Mayo-junio de 2011.	En el Inpec	0
Entrega de nuevos establecimientos carcelarios y de los readecuados.	Contratista.		Julio 2010.	Principalmente en Bogotá o municipios cercanos a la capital.	0
Inicio de implementación de la política.	Profesionales.	Una vez aprobado el proyecto de ley de reforma del Código de Procedimiento Penal y pasado el control de constitucionalidad, se espera que la limitación de la prisión preventiva disminuya el número de personas que ingresan a los centros carcelarios y penitenciarios, por lo que disminuye el hacinamiento. Además, una vez con las instalaciones y el personal adecuado, puede comenzar a dictarse los talleres y abrir el espacio laboral para que los internos, cuanto más trabajen, reduzcan el tiempo de sus penas y descongestionen más rápido sus lugares de reclusión disminuyendo el hacinamiento carcelario. Es importante establecer el horario de estudio y trabajo y las clases de trabajo que se consideran válidos para redimir el tiempo de la pena.	Julio de 2011.	En Bogotá.	Fondo para la Rehabilitación, la Inversión Social y la Lucha contra el Crimen Organizado (Frisco) y presupuesto del Inpec.

CUADRO 60. EJEMPLO DE CRONOGRAMA DE IMPLEMENTACIÓN

Actividad	Cronograma de implementación																				
	Tiempo de ejecución (meses y años)																				
	2009		2010												2011						
	Nov.	Dic.	Ene.	Feb.	Mar.	Abr.	May.	Jun.	Jul.	Ago.	Sep.	Oct.	Nov.	Dic.	Ene.	Feb.	Mar.	Abr.	May.	Jun.	Jul.
Elaboración del proyecto de ley de modificación de la legislación en materia penal.	■	■	■	■																	
Presentación del proyecto de ley ante el Congreso de la República.					■																
Elaboración del proyecto de presupuesto del Inpec.						■	■	■	■	■											
Presentación de la propuesta ante la entidad.											■										
Presentación del presupuesto ante el Ministerio de Hacienda y el Departamento Nacional de Planeación para su aprobación.												■									
Realización de entrevistas para la contratación del personal idóneo que dicte talleres y que supervise el trabajo.															■	■	■	■			
Contratación de personal destinado a la capacitación de los internos.																			■	■	
Búsqueda y establecimiento de convenios con entidades educativas, el sector privado y ONG.			■	■	■	■	■	■	■	■	■	■	■	■	■	■	■	■			
Firmar contratos con las entidades antes nombradas.																			■	■	
Entrega de nuevos establecimientos carcelarios y de los readecuados.								■													
Inicio de implementación de la política.																					■

afirma Vogel (2012), es un enfoque que aplica el pensamiento crítico al diseño, implementación y evaluación de políticas que intentan apoyar el cambio en sus contextos. Según los proponentes, es posible desarrollar una teoría del cambio para una o varias alternativas de solución cuando:

— los objetivos tanto general como específicos se pueden identificar de antemano, o

— las actividades dentro de la alternativa de solución se pueden identificar o planificar con antelación, o

— se puede determinar que cambia y se adapta en respuesta al problema identificado y a las decisiones que tomaron los socios y otras partes interesadas.

La TdC casi siempre se usa para describir lo que ocurre en una cadena de resultados en la cual se expone una serie de cuadros que detallan una serie de entradas y salidas, resultados e impactos (Rogers, 2014). La figura 39 señala estos elementos.

FIGURA 39. DESCRIPCIÓN DE LA TEORÍA DEL CAMBIO (TDC)

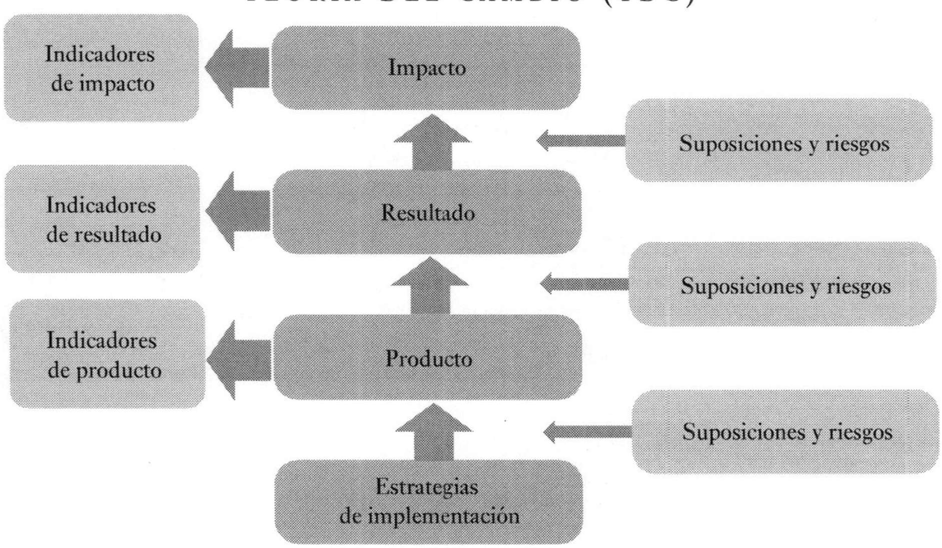

Fuente: Rogers (2014).

La TdC se viene utilizando en el contexto de la cooperación internacional, sobre todo para la evaluación de proyectos. Sin embargo, hoy en día una amplia gama de agencias gubernamentales, bilaterales y multilaterales de desarrollo, organizaciones de la sociedad civil y organizaciones no gubernamentales internacionales la emplean para verificar los resultados en proyectos, programas y políticas públicas en el marco de la planeación del desarrollo (Dhillon y Vaca, 2018; Rogers, 2014). Esta le ofrece al analista una narrativa de las transformaciones que se esperan a partir de la intervención en el contexto del problema público, por lo que resulta una aproximación valiosa para orientar la implementación de políticas públicas de carácter más amplio y estratégico que exceden el alcance de proyectos de inversión.

Si bien los inicios de la TdC se remontan a mediados del siglo XX, el concepto más común se introdujo en el campo de la evaluación de impacto en la década de 1990 y se hizo mediante diferentes nombres, tales como la teoría del programa y el modelo lógico del programa. Estas son metodologías que ponen énfasis en la construcción de una hipótesis sobre la forma en que un programa produce sus efectos (Dhillon y Vaca, 2018).

La virtud de la TdC para el analista radica esencialmente en explicitar la lógica detrás de una intervención. La TdC, entonces, se convierte en una hoja de ruta en la cual es posible observar cómo las actividades que se proponen en un plan de implementación logran conducir a los resultados esperados, los cuales a su vez se encuentran en sintonía con el objetivo general de la política pública que se propone.

Para lograr lo anterior, la TdC vincula causalmente entradas y actividades a una cadena de resultados previstos y observables (Rogers, 2008), tal como se ilustra en la figura 40.

FIGURA 40. CADENA DE RESULTADOS QUE EXPLICAN UNA TDC

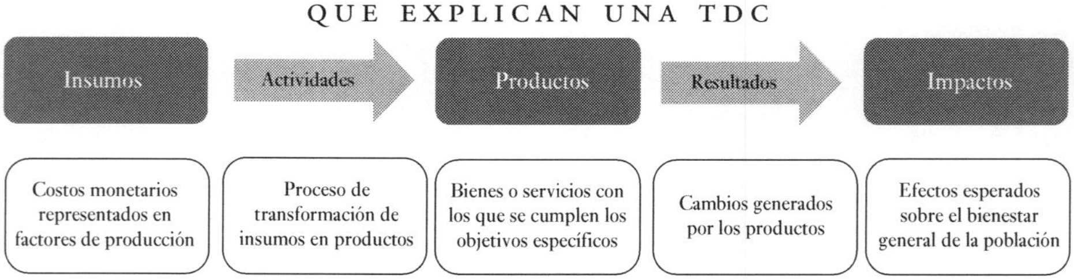

Fuente: DNP (2014, 2019a).

A medida que el término *teoría de cambio* se extendió y la herramienta comenzó a usarse, a menudo se la confundió con otras herramientas de evaluación, especialmente los modelos lógicos y el marco lógico. Esto tiende a ocurrir por la falta de consenso sobre los alcances de dichas herramientas. Sobre esto hablaremos más adelante.

1. ¿CÓMO SE CONSTRUYE UNA TEORÍA DE CAMBIO?

Las teorías del cambio proporcionan detalles sobre la lógica detrás de la intervención, identificando "hebras causales" que demuestran los vínculos entre los resultados a lo largo del tiempo. Si bien lo ideal es que la teoría de cambio se defina antes de la implementación, tal como se propone aquí, también se puede derivar *ex post facto*, es decir, mucho tiempo después que la implementación ha comenzado, pues como veremos más adelante, en las fases de monitoreo y evaluación es importante revisar la situación que dio lugar a la intervención para comprobar que esta esté efectivamente tratando de resolver el problema correcto (Rogers, 2014).

Una vez que exista consenso sobre la situación actual y la situación deseada que la intervención pretende (o pretendía) contribuir a producir, se debe desarrollar una teoría causal sobre cómo pasar de la situación actual a la situación deseada, identificando las variables relevantes y las formas como se relacionan entre sí. Esto se debe hacer en dos partes: una teoría sobre cómo se producirá este cambio (por ejemplo, apelando a la disuasión) y una teoría sobre cómo se desencadenará la intervención (o debió haberse desencadenado) este cambio (por ejemplo, llamar la atención sobre las brechas en la prestación de servicios realizando encuestas de disponibilidad y publicando las recomendaciones).

Cabe subrayar que la aproximación de la TdC puede ser útil para los distintos grupos de interés (actores) que se integran alrededor de una intervención. Por un lado, para el equipo de trabajo una TdC puede implicar mayor involucramiento con la misión organizativa. Por otro lado, para las comunidades involucradas, una TdC bien articulada les permite comprender mejor el propósito de una intervención y cómo está logrando sus objetivos (cuadro 61), dado que la TdC establece la relación entre los diferentes enfoques estratégicos y equipos organizativos, así como las propias contribuciones de las comunidades a la misión. Para algunas audiencias, como los donantes, los beneficiarios, los socios y el público objetivo, la TdC permite la transparencia y la comprensión del enfoque de la intervención para lograr su misión u objetivos, y también ideas sobre las formas en que pueden vincularse positivamente con la organización (Dhillon y Vaca, 2018).

CUADRO 61. BENEFICIOS DE LA TDC PARA LOS GRUPOS DE INTERÉS EN LAS FASES DE UNA INTERVENCIÓN

<table>
<tr><th>Beneficios al desarrollar una teoría del cambio</th><th>Para la Gerencia</th><th>Para al equipo</th><th>Para la población objetivo</th><th>Para otros grupos de interés</th></tr>
<tr><td rowspan="2">En la fase de diseño</td><td>Una intervención más sólida, coherente y alineada. Se hace más fácil compartir lo que se piensa de la intervención.</td><td>Mejor entendimiento de la intervención, así como de las contribuciones de cada equipo. En mejores condiciones de proporcionar información relevante que puede hacer que la intervención sea más exitosa.</td><td rowspan="2">Mayores probabilidades de participar en el diseño de la intervención. Mayor aceptación y credibilidad de la intervención</td><td rowspan="2">Comprensión adicional proporcionada a audiencias adicionales (por ejemplo, finarte la dores, junta directiva, socios) sobre lo que la organización está tratando de lograr y cómo espera lograrlo</td></tr>
<tr><td colspan="2">Puntos de vista desenterrados y alineados. Supuestos articulados. Estrategias y actividades vinculadas a los resultados esperados, lo que permite la preparación para su posible ocurrencia</td></tr>
<tr><td rowspan="2">En la fase de implementación y la fase de monitoreo</td><td>Facilita el monitoreo. Permite la toma de mejores y más oportunas decisiones estratégicas ante la ocurrencia de asuntos emergentes.</td><td>Demostración de los aspectos relaciónales de su trabajo. Una ejecución mejor intencionada, permitiendo mejores aprendizajes sobre el trabajo realizado</td><td>Mejor entendimiento de las intenciones del proyecto. Aumento de la credibilidad.</td><td rowspan="2">Progreso monitoreado versus resultados esperados a medida que se implementó la intervención. Facilidad para la generación de insumos. Aprendizaje compartido. Mayor colaboración al ser requerida.</td></tr>
<tr><td colspan="2">Resultados específicos medidos en tiempo real</td><td>Mejor disposición para participar</td></tr>
<tr><td>En la fase da evaluación</td><td>Facilidad para encontrar causas cuando no se obtienen los resultados esperados. Aprendizaje estratégico</td><td>Es más fácil entender el enfoque y los métodos de evaluación, loque permite una mayor participación en la evaluación y el Interés en</td><td>Posible mejora en las tasas de participación y la calidad general de la evaluación.</td><td>Mejor entendimiento de éxito y de los desafíos del enfoque empleado. Capaz de ganar y contribuir a aprendizajes</td></tr>
</table>

(*Continúa*)

Beneficios al desarrollar una teoría del cambio	Para la Gerencia	Para al equipo	Para la población objetivo	Para otros grupos de interés
	generado al ajustar las estrategias y las actividades, así como Intervenciones futuras	utilizar los resultados	Mayor responsabilidad hacia el uso que hace la organización de los resultados de la evaluación.	en la toma de decisiones estratégicas
Sobre el impacto del proyecto	Se hace más fácil verificar la alineación con la misión de la organización	Personal o equipo capaz de comprender su contribución a la misión de la organización	Aprendizajes para la comunidad, mejor y mayor impacto	Aprendizaje para el sector

Fuente: adaptado de Dhillon y Vaca (2018).

Habiendo clarificado la idea de teoría del cambio, repasaremos brevemente, y a manera de ejemplo, su relación con metodologías utilizadas en Colombia para la planeación de la implementación como el "marco lógico" y la metodología general ajustada (MGA).

B. OPERACIONALIZACIÓN DE LA TEORÍA DE CAMBIO EN EL DISEÑO DE PLANES DE IMPLEMENTACIÓN

1. MARCO LÓGICO Y MODELO LÓGICO

Como vimos en la sección anterior, la planeación de políticas públicas se puede ver en gran medida beneficiada de la operacionalización de lo que se conoce como la teoría de cambio. Para ello, estudiosos en la materia han propuesto conceptos y herramientas como el marco lógico y el modelo lógico, ampliamente utilizados en varios países de América Latina. Aquel se utilizó bastante en la década de 1990 como un instrumento para diseñar, planificar, monitorear y evaluar intervenciones en el sector de la cooperación para el desarrollo. El enfoque consiste en un proceso participativo que incluye varias fases tales como análisis de partes interesadas, de problemas, de efectos causales y de alternativas.

El resultado de este proceso se resume en lo que se conoce en el mundo de la tecnocracia como la matriz del marco lógico, que consiste en cuatro columnas y cuatro a cinco filas, tal como se ilustra en el cuadro 62. La primera columna presenta la jerarquía de actividades a metas u objetivos que se deben alcanzar para que el proyecto o la política tenga éxito. Dentro de él se define el fin, el propósito, los resultados/productos/componentes y las actividades o medios para alcanzarlas. En el cuadro, las columnas restantes detallan los indicadores verificables objetivamente, los medios de verificación y los riesgos o los supuestos.

CUADRO 62. ESTRUCTURA DE LA MATRIZ DE MARCO LÓGICO

Objetivos	Indicadores	Medios de verificación	Supuestos
Fin Es una definición de cómo el proyecto contribuirá a la solución del problema.	Miden el impacto general que tendrá el proyecto.	Fuentes de información que se pueden utilizar para verificar los objetivos logrados.	Indican acontecimientos, decisiones o condiciones necesarios para la sostenibilidad.
Propósito Es el impacto directo logrado a partir de los resultados.	Describe el impacto logrado al final del proyecto.	Fuentes de información que permitan ver si los objetivos se estan logrando.	Indican acontecimientos, decisiones o condiciones para que el *propósito* contribuya al logro del *fin*.
Resultados Son las obras, servicios y capacitación que se requieren para el proyecto.	Descripciones breves de cada uno de los *resultados* que se tienen que terminar en el proyecto.	Dónde se puede encontrar la información para verificar que los *resultados* se han producido.	Indican acontecimientos, decisiones o condiciones para que los *resultados* alcancen el *propósito*.
Actividades Tareas que deben cumplirse para alcanzar los resultados.	Contiene el presupuesto para cada actividad que va a producir el proyecto.	Información donde se puede verificar si el presupuesto se ha gastado según lo planeado.	Indican acontecimientos, decisiones o condiciones que tienen que suceder para completar los *resultados*.

Fuente: tomado de Brown (2016).

El marco de registro tiene una "lógica vertical", por lo que se lee bien sea de arriba abajo o de abajo arriba, para entender el papel de las actividades realizadas, el resultado esperado y la medida en que la meta se alcanzará o no. La matriz, aunque completa, tiene algunas limitaciones en el sentido de que no muestra relaciones causales inequívocas entre elementos y carece de una dimensión temporal. En general, en criterio de autores como Rogers (2014) o Dhillon y Vaca (2018), transmite poca profundidad y complejidad.

La segunda herramienta, el modelo lógico, la han utilizado en la última década muchas organizaciones de cambio social en América Latina como una evolución de la matriz del marco lógico, dirigida a explicitar de mejor manera relaciones causales, y en la dirección de lo que se describió arriba como teoría causal o teoría del cambio. Este modelo incluye casi siempre actividades, productos, resultados e impacto general, y en algunas ocasiones también puede incluir las estrategias e indicadores, como se muestra en la figura 41.

FIGURA 41. ESQUEMA DE UN MODELO LÓGICO DE UN PROGRAMA O INTERVENCIÓN

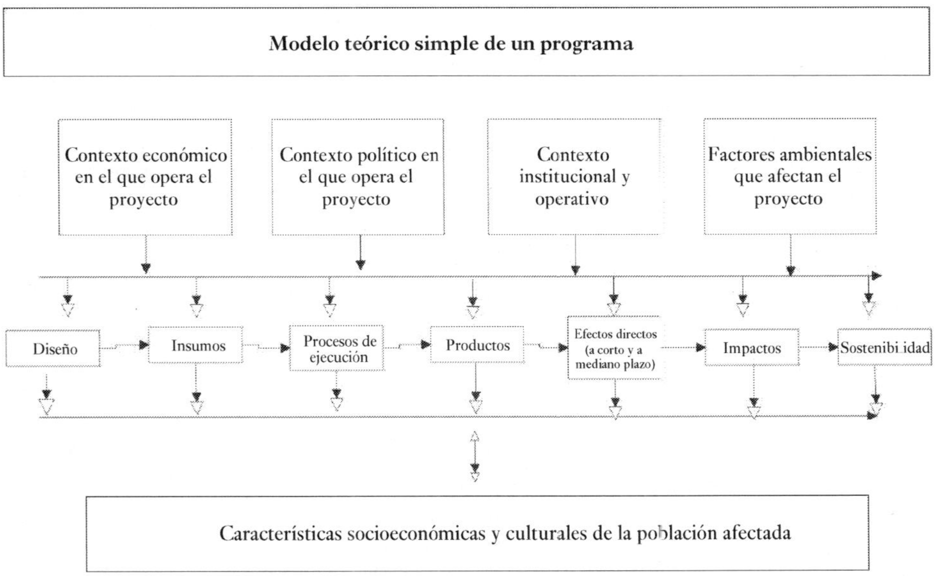

Fuente: Bamberger, Rugh y Mabry (2006).

En el contexto colombiano, esa aproximación lógica/causal se ha operacionalizado por medio de lo que se conoce como la metodología general ajustada, la cual se esboza brevemente a continuación.

2. LA METODOLOGÍA GENERAL AJUSTADA EN EL CASO COLOMBIANO

La metodología que se utiliza en Colombia para la formulación y evaluación de proyectos de inversión pública denominada con las siglas MGA es una herramienta de registro de información y conexión con los diferentes "bancos" de proyectos. Como lo describe la página web, se trata de una herramienta informática que asiste al formulador en el proceso de registro de la información de las etapas de identificación, preparación, evaluación y programación de los proyectos de inversión susceptibles de ser financiados con recursos del Presupuesto General de la Nación, del Sistema General de Regalías u otros recursos de las entidades territoriales. Su desarrollo lo comenzó en 1989 el Departamento Nacional de Planeación, la instancia competente de brindar instrumentos metodológicos para la adecuada gestión de proyectos de inversión pública. En 2015 se desarrolló como aplicación informática, sustentada en un orden lógico de la formulación de proyectos de inversión: preinversión, inversión, operación y evaluación *ex post*. Como toda herramienta informática, y exigida por el Estado, su uso acarrea con frecuencia problemas como que quien la "alimenta" tiende a perder el sentido común y termina por confundir el instrumento con la complejidad inherente a la realidad, condiciendo a productos analíticos sin sentido o lógica dado el carácter mecanístico. No es recomendable hacer uso de esta herramienta si el proyecto o política aún no ha sido diseñado integralmente, como se ha recomendado a lo largo de este manual.

CONCLUSIONES

Con todo lo anterior en consideración, se puede decir que no hay un modelo único para asegurar una implementación perfecta, pues en la práctica una política exitosa va a depender, en gran medida, de la construcción de un buen plan de implementación y de múltiples contingencias. Como se ha afirmado muchas veces, esta no es una ciencia exacta, por lo que el mayor reto consiste en disminuir al máximo el margen de error. En efecto, si bien un buen diseño de un plan de implementación no garantiza *per se* el éxito de esta, no contar con tal diseño sí es garantía de una implementación fallida o tortuosa.

Dicho esto, a continuación se listan algunos preceptos, a manera de conclusión, útiles para disminuir dicho margen de error en pro de una implementación efectiva de las políticas públicas.

Para asegurar una mayor probabilidad de éxito de la implementación, esta se debe pensar desde el momento de la formulación y antes de la decisión sobre la política. Pero incluso en la etapa de implementación misma se necesitan nuevas rondas de análisis y decisión para definir normas, programas, proyectos y líneas estratégicas dentro de ellos, y de manera iterativa. Cada etapa de la implementación diseñada implica algún nivel de análisis de actores, identificación de diversas ideas o reinterpretaciones sobre los problemas para resolver, actualizar los consensos alcanzados, analizar alternativas según el tipo de decisión que se va a implementar y el contexto específico, y estar atentos a la necesidad de nuevos consensos si las situaciones lo justifican.

Es necesario que las políticas sean flexibles y adaptables a los cambios. Sin embargo, esto no debe implicar la falta de objetivos claros ni el cambio constante de ellos, pues la continuidad obviamente es importante. Es primordial entonces monitorear la base de conocimiento e información sobre el problema y sobre las capacidades disponibles al respecto de las formas alternativas de brindar solución a tales cambios.

Por último, se requiere facilitar procesos de aprendizaje que retroalimenten las decisiones futuras, ya sea en la misma política pública o en nuevas intervenciones. Sin ello, no hay progreso.

TAREAS Y TALLERES

1) Describa qué, cuándo, dónde y cómo se va a implementar y financiar lo que se propone, y quién lo hará.

2) Desarrolle la siguiente matriz como plan de implementación para una política pública de su elección.

Actividad	¿Quién la implementa?	¿Cómo la implementa?	¿Cuándo se implementa?	¿Dónde se implementa?	Fuente de financiación

3) Diseñe un cronograma de implementación. Use una la matriz de Gantt para ello.

CAPÍTULO DÉCIMO

Diseño de planes de monitoreo y de evaluación "ex post" de políticas públicas

Los diseños de planes de monitoreo y de evaluación de políticas públicas son los dos últimos ejercicios asociados a las fases finales del ciclo de las políticas públicas dibujado en este manual. Se trata de procesos pensados para cuando se implemente la política pública recomendada y haya transcurrido un tiempo prudencial para producir efectos identificables y atribuibles a ella. Esto no quiere decir que se trate de procesos irrelevantes, subsidiarios o dispensables al diseñar una política pública. Al contrario, se trata de ejercicios cruciales para garantizar el mayor impacto en la dirección deseada y minimizar, en la medida de lo posible, efectos negativos no intencionados que puedan resultar de la intervención pública.

En este capítulo se aborda el monitoreo y la evaluación como productos analíticos poco comprendidos, mal utilizados (o "ab-usados"), en muchos casos asociados con procesos complejos de alto conocimiento técnico, y en ocasiones estigmatizados. Se discute también sobre el gran valor instrumental de dichos ejercicios para mejorar la eficacia del Estado y como herramienta para fomentar la participación democrática. También se hace referencia a los diferentes retos que implica su planeación.

Aquí se trata de diseñar los procesos que se deben llevar a cabo en el futuro de manera sistemática, parsimoniosa y cuidadosa, los cuales no deben revestir grandes complicaciones ni misterios y cuya planeación hace más fácil y efectiva su realización en pro de apoyar la toma de decisiones ilustrada de políticas públicas. Antes de ello nos referiremos a la importancia de dichos procesos en el ejercicio de gobierno.

I. LA IMPORTANCIA DEL MONITOREO Y LA EVALUACIÓN "EX POST"

El monitoreo y la evaluación se pueden percibir de múltiples maneras. Por un lado, está la percepción de dichos procesos como instrumentos para hacer política (*politics*) y asegurar acceder, mantener o ampliar el poder. Por otro, está la percepción de dichos ejercicios como instrumentos para hacer política pública (*policy*), o como dirían los científicos políticos, para gobernar. En cuanto a la primera aproximación, en el imaginario colectivo se distinguen dos percepciones extremas y contradictorias. A un lado del espectro están los que ven en tales ejercicios procesos destinados a poner de resalto los fracasos de un programa, proyecto, política, institución o individuo, en los cuales las no conformidades son predominantes y la conclusión es una justificación a una anhelada pero disfrazada reforma radical o la terminación de un programa o política. Al otro lado están los que perciben la evaluación como un ejercicio orientado a señalar los logros de la política, a alimentar los egos y a buscar la legitimación de la acción del Estado y de sus funcionarios.

El uso de los ejercicios evaluativos, tanto para un propósito como para el otro, son profundamente dañinos para la democracia y la gobernabilidad. Por tal razón, y reconociendo que ambas percepciones coexisten en la práctica, en este manual nos enfocamos en la segunda aproximación, esto es, en estudiar el monitoreo y la evaluación como herramientas que se deben concebir en el diseño de políticas públicas como medios para gobernar eficaz, eficiente, democrática y legítimamente, y en el proceso, para elevar el nivel del debate y dificultar el uso engañoso de tales ejercicios (Shurlock, 1999).

En efecto, el monitoreo y la evaluación se deben concebir como ejercicios objetivos, aleccionadores, útiles y constructivos en los que los logros y los fracasos sean exaltados en sus justas proporciones, proveyendo a los involucrados de la información necesaria para elaborar un juicio al respecto del programa o política, y tomar, a partir de allí, las mejores decisiones posibles respecto de los resultados obtenidos.

Majone (2005) define la evaluación de políticas públicas como una disciplina "que se ocupa de recolectar, verificar e interpretar la información sobre la ejecución y eficiencia de las políticas y programas públicos" (Majone, 2005, 214). Dichos ejercicios deben servir como instrumento que, además de dar razón del funcionamiento de las políticas o programas y de su eficiencia y eficacia en el cumplimiento de la ley y de los anhelos sociales que la inspiran, hagan resaltar por igual las falencias, fallas, problemas, vacíos, etc., e identifique posibilidades de corrección, ajuste, modificación o terminación de tales políticas o programas. En efecto, en el largo plazo puede hacer más daño esconder los problemas por razones políticas (*politics*) que abordarlos una vez identificados con políticas (*policies*) efectivas, en las que, mejor aún, se puedan anticipar o evitar problemas futuros.

La evaluación también debe contribuir a las prácticas democráticas características del buen gobierno. Como afirma Roth (2004, 137), "la actividad evaluadora permite al Estado y a los gobernantes, y también a los ciudadanos, disponer de una mayor información acerca de las consecuencias de sus decisiones y acciones". De esta manera, el monitoreo y la evaluación se constituyen en herramientas que facilitan la participación ciudadana, la transparencia, la legitimidad y la gobernabilidad.

El monitoreo y la evaluación deben permitir a los administradores de los programas, a los diseñadores y tomadores de decisiones y a la sociedad en general saber si el Estado, individualmente o en asocio, está haciendo bien su papel o si debe hacer correctivos. Según Roth (2004), dichos ejercicios analíticos deben entenderse como herramientas que permitan comprender, comunicar y controlar. Citando a Durán, el autor afirma:

> Los Gobiernos deben tratar de *comprender* lo que pasa con los procesos sociales inducidos por la acción pública para fundamentar de manera lo más acertada posible las acciones futuras; los regímenes políticos democráticos tienen también la obligación de *comunicar* para explicar, con base en una información argumentada, y dialogar con sus públicos con el fin de conseguir el respaldo a sus acciones; y, por último, los Gobiernos no pueden dejar de lado la responsabilidad de ejercer *control* sobre las actividades que realizan (Roth, 2004, 142).

De este modo, el diseño de la evaluación de políticas públicas debe permitir rectificar el cumplimiento de la ley, estudiar, de manera minuciosa, los procesos, productos, resultados e impactos y esclarecer si los objetivos de la acción se podrán cumplir, lo que daría legitimidad al Estado con respecto a su gestión. Para ello se requiere contar con indicadores de insumo, producto, resultado e impacto, los cuales deben diseñarse antes de la implementación y observarse, tanto durante como después de transcurrir un tiempo prudencial para poder evaluar su repercusión. La figura 42 ilustra el importante papel que desempeñan estos ejercicios en el logro de metas sociales.

Como lo ilustra la figura 42, estos ejercicios se deben diseñar tomando en cuenta las metas sociales que inspiran las estrategias de política implementadas, las cuales se materializan a su vez mediante programas con misión clara y específica, la cual está asociada (implícita o explícitamente) a unos resultados esperados. Tras el proceso de monitoreo y evaluación sustentado en los indicadores de diferente tipo identificados, se logra el *feedback* o retroalimentación necesaria tanto para los administradores de los programas (directores, ministros, asesores, etc.) como para los diseñadores de la política pública (Congreso o Parlamento) y la sociedad civil. El propósito es, pues, permitir revisar si la política implementada responde a la situación problemática e identificar formas de reducir los obstáculos que impiden que se logren los objetivos. Se trata de ilustrar tanto a los administradores como a los diseñadores e implementadores o legitimadores de las políticas públicas al respecto de qué se debe cambiar si es necesario. Así se facilita la participación ciudadana y la toma de decisiones legítimas, es decir, el progreso de largo plazo y la gobernabilidad.

FIGURA 42. MODELO LÓGICO DEL MONITOREO Y LA EVALUACIÓN "EX POST"

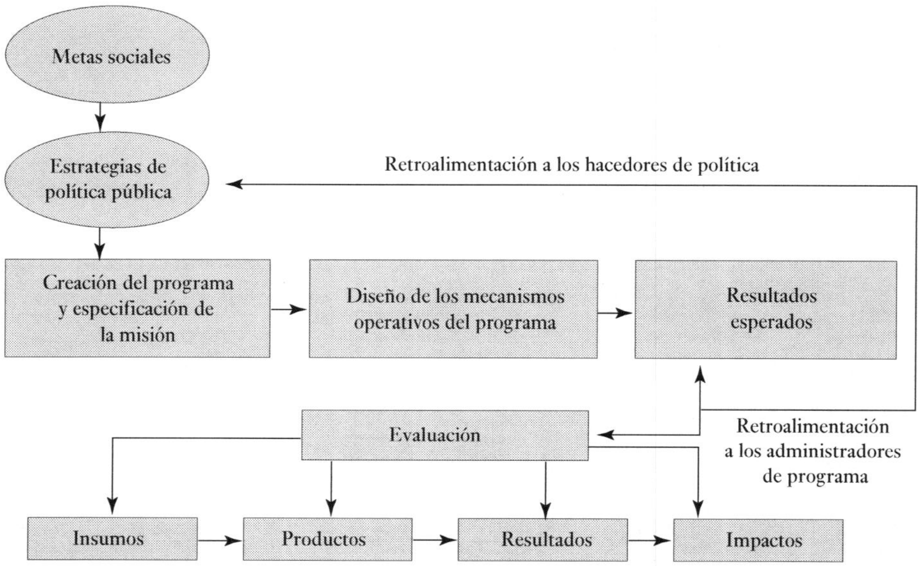

Fuente: elaboración propia.

II. LA CADENA DE VALOR

Implícito en esta discusión está lo que se conoce como la "cadena de valor". Esta, al igual que los métodos y aproximaciones discutidos anteriormente, se fundamenta en la lógica subyacente de la "teoría de cambio". El DNP, por su parte, define la cadena de valor como la relación secuencial y lógica entre insumos, actividades, productos y resultados en la que se añade valor a lo largo del proceso de transformación de un proyecto, un programa o una política (2019).

Por tanto, esta permite también orientar la formulación o diseño de un plan de monitoreo y un plan de evaluación, lo cual servirá de referente lógico entre la identificación del problema que trata de solucionar la política pública y su respectivo "árbol de problemas" (cap. cuarto, IV.D), el consecuente "árbol de objetivos" (cap. quinto, I), la implementación de la alternativa (o un conjunto de ellas a implementar) y los insumos, las actividades, los productos, y los resultados e impactos que se esperan o podrían anticipar sobre ellos, tal como se ilustra en la figura 43. La definición de cada uno de estos componentes se sintetiza en el cuadro 63.

FIGURA 43. MODELO DE LA CADENA DE VALOR EN EL MARCO DE DESEMPEÑO DE LAS INTERVENCIONES PÚBLICAS

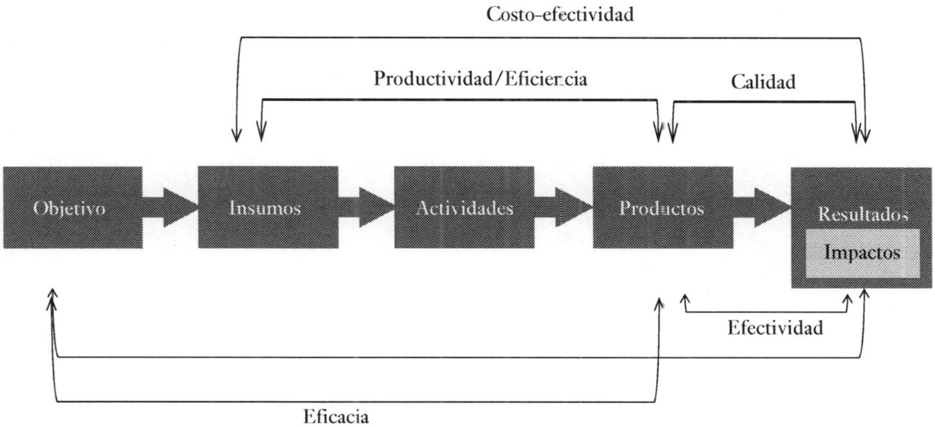

Fuente: DNP-DSEPP (2019a).

CUADRO 63. DEFINICIONES DE LOS ESLABONES DE LA CADENA DE VALOR

Insumos: se entienden como los factores productivos (físicos, humanos, jurídicos y financieros), bienes o servicios con los que se cuenta para la generación de valor en el proceso productivo.

Actividades: son el conjunto de acciones que contribuyen a la transformación de insumos en productos; y es en este eslabón de la cadena donde inicia la generación de valor de parte del Estado. Las actividades describen acciones mediante las cuales se agrega valor a los insumos, y al hacerlo se contribuye a su transformación para lograr un producto.

Productos: se entienden como los bienes o servicios que se generan y entregan en un proceso productivo. Los bienes son aquellos de carácter tangible, almacenables o transportables, y normalmente son sujetos de desgaste y depreciación por el uso, por lo que requieren algún tipo de mantenimiento. Por otra parte, los servicios son intangibles y no acumulables, se producen y consumen al mismo tiempo mediante una relación directa entre proveedores y receptores de los servicios.

Resultados: son los logros que se esperan de la intervención pública, es decir, los cambios esperados definidos por los objetivos.

Impactos: son los efectos no intencionados, que resultan de la implementación de la intervención, independientemente de que se hayan logrado o no los objetivos intencionados.

Fuente: adaptado de DNP (2019a).

A su vez, la identificación del objetivo general de la iniciativa y los objetivos específicos debe asociarse con la identificación de los productos que, dentro de las alternativas de solución, conducirán a los objetivos específicos y las actividades necesarias para generar cada producto. Así, para construir la cadena de valor se deben llevar a cabo las siguientes etapas:

— identificación del objetivo general y de los objetivos específicos;

— identificación de los productos que permitan alcanzar cada uno de los objetivos específicos;

— identificación de las actividades necesarias para generar cada producto;

— identificación de los insumos necesarios para el desarrollo de cada actividad.

Con todo lo anterior en mente, es necesario formular indicadores que orienten el desarrollo de la implementación hacia el logro de los objetivos trazados. En la siguiente sección exploramos esta inquietud.

III. DISEÑO DE INDICADORES

Un indicador es "una expresión cuantitativa observable y verificable que permite describir características, comportamientos o fenómenos de la realidad" (DNP, 2019b). En el análisis y diseño de políticas públicas, los indicadores nos permiten realizar el seguimiento a los objetivos y metas establecidos dentro de la cadena de valor. De ahí la importancia de definirlos al momento de planificar la implementación y antes del monitoreo y la evaluación de la intervención. Los indicadores son la respuesta a cómo lo que se ha planeado para generar el cambio se está o no logrando y de qué manera. Esto permite medir los objetivos, incluso el impacto, sus resultados, los productos y las bases para dar seguimiento a las actividades. En lo posible, los indicadores deben utilizar información sencilla de recopilar (*cfr.* caja de herramientas para la recolección de información, anexo 1), y deben facilitar la toma de decisiones, así como las comparaciones entre la situación actual y la deseada.

Los indicadores representan un aporte central al proceso de implementación de las políticas. Dentro de estos vale subrayar que los indicadores nos permiten *analizar e interpretar* de acuerdo con los diferentes momentos de la cadena de valor propuesta. La interpretación de cada indicador depende de su tipología y de la actividad que realiza; por esto mismo, el análisis estará sujeto a la forma de cálculo, es decir, no debería interpretarse de la misma forma el resultado de un indicador de porcentaje y otro de valor absoluto. Además, se sugiere interpretar los indicadores en conjunto y no de manera aislada. Por eso, es importante tomar el tiempo para hacerse las siguientes preguntas: ¿cuál es la tendencia del indicador? o ¿cuál debería ser su tendencia? Un indicador puede presentar una tendencia a la maximización, minimización o mantenerse en ciertos límites.

En segundo lugar, los indicadores permiten tomar decisiones en tanto ofrecen evidencia valiosa a los administradores de los programas y a los diseñadores de la política pública sobre el desempeño de las políticas que permitan mejorar su desempeño. Los indicadores permiten así identificar oportunidades de mejora que existen entre lo planeado y el resultado de lo implementado. Por esto mismo, las reflexiones sobre los siguientes aspectos son útiles y sugeridas para el desarrollo de la implementación actual y futura: ¿qué se quiere hacer con esta información y en qué medida afecta lo pensado? ¿Por qué se va a hacer de esa manera? ¿Cómo, cuándo y dónde lo van a hacer? ¿Qué sigue en la ejecución? ¿Sirve para el comienzo de un nuevo ciclo de la planeación?

A. PROPIEDADES DE LOS INDICADORES Y TIPOLOGÍAS

Ahora bien, para garantizar su relevancia, se recomienda que los indicadores cumplan las siguientes propiedades, que los caractericen en su conjunto como indicadores Smart (*Specific, Measurable, Achievable, Relevant and Time-bound*) (Clark y Apgar, 2019):

— Específicos (*Specific*): deben ser específicos por definición y relacionados con las actividades que permiten avanzar con los resultados y los productos. Deben también responder al "quién", "qué", "dónde" y "cómo" de la intervención.

— Medibles (*Measurable*): deben poder contarse, observarse, analizarse o probarse.

— Alcanzables (*Achievable*): que se puedan lograr. En la medida en que los indicadores especifiquen los hitos específicos alcanzables como resultado del programa y como una medida de realismo. Los objetivos vinculados a los indicadores también deben ser alcanzables.

— Relevantes (*Relevant*): los indicadores deben ser significativos e importantes para el resultado y deben certificar que los resultados realmente muestran un impacto relacionado. Deben ser una medida válida del resultado y producto y estar vinculados mediante la investigación y la experiencia profesional. No hay razón para crear un indicador que no se relacione con el resultado más amplio.

— Con límite de tiempo (*Time-bound*): deben especificar un marco de tiempo y estar vinculados a hitos, que proporcionan objetivos de lo que un proyecto espera lograr y cuándo.

Los indicadores pueden ser de distinto tipo, dentro de los cuales cabe distinguir al menos cuatro tipologías generales según su nivel de medición, la intervención, la jerarquía y la calidad (DANE, 2005). Estos están distribuidos a lo largo de los objetivos específicos y la cadena de valor como indicadores que permitan relacionar actividades con productos, resultados con los efectos últimos en función de impacto y un conjunto más amplio de objetivos de desarrollo. A continuación se definen dichas tipologías:

1) Indicadores según medición: se refieren a una comparación entre un momento inicial y final para elaborar una medida cuantitativa o una observación cualitativa. Esta comparación puede arrojar un valor, un criterio que tiene significado para el analista.

a) Indicadores cuantitativos: son una representación numérica de la realidad con valores que pueden organizarse para evidenciar el cambio en el tiempo. Por ejemplo, el promedio de hijos de los núcleos familiares de estrato 2 en Colombia para 2020 fue 2,8 hijos y para 2022 fue 2,9.

b) Indicadores cualitativos: son una descripción de las amenazas y oportunidades que permiten explicar y evaluar elementos de contexto. Su característica principal es que su resultado se expresa por medio de:

— Categorías: aceptable, regular, bueno o malo. Sí o no.

— Narrativas: descriptivos sobre el entorno que explican factores que condicionan lo que se desea mejorar o lo que obstaculiza el desarrollo

2) Indicadores según nivel de intervención: hacen referencia a las acciones que se tomaron en la cadena de valor del proyecto, dando cuenta de la relación entre las actividades, productos, resultados e impactos. Son cinco tipos de indicadores los que permiten medir qué tanto se avanza hacia los resultados que se esperan:

a) Indicadores de insumo (o *input*): aluden al monitoreo de todos los esfuerzos utilizados para transformar insumos políticos y económicos (Roth, 2004), para que los propósitos y metas fijados (si las hay) en una intervención cumplan con los objetivos buscados. El énfasis está en la gestión de actividades programadas, respecto a los gastos o las inversiones realizadas, herramientas con las que se implementa la política, o como menciona Roth (2004, 154), "los recursos, habilidades y personas que participan en la actividad". Por ejemplo:

— El porcentaje de computadores disponibles con internet en estratos 1 y 2, para los casos en los cuales se busca cerrar la brecha digital y ampliar la conexión a internet de los hogares de escasos recursos.

— Tiempo promedio de espera para acceder a un especialista de la salud, en el caso de que el problema que nos preocupa sea la mortalidad infantil, y la información busque orientar sobre la mejora de la prestación de los servicios de salud.

— Número de desayunos distribuidos a niños en localidades rurales, para los casos en los cuales se busca disminuir los niveles de deserción escolar, ya que el alimento que se les brinda en las escuelas es en muchas ocasiones el único que reciben en el día.

b) Indicadores de producto (*outputs*): buscan dar cuenta de los logros intermedios alcanzados, aquellos que indican que el proyecto va por buen camino en el alcance de los objetivos que se buscan. Se refiere a la cantidad y calidad de los bienes y servicios que se generan mediante las actividades de un programa o política. Se usan, por lo general, en el monitoreo o en evaluaciones intermedias durante el proceso de implementación. Por ejemplo:

— Número de techos construidos en viviendas con respecto al total programado.

— Número de tomas de agua potable por cada mil habitantes.

— Porcentaje de niños menores de un año inmunizados contra las tres enfermedades más relevantes.

c) Indicadores de resultado (*outcomes*): hacen referencia a los fines últimos que la política busca, es decir, las consecuencias que se esperan de la acción de un programa sobre la sociedad. Por ejemplo:

— Porcentaje de viviendas con conexión a servicio de acueducto.

— Número de habitantes beneficiados con la construcción de un nuevo sistema de agua potable.

— Porcentaje de niños (de hasta 6 años) vacunados.

d) Indicadores de impacto (*impact*): se refieren a las consecuencias derivadas de la solución y que no son el objeto ni la preocupación principal de la política pública, aunque ello no excluye que sucedan. A estos se les denomina también "externalidades" o efectos secundarios (sean positivos o negativos), que ya se analizaron en párrafos anteriores. Se trata de indicadores que, por ejemplo, dan cuenta de transformaciones en las condiciones de bienestar de la población objetivo de la política, el ambiente o cambios en el entorno del fenómeno que se aborda. En otras palabras, son efectos a medio y a largo plazo asociados a la solución y que no son intencionados. Por ejemplo:

— Crecimiento poblacional a raíz del aumento de la cobertura en salud por la reducción del número de niños muertos, como consecuencia de un programa de salud implementado.

— Disminución de la proporción de la población en pobreza extrema, dados los avances en acciones que tienen como objetivo aumentar el peso de niños por buena nutrición.

— Otras métricas pueden enfocarse en el crecimiento del producto interno bruto (PIB), el aumento de la tasa de empleo o en el ingreso nacional per cápita, como consecuencia de políticas destinadas a generar ingresos.

Dada la variedad de indicadores posibles, se recomienda consolidar en una tabla los elementos que componen cada indicador y permiten resumir las consideraciones que se tuvieron en cuenta durante su planificación. Se trata de definir una ficha técnica u hoja de vida de los indicadores que incluya al menos la siguiente información:

1) Nombre del indicador: debe ser concreto y preciso.

2) Descripción: breve explicación del indicador.

3) Objetivo: fin o propósito que busca medir.

4) Fuente de información: hace referencia a la entidad de donde provienen los datos.

5) Responsable de recolección de datos: quién reporta los avances.

6) Fórmula de indicador: expresión matemática con la que se hace el cálculo del indicador, si aplica.

7) Unidad de medida: el resultado de la medición debe tener una unidad. Por ejemplo, kilogramos, porcentaje, número de días, metros cúbicos, etc.

8) Periodicidad: cada cuánto se toman los datos. Por ejemplo, cada ocho días, cada mes, trimestral, etc.

9) Sentido: ¿hay más cumplimiento cuanto mayor sea el resultado con respecto a la meta o cuando es menor? En otras palabras, se debe definir si el indicador es creciente o decreciente.

10) Línea base: valores utilizados para la definición de la meta.

11) Meta.

12) Frecuencia de análisis: cada cuánto se analiza el indicador para tomar decisiones.

13) Notas y observaciones: reflexiones y recomendaciones pertinentes.

B. ¿CÓMO SE CONSTRUYE UN INDICADOR?

Es recomendable definir las variables que van a componer los indicadores, la relación que tendrán entre sí y con ello su forma de cálculo. Dicha relación estará dada por el tipo de información que desean obtener. Por tanto, dichas variables de cálculo pueden ser cuantitativas y cualitativas —si así se desea— y brindar evidencia de este proceso, e integrarlo en una sola conversación con los equipos de trabajo y, por qué no, junto con los aliados del programa o proyecto que se va a desarrollar. A continuación se detallan los tipos de indicadores de acuerdo con las características de las variables (cuadro 64).

CUADRO 64. TIPIFICACIÓN DE VARIABLES DE INDICADORES

Variable de cálculo	Definición	Fórmula	Ejemplo de cálculo
Valor absoluto.	Un número positivo o negativo que dimensiona un evento o fenómeno según su naturaleza.	Número.	Número de camas en cuidados intensivos: 100.
Tasa.	Permite reflejar la relación que existe entre una cantidad y la frecuencia que tiene cierto fenómeno.	# población objeto de medición en el periodo. / # población total en el periodo. × 1000	En un pueblo nacen 125 niños y hay 2500 mujeres en edad fértil (16-49 años). La tasa de fecundidad se expresa por cada 1000 mujeres, es decir, 50. # nacimientos / Madres en edad fértil (16-49 años). × 1000
Porcentaje.	Es la relación entre una cantidad de elementos comunes (numerador-subconjunto) y el total de unidades (con elementos en común o sin ellos). Es una relación donde el numerador está incluido en el denominador.	Población objetivo/ Población total. × 100	El programa que busca garantizar abasto de agua potable y alcantarillado en la zona metropolitana del Valle, para medir la cobertura estimada con la entrega de agua se calcula: Habitantes beneficiados con el servicio de agua en bloque / Población total proyectada en vivienda particular. × 100
Indicador de variación.	Respuesta de Sí o No. Incluso medir con un promedio numérico	Un promedio anual.	Número de asistentes a talleres de creación de habilidades en programación, medición desde el contenido

(*Continúa*)

Variable de cálculo	Definición	Fórmula	Ejemplo de cálculo
	para ayudar a conocer más del contexto y su cambio.		generado para dar a conocer la variación entre el 2019 y 2020. (#asistentes 2019 enero + ... #asistentes 2019 diciembre) / 12 meses (#asistentes 2020 enero + ... #asistentes 2020 Diciembre) /12 meses
Indicador cualitativo.	Es un indicador más subjetivo que uno cuantitativo.	Observar y escuchar los mecanismos del cambio.	Relacionar y describir cómo con mayor riqueza informativa se puede medir el cambio logrado. Por ejemplo: nivel de satisfacción, calidad de servicio.

Fuente: elaboración propia con fundamento en DANE (2005).

Es necesario definir las variables que van a componer el indicador, la relación que tendrán entre sí y la forma de cálculo. Dicha relación está dada por el tipo de información que desea obtener. Así pues, un indicador puede ser:

— Absoluto: un número que dimensiona un evento o fenómeno según su naturaleza.

— Tasa: es el cociente entre dos variables analizadas en un lugar y tiempo específicos.

— Proporción: es la relación entre una cantidad con elementos en común (numerador-subconjunto) y el total de unidades (con elementos en común o sin ellos). Dicho de otra forma: es una relación en la cual el numerador está incluido en el denominador.

— Variación: fija dos elementos para establecer qué variación existe entre uno y otro.

— Razón: es el cociente entre dos cantidades que no tienen elementos comunes o cuentan con un atributo de diferencia. En otras palabras: toma las unidades que cuentan con un atributo (numerador) frente a las que no lo tienen (denominador).

IV. TIPOS DE EVALUACIÓN

El monitoreo y la evaluación son dos actividades distintas, pero complementarias. Responden a preguntas o requerimientos diferentes, usan procesos distintos, necesitan conocimientos, habilidades y herramientas diversos, pero desempeñan un papel parecido: ilustrar la toma de decisiones y facilitar el *accountablity* por medio de ejercicios analíticos retrospectivos. Así mismo, estos ejercicios convocan una misma comunidad de práctica que habla un mismo lenguaje (comunidad epistémica). La mayor diferencia es que mientras que el monitoreo es un proceso que se lleva a cabo principalmente para derivar aprendizajes en el proceso de implementación conducentes a hacer correctivos puntuales de la política, la evaluación tiene como propósito principal juzgar el desempeño de la intervención (o ausencia) de políticas públicas. Nótese que se habla de "principalmente", pues tanto un ejercicio como el otro permiten a la vez derivar lecciones para hacer correctivos en la marcha como elaborar juicios de valor concluyentes.

En efecto, por lo general se practican dos tipos de evaluación: la primera se enfoca en aprender de la experiencia, y la segunda, en la rendición de cuentas al público o a quienes han financiado la acción implementada. Como lo afirma Feinstein (2006, 19), "el primer propósito se cumple con las llamadas evaluaciones formativas, cuya finalidad es el aprendizaje, en tanto que el segundo propósito caracteriza a las llamadas evaluaciones sumativas", que buscan formar un juicio de valor al respecto de la política o programa implementado.

Así pues, la evaluación formativa es constructiva por naturaleza, pues se lleva a cabo para obtener aprendizajes o mejorar el programa. El propósito principal es contribuir a la autoevaluación. Por su parte, la evaluación sumativa se hace para dar cuentas respecto a la efectividad del programa, y tiene un propósito intrínseco de juzgar su idoneidad y deseabilidad. Comúnmente se le conoce como "evaluación de resultado o impacto" o "evaluación *ex post*".

Así, existen tres tipos de evaluación según el momento en que se realicen y el propósito que buscan, a saber: la evaluación *ex ante*, la evaluación durante o el monitoreo y la evaluación *ex post* o de resultados e impactos. Si bien el énfasis de este capítulo versa sobre los dos últimos, el cuadro 65 presenta brevemente las características principales de la evaluación *ex ante*.

CUADRO 65. LA EVALUACIÓN "EX ANTE"

Como ya se dijo, el primer ejercicio analítico evaluativo que se realiza en el acompañamiento a las políticas públicas es cuando la pregunta que hay que responder es: ¿qué hacer? Gran parte del contenido y propósito de este manual es precisamente dar herramientas que permitan responder a este interrogante. Después, una vez que se ha identificado el "qué hacer", la pregunta que habría que responder es: ¿funcionará lo que vamos a hacer? Para responder a esa pregunta se suele hacer un pronóstico, esto es, en palabras de Roth (2004, 143), "un instrumento prospectivo y de ayuda

(*Continúa*)

a la decisión (que) consiste en pronosticar cuáles serán los impactos futuros causados por un proyecto, al analizar las diversas opciones diseñadas, generalmente en función de tres criterios: su eficiencia, su impacto previsible y su impacto en otras políticas públicas". A este ejercicio se le denomina evaluación *ex ante*. Para ello hay varios métodos y procedimientos a los que no nos referiremos al detalle en este manual, pero que aluden a los ejercicios de pronóstico y predicción o *forecast*, la extrapolación, el análisis de posibilidades, etc. Un buen referente en esta línea es el trabajo de Todd y Wolpin (2006).

Fuente: elaboración propia.

V. RECOMENDACIONES PARA ELABORAR PLANES DE MONITOREO

Al continuar con el ciclo de las políticas públicas y las preguntas o demandas que debe atender el analista en dicho proceso, tenemos el momento en que después que se ha tomado la decisión y se ha iniciado su implementación la pregunta que se nos formula es: ¿lo estamos haciendo bien? Este es el propósito principal del monitoreo. Como bien se puede deducir, el *monitoreo* es la evaluación que acompaña la puesta en marcha de la política pública; es un seguimiento a los esfuerzos que se realizaron, los insumos que se utilizaron y los logros que se alcanzaron durante la etapa de implementación. El objetivo de este tipo de evaluaciones es verificar y asegurar la buena ejecución de la acción tras detectar posibles problemas que puedan entorpecer el logro de los objetivos que se buscan. Se pretende hacer los ajustes necesarios antes de continuar con la implementación de la política. Como lo afirma Mokate (2000), el monitoreo es un ejercicio que implica el seguimiento de las acciones de la iniciativa que se evalúa y los productos de dichas acciones: "Buscan comprobar la efectividad y eficiencia del proceso de ejecución, mediante la identificación de los aspectos limitantes y/o ventajosos" (3).

Al ser una evaluación durante la ejecución de la política pública, este tipo de ejercicios se realiza de manera continua y periódica (semanal, mensual, semestral o anualmente) con un proceso predominante de control interno que en la mayoría de los casos lo lleva a cabo personal de la misma administración a cargo del programa o política.

A. ¿QUÉ SE MONITOREA?

Después de acordar la teoría de cambio del programa y lo que implica el desarrollo de una política pública, el analista de política pública y su equipo deberán tener una conversación sobre lo que desean monitorear, evaluar y aprender del proceso de implementación. Lo que se busca definir son aquellos elementos que permitan estructurar un plan de monitoreo, evaluación y aprendizaje (MEA) y así contribuir al desarrollo del programa, dando cuenta de la implementación, el aprendizaje en la marcha y una comunicación estratégica con la red de aliados.

Por esta razón es recomendable desarrollar un plan que cuente con los siguientes elementos:

— Agenda de aprendizaje: documento que plantee la manera como se garantizará organizar los datos y los indicadores más importantes para tener siempre de referencia. Se debe incluir una descripción de la TdC con las generalidades y planteamientos con enfoque MEA.

— Marco de monitoreo: una matriz que de manera sistemática y a partir de la TdC proponga un marco que organice los efectos de las actividades y los resultados intermedios y finales.

En este punto se puede utilizar una serie de herramientas para recopilar datos relevantes de manera puntual o periódica a lo largo de la política y que pueden influir en el trabajo del analista. Si estos pueden seleccionarse e integrarse en la gestión del programa desde el principio, serán esenciales para tomar decisiones a lo largo del diseño e implementación de las políticas públicas y convertirse en un recurso útil para que se visite después del final de un proyecto. Los métodos de recopilación de datos deben elegirse de forma práctica para alimentar los anteriores documentos. La idea es identificar el tipo de variables, la precisión necesaria, el punto de recopilación y si es con un encuestador o un formulario físico o en línea. Los métodos de recopilación de información se detallarán al final del manual.

CUADRO 66. INSPIRACIÓN PARA REFLEXIONAR

Ideas al inicio	Preguntas
Comienza con los resultados de más alto nivel.	— El resultado ¿sigue siendo un problema? — ¿Hay otros actores y aliados trabajando en este resultado para resolver el mismo problema?
Racionalidad y confiabilidad de la información disponible.	— ¿Cuál es la hipótesis o supuestos? ¿Qué evidencia la soporta? — ¿Se identificaron las precondiciones para que ocurra el cambio? ¿Son suficientes?

Fuente: elaboración propia.

De esta manera, el monitoreo es el seguimiento para comprender e informar el progreso respecto de un conjunto acordado de indicadores y datos procesados. La utilidad de diseñar planes de monitoreo de políticas públicas antes de su implementación se apoya fundamentalmente en tres objetivos:

Primero, está su valor instrumental dentro del ejercicio de análisis y diseño, pues elaborar dichos ejercicios permite revisar si el problema se ha definido bien. Como ya se dijo y se retoma en la figura 44, el ejercicio de análisis y diseño de políticas públicas es interactivo, y en él la estructuración del problema se revisa y complementa con la nueva información resultante de los ejercicios adelantados hasta el momento. El proceso de diseño de los planes de monitoreo se debe focalizar en un primer momento en la manera como se formuló el problema. Como hemos visto, esta primera etapa del análisis y diseño de una política pública es fundamental, en tanto es influyente en todos los procesos subsecuentes. Así pues, si un problema no está correctamente formulado, es muy probable que los medios de implementación que se han identificado no sean los adecuados y que los impactos que se esperan no se alcancen para mitigar el problema público en cuestión. La figura 44 ilustra la ubicación de esta fase y su papel en el proceso interactivo de análisis y diseño de políticas públicas. Muestra que la actividad de diseño del plan de monitoreo conduce en muchos casos a revisar el problema y los criterios de evaluación de las alternativas. Cabe subrayar que este ejercicio debe evitar redefinir el problema en aras de acomodarlo para que sea medible u observable prioritariamente.

Este ejercicio es bastante útil al revisar el problema, porque en la práctica es más fácil describir nuestras preocupaciones y definir nuestros objetivos usando indicadores que hacerlo en abstracto, sin hacer referencia a sus formas de representación en resultados esperados. Así, por ejemplo, si decimos que nos preocupa la "felicidad" de los pobladores de determinado municipio, para encontrar soluciones satisfactorias debemos operacionalizar el concepto de *felicidad* al que nos referimos. La felicidad se podría expresar en buenas condiciones de salud y de acceso a la recreación, entre otros aspectos. En cualquier caso, habrá que proponer una definición operacional y someterla a discusión con el cliente y demás interesados.

La "traducción" de las preocupaciones en indicadores monitoreables o evaluables nos permite observar el problema desde una perspectiva más clara y pragmática. Tomando la definición operacional sugerida de felicidad del ejemplo (salud y recreación), en el primer caso diríamos que la "felicidad" se logra al reducir el número de muertes evitables con atenciones médicas. En el segundo, sería cuestión de contar el número de visitas semanales que recibe un parque público, por ejemplo. Si no tenemos claro qué es lo que nos preocupa y cómo daremos cuenta de que el problema fue solucionado o no, corremos el riesgo de no diseñar las políticas públicas que permitirán lograr los objetivos que se buscan de manera eficaz. Igualmente, tras operacionalizar el concepto de felicidad, identificaríamos de paso las áreas de influencia o competencias de nuestro cliente y las alternativas de solución.

FIGURA 44. PASO 7: PLAN DE MONITOREO

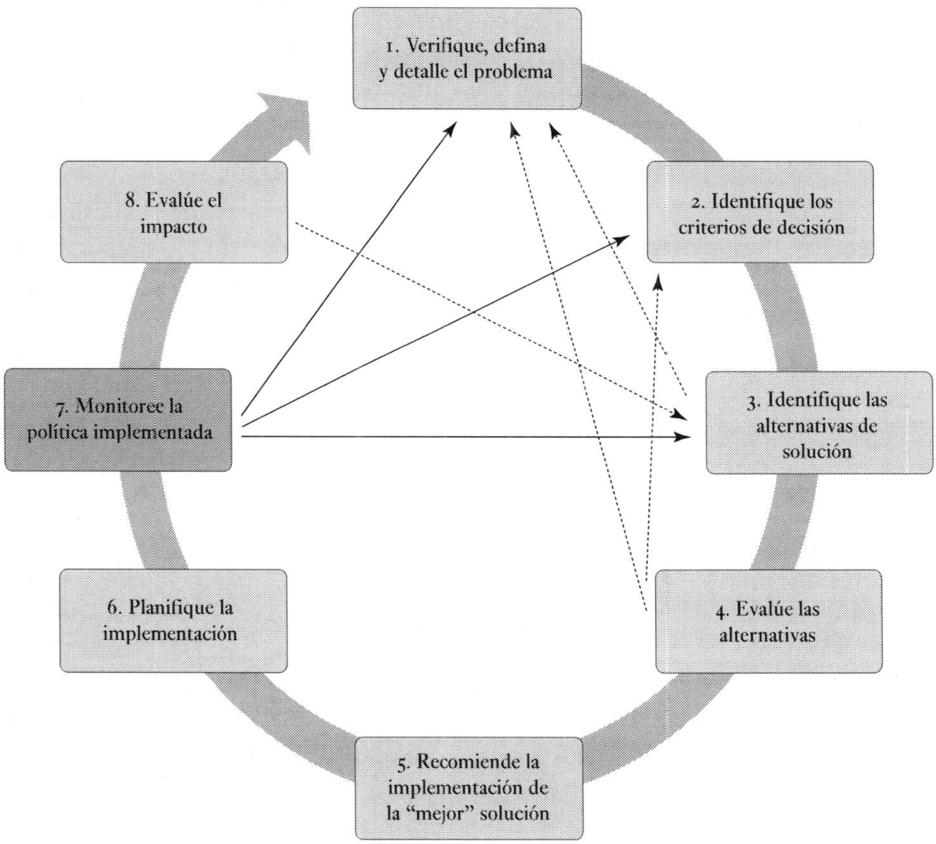

Fuente: elaboración propia.

En segundo lugar, diseñar los planes de monitoreo antes de iniciar la implementación de la política pública recomendada ayuda a orientar tal implementación. En efecto, la planeación de los ejercicios de monitoreo permite identificar *ex ante* aspectos y momentos (hitos) críticos para hacer la revisión de los logros y los correctivos necesarios. Estos planes pueden servir de guía o referente a partir del cual se puede verificar el grado de cumplimiento de los objetivos, metas y criterios trazados. De esta manera, la implementación de la política estaría en cierta forma condicionada a lograr los resultados, indicadores y metas fijados, aumentando así la probabilidad de que los objetivos se alcancen y los problemas se resuelvan o mitiguen.

En tercer término, la planeación de dichos ejercicios facilita la retroalimentación de la política que se esté implementando. En efecto, se puede identificar *ex ante* la información necesaria, los métodos y momentos adecuados para su recolección o producción, su almacenamiento y procesamiento futuro, y así viabilizar los ejercicios de retroalimentación orientados a juzgar con conocimiento qué se debe reforzar, modificar, evitar o abandonar para que la política diseñada y en proceso de implementación contribuya de manera más efectiva al logro de los objetivos que se buscan al menor costo posible. Una de las mayores limitantes en el ejercicio de gobierno en Hispanoamérica es la carencia de información básica (de línea base, de proceso y de resultado) necesaria para hacer contribuciones importantes, resultante de un seguimiento y una evaluación objetiva de la política pública implementada.

Se monitorea aquello que sea útil para el proyecto y la construcción de la narrativa que registra el progreso de los hitos logrados. Si bien se monitorea lo operativo, es relevante prestar atención a lo que genera conocimiento y permite intercambiar información. A su vez, el monitoreo se realiza sobre supuestos afirmativos que explican las condiciones que deben cumplir las actividades para que esta se mantenga en camino de lo propuesto por la teoría de cambio.

Una sugerencia de oro es valorar lo necesariamente pertinente a medir en el cambio del proyecto, como por ejemplo su alineación con los objetivos de desarrollo sostenible (ODS). En ocasiones brindar resultados sobre los logros a corto plazo puede sumar, como evaluar el tipo de conexiones con organizaciones de sociedad civil, pero más importante podría ser medir el cambio de las colaboraciones gracias a la calidad de conexiones y los aportes al proyecto. Por último, enfocarse en la problemática para medir las causas neurológicas de la deserción escolar, por ejemplo. Este análisis será útil para determinar los recursos que implica realizar las actividades, lo cual permitirá medir aspectos importantes de la política pública y sus programas.

B. ¿CÓMO SE MONITOREA?

El monitoreo busca dar cuenta de las necesidades de información que tiene la política, usualmente manifestada con indicadores que deben reportarse conforme a los objetivos predeterminados. Como ya se dijo, mientras que los indicadores cuantitativos apelan al uso de números absolutos, porcentajes, tasas de crecimiento o decrecimiento, comparaciones de la línea base (si la hay) con las metas (si las hay) o los logros alcanzados, los indicadores cualitativos —los cuales responden al hecho de que, como decía Einstein, "no todo lo que cuenta se puede contar ni todo lo que se puede contar cuenta"— apelan a la verificación, bien sea por vía de la simple observación o comprobación de si se llevó o no a cabo una actividad planeada (indicador de tipo sí/no, p. ej.: ¿se reformó el Código Penal?), un efecto o un impacto dado, o mediante testimonios de involucrados sobre la forma como la política afectó el comportamiento organizativo, etc.

Cabe subrayar que los indicadores de insumo (*input*) y resultados (*outcome*) se deben valorar de manera constante, ya que permiten realizar el seguimiento de la política pública. No sobra recordar aquí las definiciones de estos dos tipos de indicadores.

Indicadores de gestión o insumo (o *input*): hacen referencia a los esfuerzos necesarios para que se alcancen los objetivos y las metas fijados (si los hay). Sin ellos difícilmente se pueden generar resultados en la dirección deseada; por lo general se utilizan en el ejercicio de monitoreo. Un ejemplo es el tiempo promedio de espera para acceder a un especialista de la salud, en el caso de que el problema que nos preocupa sea la mortalidad infantil. En efecto, primero tenemos que dar cuenta de si se está haciendo algo al respecto, si la Administración está en efecto mejorando la prestación de servicios de salud, pues se trata de una condición *sine qua non* para aumentar la probabilidad de que se disminuya la mortalidad infantil. El énfasis aquí son las actividades, los gastos o inversiones realizados, esto es, herramientas con las que se implementa la política, o como sostiene Roth (2014, 249) "los recursos, habilidades y personas que participan en la actividad". Así mismo, se cuentan dentro de los insumos los procesos, que de acuerdo con Roth (2004, 154) se refieren a "los métodos empleados para transformar los insumos políticos, económicos y de otra clase en productos o resultados". Así, identificar los insumos utilizados para poner en marcha una acción y observar dicha acción puede dar cuenta de la eficiencia o de las causas que explican el fracaso de la política al relacionarlas con el cumplimiento de objetivos buscados.

Indicadores de producto (o de *output*): buscan dar cuenta de los logros intermedios alcanzados, los que indican que el proyecto va por buen camino en el alcance de los objetivos que se buscan. De manera práctica, permiten medir la efectividad de la acción hasta el momento. Por lo general, se usan en el monitoreo o en evaluaciones intermedias durante el proceso de implementación. En el ejemplo de la mortalidad infantil, el indicador sería el porcentaje de niños menores de un año inmunizados contra las tres enfermedades más relevantes. Así, mientras que en el caso de los indicadores de *input* la pregunta es si estamos haciendo bien la atención a los pacientes o si estamos acelerando los procesos de atención, en el caso del *output* la pregunta tiene que ver con lo que se espera en función de la cobertura, la cual se esperaría que creciera gracias al programa implementado. El énfasis aquí es en lo que se desea que resulte de la inversión inicial o el insumo (en recursos, en personal, en información o en procesos).

C. ¿QUIÉN REALIZA EL MONITOREO?

Idealmente sería aquella persona que promoviera el intercambio de conocimientos y experiencias y trabajara de forma activa hacia el aprendizaje y el desarrollo continuos, los personales y para los supervisados. En este caso, el analista de política pública que esté brindando apoyo técnico y servicios de asesoría a las áreas de la política en sus fases de diseño, implementación o evaluación y le interesen las contribuciones del programa en desarrollo y el trabajo analítico centrándose en el sector de atención. Este liderazgo debe ir de la mano con sus buenas habilidades numéricas y analíticas. De igual forma, con capacidades para ir más allá de los procedimientos y modelos establecidos, para proponer nuevos enfoques que amplíen la gama de proyectos, gestionen el conocimiento y contribuyan a acelerar la implementación de los reportes. Mediante la práctica mejora la experiencia y disciplina necesarias para el manejo de las herramientas de monitoreo (y evaluación). Valdría la pena también preguntarse: ¿cuáles son las reuniones de interesados en participar de estos mensajes de aprendizaje y revisión de indicadores? ¿Qué es útil comunicar y en qué enfocar la atención para las sesiones? ¿Qué se desea realizar con los resultados de cierre? ¿A quién se quiere informar? ¿Se incorporan en los próximos planes estratégicos?

D. ¿CUÁNDO Y DÓNDE SE DEBE MONITOREAR?

Considerar cuándo monitorear es necesario para generar periodicidad en la recolección de información. También hay que fijar sesiones de reflexión con los analistas y los diseñadores de la política pública sobre el alcance de la evidencia recolectada para el aprendizaje e implementación del programa o la política.

Ahora bien, el dónde monitorear es un lugar *sui generis* que utiliza diferentes métodos de recolección de información. El monitoreo puede ser en *in situ* antes o después de un taller para realizar encuestas o entrevistas a beneficiarios o participantes en grupos focales. También pueden ser espacios virtuales donde se compartan formularios en línea para recolectar información y luego analizarla en otras sesiones (compartiendo pantalla por Google Meets, Zoom, etc.), para presentar los avances de los indicadores en formatos que agrupen los datos para que los equipos puedan documentar e informar en futuros trabajos.

E. CONCLUSIONES

Un monitoreo útil puede cumplir los requisitos de información que requiere un programa, proyectos y demás involucrados. Para este propósito es necesario recopilar información y ponerla a disposición para interpretación. El sentido que se le da a la información busca fortalecer el aprendizaje institucional y la rendición de cuentas, y por tanto contribuir a una mayor efectividad y eficiencia de las intervenciones del programa. En lo posible busque momentos de reflexión con el equipo para relacionar información, conocimiento y actualizar la agenda de aprendizaje e informar la TdC, que conduzca así a una revisión dinámica y de interés para el analista de política y la misma implementación. De esta manera podrá facilitarse respuestas a las preguntas anteriores para analizar la intervención pública, sus logros y sus efectos o impactos usando indicadores, esto es, expresiones cuantitativas y cualitativas que reflejan (o "indican" sobre) los esfuerzos y objetivos que se esperan alcanzar y permitan evaluar el avance respecto a los objetivos que se buscan, así como fenómenos que dan cuenta de una tendencia en una dirección específica positiva o negativa.

Vale la pena recordar la escala estratégica de indicadores (figura 45) para tener en cuenta las partes más importantes para medir del proceso de la TdC y así conocer los aportes a los resultados y la creación de valor más relevante del cambio deseado. Lo anterior facilita valorar las condiciones más relevantes que permiten el cambio y así establecer las relaciones y nociones de aquellas actividades, comportamientos y supuestos trazados que son útiles en las rutas seleccionadas de la TdC.

FIGURA 45. ESCALA DE MEDICIÓN DE INDICADORES

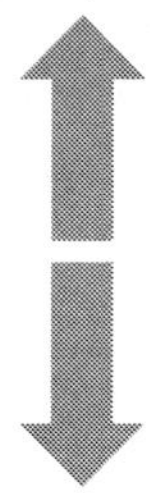

Fuente: elaboración propia.

Por esto mismo, al principio es válido organizar toda esta lógica e ir dándole sentido al proyecto, teniendo en cuenta:

1) Resultados de largo plazo como la meta ideal para lograr en la TdC.

2) Rutas de cambio que permitan hablar de la causa y efecto del cambio generado.

3) Precondiciones o, cambios intermedios, que son momentos necesarios para lograr alcanzar los resultados de más alto nivel.

4) Racionalidad que delimita y soporta con evidencia de las rutas de cambio.

5) Supuestos considerados como aquellos factores que se aceptan como verdaderos y que con algún tipo de evidencia crítica permiten lograr esas precondiciones establecidas.

VI. RECOMENDACIONES PARA LA ELABORACIÓN DE PLANES DE EVALUACIÓN "EX POST"

A. ¿QUÉ SE EVALÚA?

Después que la política lleva un tiempo prudencial de implementación, la pregunta que surge es: ¿funcionó lo que hicimos? Para ello se debe hacer una evaluación *ex post* de resultado e impacto. En últimas, tal vez más importante que evaluar los procesos sea evaluar los resultados e impactos de una política pública, pues solo así se puede clarificar si los objetivos que se buscaban se alcanzaron, o qué efectos (intencionados o no) resultaron de la solución implementada. De esta forma, la evaluación *ex post* se enfoca en determinar los aciertos y desaciertos de la intervención pública, y constituye, como lo muestra la figura 46, la última etapa del ciclo de políticas públicas.

De cualquier manera, es importante evitar caer en la tentación de "encajonar" conceptualmente los ejercicios y asimilar el monitoreo como una evaluación formativa y la evaluación *ex post* como una evaluación sumativa, pues en la práctica los dos tipos de evaluación pueden tener ambos propósitos: todo depende de lo que se busque responder con ellos.

FIGURA 46. PASO 8: PLAN DE EVALUACIÓN "EX POST"

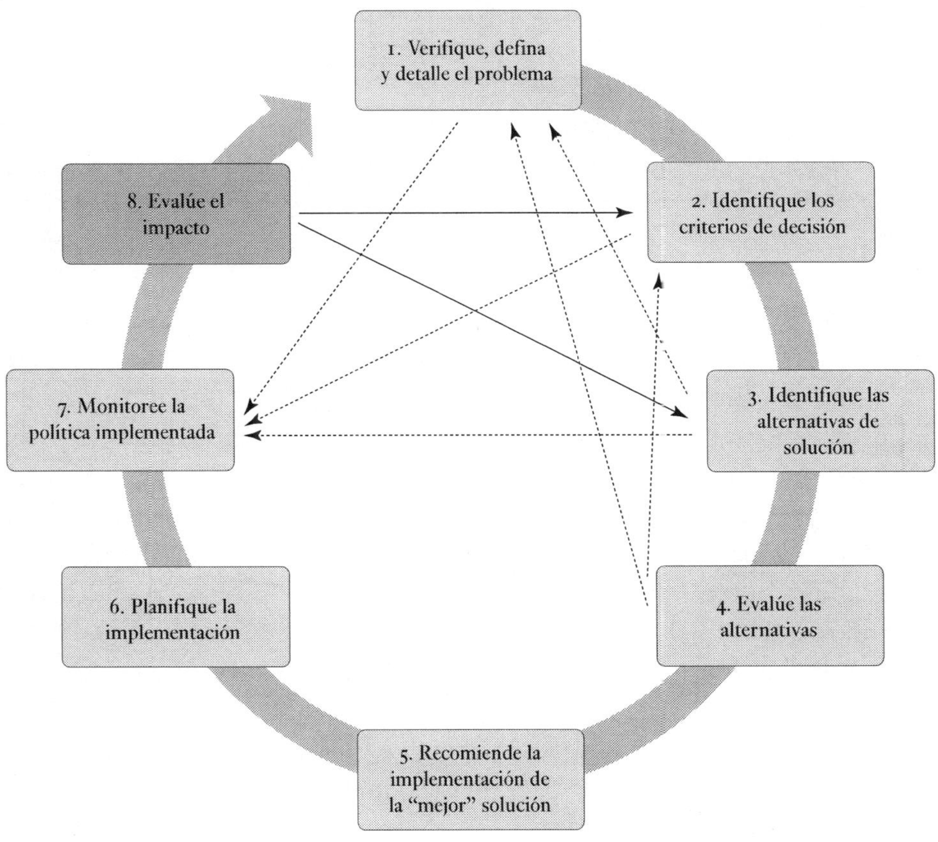

Fuente: elaboración propia.

Pero la evaluación de resultados implica al menos tres propósitos distintos. En primer lugar, puede llevar implícito un carácter descriptivo, en la medida en que se puede dar cuenta de lo que se ha realizado hasta el momento, teniendo presente los procesos e insumos, así como los resultados e impactos de la acción. También puede implicar la realización de un diagnóstico, en el que el grado de cumplimiento de los objetivos toma importancia y se puede evidenciar el éxito o fracaso de una acción implementada, lo que podría generar lecciones para próximas experiencias de política pública. Por último, la evaluación puede implicar un carácter explicativo en el que los evaluadores pondrán en evidencia sus hallazgos y explicaciones frente a las relaciones causales que exponen cómo funciona la política pública y por qué, y cómo son sus éxitos o fracasos. Más adelante nos referiremos a los métodos que más se utilizan para dichos propósitos.

B. CRITERIOS Y ALCANCES DE LA EVALUACIÓN "EX POST"

Al diseñar una evaluación es importante establecer criterios o principios que van a dar cuenta de que la política pública pueda alcanzar los objetivos que se buscan: solucionar el problema público que la inspira. Por lo general se identifican como rectores tres criterios: relevancia o pertinencia de la política, entendida como la relación entre las características del problema público por resolver y las características de la política o estrategia diseñada e implementada; su eficiencia, entendida como el buen uso de los recursos para alcanzar los objetivos, preguntándonos si se optó por un uso inteligente de los esfuerzos y recursos involucrados; y su eficacia o efectividad, criterio en el que se indaga si el problema se atendió satisfactoriamente, qué tanto se llenaron o no las expectativas que inspiraron la política, o si se lograron sus objetivos. En ocasiones también se tiene en cuenta la sostenibilidad de los resultados, el desarrollo institucional y la justicia en función de una distribución aceptable de los costos y los beneficios.

A veces el énfasis depende del tipo. En el caso de la evaluación sumativa, los criterios más relevantes son la eficiencia y eficacia al dar cuenta de la acción. En el caso de la evaluación formativa, la sostenibilidad de los resultados puede ser más pertinente, teniendo en cuenta las actividades que se llevan a cabo para llegar a los resultados y así identificar buenas prácticas.

Así pues, el ejercicio de evaluación debe conducir a resolver un gran número de inquietudes. A continuación nos enfocaremos en algunos de ellos a manera indicativa, no exhaustiva.

Cumplimiento de las expectativas: si bien enfocarse en las *actividades* es de suma importancia, más importante es enfocarse en los *resultados*, tanto de corto como de largo plazo. Preguntas como ¿se redujo la mortalidad infantil? ¿Se redujo el tiempo de desplazamiento vehicular en la ciudad? ¿Logró determinado municipio unos niveles de crecimiento importantes de ingreso? El énfasis es brindar información para responder si las políticas consiguieron los objetivos que se buscaban y los resultados e impactos que se esperaban.

Estrategias de implementación utilizadas: por lo general, hay que evaluar las estrategias de implementación utilizadas teniendo en cuenta si se diseñaron bien, si tienen fundamentos plausibles, etc., o si, por el contrario, parten de un modelo causal que no refleja la realidad o intención que se busca. Para ello es necesario dar respuesta a las siguientes preguntas: ¿hasta qué punto son válidas o no las teorías, las premisas que sustentan (monitoreo) o sustentaron (evaluación) el diseño de la política o el programa que se implementó? ¿Los supuestos en los que se apoyó la implementación son (eran) correctos? ¿Plausibles?, etc. En cuanto al cumplimiento, las preguntas sons: ¿qué tanto de lo que se planeó se obtuvo? ¿Se ajusta la política al marco institucional del país?

Justicia: es importante evaluar la distribución de cargas y los beneficios entre los afectados o beneficiados que resulten de la acción. En efecto, toda intervención implica una decisión que trae consigo ganadores y perdedores. Las preguntas que se debían poder responder son: ¿quién gana y quién pierde? ¿Son las proporciones de ganancia/pérdidas justas o "aceptables" (como quiera que se defina este concepto)? ¿Es necesario garantizar una compensación para los perdedores o hay formas de hacerlo?, etc.

Relación costo-beneficio: en toda evaluación de políticas públicas se debe responder a la pregunta: ¿hasta qué punto los beneficios superan los costos? La pregunta para el monitoreo es: ¿se está implementando el programa de manera eficiente? ¿Se hace una utilización inteligente de los recursos a disposición? En el caso de la evaluación, la pregunta es: ¿se implementó el programa con eficiencia? O ¿se podrían hacer las cosas de manera distinta, de manera menos costosa y suficientemente satisfactoria?

Como afirma Feinstein (2007, 22), para medir la eficiencia o el costo-beneficio "lo importante es relacionar los logros con los medios empleados para alcanzarlos, y elaborar medidas que puedan compararse con las que se verifican en otros usos reales o potenciales del mismo monto y tipo de recursos". La mala relación costo-beneficio de una política pública atentaría contra su sostenibilidad y terminaría por deslegitimar el accionar público.

Externalidades o efectos secundarios: por último, pero no menos importante, es recomendable tener en cuenta que los proyectos, políticas o programas traen consigo externalidades o efectos secundarios no intencionados. Las preguntas por resolver entonces serían: ¿cuáles son (monitoreo) o fueron (evaluación *ex post*) los efectos secundarios no intencionados de la política o del programa? ¿Superan (monitoreo) o superaron (evaluación) los efectos negativos no intencionados a los efectos positivos, independientemente de que hayan sido o no intencionados?

Podría pensarse que la evaluación de una política pública solo debiera ir enfocada en los objetivos que se plantearon y a los resultados que se esperan. Sin embargo, omitir las externalidades o efectos secundarios o impactos inesperados podría llevar a concluir que el evaluador hubiera hecho una evaluación incompleta. Si los resultados arrojaron que la política resolvió otros problemas o asuntos con poca influencia en el problema público que se intentaba tratar sin que haya sido suficientemente efectiva en la solución del problema que la motivó, se estaría evidenciando un mal diseño de la política o una mala implementación, lo que en principio debería conducir a su revisión, reforma o terminación, a pesar de que los resultados fueran favorables para solucionar otros problemas importantes.

En la práctica, los criterios de evaluación deben definirse de común acuerdo con el cliente, y en todo caso antes de iniciar la evaluación misma en unos términos de referencia (TOR) bien claros. La experiencia ha demostrado que la falta de claridad en ellos lleva a ejercicios fallidos y frustrantes para las partes interesadas.

C. ¿CÓMO SE EVALÚA?

Mientras que el diseño de los ejercicios de monitoreo depende en gran medida de las características de los programas a los que se les desea hacer seguimiento, el de las evaluaciones *ex post* responde a prácticas un poco más estandarizadas. Por lo general, la evaluación *ex post* implica la realización de ejercicios relativamente más complejos que requieren el uso de habilidades y herramientas más escasas en el mercado de la asesoría y la consultoría.

Como ya se dijo, las políticas públicas están diseñadas para producir cambios positivos sobre un conjunto de variables de resultado. Estos cambios pueden medirse con las evaluaciones *ex post*, ya que permiten establecer las relaciones de causa y efecto de las políticas públicas. En otras palabras: las evaluaciones *ex post* determinan los resultados que son directamente atribuibles a la política pública, y no los cambios que se dieron en los resultados por factores externos. Estas dos características, la causalidad y la atribución, son intrínsecas de la evaluación *ex post*.

Para llevar a cabo una medición acertada en los resultados, tanto las preguntas de evaluación como los indicadores se deben definir desde el diseño de la política pública y forman parte de las fases previas de la evaluación *ex post*. Además, se deben tener en cuenta los retos metodológicos que supone este tipo de evaluación. En efecto, la evaluación *ex post* requiere la utilización de métodos cuantitativos avanzados que proporcionen una estimación adecuada del llamado contrafactual (¿qué habría pasado con los beneficiarios si la política no se hubiera implementado?), al tiempo que evitan el sesgo de selección. Estos dos retos metodológicos se presentarán más adelante.

I. FASES PREVIAS A LA EVALUACIÓN "EX POST"

Antes de realizar la evaluación, debemos asegurarnos de que contamos con todos los elementos necesarios para realizar una evaluación efectiva. Los resultados de la evaluación afectan necesariamente la continuidad de la política evaluada y por tanto deben ser ejercicios realizados con el más alto rigor metodológico. Así, con el propósito de medir el resultado generado por un programa o política sobre un conjunto de individuos, debemos tomar como base tanto el objetivo general como los objetivos específicos definidos en el capítulo quinto. El planteamiento de estos objetivos y la forma de alcanzarlos son etapas indispensables para llevar a cabo una buena evaluación. Es así como la cadena de valor que se presentó en el capítulo octavo se convierte en una herramienta imprescindible de la evaluación *ex post*, ya que contribuye a la definición tanto de las preguntas de evaluación como de los indicadores de resultado.

De manera general, las preguntas de evaluación deben formularse de manera de ser fácilmente comprobables y medibles. Es necesario poder cuantificar el resultado con el fin de saber los cambios que se produjeron. Para realizar esta tarea, tanto el diseñador como el evaluador deben definir una batería de indicadores que permitan establecer el posible éxito de la política implementada. Finalmente, es importante tener en cuenta que el éxito de esta evaluación penderá de la información colectada para llevar a cabo las mediciones.

Cabe recordar que los indicadores de resultado y de impacto se deben utilizar para el ejercicio de evaluación de la política pública. A continuación se recuerdan las definiciones de estos dos tipos de indicadores.

Indicadores de resultado (*outcome*): hacen relación a los fines últimos que la política busca, los resultados esperados, es decir, las consecuencias que se esperan de la acción. Esto debe ser contrastado con los objetivos y preocupaciones plasmadas desde un principio, lo que inspiró el diseño de la política. Un ejemplo es la tasa de mortalidad infantil, la cual esperaríamos se redujera como consecuencia de la implementación de la política.

Indicadores de impacto (*impact*): estos indicadores hacen referencia a las consecuencias no intencionadas de la implementación de la política pública. A estos últimos se les denomina también "externalidades" o efectos secundarios, y ya se analizaron en párrafos anteriores. En nuestro ejemplo, se desea una disminución en el tiempo de espera, gracias a lo cual se tiene la esperanza de un aumento de la cobertura, y gracias a lo cual se espera que se haya reducido el número de niños muertos en el país. Lo que no podemos impedir que suceda, aunque lo queramos evitar, es el aumento poblacional, por ejemplo. En este caso, el aumento poblacional no es un propósito de la política en cuestión, sino una consecuencia que no se busca o impacto de la intervención.

2. LA INFERENCIA CAUSAL Y EL CONTRAFACTUAL

Evaluar una política pública consiste en estimar su efecto causal sobre los indicadores de resultado. Para esto se debe calcular la diferencia entre el indicador de resultado para un individuo beneficiario de la política pública en presencia de la política y el indicador de resultado para ese mismo individuo en ausencia de esta. En suma, se debe responder a la pregunta ¿qué habría pasado con los beneficiarios si la política no se hubiera implementado? Esta pregunta es difícil de responder, y es ahí donde radica el interés de la evaluación *ex post*, ya que es la única evaluación que permite responder a esta pregunta. Por razones obvias, no es posible observar estas dos situaciones al tiempo, porque un individuo es beneficiario de la política pública o no lo es. Si bien se puede medir el resultado para un participante, no es posible saber cuál habría sido su resultado en ausencia de la política pública. Esta segunda situación se conoce como el contrafactual: una situación hipotética que permite establecer si los resultados son atribuibles o no a la política implementada. La diferencia entre la situación observada y la situación hipotética es el efecto de la política pública. Sin embargo, al no poder observar esa situación hipotética en el aspecto individual, el contrafactual debe estimarse, y para esto existen diferentes métodos cuantitativos que se presentarán más adelante. Por lo pronto, pasemos revista de manera sucinta a algunos métodos que más se utilizan, tanto cuantitativos como cualitativos y mixtos.

VII. MÉTODOS DE EVALUACIÓN

Para evaluar se utilizan métodos que pueden ser cualitativos, cuantitativos o mixtos. Los métodos cualitativos incluyen la observación etnográfica, los estudios de caso o el uso de paneles de expertos. Los cuantitativos incluyen regresiones multivariadas, el uso de grupos de control (es decir, el uso de grupos o de personas que pudiendo haber sido beneficiadas por el programa no lo fueron por alguna razón y que nos interesa para hacer comparaciones para comprobar si hay algún impacto atribuible a la política pública) y el *benchmarking*. Los métodos cuantitativos son particularmente (pero no exclusivamente) útiles para los análisis antes frente a después, las comparaciones entre beneficiarios y no beneficiarios, o la comparación entre objetivos contra logros.

Ahora bien, ¿cómo saber qué métodos utilizar? Todo dependerá de dos factores: las características de la información disponible y el grado de generalización que queramos hacer con apoyo en los resultados de nuestra indagación.

Así pues, si se quieren encontrar resultados generalizables, pero no se cuenta con información secundaria, se pueden hacer entonces juegos operacionales o simulaciones, encuestas, estudios de área, experimentos, cuasiexperimentos y análisis de decisión. Si, por el contrario, se cuenta con información tratada, entonces se hacen metaanálisis, econometría, modelación económica, análisis de series de tiempo y análisis de costo beneficio, entre otros métodos.

Si no se quieren hacer generalizaciones, sino obtener conclusiones sustentadas en resultados puntuales, focales, muy específicos a la situación particular y no se cuenta con información secundaria, se pueden hacer entonces entrevistas, estudios de caso, aplicar metodología Q, usar tablas de repertorio, estudios etnográficos, análisis Delphi, etc. Y si afortunadamente se tiene información secundaria, producida y sistematizada por otros, se podría hacer análisis narrativo, análisis del discurso, simulaciones experimentales, *synectics*, la construcción de analogías personales directas metafóricas e imaginarias, estudios de caso, etc. Una breve descripción de encuentra en el apéndice de este manual.

Con lo anterior en perspectiva, la figura 47, antes discutida, ilustra la posición aproximada de algunos de los métodos utilizados en la evaluación de políticas públicas, según el espectro analizado.

FIGURA 47. ¿QUÉ MÉTODOS UTILIZAR?

Fuente: adaptada de Dunn (2004).

Los métodos del cuadrante *A* ponen énfasis en la precisión de la medición; esto es, si se utilizan estos métodos, debemos ser muy estrictos en la metodología. Si utilizamos los del cuadrante *B* es porque queremos poner énfasis en la comprensión de las motivaciones de los actores. Por último, si queremos enfatizar en la compresión de la complejidad de los sistemas de formación de las políticas públicas, haríamos uso de los métodos del cuadrante *C*.

Por otra parte, en la selección de los métodos se debe tener en cuenta tanto su importancia como su plausibilidad. Para el primer aspecto, los factores esenciales serán la relevancia (¿permite el método responder efectivamente a las preguntas relevantes de evaluación?), la comprehensibilidad (¿permite el método usado responder a múltiples objetivos?), flexibilidad (se refiere a la adaptabilidad ante cambios de estrategia o a la aparición de nuevas inquietudes), exhaustividad (considera la posibilidad de incorporar externalidades) y, finalmente, robustez (¿puede el método asegurar causalidad y atribución?).

En el caso de la plausibilidad, los aspectos para tener en cuenta se remiten a preguntarse si el método o los métodos utilizados son apropiados según los siguientes criterios: amigabilidad (¿es fácil de implementar —por el evaluador— y de comprender —por los demás—?); disponibilidad de información (¿hay información suficiente para implementarlo?); naturaleza de la información (¿se ajusta al tipo de información disponible?); disponibilidad de capacidades y conocimiento (¿se cuenta con las capacidades y conocimientos necesarios para soportarlo?); costos (¿cuánto vale implementarlo?); tiempo (¿cuánto tiempo tomaría implementarlo con los recursos disponibles?); aceptabilidad (¿es ética y profesionalmente aceptable?). El cuadro 67 sintetiza las características, fortalezas y debilidades de los métodos más comunes para realizar una evaluación de políticas públicas.

CUADRO 67. MÉTODOS DE EVALUACIÓN "EX POST" MÁS COMUNES

Método	Características	Fortalezas	Debilidades
Juicio de expertos.	Se apoya en la experiencia nacional e internacional para evaluar.	Brinda legitimidad. "Barato", formativo.	Alto riesgo de sesgo.
Estudio de caso.	Exploración y explicación de las razones detrás de los hechos.	Ilustrativo.	Costoso. Riesgo de interpretaciones sesgadas.
Análisis costo-beneficio.	Evaluación de los pros y los contras de las intervenciones.	Persuasivo.	Contestable. Inútil para aspectos no comparables o no medibles.

(*Continúa*)

Método	Características	Fortalezas	Debilidades
Encuestas.	Investigación acerca de perfiles, actuación, preferencias y percepción de actores relevantes.	Informativo.	Costoso. Baja tasa de respuesta.
Análisis econométrico.	Descripción e inferencia de las características y determinantes e impactos mediante estimaciones paramétricas.	Se sustenta en evidencia empírica. Persuasiva.	Disponibilidad de los datos. Los supuestos se pueden refutar.
Benchmarking.	Comparaciones con referentes.	Contextual. Ilustrativo.	Disponibilidad de los datos. Plausibilidad de las comparaciones.

Fuente: elaboración propia.

Como ya se dijo, el principal reto analítico en esta etapa consiste en responder a las preguntas: ¿cuáles son los resultados atribuibles a la política implementada? ¿Cómo sabemos que los resultados son atribuibles a la política implementada y no a otros factores? ¿Hasta qué punto la situación actual responde a factores ajenos a la política implementada? El propósito de responder a esas preguntas es dilucidar qué es lo que podemos (y no podemos) atribuir a la política desde el punto de vista de su efecto. Por tanto, se presentan a continuación los tipos de evaluación que permiten estimar de manera acertada los efectos atribuibles a la política pública.

A. TIPOS DE EVALUACIÓN DE IMPACTO

Como dijimos, para dar cuenta de los resultados e impactos de la política pública implementada es necesario estimar un supuesto de contrafactual, es decir, lo que habría sucedido si la política pública no se hubiera implementado. Solo así podremos dar cuenta de su valor agregado y específico.

Para este propósito se requiere una estimación plausible del contrafactual, lo que implica pasar de una escala de análisis individual a una grupal. Esto es, en el caso de evaluaciones cuantitativas, debemos por ejemplo centrar el análisis en el efecto promedio de la política pública en el conjunto de individuos que se beneficia de ella. Este grupo beneficiario es lo que se conoce como el "grupo de tratamiento", usando el lenguaje de la farmacología. También necesitamos definir un "grupo de control", a saber, un conjunto de individuos no beneficiarios, pero elegibles en cuanto pueden ser objeto de la política pública. Al ser, en principio, estadísticamente equivalente al grupo de tratamiento, este grupo facilita la comparación entre "iguales" y dar cuenta así de las variables de resultado específico.

A continuación se describen diferentes métodos de evaluación de impacto y estimación cuantitativa del contrafactual que, bien hechos, permiten concluir la relación causa-efecto entre la intervención que se va a evaluar y sus resultados. Estos métodos los usan muchas organizaciones como la Iniciativa Internacional para la Evaluación de Impacto-3ie, el Banco Mundial y el Banco Interamericano de Desarrollo, entre otras, que ejecutan, financian e incentivan a los Gobiernos a realizar evaluaciones de impacto para generar evidencia y mejorar procesos de toma de decisión. Estos tipos de evaluación de impacto serán útiles para estimar contrafactuales con características similares al grupo de beneficiarios del programa para evaluar, reducir el sesgo de selección, del que hablaremos más adelante, y determinar la causalidad entre el programa y los resultados en los participantes considerando variables externas y cambiantes que, como se mencionó, pueden afectar estos resultados durante la implementación del programa o durante la realización de la evaluación de impacto (clima o cambios en el Gobierno, entre otras).

Se consideran cinco tipos de evaluación de impacto que tienen como base la descripción que Gertler *et al.* (2012) realizan en el manual *Evaluación de impacto en práctica*, del Banco Mundial y el Banco Interamericano de Desarrollo. Empezaremos con tres métodos: ensayos controlados aleatorios, variables instrumentales y diseño de regresión discontinua, los cuales el analista podrá usar cuando conoce con claridad las reglas de asignación de beneficiarios de los programas. Luego describiremos los métodos de diferencia en diferencias y *matching*, que serán útiles cuando el analista no tenga claridad en las reglas de asignación de los programas.

Para ello, el manual sugiere que los grupos de comparación cumplan las siguientes tres características:

1) El promedio de las características generales de los grupos de comparación debe ser idéntico en ausencia del programa que se va a evaluar. Por ejemplo, edad de los participantes o ingresos.

2) No debe haber interacciones directas o indirectas entre los grupos de comparación que alteren el comportamiento de los grupos.

3) Los resultados de los grupos de comparación deben cambiar de igual forma en caso de que los dos grupos sean beneficiados por el programa por evaluar.

Garantizar estas características al momento de conformar los grupos de comparación incrementará la objetividad de los resultados de la evaluación y la causalidad entre los indicadores de resultado del programa y los cambios en los beneficiarios.

1. ENSAYOS CONTROLADOS ALEATORIOS ("RANDOMIZED CONTROLLED TRIALS" 'RCTS')

Varios autores confirman la fuerza de este método y por ende su preferencia por él al momento de hacer evaluaciones de impacto cuando se pueden replicar las reglas de asignación de los programas, es decir, quiénes son los participantes, sus características y a quiénes se puede excluir. Los ensayos controlados aleatorios se apoyan en conformación aleatoria de dos grupos: un grupo de tratamiento (beneficiarios del programa) y uno de control (no beneficiarios del programa). En otras palabras, la aleatoriedad les brinda, en principio, a todas las unidades elegibles la oportunidad de ser elegidas para ser parte de los dos grupos de comparación. Este tipo de estimación es útil cuando el programa que se va a evaluar tiene una población numerosa por atender y usó mecanismos aleatorios transparentes de selección de beneficiarios, pero también programas implementados por fases, como por ejemplo un programa de entrenamiento de jóvenes que divide su población en grupos y atiende a cada grupo por año.

La fortaleza de este tipo de estimación del contrafactual está dada por el tamaño o representación estadística de las unidades elegibles de las cuales se conforman aleatoriamente el grupo de tratamiento y grupo de control. El grupo de tratamiento es una muestra estadística de los participantes efectivos del programa por evaluar, y el grupo de control conforma la muestra estadística unidades no participantes del programa que reflejan las características de las unidades del grupo de tratamiento antes de participar en el programa.

Gertler *et al.* (2012) confirman que para garantizar la representación promedio estadística de las características de las unidades elegibles se requiere una muestra representativa estadística o de buen tamaño tanto de las unidades elegibles de beneficiarios como de no beneficiarios del programa que hay que evaluar (validez externa). En suma, si el tamaño de la muestra es suficientemente grande, el proceso de selección aleatoria garantizaría una transferencia a los grupos de tratamiento y control de las características de la población por evaluar (validez interna), como por ejemplo la proporción de género de los participantes, posición geográfica y nivel de ingresos, entre otras.

Ahora bien, una vez estimado el grupo de tratamiento y control, es momento de medir el impacto sobre los indicadores de resultado del programa. Es importante que este ya se haya implementado por un tiempo y que ya haya presentado resultados para contar con datos de comparación con el grupo de control. Entonces, la medición de impacto es la diferencia de los indicadores de resultado entre el grupo de tratamiento y el grupo de control. Por ejemplo, en el caso de los programas de transferencias condicionadas para mejorar indicadores de peso y talla en niños, después que el programa presente resultados y se conformen estadísticamente los grupos de tratamiento y control, la diferencia entre la talla y el peso de los niños del grupo de tratamiento y los del grupo de control es el impacto del programa, porque los dos grupos se expusieron a las mismas condiciones externas.

2. VARIABLES INSTRUMENTALES ("INSTRUMENTAL VARIABLES")

Este tipo de evaluación y estimación del contrafactual se usa cuando los programas por evaluar cuentan con imperfecciones en el cumplimiento de los lineamientos de participación, programas de cobertura universal o programas de participación voluntaria. Es decir, es el método que busca evaluar el impacto en programas sociales en el que el diseñador y evaluador no tienen el control total sobre la participación de la población objetivo. También es un método útil para complementar el método de ensayos controlados, descrito anteriormente.

Para entender la forma en la que este método estima el contrafactual, es importante tener en cuenta la tendencia de los tipos de unidades de participación en los programas. Gertler *et al.* (2012) lo describen así:

— Participantes por asignación: todas aquellas unidades o beneficiarios que participan en el grupo de tratamiento y no participan si son convocados como grupo de control.

— Nunca: unidades que no participan, aunque sean asignadas al grupo de tratamiento; es decir, no cumplidores.

— Siempre: participantes motivados que encuentran la forma de participar aun cuando son asignados al grupo de control; esto es, no cumplidores.

En cada uno de los programas siempre existe una tendencia de participación entre los tres tipos de unidades que ya se describieron. Identificar esta proporción de participación resulta útil al momento de estimar la muestra estadística representativa y garantizar la validez interna de la tendencia de participación.

Ahora bien, este método mide el impacto comparando grupos a los que el programa se les ha ofrecido de manera aleatoria (tratamiento), y no (control), sin intención de controlar su participación y su no vinculación. Para esto, el método cuenta con unas mediciones específicas para determinar el impacto descritas por Gertler *et al.* (2012). Estas son:

— Intención de tratamiento (*Intention-To-Treat* 'ITT'): promedio ponderado de los resultados de los participantes y no participantes en el grupo de tratamiento, comparado con el promedio del grupo de control.

— Tratamiento en los tratados (*Treatment-on-the-treated* 'TOT'): mide el no cumplimiento en el grupo de tratamiento.

— Efecto promedio de tratamiento local (*Local average treatment effect* 'LATE'): mide los efectos del programa para solo un subgrupo de la población, como, por ejemplo, quienes cumplieron dentro de los grupos de tratamiento y control, es decir, los participantes por asignación, o los participantes que lograron tratamiento siendo asignados al grupo de control (los *siempre*).

Teniendo esto claro, el impacto se estima calculando el ITT, para después calcular el LATE de los participantes por asignación para entender dónde está el impacto del programa, ignorando los *nunca* y los *siempre*, por lo que el impacto del programa se encuentra en la diferencia de los indicadores de resultado de los participantes por asignación del grupo de tratamiento y de control. Si bien no es posible individualizar las unidades de los grupos de tratamiento y control, imposibilitando conocer quiénes son los participantes por asignación, los *nunca* y los *siempre*, se debe usar la tendencia de participación identificada antes para conocer el impacto del programa solo en el subgrupo de participante por asignación.

3. DISEÑO DE REGRESIÓN DISCONTINUA ("REGRESSION DISCONTINUITY DESIGN")

Este método debe emplearse para medir el impacto de programas que usan índices de elegibilidad como mecanismos de asignación de participantes. Esto es, resulta útil para medir el impacto de los indicadores de resultados de programas que hacen uso de índices como el antiguo puntaje Sisbén de 0 a 100, en el caso colombiano, para priorizar la atención de personas a programas sociales. Para garantizar la efectividad de este método de evaluación de impacto, Gertler *et al.* (2012) sugieren tener en cuenta:

— El índice del programa por evaluar debe permitir de manera orgánica la priorización y organización de beneficiarios. En suma, debe ir de mayor a menor o viceversa, o tener una escala específica. Los autores señalan que se debe prescindir del método si el programa usa métodos de elegibilidad de respuesta sí o no, como si es desempleado o empleado, o si reside o no en alguna región en específico.

— El índice debe contar con un punto de corte claro a partir del cual se escogen los beneficiarios. Siguiendo el ejemplo del Sisbén en Colombia, diferentes programas sociales del Estado definen cortes específicos para el acceso a ellos, o la medición misma cuenta con cortes que le permite ordenar a la población que ha respondido la encuesta a partir de su situación de vulnerabilidad.

— El punto de corte debe ser único para el programa, lo que quiere decir que los beneficiarios no pueden estar accediendo a otros programas con el mismo punto de corte al programa que se va a evaluar.

— El índice no puede ser manipulable por los administradores de la información, ni por políticos o por los participantes.

Este método es útil para medir el impacto del programa en los indicadores de resultado para dos grupos: unidades tratadas (grupo de tratamiento) y unidades no tratadas (grupo de control). En suma, es la comparación del promedio de los indicadores de resultado entre un lado del corte del índice y el otro. Al igual que en el método de variables instrumentales, el analista se puede enfrentar a diseños de regresión discontinua *confusos* por la presencia de participantes no cumplidores en cada lado del corte del índice. Pero el analista podrá corregir esta situación usando variables instrumentales y calculando el efecto promedio de tratamiento local —LATE— y estimando el impacto en el subgrupo. Hay que tener en cuenta que estos resultados no son generalizables a la totalidad de las observaciones cercanas al punto de corte; por el contrario, solo corresponden al subgrupo estimado.

La existencia de diseños de regresión discontinua confusos hace que el método cuente con unas limitaciones importantes que el analista debe considerar antes de optar por su uso. La estimación LATE refleja el impacto del programa en las unidades cercanas al punto de corte, donde por lo general y, de acuerdo con Gertler *et al.* (2012), las unidades de tratadas y no tratadas son muy similares. Cuanto más cerca nos encontremos del punto de corte, tanto más parecidos son estos dos grupos de unidades; por consiguiente, la estimación tampoco se podrá generalizar a unidades alejadas al punto de corte, sino que se limitará a estimar el impacto entre las unidades tratadas y no tratadas cercanas al punto de corte.

Al momento de tomar la decisión de si usar o no este método, el analista deberá considerar las preguntas objetivo de la evaluación, teniendo en cuenta que es un método relevante para medir cambios en los puntos de corte y elegibilidad de programas, pero no para determinar la continuidad o discontinuidad de programas sociales. Para esto se recomienda hacer uso de los dos métodos que ya se describieron.

Como se mencionó al comienzo de esta sección, los tres métodos descritos resultan útiles para el analista si tiene claras las reglas de asignación de beneficiarios del programa para analizar, porque la estimación del contrafactual se realiza a partir de estas reglas. A continuación describiremos otros dos métodos de estimación de impacto a los que el analista deberá acudir cuando las reglas de asignación no sean claras y los métodos anteriores no se puedan usar.

4. DIFERENCIA EN DIFERENCIAS ("DIFFERENCE-IN-DIFFERENCES")

En los casos en los que el analista cuenta con menos información disponible sobre el programa por evaluar, este método de estimación de impacto resulta útil y requiere la realización de un mayor número suposiciones que los demás métodos, reduciendo la confiabilidad de los resultados de estimación de impacto.

El método de *diferencia en diferencias* busca comparar resultados en el tiempo (antes y después) entre beneficiarios (grupo de tratamiento) y no beneficiarios (grupo de control) del programa que se va a evaluar. Es decir, el analista deberá comparar cuatro diferentes mediciones para estimar el impacto.

— *Diferencia 1: antes y después del grupo de tratamiento.* Gertler *et al.* (2012) confirman que realizar comparaciones del mismo grupo en diferentes momentos del tiempo le permite al analista controlar factores que son constantes en el tiempo para él.

— *Diferencia 2: antes y después del grupo de control.* Mide los cambios en el grupo de control que estuvo expuesto a las mismas condiciones de contexto que el grupo de tratamiento.

Este método estima el contrafactual combinando dos estimaciones contrafactuales, antes y después, y grupo de tratamiento y grupo de control. En este caso, si bien estos dos grupos no deben tener las mismas condiciones antes de la implementación del programa para evaluar, sí es importante que el analista, de acuerdo con Gertler *et al.* (2012), garantice que el grupo de control represente el cambio en los indicadores de resultados que habría presentado el grupo de tratamiento sin la participación en el programa. En suma, este método estima el impacto de la siguiente forma:

A. Diferencia 1: indicador de resultados antes y después de participar en el programa (grupo de tratamiento GT)

B. Diferencia 2: indicador de resultados antes y después del programa (grupo de control GC)

C. Impacto = Diferencia entre la diferencia 1 *y la diferencia* 2

$C = A - B$

$C = GT\ (B\text{-}A) - GC\ (D\text{-}C)$

En caso de que el analista se preocupe por los factores exteriores que pueden pasar inadvertidos cuando se comparan situaciones en el tiempo, debe recordar que este método sugiere que se supongan estas situaciones como constantes en el tiempo que dure la evaluación. Es decir, la comparación de *diferencias en diferencias* compara tendencias en el transcurso de un periodo específico (antes y después) para dos grupos que cancela el efecto de las características únicas del individuo que no cambian en el tiempo.

Gertler *et al.* (2012) confirman la existencia de una suposición de "tendencias iguales" inmersa en este método. Esta suposición se apoya en que, en caso de no tratamiento, es decir, sin intervención, los resultados cambian de igual manera y en una misma proporción entre los grupos de tratamiento y control. Teniendo en cuenta que es una suposición arriesgada que puede llevar al sesgo de la estimación de impacto, los autores sugieren realizar repetidamente comparaciones de información relacionada con indicadores de resultados antes de implementada la intervención. También sugieren realizar pruebas de placebo con grupos de tratamiento falsos y confirmar el impacto de la intervención cuando la estimación de impacto con el grupo de tratamiento falso es igual a cero. Así también, pruebas de placebo con grupos de tratamiento y control falsos para contrastar con las estimaciones reales de los participantes y no participantes, o finalmente usar este método con diferentes grupos de control *secundarios*, como por ejemplo familiares del actual grupo de control que no tienen nada que ver con la intervención.

5. EMPAREJAMIENTO ("MATCHING")

Este es el segundo método útil para realizar estimaciones de impacto cuando no se tienen claras las reglas de asignación de beneficiarios del programa que va a evaluarse. Se trata de uno de los métodos que funciona en cualquier circunstancia, incluso para estimar el impacto de intervenciones con reglas claras de asignación, y se sugiere al analista que use este método como complemento de alguno de los tres métodos que ya se describieron.

Matching usa técnicas estadísticas para la conformación de grupos de control artificiales. De acuerdo con Gertler *et al.* (2012), el analista podrá usar este método para estimar el impacto de cualquier tipo de programa, siempre y cuando exista información de un grupo de unidades que no haya participado en el programa y tenga acceso a ella. De esta forma, el analista podrá usar la estadística para identificar y conformar un grupo de control o el contrafactual que presente características similares a las unidades participantes del programa, es decir, un *matching* uno a uno de cada unidad participante del programa por evaluar.

La dificultad que resalta en este método la mencionan los autores como la *maldición de la dimensionalidad*. Esta hace referencia al reto del analista de identificar en grandes bases de datos que incluyen características de participantes y no participantes el *match* para cada participante. Cuantas más características se tengan en cuenta, mayor será la dificultad de encontrar el *match* y conformar el contrafactual. Por el contrario, si se usan pocas características se corre el riesgo de ignorar las importantes para la estimación de impacto. El analista debe recordar que estas características no están asociadas a los indicadores de resultado como referencia de la estimación de impacto, sino de tipo sociodemográfico o propias de la unidad.

Para resolver la maldición de la dimensionalidad, Gertler *et al.* (2012) describen el pareamiento por puntaje de propensión (*propensity score matching*) como la forma estadística de crear un grupo de control sin hacer *match* uno a uno entre las unidades participantes y el grupo de unidades no participantes. Este pareamiento comienza con el cálculo de probabilidad (puntaje de propensión) de que una unidad no participante se vincule al programa para evaluar, considerando las características como valores observados (variables explicatorias). Es decir, el puntaje de propensión es un valor entre 0 y 1 que refleja la influencia de las variables explicatorias en la probabilidad de que un no participante se vincule al programa. El puntaje de cada variable se usa para encontrar un *match* con unidades no participantes y estimar el contrafactual para hacer la comparación. Finalmente, la estimación de impacto de este método se realiza comparando los indicadores de resultado del grupo de tratamiento y el grupo de control creado a partir del puntaje de propensión ya calculado.

VIII. LA EVALUACIÓN EJECUTIVA

El "día a día" de la administración pública involucra limitaciones para el desarrollo, no solo de las políticas públicas, sino también de evaluaciones de estas. Algunas de estas restricciones tienen que ver con el contexto de racionalidad en el que ocurre la gestión de lo público, en el que el tiempo, los recursos y la información son escasos (véase cap. segundo I). Estos retos exigen nuevas aproximaciones y métodos evaluativos que permiten valorar el mérito de las políticas para retroalimentar la "toma de decisiones en la marcha" y en tiempo real. En ese sentido, y apoyados en el trabajo de Ordóñez-Matamoros *et al.* (2018), a continuación presentamos de manera general el caso de la evaluación ejecutiva como enfoque de evaluación para informar la toma de decisiones de política pública de manera útil y suficiente.

La evaluación ejecutiva puede enmarcarse en la perspectiva del análisis rápido (*quick analysis*) de políticas públicas, el cual surge como respuesta a las exigencias que cotidianamente se les plantea a los analistas de política en cuanto a proveer recomendaciones a quienes toman la decisión de manera rápida y apelando a los datos disponibles (Patton y Sawicki, 1993). Este tipo de análisis, de carácter mucho más instrumental que los análisis académicos (*researched analysis*), no implica menos rigor en la evaluación de políticas.

Esta aproximación se fundamenta de manera importante en la noción de "*desempeño satisfactorio y suficiente*, que sugiere que es posible llegar a hallazgos concluyentes, suficientes, defendibles y plausibles para retroalimentar e ilustrar la toma de decisiones, bajo una óptica argumentativa e interpretativa del análisis de políticas" (Ordóñez-Matamoros *et al.*, 2018, 61). Aquí, más que el énfasis en los datos numéricos precisos, resulta más provechoso "obtener un 'orden de magnitudes' suficiente para hacerse a una idea general del desempeño analizado y, con base en ello, tomar decisiones rápidas y plausibles, es decir, de sentido común" (Ordóñez-Matamoros *et al.*, 2018, 62).

Se trata de formular recomendaciones pertinentes en un espectro entre el "simplismo" y la complejidad con criterio pragmático en el que ambos extremos deberían evitarse (véase figura 12). En efecto, las limitaciones de información propias del contexto de racionalidad limitada y del rápido devenir de la toma de decisiones obligan a los analistas a propender a una representatividad más bien de tipo "cualitativa" que "probabilística" para llegar a conclusiones plausibles, defendibles y suficientes. Para tal propósito, la idea de una curva de saturación muestral, similar a la que describe el análisis de un metaproblema (véase figura 19), muestra que es posible llegar a conclusiones plausibles sin contar necesariamente con un gran volumen de datos, después que los casos adicionales analizados no arrojen hallazgos nuevos. El cuadro 68 resume los rasgos distintivos de la evaluación ejecutiva, incluso su definición y características metodológicas.

CUADRO 68. RASGOS DISTINTIVOS DE LA EVALUACIÓN EJECUTIVA

Definición de evaluación ejecutiva
Para los propósitos del presente documento, se propone como definición de "evaluación ejecutiva" (EE) aquel ejercicio evaluativo que se inserta en la cadena de valor de los productos analíticos elaborados para apoyar la toma de decisiones basadas en evidencia dentro del ciclo de la política pública, destinados a cualificar la capacidad de los Estados para responder a los problemas públicos. En dicha cadena, la evaluación ejecutiva busca en particular proveer información ágil que permita "valorar" (en sentido genérico a falta de una traducción satisfactoria del concepto de *formative assessment*) la política, el programa o sus proyectos asociados para dar cuenta de qué logros se han obtenido (o no) hasta el momento, qué objetivos se han alcanzado (o no) y, eventualmente, responder al porqué, aunque no es su propósito principal.
Características y lineamientos metodológicos de la evaluación ejecutiva
Así pues, se puede decir más precisamente que la EE reúne los siguientes atributos genéricos[a], que los distinguen de otros ejercicios evaluativos: — Es de corta duración (no más de tres meses, en función del número de evaluadores disponibles); — Realizado por equipos interdisciplinarios pequeños (entre dos y quince miembros, en función de la complejidad de la unidad de análisis, es decir, proyecto, región o sector), con experiencia en evaluación de impacto socio-económico (más que en monitoreo, seguimiento, auditoría o "control" administrativo o fiscal) y donde se cuenta con el apoyo puntual de uno o dos conocedores

(*Continúa*)

"de campo" o "expertos" (es decir, con conocimiento para dar cuenta del mérito de un proyecto en función de su propia experiencia en el sector de aplicación en cuestión);
- Es un ejercicio democrático en el que se cuenta con la participación de los actores relevantes en torno a la intervención, apelando a su conocimiento en terreno y de acuerdo a su interacción con los productos y resultados de la intervención;
- Análisis de información realizado y validado por panel de tres expertos sectoriales;
- En el que se aplican métodos (principalmente cualitativos) y se usan instrumentos *standard* de investigación y recolección de información (*e. g.* grupos focales, entrevistas y/o encuestas semiestructuradas y observación directa) sin que se pretenda una aplicación exhaustiva o comprehensiva de los mismos;
- Destinado a apoyar la interpretación simple de datos y el arribo a conclusiones generales al respecto de los éxitos/fracasos, cuellos de botella y lecciones aprendidas al nivel del "macroprograma" o política en particular (*e. g.* ¿qué funciona? ¿Qué no? y, eventualmente, ¿por qué?) para lo cual sería necesario establecer los resultados fundamentales, que salten a la luz sin mayor esfuerzo, y no los temporales, espaciales o de circunstancia;
- Basados en la lógica de la racionalidad limitada (Simon, 1976) y en ese sentido en la observación del desempeño de una muestra aleatoria de proyectos de inversión ejecutados o con al menos seis meses de iniciada su ejecución[b], en la que se indaga sobre un número limitado de variables, con el uso de un número limitado de instrumentos, y con el uso de un número limitado de fuentes de información;
- Usando referentes predefinidos a la luz de ciertos indicadores y escenarios deseados específicos, *ad-hoc* al (sub)sector evaluado;
- Adaptable a las necesidades de información, y en función de una curva de aprendizaje en constante evolución;
- Comunicados de manera que permitan la toma ilustrada de decisiones en el corto plazo (de ser posible de manera inmediata) por parte de los actores con capacidad para incidir en la mejora de las prácticas de interés (diseño y formulación de propuestas, selección de alternativas, ejecución, monitoreo y control *ex post*) relacionadas con el programa o política en cuestión.

[a] "Genéricos", en la medida en que, según cada caso, el ejercicio se deberá adaptar en función de los objetivos, alcances esperado/posible, tipo de conclusiones deseables (*i. e.*, generalizables o locales/puntuales), calidad de la información disponible (*e. g.*, primaria y secundaria), capacidad del equipo evaluador, capacidad absortiva de los usuarios objetivo, instrumentos de captura y análisis disponibles, tiempo, costos, sector, etc. Para mayor información al respecto de los criterios para seleccionar métodos e instrumentos de evaluación, véase Ordóñez *et al.* (2013), capítulo 3.4.

[b] En la práctica, los proyectos de inversión pueden obtener resultados durante el proceso de ejecución. La decisión de evaluar o no dichos resultados recae en la evaluación costo-beneficio que haga el nivel central a la hora de incluir o no incluir los proyectos en ejecución en la muestra. En efecto, de todos los proyectos en diferentes estados se podrían obtener aprendizajes de interés a partir de los resultados alcanzados, o en ausencia de ellos, por alguna razón evitable, a juicio de los expertos.

Fuente: Ordóñez-Matamoros *et al.* (2018, 76).

Siguiendo a Ordóñez-Matamoros *et al.* (2018), la principal ventaja de este enfoque reside en su "velocidad, suficiencia, bajo costo y capacidad de retroalimentación rápida y oportuna", mientras que sus principales críticas o limitaciones tienen que ver con su relativo menor énfasis en la precisión y la evidencia empírica abundante y exhaustiva para establecer relaciones causales inequívocas (61). No obstante, este enfoque resulta pertinente ante las crecientes críticas que reciben los modelos evaluativos de corte más positivista por su poco énfasis en el contexto y, en algunos casos, alejados de la realidad.

IX. AMENAZAS A LA VALIDEZ DE LAS CONCLUSIONES

Ahora bien, hay varios factores que pueden conducir a caer en falacias, en errores y en malos ejercicios de evaluación, por lo que se puede inducir a sacar conclusiones sesgadas sobre el mérito o impacto de la intervención, bien sea por su sobreestimación o subestimación. Para evitar que la evaluación sea inválida por concluir lo que no se debe, hay que "blindarla" de las siguientes "amenazas" a la validez.

El efecto de la historia para explicar el presente. Si hacemos una evaluación antes de implementar la política pública y otra evaluación después de implementarla y concluimos que la situación actual es mucho mejor que la anterior gracias al programa, podemos estar cayendo en el error de ignorar otros factores que podrían haber explicado ese desempeño de una mejor manera. Muchas veces este es resultado del hecho de que las condiciones se mejoran (o empeoran) más por una razón de tendencia macro- o global que por una razón de intervención específica del Estado. Por ejemplo, el aumento (o disminución) del PIB de Panamá, país por el que pasa un gran flujo comercial gracias a su canal interoceánico, puede deberse más al progresivo avance (o retroceso) económico de ciertos países que por políticas públicas implementadas.

Maduración. Algo parecido sucede con el concepto de *maduración*. Este tiene que ver con que los individuos estudiados o analizados pudieron haber mejorado su desempeño a lo largo del tiempo, independientemente de la política pública; simple y llanamente porque ha "madurado". Un ejemplo típico y fácil de entender es cuando se utilizan niños en una política y después como objetos de estudio en el cual probablemente los niños que se beneficiaron de un programa de mejoramiento de la calidad de la educación se desempeñan mejor hoy más porque maduraron que porque la política haya sido realmente la causante del mejor desempeño.

Inestabilidad. A veces los fenómenos tienen un comportamiento cíclico, e ignorarlo podría conducir a interpretar erradamente el efecto (positivo o negativo) de la política pública implementada. Así que si se midiera el impacto de la política pública cuando era de esperarse que, independientemente de ello, hubiera un deterioro o mejoría de las condiciones, de nuevo se estaría ignorando una característica típica del problema (la inestabilidad) y concluyendo erróneamente que la política (no) fue exitosa en realidad. Puede ser que la situación hubiera sido aún peor (o mejor) de no haber existido la política; por esta razón, no se estaría en lo cierto si se concluyera que la política (no) tuvo impactos positivos.

Mala instrumentación o testeo. Esto incluye un mal diseño de las encuestas aplicadas, una mala aplicación de ellas, una mala administración o interpretación de los datos recogidos, etc.

Mortalidad estadística. Esto sucede cuando no se cuenta con la información de un número aceptable de beneficiados o de no beneficiados, ya sea porque se han mudado o no quieren colaborar con el estudio, lo que impide (o mejor, sería incorrecto) sacar conclusiones generalizables.

Mala selección de la muestra. Cuando se hace el análisis del impacto de una política pública y se escoge solo a los beneficiados para hacer la evaluación, se está sesgando el análisis al no considerar grupos de control. Igual sucede cuando se usa un grupo de control radicalmente distinto del grupo de tratamiento, o cuando la muestra no es representativa del universo poblacional.

Incorporación de casos extremos o "outliers". Cuando se incluyen en el análisis casos excepcionales, esto es, casos que se sitúan bien sea en la frontera superior de la dispersión estadística o en la inferior, lejos de la mayoría de los casos, se obtienen promedios que, de no corregirse, no son representativos del universo estadístico. Aquí el error puede ser tanto de dirección (positivo o negativo) como de tamaño.

Lo anterior conduce a hacer generalización de conclusiones no generalizables y que en ocasiones se fundamentan en interpretaciones espurias o conducen a ellas, esto es, a atribuir (o ignorar) efectos que no son (o son) los que realmente explican la situación bajo estudio.

A. ERRORES TÍPICOS EN EVALUACIONES CUANTITATIVAS

Es común que el evaluador caiga en malos ejercicios de evaluación al realizar una falsa estimación del contrafactual. Por ejemplo, los ejercicios que consisten en comparar los resultados antes y después de la intervención para los beneficiarios sin tener en cuenta a los no beneficiarios son desacertados, ya que buscan tomar como contrafactual el resultado de los beneficiarios antes de la política, pero ignoran el valor agregado de esta respecto de un grupo de población comparable no beneficiaria. Así mismo, existen muchos factores externos a la política que pueden afectar los resultados. Este es el caso, por ejemplo, de los programas que buscan beneficiar a los campesinos e ignoran que el clima suele ser un factor externo que, si bien no se puede controlar, afecta de manera significativa los resultados.

El sesgo de selección es también un problema al dar cuenta del efecto de la política pública implementada. Esto se da cuando la participación en un programa o política proviene de una decisión del individuo de "seleccionarse" o "excluirse" para ser o no beneficiario. Sin embargo, la decisión de participar o no participar nos advierte sobre algunas variables no observables de los individuos. ¿Qué lleva a un individuo a tomar la decisión de participar en una política o programa? Existe una cantidad importante de características individuales que no son observables por el evaluador, pero que influyen en esta decisión. Factores como la motivación de la persona, la disponibilidad de tiempo o el desconocimiento de los beneficios de la política afectan necesariamente la disposición de una persona a querer ser parte de una política. Por ejemplo, si todos los individuos desmotivados se excluyen como beneficiarios y solo los realmente motivados se inscriben para participar, entonces se genera un sesgo en la evaluación que se denomina el sesgo de selección. De manera general, existen diferencias sistemáticas entre los individuos que deciden participar y los que no lo hacen que pueden estar correlacionadas con las variables de resultado. Dichas diferencias pueden determinar un impacto (típicamente positivo) inherente a las personas que no es atribuible a la política en cuestión. Es esta correlación la que genera el sesgo de selección y es, precisamente, el reto del evaluador de implementar metodologías que permitan corregir este sesgo. Este es el caso de los experimentos sociales que determinan la participación de los individuos de manera aleatoria y, por tanto, permiten traspasar este problema y así encontrar un estimador acertado del contrafactual. Esto lleva a concluir que la selección del equipo evaluador es fundamental. Profundizaremos en esto a continuación.

X. ¿QUIÉN REALIZA LA EVALUACIÓN?

Existen tres modalidades de evaluación según los agentes que participan en ella: la evaluación externa, la evaluación mixta y la evaluación interna.

Como bien se puede deducir, la evaluación externa es la que realizan expertos externos a la entidad y al programa o política que se pretende evaluar. Como lo afirma Roth (2004, 159), otra manera de evaluación externa "consiste en la realización de la evaluación por especialistas de la misma administración cuya función es el seguimiento y control de la actividad de la administración —por ejemplo, oficina de planeación, control interno, contraloría—". Se da por sentado que los practicantes de esta modalidad realizan ejercicios objetivos cuyos juicios de valor no están afectados por intereses personales. Al evaluar, eso es sin duda una ventaja. Sin embargo, al ser independientes del proceso de implementación de la política, los evaluadores pueden pasar por alto algunos aspectos importantes que solo pueden identificarse al estar próximos a su ejecución.

A causa de este limitante, realizar una evaluación mixta o pluralista, conformada por uno o varios equipos que reúnen tanto expertos externos como implementadores de la política y beneficiarios, puede ser una opción más deseable. Los problemas que se derivan de dichos ejercicios son los altos costos de transacción y coordinación entre miembros de diversos intereses y ritmos de trabajo.

Por último, tenemos la evaluación interna o autoevaluación, en la que participan ejecutores o beneficiarios de la política, por lo general para darle seguimiento e identificar buenas prácticas realizadas. Las desventajas de esta modalidad radican en que los juicios de los practicantes pueden verse influidos por intereses personales, sesgando así las conclusiones y recomendaciones. El cuadro 69 relaciona los tres tipos de evaluación con las características de los evaluadores y las ventajas y desventajas que ya se discutieron.

CUADRO 69. TIPOS DE EVALUACIÓN

Tipo de evaluación	Participantes	Objetivos principales	Ventajas	Desventajas
Externa.	Expertos externos a la entidad, consultores o personal especializado perteneciente a la entidad con funciones de control interno.	Diagnósticos, "objetivos", auditoría, control de gestión, seguimiento, resultado e impacto.	Los evaluadores pueden obrar de manera independiente y objetiva.	Los evaluadores pueden omitir aspectos clave propios del programa o la política.

(*Continúa*)

Tipo de evaluación	Participantes	Objetivos principales	Ventajas	Desventajas
Mixta (pluralista, múltiple).	Expertos externos, ejecutores y beneficiarios o usuarios.	Mejorar la acción mediante procesos de diálogo y de aprendizaje colectivo.	Permite tener en cuenta múltiples perspectivas.	Puede acarrear altos costos de transacción (diversidad de prioridades e intereses).
Interna (autoevaluación).	Ejecutores y beneficiarios o usuarios.	Aprendizaje colectivo y autoplaneación, participación.	Permite tener en cuenta aspectos intrínsecos del programa y aprender de la evaluación.	La evaluación puede conducir a conclusiones sesgadas,

Fuente: adaptado de Roth (2004, 160).

A modo de recomendación, para realizar una evaluación es conveniente que los participantes sean de variada índole, perfil, función e intereses, que se involucren tanto ejecutores como actores de diversas organizaciones y jurisdicciones vinculadas de forma directa o indirecta con la iniciativa que se evalúa, beneficiarios o usuarios y expertos externos con independencia y ojo crítico, de tal manera que se puedan tener en cuenta múltiples perspectivas y se asegure su uso con el mayor provecho posible.

XI. ¿CUÁNDO SE DEBE EVALUAR?

Por supuesto que el tipo de evaluación por realizar va a depender del momento en que se haga. En este sentido, nos remitimos a párrafos anteriores, donde se identificaron tres tipos de evaluación: evaluación *ex ante*, evaluación de procesos o monitoreo y evaluación *ex post* de resultados e impacto. En cuanto a los últimos dos tipos, los momentos en que se deban practicar dependerán de las características mismas de política en cuestión. Así, por ejemplo, mientras que una política de salud compuesta de programas de vacunación infantil se puede evaluar cada año, la de competitividad solo se podrá evaluar una vez pasado un tiempo prudencial (no menos de cinco años). A este respecto, es recomendable identificar los hitos históricos más importantes que servirían de guía para llevar a cabo los ejercicios evaluativos y con ellos una matriz Gantt, o un cronograma de evaluación parecido al cronograma de implementación que ya se discutió, de tal forma que sea claro en qué momento de la ejecución de la política se aplicarán tanto el monitoreo como la evaluación *ex post* de resultados e impacto.

XII. ¿DÓNDE SE EVALÚA?

Es impreciso identificar los lugares donde se deban practicar los ejercicios evaluativos, pues ello típicamente involucra un proceso investigativo en el que los desplazamientos geográficos son esenciales. Dicho lo anterior, es clave identificar los lugares a los que los evaluadores se deben dirigir para recopilar la información pertinente. El desplazamiento de los evaluadores va a depender del método que se utiliza para evaluar. Por ejemplo, si se realizan encuestas o entrevistas, por lo general los evaluadores se deben desplazar a los lugares donde se encuentran las personas que hay que entrevistar o los beneficiarios y no beneficiarios de la intervención, los administradores, la opinión de interés, etc. Si bien las tecnologías de la información y las comunicaciones han facilitado estos procesos, siempre quedan vacíos que solo se pueden llenar con trabajo de campo.

CONCLUSIONES

El monitoreo y la evaluación *ex post* son etapas esenciales del proceso de toda política pública. Su planeación permite, por su parte, revisar la estructura del problema, identificar la idoneidad de las alternativas recomendadas que se van a implementar, orientar el proceso de implementación y asegurar el recabo de información necesaria para facilitar la retroalimentación y la toma de decisiones ilustradas al respecto de qué modificar o no de la política, en búsqueda de solucionar los problemas o mitigar los daños derivados de su existencia.

Tanto el plan de monitoreo como el de evaluación *ex post* deben contener una descripción de los objetivos de la política, las estrategias (políticas públicas) para lograr dichos objetivos, las actividades más importantes y los indicadores de insumo, de producto, de resultado y de impacto; una identificación de las fuentes de información para su elaboración, unos métodos, tiempos y responsables. Todo esto puede hacerse con la ayuda de una matriz y de un cronograma en el que se identifiquen los hitos más importantes de la política y los procesos evaluativos correspondientes. Si es posible, agregar una estimación creíble de los costos que implicaría adelantar dichos ejercicios, tanto mejor. El cuadro 70 incluye una clasificación extensa de los tipos de evaluación según sus fines, propósitos, momentos, objetos y sujetos.

CUADRO 70. TIPOS DE EVALUACIÓN DE POLÍTICA PÚBLICA

Variable	Tipo	Fundamentos
Fin	Sumativa	Compendiar resultados. Determinar si la intervención funcionó o no.
	Formativa	Generar conocimiento y retroalimentación. Ánimo constructivo, identifica oportunidades de mejora.
Propósito	Panorama general	Permite a *stakeholders* monitorear y mejorar su desempeño, subrayando su contribución específica a comunidades.
	Rendir cuentas	Demostrar al Gobierno, *stakeholders*, ciudadanos y público en general el valor e importancia de la intervención, justificando la inversión pública.
	Informar a fuentes de financiación	Ayudar a comprender el valor socioeconómico de las actividades implementadas para ilustrar la toma de decisiones y asignación de recursos.
	Entender	Ayudar a comprender los métodos, procesos y rutas con los cuales la intervención conduce a impactos para maximizar los esfuerzos.
Tiempo	*Ex ante*	Orientación prospectiva. Ejercicio diagnóstico de posibles efectos.
	Monitoreo/ Concomitante	Desarrollada durante ejecución para corregir su curso. Asimilable al monitoreo.
	ex post	Orientación retrospectiva. Análisis de efectos reales de intervención.
Objeto	Insumos	Análisis de los recursos, habilidades y personas empleados.
	Procesos	Análisis de las actividades de transformación de insumos para generar productos y resultados.
	Resultados	Análisis de los resultados de las actividades y los productos.
	Impactos	Análisis de efectos no intencionados (positivos o negativos).
Sujeto	Interna	Autoevaluación. Autoaprendizaje. Ejecutores o beneficiarios.
	Externa	Heteroevaluación. Juicio de experto externo. Diagnóstico objetivo.
	Mixta (pluralista)	Armonización de juicio de experto externo y autoevaluación. Proceso de diálogo y aprendizaje mutuo.
	Participativa	Armonización de perspectivas entre los evaluadores expertos internos o externos y la comunidad relevante (*stakeholders*).

Fuente: tomado de Ordóñez-Matamoros *et al* (2018, 59).

La siguiente es una lista no exhaustiva de bases de datos y fuentes relevantes para consultar evaluaciones de políticas públicas en varios países:

Entidades

American Evaluation Association (AEA)
http://www.eval.org/
African Evaluation Society (AfrEA)
http://www.afrea.org/
Australasian Evaluation Society (AES)
http://www.aes.asn.au/
Austrian Platform for Research and Technology Policy Evaluation (fteval)
www.fteval.at
Canadian Evaluation Society (Société canadienne d' évaluation, CES/SCE)
http://www.evaluationcanada.ca
Israeli Association for Program Evaluation (IAPE)
http://www.iape.org.il/
Sociedad Española de Evaluación de Políticas Públicas
http://www.sociedadevaluacion.org
Agencia de Evaluación y Calidad
http://www.aeval.es/es/index.html
Sistema Nacional de Evaluación de Gestión y Resultados Sinergia-DNP
https://sinergia.dnp.gov.co/
Sistema de Monitoreo, Seguimiento, Control y Evaluación del SGR-DNP
www.sgr.gov.co

Organismos de control

Fiscalía General de la Nación
www.fiscalia.gov.co
Contraloría General de la República
www.contraloriagen.gov.co
Procuraduría General de la Nación
www.procuraduria.gov.co

Páginas web de las entidades ejecutoras de políticas públicas

Minciencias. (Base de Datos)
www.minciencias.gov.co

Banco Mundial
www.worldbank.org
Fondo Monetario Internacional
www.imf.org
Banco Interamericano de Desarrollo
www.iadb.org
Corporación Andina de Fomento
www.caf.com
Ford Foundation
www.fordfound.org
Carter Foundation
www.carterfoundation.org
Consejo Nacional de Evaluación de la Política de Desarrollo Social (México)
http://www.coneval.gob.mx/coneval2/

Journals

Policy Studies Journal
http://www.blackwellpublishing.com/journal.asp?ref=0190-292X
Public Administration Review
http://www.blackwellpublishing.com/journal.asp?ref=0033-3352ysite=1
Journal of Public Administration Research and Theory
http://jpart.oxfordjournals.org/
Journal of Public Policy
http://journals.cambridge.org/action/displayJournal?jid=PUP
Journal of Environmental Economics Management
http://www.aere.org/journal/index.html
Educational Journal
http://www.fed.cuhk.edu.hk/en/ej/intro.htm
American Journal of Public Health
http://www.ajph.org/

The Institute of Transport Management
http://www.itmworld.com/transport_journal_listing.php
American Communication Journal
http://acjournal.org/
Journal of Sports Sciences and Medicine

www.jssm.org
Security Journal
http://www.palgrave-journals.com/sj/journal/v21/n1/index.html
Government and public Sector Journal
http://www.gpsj.co.uk/
Berkley Journal of Employment and Labor Law
www.bjell.org
Research Policy
http://www.sciencedirect.com/science/journal/00487333

TAREAS Y TALLERES

1) Identifique y defina entre tres y cuatro criterios, en su concepto los más relevantes, para conducir la evaluación de una política pública.

2) Construya dos indicadores de gestión o insumo, de producto, de resultado y de impacto que darían cuenta tanto del proceso de implementación (monitoreo) como del éxito (evaluación *ex post*) de las políticas/programas.

3) Realice un plan de monitoreo y uno de evaluación *ex post* de la política pública de su interés.

EJEMPLO PRÁCTICO

Uno de los principales hallazgos del Banco Interamericano de Desarrollo (BID) junto con el Gobierno de Bolivia y el Servicio Nacional de Sostenibilidad de Servicios de Saneamiento de Bolivia (Senasba) fue mejorar el entendimiento de los comportamientos adoptados por la población para medir la adopción y mejora de los niveles de acceso a saneamiento, higiene y agua potable, y su sostenibilidad y beneficios del proyecto de Baños Ecológicos Secos (BES) en la zona dispersa rural en el 2019.

Imaginemos por un segundo que vamos a fijar como objetivo del proyecto mencionado: mejorar la sostenibilidad de las prácticas en saneamiento e higiene en las zonas rurales, en respuesta al desconocimiento de prácticas higiénicas para disponer los residuos humanos sólidos en las zonas rurales que no cuentan con baños instalados ni conectados al sistema de servicio público. Esta solución podría por ende mejorar los niveles de salud de los hogares y reducir la contaminación de fuentes hídricas.

Dentro del cambio propuesto se busca adoptar prácticas limpias y salubres, y el mejor uso de los BES una vez que los hogares entregan las obras grises en sus casas. Pare este ejemplo, se van a priorizar las mediciones más relevantes y se van a dejar de lado las mediciones operativas (por ejemplo, número de metros de tubería conectada, volumen de agua entregada a las casas) para la interventoría de las obras. Si bien los indicadores de productos y gestión se enfocaban en la entrega de la obra por parte de los hogares para instalar los BES, en un primer momento, para conectarlos luego con obras locales desarrolladas. Además, esta acción se acompañará de talleres sobre la apropiación de prácticas sanitarias e higiénicas.

Por tanto, los indicadores de resultado e impacto se encaminan —para este caso— a medir la sostenibilidad, el buen uso y limpieza de los BES. En este sentido, vale recordar la escala estratégica en la figura 45 que tienen los posibles indicadores para medir las diferentes partes del proceso y conocer lo que aportan a los resultados y la creación de valor en ese cambio deseado.

Lo anterior permite conocer las condiciones que valoran los elementos que a la larga producen el cambio. También permite dar a conocer las nociones de los comportamientos y la adopción del cambio propuesto. Más importante aún, permite establecer el lugar donde podrán realizarse los talleres que refuercen las buenas prácticas. Por esto mismo, al inicio es válido organizar esta información de manera lógica e ir enfocando poco a poco el proyecto, teniendo en cuenta:

1) Los resultados de largo plazo como la meta ideal que se ha de lograr en la TdC.

2) Las rutas de cambio que permitieran hablar de la causa y efecto del cambio generado.

3) Las precondiciones o, cambios intermedios, que son momentos necesarios para lograr alcanzar los resultados de más alto nivel.

4) La racionalidad que delimita y soporta con evidencia las rutas de cambio.

5) Los supuestos considerados como aquellos factores que se aceptan como verdaderos y que con algún tipo de evidencia crítica permiten lograr esas precondiciones establecidas.

También vale la pena preparar un cuadro (71) que defina y detalle los resultados (o *outcomes*) y los indicadores según la TdC, como ilustra el ejemplo.

CUADRO 71. MAPA DE INDICADORES

Resultado (*outcome*)	Razón Resultado	Definición Indicador	Línea Base	Objetivo	Responsable	Frecuencia y fuente
1. Mejora en las prácticas de saneamiento e higiene en las zonas rurales.	1.1 Cambio en el uso de BES.	Porcentaje de niños que sufren de diarrea en población rural por género.	40 % 35 % (niños). 45 % (niñas).	30 % 30 % (niños). 30 % (niñas).	Coordinador regional.	Trimestral. Encuesta de hogar.
	1.2 Adopción de prácticas limpias y de sanidad.	Número de limpiezas BES al mes sobre número hogares con BES	10%	85%	Asistente en terreno.	Mensual. Encuesta de hogar.
	1.2.1 Adopción de prácticas limpias en adulto mayor.	Número de adultos mayores que usan BES.	0	100	Asistente en terreno.	Trimestral. Encuesta de hogar
	1.3 Prácticas más frecuentes adoptadas.	Número de las diferentes prácticas adoptadas.	0	5	Asistente en terreno.	Mensual. Encuesta de hogar.

Fuente: elaboración propia.

CAPÍTULO UNDÉCIMO

Comunicación efectiva del análisis de políticas públicas

Uno de los principales retos de quien hace ejercicios analíticos como los que se desarrollan en este manual, además de ser "objetivo" y riguroso, es saber "vender" el producto fruto del análisis de las políticas públicas. La pregunta que surge, entonces, es: ¿cómo hago para que mi trabajo se utilice? Y es precisamente aquí donde el analista puede sufrir una gran decepción. La razón por la cual se hace semejante trabajo es aportar una solución efectiva a los problemas públicos que la inspiran, y muchas veces al no transmitir bien la información, el trabajo puede perderse y no tenerse en cuenta.

De allí que, además de ser un buen redactor de documentos técnicos, el analista debe ser un buen comunicador, debe ser una persona capaz de convencer, de persuadir, de hacerse tener en cuenta. Muchas veces los analistas carecen de esas habilidades; son buenos elaboradores de estudios, pero muy malos vendedores de su producto analítico. Es cierto que el eventual uso del producto analítico depende, en gran medida, de la voluntad del cliente, pero en muchos casos dicha voluntad la puede alterar el analista cuando le presenta la información, de manera que no represente mayor dificultad y se sienta atraído a leerla.

En este capítulo se discute la importancia de propender a una comunicación adecuada del analista, ya sea escrita u oral, en el proceso de análisis de las políticas públicas. También se pretende ofrecerle al lector recomendaciones útiles al presentar al cliente o tomador de decisión (*policy maker*) las conclusiones del análisis de las políticas públicas que ha elaborado de manera juiciosa.

Estas recomendaciones tienen como fin que el analista presente su análisis de forma clara, impactante y persuasiva, de tal manera que el cliente, el auditorio o el lector se interesen por profundizar en las líneas de acción que aquel ofrece para solucionar un determinado problema. En efecto, el analista no debe olvidar que hasta el mejor de los análisis resulta irrelevante si no se comunica de manera comprensible y persuasiva. Querámoslo o no, de factores tan "simples" como la forma depende el impacto del análisis.

En ocasiones, los potenciales lectores ignoran que el análisis de las políticas públicas es un proceso en el cual no solo se evalúan datos, testimonios, referencias y antecedentes sobre problemas públicos de manera dinámica, sino que también en él se comunica información relevante para la toma de decisiones más acertada o, incluso, como argumenta Shurlock (1999), para elevar el nivel del debate.

De acuerdo con Dunn (2004), la comunicación del conocimiento relevante, producto del análisis de las políticas públicas, puede entenderse como un proceso circular que consta de cuatro etapas. La primera se relaciona con la información que se ha hallado durante el desarrollo del análisis de las políticas públicas; la segunda, con la producción de materiales y documentos; un tercer momento se centra en la comunicación de dichos materiales, y finalmente, una cuarta etapa, en la cual quienes toman la decisión hacen uso de la información suministrada por el analista.

En efecto, un analista comienza su trabajo porque existe un requerimiento, explícito o no, de información acerca de cómo solucionar un problema. Para responder a este requerimiento, consulta y evalúa información crítica alrededor del posible problema, por ejemplo, acerca de su magnitud, sus consecuencias y las acciones necesarias para darle solución.

Para comunicar esta información, el analista crea diferentes documentos escritos como, por ejemplo, memorandos, reportes, resúmenes ejecutivos y comunicados de prensa, entre otros. Así mismo, por medio de presentaciones orales da a conocer sus hallazgos. El propósito de desarrollar documentos escritos y realizar presentaciones orales es aumentar las posibilidades de que los que toman la decisión usen el conocimiento allí expuesto para formular e implementar políticas públicas (Dunn, 2004, 431).

La figura 48 ilustra las etapas del proceso de comunicación de las políticas públicas que antes se expuso. La línea punteada indica que el analista no tiene influencia directa sobre el uso de la información de parte de los dolientes del problema. Por el contrario, las otras líneas ilustran, por un lado, que el analista influye directamente sobre la fiabilidad y validez de sus conclusiones y recomendaciones, y por el otro, que decide sobre la forma, los contenidos y la pertinencia de los documentos escritos y las presentaciones orales.

Para lograr comunicar la información y el conocimiento generados durante el proceso del análisis de las políticas públicas de forma efectiva, es necesario desarrollar y cultivar una serie de habilidades, las cuales se ilustran en la figura 48 y se exponen a continuación.

I. HABILIDADES PARA LA COMUNICACIÓN DEL ANÁLISIS DE POLÍTICAS PÚBLICAS

En general, el analista debe transmitir la información relevante de su análisis de forma clara, es decir, de manera simple, concisa y precisa, y demostrar

FIGURA 48. HABILIDADES NECESARIAS DEL ANALISTA DE POLÍTICAS PÚBLICAS

Proceso de la comunicación del análisis de políticas públicas

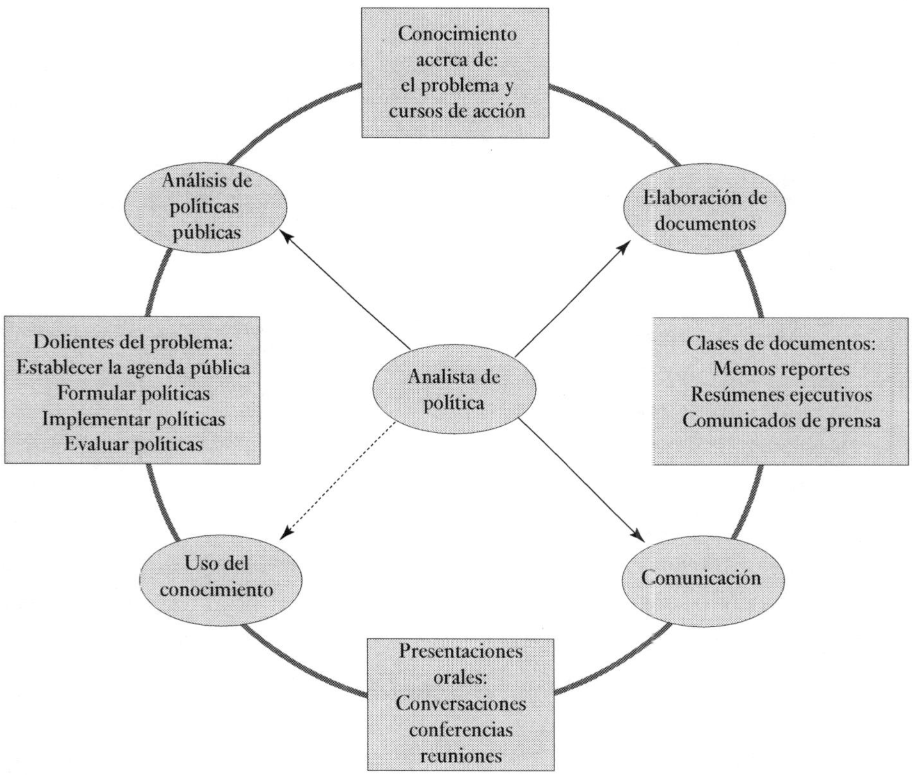

Fuente: adaptado de Dunn (2004).

un excelente conocimiento acerca del problema y de la información que existe sobre este. Debe usar un lenguaje familiar para el que toma la decisión, lo que requiere haber investigado antes sobre los intereses y motivaciones de este. Entre las destrezas más relevantes se encuentran las que a continuación se señalan.

Síntesis: el analista de las políticas públicas trabaja con abundante información que recolecta en la medida que estudia y examina informes previos relacionados con el problema, periódicos, artículos académicos, entrevistas con diferentes dolientes, bases de datos primarios y secundarios y leyes, entre otros. Toda esta información se debe sintetizar en diferentes documentos no muy extensos. Por ejemplo, los memorandos no deben ser de más de dos páginas, y los *policy memos* deben ser de una extensión no mayor de veinte. Así mismo, estos últimos deben sintetizarse en resúmenes ejecutivos o comunicados de prensa (Dunn, 2004). En encuentros personales, el analista debe ser capaz de comunicar un análisis en menos de lo que le toma a un ascensor ir del primero al quinto piso de un edificio.

Simplicidad: hay que recordar que la mayoría de los analistas no escriben solo para colegas, sino también para personas que poco tienen que ver con la disciplina del análisis de las políticas públicas. Por tal razón, hay que exponer las ideas de forma breve, sin usar más palabras de las necesarias, en frases cortas y usar un lenguaje familiar y poco técnico (Patton y Sawicki, 1993).

No hay que olvidar que el objetivo no solo es comunicar la propia visión del problema y la recomendación de cómo solucionarlo, sino acercar al lector a la visión del mundo que se tiene. Cuanto más sencilla sea la comunicación, más cerca se estará de lograr dicha meta.

Algunos consejos útiles: es preferible usar la voz activa (el agente es consciente de la acción que realiza; de esta manera, *ejecuta o controla la acción del verbo*), en vez de la voz pasiva (el verbo posee *un sujeto que padece o recibe la acción*; es decir, es un sujeto paciente y no realiza, ejecuta o controla la acción), puesto que esta tiende a veces a confundir. Por ejemplo: "*El derecho* a la prestación de un servicio con calidad *fue reclamado* por la población del municipio de la Jagua" (voz pasiva) conviene menos que "*La población* del municipio de la Jagua *reclama* su derecho a la prestación de un servicio de salud con calidad" (voz activa).

No se deben tratar de ocultar las preguntas a las cuales no se les encontró respuesta; por el contrario, hay que presentar la información tal como es y exponer francamente los interrogantes con los que se enfrentó y a los que no encontró una explicación adecuada. Esto evita provocar discusiones innecesarias.

Precisión: cuanto más preciso sea el analista, más persuasivo serán los argumentos que use. Se debe recurrir a conceptos operacionales, esto es, no utilizar conceptos ambiguos que no se puedan corroborar. Por ejemplo, al hablar de "eficiencia" hay que definirla de forma adecuada, inequívoca. No hay que emplear una fuente de información sin haberla analizado al detalle con anterioridad; puede que alguien pregunte sobre ella o la conozca mejor que el analista. Ante esta situación, este no contará con los argumentos suficientes para responder a las preguntas o para discutir sobre ellas. Por tal razón, el analista no debe olvidar verificar una y otra vez la información, revisar los cálculos y usar varias fuentes. Así mismo, es importante que reporte las inconsistencias, no vaya más allá de los hallazgos y separe los datos reales de las opiniones. Es importante no especular. En el caso de que decida hacerlo, más vale contar con una buena razón y hacerlo de forma explícita. Por último, no hay que incluir todos los detalles en las exposiciones orales o escritas, porque esto distrae al lector y muchas veces lo confunde (Patton y Sawicki, 1993).

Legitimidad: cuando se elabora un documento para comunicar un análisis de políticas públicas, el analista debe tratar de ser lo más justo que posible con los puntos de vista sobre el problema y las alternativas de solución que existen. Una buena recomendación para lo anterior es reportar en su documento el mayor número de definiciones y explicaciones respecto a la estructura del problema y a las alternativas de solución que encontró durante su investigación. Así mismo, deben incluirse los datos que soportan dichos puntos de vista y las razones por las que se excluyeron ciertos aspectos aparentemente relevantes. Es fundamental reconocer las debilidades de los argumentos con los que se cuenta para, de esta manera, anticiparse a cualquier crítica. Es mejor dar la sensación de que todos los aspectos se tuvieron en cuenta que dar a pensar que se han presentado las cosas de manera sesgada o poco juiciosa.

Es deseable demostrar que el trabajo de análisis fue objetivo, comunicar que no hay soluciones ciento por ciento satisfactorias y que lo que se recomienda es la mejor solución posible.

Siempre hay que citar el trabajo de otros, sí se ha utilizado en el análisis. Nunca usar un lenguaje insultante o soez para referirse a las visiones de otras personas sobre el problema o acerca de las explicaciones respecto a las alternativas de solución; esto despierta críticas innecesarias que pueden perjudicar al analista más adelante (Patton y Sawicki, 1993).

Documentación: aunque antes se dijo que no hay que dar tantos detalles en las exposiciones orales y escritas, es fundamental que cada dato suministrado esté sustentado en pies de página o en anexos. Por ejemplo, si se habla sobre el desempleo en Bogotá, hay que cerciorarse de contar con las cifras más recientes al respecto.

Por esta razón, es necesario tener una documentación completa y a la mano, por medio de la cual se pueda corroborar y comprobar la información suministrada. Se debe ser siempre crítico con el trabajo realizado y no esconder ni excusar las deficiencias. Las excusas llevan a los interlocutores a creer que no está seguro de la veracidad de las conclusiones, lo cual puede terminar destruyendo el trabajo.

Equidad: es importante exponer los puntos de vista y conclusiones propios, pero también aquellos puntos de vista y conclusiones alternativos. Cuando se hace esto hay que asegurarse de presentar objetivamente tanto los datos que soportan las afirmaciones propias como las de los otros. Hay que citar los trabajos de otros autores que se utilizaron en los análisis y no emplear nunca un lenguaje que desapruebe o insulte su trabajo, porque esto puede perjudicar en el futuro al analista, como ya se ha dicho (Patton y Sawicki, 1993).

Una vez que se han expuesto las habilidades o destrezas que debe desarrollar una persona interesada en ser un analista de políticas públicas, es imprescindible comenzar a escribir.

II. ¿CÓMO EMPEZAR A ESCRIBIR?

Muchas veces nos preguntamos cómo empezar a redactar un análisis de políticas públicas, y la respuesta es muy simple: solo hay que empezar. A continuación se desarrollan algunas sugerencias para tener en cuenta, con fundamento en el texto de Patton y Sawicki (1993).

Es importante comenzar con un esquema sin temer a que en un principio no sea muy claro. En la medida en que se avanza, irá tomando más forma. Desde que se inicia la investigación hay que ir escribiendo todo aquello que se encuentre interesante e importante; esto ayudará al analista a crear un primer material de apoyo en el cual se profundizará con el tiempo.

Durante el trascurso de la investigación, es útil realizar lluvias de ideas en el orden en que van apareciendo los descubrimientos y organizarlas en grupos temáticos. Esto ayudará al analista a encontrar insumos para analizar los temas que va a abordar de manera más elaborada. Hay que recordar que lo que no se escribe con seguridad quedará en el baúl del olvido y más adelante querrá recordar con precisión aquellas buenas ideas que tuvo en los meses previos, cuando aún estaba trabajando en este tema.

Hay que esbozar los argumentos propios de atrás para adelante, es decir, empezar por la redacción de la recomendación que se quiere dar a quien toma la decisión. Después que se tengan claras las conclusiones a las que quiere llegar y los objetivos por alcanzar con el análisis, se pueden empezar a desarrollar los argumentos que le darán sustento a dicha recomendación. Es importante aclarar que lo anterior es instrumental, pues ya se ha visto en capítulos anteriores que en el proceso de análisis y diseño de políticas públicas la recomendación es el último paso.

Se dice que es instrumental, pues como lo hemos visto, la recomendación o solución "preferida" *a priori* no es necesariamente la que al final se recomienda implementar.

Si el analista cree que tiene problemas con alguna parte del análisis y piensa que se estancó, lo mejor es saltar al siguiente ítem, no quedarse allí. Más adelante se podrá volver sobre este para desarrollarlo. Fijarse metas para la escritura de informes y un plazo para alcanzarlas y no levantarse del escritorio hasta que se haya terminado un apartado es una excelente estrategia que el analista debe aplicar. Así mismo, es importante obligarse a empezar con el siguiente apartado, listar y puntear lo que se debe desarrollar. Esto ayudará en la próxima ocasión en que el analista se siente, pues no se encontrará con una página en blanco, sin saber por dónde empezar.

También hay que solicitar ayuda a otros. Pedirles que revisen el trabajo ayudará a encontrar imprecisiones, inconsistencias o ambigüedades. Así, sabrá si este es fácil o no de leer y entender. No hay que olvidar que si el análisis no se puede comunicar, se habrá perdido tiempo y esfuerzo. Por tal razón, hay que realizar revisiones cuantas veces sea posible; reorganizar, redefinir y reexaminar las notas e información las veces que sea necesario e incorporar los datos que se hayan encontrado relevantes y no se habían incluido en la última versión. Imprimir lo que se haya escrito y revisar esta impresión haciendo notas al margen antes de regresar al computador.

Es importante tener en cuenta que el cliente posiblemente querrá distribuir el análisis elaborado a sus asesores, directores, colegas o a los periodistas. Por tal razón, conviene no perder de vista esta contingencia al escribir el trabajo. Se debe redactar el documento pensando en su distribución pública. Por ejemplo, ayuda mucho al cliente incorporar una página de resumen que presente, de manera sintética, las recomendaciones, metodologías y los argumentos más relevantes que el analista haya encontrado en su investigación.

Finalmente, y no menos importante, hay que prestar atención a los detalles mecánicos durante la redacción del texto, es decir, a la ortografía, puntuación, uso de mayúsculas, numeración de las páginas, gráficos, títulos y subtítulos, fuentes, referencias, etc. No tener en cuenta estos elementos lleva a que el analista cometa errores que dejan mucho que pensar al lector acerca del cuidado que se tuvo en la elaboración del análisis.

Ahora bien, la forma es tan fundamental como el contenido del análisis; existen diferentes herramientas para hacer un texto amigable al lector. En el siguiente apartado se exponen varias de ellas.

III. ¿QUÉ AYUDAS PUEDE UTILIZAR EL ANALISTA PARA HACER EL DOCUMENTO ESCRITO MÁS AMIGABLE AL LECTOR?

Las páginas de resumen y las palabras clave son buenas prácticas al hacer más amigable un documento de análisis de políticas públicas. Pero, sin duda, son los gráficos los instrumentos que más pueden ayudar a comunicar efectivamente un mensaje. Estos transmiten los mensajes de manera más clara, y las conclusiones son más fáciles de entender. Para todos es familiar la frase "Una imagen vale más que mil palabras", y eso mismo ocurre con los gráficos.

Existen distintos tipos de gráficos, y habrá que decidir cuál es más útil para expresar lo que se quiere comunicar. Esto depende del número de variables por representar, sus características y el propósito de lo que se quiere transmitir. Hay que recordar que muchas veces los gráficos se deben acompañar de texto, con el fin de evitar ambigüedades. Algunos gráficos y sus usos son:

Diagramas: de manera general, son herramientas útiles al *comparar* datos, tendencias, patrones, características, relaciones, frecuencias o diferencias que se observen entre los datos obtenidos durante el análisis. Por ejemplo, la distribución por sexo y grupos de edad de la población desplazada en 2002.

Diagrama de barras: ayuda cuando se *contrastan* elementos de diferentes segmentos (empresas, instituciones, géneros, sectores económicos, periodos, naciones) a la luz de una sola variable. Por ejemplo, el número de empleados de una empresa por ciudad. O, como lo ilustra el gráfico 49, la distribución por sexo de una población con ciertas características.

Diagrama de líneas: sirve para ver la *evolución* de los datos. Por lo general, se usa para mostrar el comportamiento de una sola variable en el tiempo. Por ejemplo, el valor de la tasa de desempleo del país entre el 2004 y el 2011, como lo ilustra el gráfico 50.

GRÁFICO 49. DIAGRAMA DE BARRAS

Distribución por sexo y grupos de edad de la población desplazada residente en Cartagena de Indias 2002

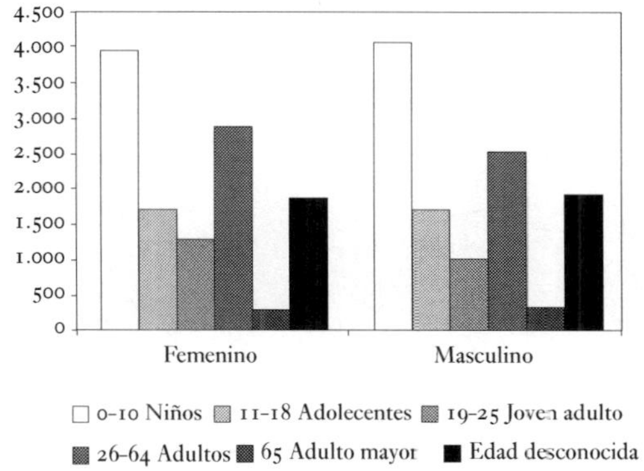

Fuente: tomado de Rojas Gutiérrez (2002).

GRÁFICO 50. DIAGRAMA DE LÍNEA

Tasa de desempleo en Colombia entre los años 2004 y 2011

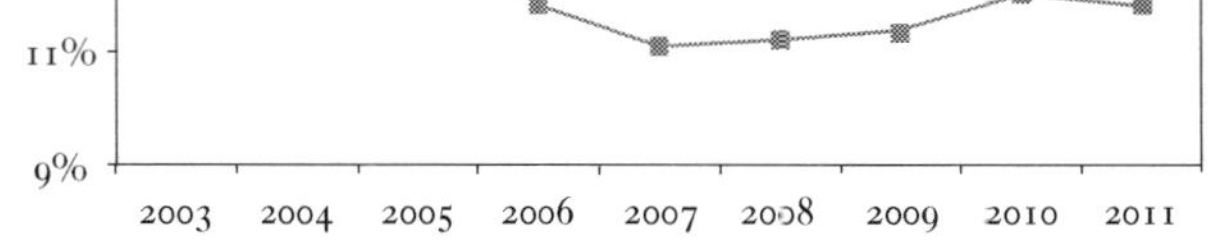

Fuente: elaboración propia a partir de los datos tomados de Indexmundi (2012).

Diagramas de dispersión: permiten mostrar la *relación* entre dos clases de datos o variables, como, por ejemplo, la relación entre el crecimiento económico y la satisfacción con la vida, como lo ilustra el gráfico 51.

GRÁFICO 51. DIAGRAMA DE DISPERSIÓN

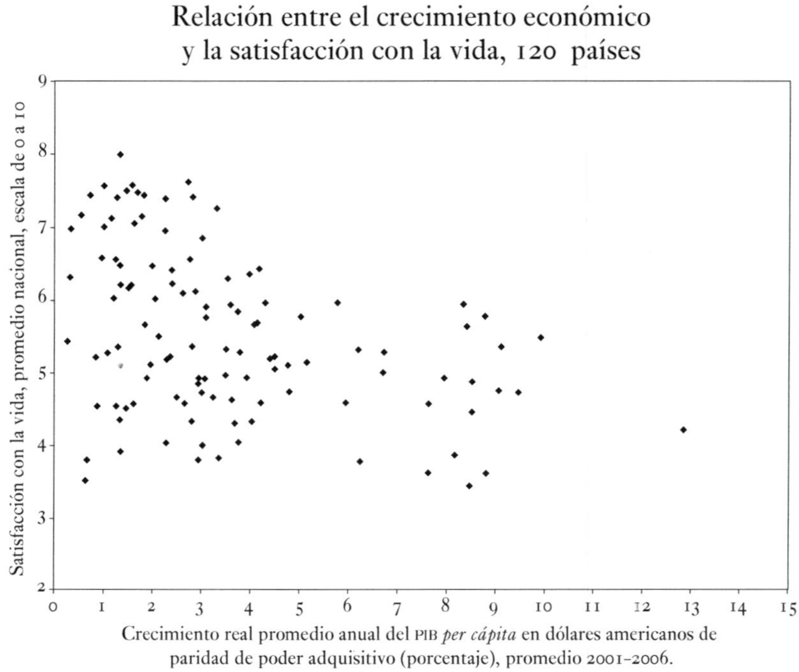

Fuente: Chaparro y Lora (2008, 40).

Tortas o pies: son muy útiles cuando se necesitan *comparar* proporciones o porcentajes y representar esto de manera visual, es decir, la contribución de cada parte a un total (100 %), o la distribución de un total en diferentes partes. El número de datos por comparar dentro de este tipo de grafico puede ser más de cinco. El gráfico se divide en varios sectores proporcionales en tamaño al porcentaje que posee cada categoría. Por ejemplo, el nivel de educación de la población que habita en el Cartucho, como lo ilustra el gráfico 52.

Tablas: ordenan y *resumen* información, con el fin de comparar los valores que en ellas se exponen y evidenciar las diferencias, lo cual permite una mejor comprensión de las ideas que se plantean. Las hay de dos tipos: descriptivas y prescriptivas.

Tablas descriptivas: este tipo de tablas *presenta* diferentes valores organizados por periodo, por región o por categoría (género, niveles de ingreso, nivel de Sisbén, estrato, edad, etc.) Particularmente, el uso de este tipo de tablas es muy útil en la descripción del problema. Por ejemplo, se puede usar para presentar la probabilidad de morir que tiene la población colombiana menor de 20 años por género y grupo de edad, como muestra el cuadro 72.

GRÁFICO 52. TORTA O "PIE"

Nivel educativo de la población que habita en el Cartucho 1999

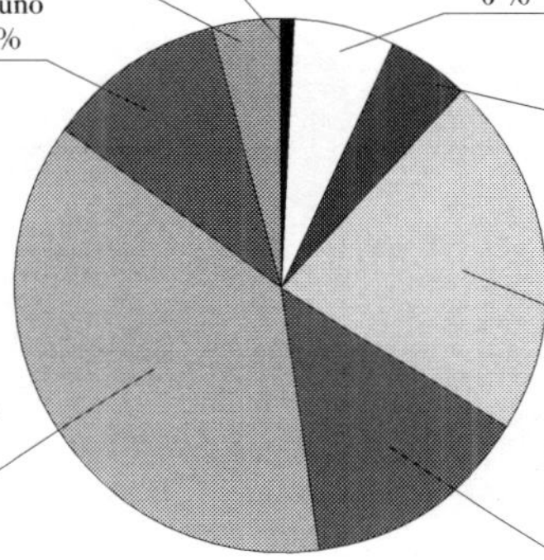

Fuente: Econometría Consultores S. A.-SEI S. A. (1999, 158).

CUADRO 72. TABLA DESCRIPTIVA

Probabilidad de morir de la población menor de 20 años, por sexo y grupo de edad, según departamentos en Colombia 2005.

Departamentos	nqx Hombres (por mil)					nqx Mujeres (por mil)				
	0	1 a 4	5 a 9	10 a 14	15 a 19	0	1 a 4	5 a 9	10 a 14	15 a 19
País	26,3	4,7	2,5	3,1	10,2	18,0	4,2	1,5	1,7	2,9
Caldas	19,0	3,8	2,5	1,9	14,8	14,5	2,7	2,6	1,8	3,7
Risaralda	21,8	4,8	2,6	1,6	15,6	16,9	3,6	2,2	1,5	3,5
Quindío	20,3	4,2	1,4	0,8	9,9	15,6	3,1	1,0	1,1	3,8
Valle	19,5	4,6	2,1	2,7	18,3	14,5	3,4	1,2	1,5	3,7
Cundinamarca	29,6	5,8	2,2	3,1	8,2	21,9	4,4	1,6	1,9	3,4
Bogotá	21,1	2,9	1,3	1,7	7,0	15,4	2,5	1,3	1,1	2,4
Antioquia	23,3	5,4	2,3	2,6	11,5	17,1	4,4	1,6	1,8	3,6
San Andrés	21,7	5,6	2,0	2,0	6,8	16,3	4,2	1,2	1,6	2,0
Tolima	26,8	6,9	3,5	3,1	10,1	20,7	5,2	1,3	1,2	3,5
Santander	27,0	7,0	2,0	2,4	7,2	19,1	4,4	1,1	1,4	3,0

(*Continúa*)

Departamentos	nqx Hombres (por mil)					nqx Mujeres (por mil)				
Atlántico	27,6	4,4	2,1	1,8	6,1	20,5	4,2	1,3	1,2	2,6
Boyacá	28,4	7,6	2,6	3,0	6,7	21,6	5,7	1,5	1,6	3,2
Norte de Santander	28,5	3,2	2,0	2,0	10,6	21,9	4,4	2,1	1,5	3,7
Sucre	32,5	6,7	2,0	0,0	0,0	24,3	5,3	1,6	1,7	2,5
Huila	36,1	12,6	1,9	3,2	9,7	26,5	8,7	1,7	1,8	4,7
Magdalena	37,8	8,5	2,9	2,7	7,2	28,4	6,8	2,2	2,0	2,9
Córdoba	40,9	9,5	2,1	2,6	7,2	31,0	7,7	1,3	1,6	4,1
Meta	40,9	9,6	2,7	3,3	12,5	31,7	8,1	2,4	2,6	4,6
Putumayo	42,4	17,4	2,5	2,5	15,9	33,4	144,6	1,9	2,5	4,0
Casanare	42,9	10,4	3,4	3,1	10,3	33,1	8,8	2,7	1,9	6,3
Guajira	44,7	11,3	1,6	3,2	8,3	35,0	9,8	2,2	1,6	4,1
Cesar	44,8	11,3	2,3	2,6	6,0	34,2	9,4	1,3	1,8	2,4
Caquetá	47,0	11,6	3,3	1,9	13,8	37,2	11,0	1,2	2,0	7,5
Grupo Amazonia	49,3	13,5	6,6	4,0	11,5	36,9	10,9	3,3	3,6	6,2
Nariño	51,2	14,4	2,1	3,3	9,3	40,5	12,8	1,5	1,1	2,9
Bolívar	47,2	12,5	2,4	1,9	7,1	36,3	10,6	1,1	1,6	2,7
Cauca	55,4	16,7	3,0	2,9	13,3	42,7	14,3	2,9	2,3	6,6
Arauca	60,0	19,3	1,6	1,5	19,0	47,0	17,1	2,8	1,9	9,3
Chocó	86,4	31,4	3,5	3,8	12,1	68,2	23,4	2,4	2,9	6,4

Fuente: DANE (2009).

Tablas prescriptivas: se utilizan especialmente para hacer *comparaciones* entre metas, resultados, alcances e impactos. Es decir, para mostrar el alcance o el logro de un objetivo en términos porcentuales. Por ejemplo, una propuesta de metas nacionales producto de un debate y, posteriormente, de una concertación, como lo ilustra el gráfico 54 discutido.

CUADRO 73. TABLA PRESCRIPTIVA

Metas Panamá 2025
Concertación nacional

Propuesta de metas según concertación nacional. Panamá, 2025							
n.º	Indicadores	Línea de base		Meta 2010	Meta 2015	Meta 2025	Responsable
I	Crecimiento						
1	Ingreso por habitante	2007	4000 USD		7000 USD	12.000 USD	Ministerio Economía y Finanzas

(*Continúa*)

Propuesta de metas según concertación nacional. Panamá, 2025							
n.º	Indicadores	Línea de base		Meta 2010	Meta 2015	Meta 2025	Responsable
2	Tasa de crecimiento	2000	5%	5%	5%	5%	Ministerio Economía y Finanzas
II	Bienestar						
3	Tasa de desempleo	2000-2004	13,60%		4%		Ministerio de Trabajo y Desarrollo Laboral
III	Salud						
4	Esperanza de vida hombres-mujeres	2005	74-78				Ministerio de Salud
IV	Educación						
5	Cobertura preescolar				70%	90%	Ministerio de Educación
6	Cobertura secundaria				80%	100%	Ministerio de Educación
7	Cobertura educación superior				65%	90%	Ministerio de Educación
V	Modernización						
8	Promedio Accountability y Política IDD-AL	2006	5,05			10	Ministerio de Gobierno y Justicia
9	Percepción de la corrupción Transparency International	2007	3,2			10	Ministerio de Gobierno y Justicia

Fuente: ejemplo tomado del ejercicio realizado por un equipo de investigadores de la Universidad Externado de Colombia alrededor de las metas de la Concertación Nacional definidas para el año 2025 en 2009 en Panamá.

Árboles de decisión: ilustran procesos, opciones y probabilidades de ocurrencia de diferentes resultados. Permiten visualizar el problema y los cálculos asociados a este. También ayudan a resumir conclusiones. Por ejemplo, por medio de un árbol de decisión ilustramos la alergia alimentaria de los niños. De acuerdo con la Organización Mundial de la Salud (OMS), las alergias ocupan el cuarto lugar en el grupo de las enfermedades que tienen una mayor repercusión económica en la salud pública de un país, como lo ilustra la figura 55.

Mapas: ilustran distribuciones de elementos o características cuando estos tienen una dimensión espacial. Por ejemplo, las zonas de riesgo de brotes de malaria en Colombia, para un periodo dado, como lo ilustra el mapa 1.

FIGURA 55. ÁRBOL DE DECISIÓN

Árbol de decisión que compara el riesgo alérgico de un alimento procedente de los organismos genéticamente modificados (OGM) con respecto de los alimentos tradicionales

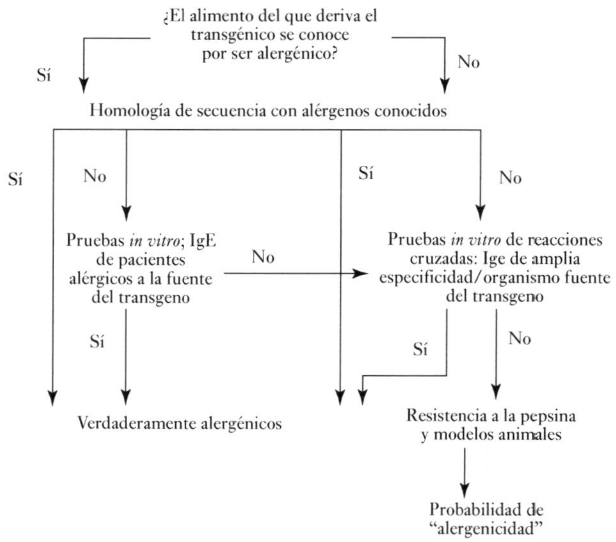

Fuente: Fernández Espina (2004).

Algunas recomendaciones finales: no hay que sobrecargar un gráfico, pues solo debe expresar una idea. Tampoco hay que temer a incluir cuantos gráficos sean necesarios en el análisis, pues se pueden incluir en el texto principal o en los anexos. También hay que evitar redundancias innecesarias, es decir, ilustrar la misma idea en varias ocasiones dentro del texto y de maneras distintas, porque eso agota al lector o lo confunde. Es importante aprender a combinar los colores y que sean consistentes con las ideas. Hay colores que son más adecuados para expresar algo: por ejemplo, el rojo casi siempre se utiliza para señalar amenaza. Si se usa este color para identificar un país o una variable, hay que utilizarlo siempre que dicho país o variable esté presente en los gráficos.

Cada gráfico tiene que ser muy claro y darle al lector información relevante sobre lo que se está argumentando. Debe elaborarse a partir de escalas honestas, tener un título que trasmita el mensaje, una explicación sobre lo que está mostrando, las unidades de medición que se utilizan y la fuente de donde se tomó la información. Usted puede, por ejemplo, realizar sus propios gráficos con ayuda del Excel.

Ahora bien, la manera como se organiza el análisis es un aspecto relevante que facilita la lectura del texto. A continuación se exponen alternativas que el analista puede considerar. También se muestra la estructura que el análisis de políticas públicas debe tener.

MAPA 1. MALARIA: MAPA EPIDEMIOLÓGICO SEGÚN NIVELES DE RIESGO EN COLOMBIA 1999

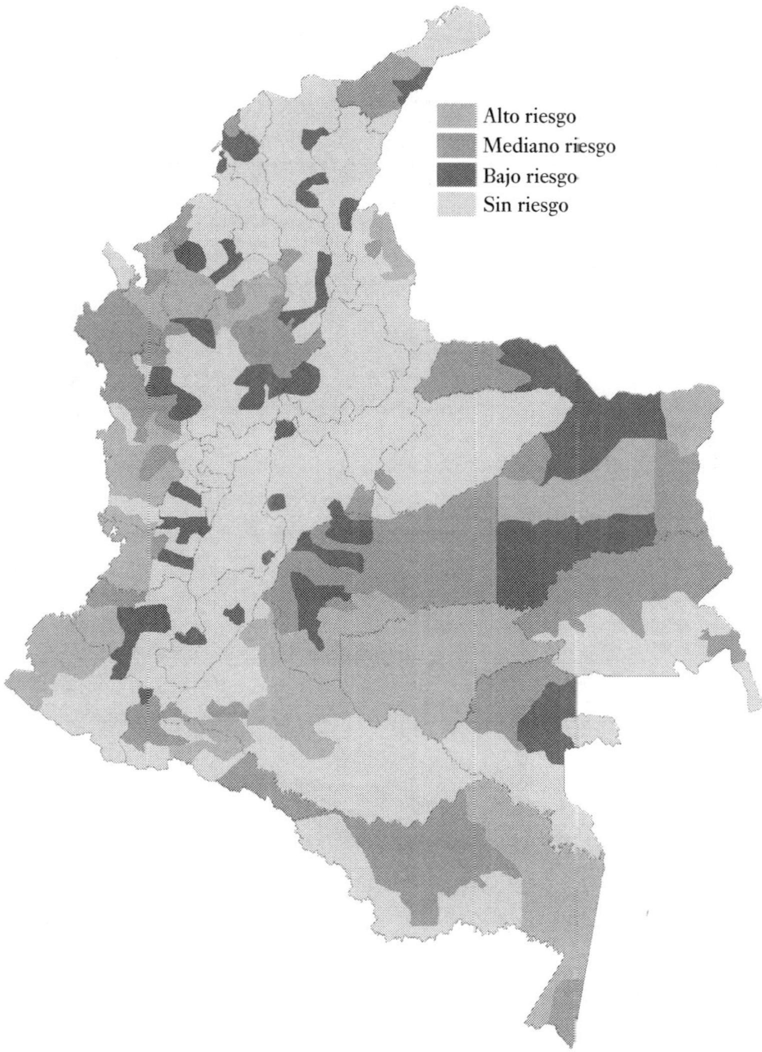

Fuente: Organización Panamericana de la Salud.

IV. ¿CÓMO ORGANIZAR EL "POLICY MEMO"?

Es primordial darles a los lectores una hoja de ruta sobre el contenido del documento. Un índice es indispensable para este propósito. Una tabla de contenido en la cual se señalen los temas principales y la subdivisión de cada uno es imprescindible al orientar al lector. De la misma manera, un resumen del documento ayudará a que el cliente se familiarice con la información que está en el análisis.

Así mismo, es importante mantener el hilo conductor de las ideas. Para esto, realizar introducciones y resúmenes al inicio y final de cada aparte le ayudará a que el lector entienda por qué va a hablar de otro tema. Introduzca la próxima sección como una transición, es decir, una evolución en el análisis.

Los subtítulos y subrayados le ayudarán a marcar el paso hacia otro tema, y no está mal que primero y antes de cualquier etapa se expresen las conclusiones a las que se llegó y un breve resumen de ellas. No hay que olvidar numerar las páginas, lo cual puede pensarse que es obvio, pero en realidad muchas veces se olvida.

Resaltar de negrita las ideas clave para facilitarle la lectura al cliente ayuda, pues recuerde que en la mayoría de los casos este dispone de poco tiempo para leer un texto extenso. Incluya una lista de abreviaturas y acrónimos al inicio o al final del documento, así el lector podrá referirse a ellas siempre y cuando la necesite.

No existe una única forma de estructurar un documento de análisis de políticas públicas. Sin embargo, para los propósitos de este manual, el *policy memo* final debe tener la siguiente estructura.

Resumen ejecutivo del análisis: es la carta de presentación del *policy memo* final del análisis de políticas públicas y la herramienta que va a determinar el interés del cliente por conocer el documento completo. De acuerdo con el profesor Dunn (2004), los resúmenes ejecutivos deben ser una sinopsis de los elementos más relevantes del *policy memo* final. Por lo general tiene la siguiente estructura: 1) el propósito del análisis de políticas públicas que se presenta; 2) la descripción del problema; 3) los hallazgos más notables (de forma abreviada); 4) la metodología utilizada (cuando es apropiado hablar de ella. Esto depende del perfil del cliente); 5) la recomendación. Lo mejor es escribir el resumen una vez que se tenga listo el *policy memo* final y no debe tener una extensión mayor de dos párrafos.

Definición del problema: en este apartado se describe y explica el problema. Para esto el analista usa estadísticas, gráficos, testimonios y mapas lógicos, entre otros recursos. Es determinante darle suficientes argumentos al cliente para que entienda claramente la visión del analista sobre el problema. En algunos casos no basta con que el cliente entienda el punto de vista del analista, sino que es necesario que sea persuadido por las evidencias para que se convenza de que realmente hay que hacer algo para solucionarlo.

Criterios de evaluación de las alternativas: aquí se listan y explican los criterios que permitirán evaluar las alternativas que quizá arrojarán los mejores resultados para solucionar el problema. Hay que explicar por qué tales criterios son relevantes.

Alternativas de solución: se describe cada una de las alternativas, se agrupan las que sean similares y se explican las diferencias y similitudes que existen entre estas. De su lectura debe quedar claro que el analista no omitió ninguna alternativa importante, incluso la de no hacer nada.

Evaluación de las alternativas: se explica cómo se evaluaron las alternativas con respecto a los criterios que seleccionó antes. Se presentan de forma abreviada los resultados, cuáles fueron las alternativas descartadas y cuáles las que respondieron mejor a los criterios y por qué.

Recomendación: en esta parte se presentan las conclusiones y recomendaciones derivadas del ejercicio de evaluación que se realizó. Se le explican al cliente los efectos de seguir el curso de acción que se recomienda. Para esto, tener en cuenta los aspectos tanto técnicos como políticos que enmarcan sus conclusiones es esencial. Finalmente, hay que exponerle al cliente si es necesario profundizar en algún aspecto del análisis antes de tomar una decisión definitiva sobre el curso de acción sugerido.

Plan de implementación: en esta sección se expone cómo se va a ejecutar la recomendación que se da. Este plan de implementación se puede exponer por medio de una matriz, en la cual debe quedar claro cuáles son las actividades, los responsables, los tiempos en los cuales se deben llevar a cabo las tareas, el presupuesto necesario para desarrollar cada una de ellas, las fuentes y estrategias de financiación y los apoyos políticos necesarios de parte de los actores clave.

Plan de monitoreo: en este apartado se explican los indicadores de gestión o insumo y de producto que van a ayudar a responder las siguientes preguntas, suponiendo que la política se encuentre en la fase de implementación: ¿lo estamos haciendo bien? ¿Lo estamos haciendo en los tiempos que se fijaron en el plan de Implementación? Para ello se presentan los indicadores de insumo y proceso más importantes para monitorear en el futuro.

Plan de evaluación: en esta parte se presentan los indicadores de resultado e impacto y los métodos para calcularlos, de manera que se pueda dar cuenta, con el futuro, sobre si la política logró o no los resultados y qué efectos positivos o negativos, deseados y no deseados se generaron de su implementación

Referencias o bibliografía: es muy importante documentar las fuentes de información. Esto indica, por un lado, que el analista realizó un trabajo de investigación juicioso y, por el otro, que las conclusiones y recomendaciones que allí se presentan se sustentan en investigaciones previas, lo cual da mayor credibilidad al documento.

Pies de página: en ellos se escriben comentarios, aclaraciones o información útil para quien desee profundizar en los temas tratados.

Apéndice: es un conjunto de información útil que no tiene por qué incluirse en el cuerpo principal del documento. Puede ser cualitativa o cuantitativa. Un apéndice puede contener tablas, listas, cálculos, datos, cuestionarios, antecedentes y otro tipo de información.

Carta de presentación del documento de política pública: tiene como propósito presentar el *policy memo* final del análisis a quien está interesado o se quiere que se interese en él. De acuerdo con Dunn (2004), los elementos que debe llevar dicha carta son: 1) un membrete en la parte superior de las hojas que identifique a quienes realizaron el documento de análisis de políticas públicas; ya sea el nombre de la organización a la que pertenecen o su propio nombre; 2) el nombre, el cargo y la dirección del cliente; 3) un párrafo corto con las preguntas o con el problema que el cliente espera que el análisis aborde; 4) un pequeño resumen con las conclusiones y recomendaciones más importantes que encontró el analista; 5) una mención respecto al interés que tiene el analista de profundizar en la información que se presenta y de ponerse en contacto con el cliente; 6) los datos de contacto del analista (teléfono, celular, dirección); 7) la firma con el nombre y el cargo del analista o del supervisor del análisis.

Comunicados de prensa: en ciertas ocasiones el analista debe escribir comunicados de prensa o participar en la redacción de estos, con el propósito de que las conclusiones del análisis realizado se conviertan en noticia. Es importante que el analista forme parte de este proceso de construcción de la noticia, con el fin de mantener la fidelidad de los hallazgos y las recomendaciones que se plantean en el análisis.

Tenga en cuenta que un tomador de decisiones es un lector selectivo. Esto es, lee primero el título del documento, salta a las recomendaciones y si está de acuerdo con ellas, lee rápidamente el plan de implementación y lo remite a la oficina correspondiente para su procesamiento. Si es precavido o no le convencen las recomendaciones, observa las matrices de evaluación de alternativas, y si tiene serias dudas del análisis revisa con cuidado la descripción del problema.

Definitivamente, el análisis de políticas públicas trasciende la escritura de un documento o *policy memo*, pues también se presenta de forma oral a un auditorio. La presentación oral de un análisis también requiere ciertas destrezas que hay que conocer y desarrollar. A continuación se exponen las más relevantes que definitivamente ayudarán al analista a realizar una exposición clara y precisa de sus hallazgos y recomendaciones.

V. ¿CÓMO COMUNICAR ORALMENTE UN ANÁLISIS DE POLÍTICAS PÚBLICAS?

Algunas veces resulta particularmente efectivo comunicar los resultados y recomendaciones del análisis cara a cara con el cliente. De esta manera, el mensaje puede comunicarse de forma clara, concisa y convincente, obteniendo buenos resultados. Pero para esto se tiene poco tiempo, a lo sumo algunos minutos, y en este espacio se debe motivar al cliente para que decida leer el documento escrito por el analista.

La presentación oral del análisis requiere que se tengan en cuenta los mismos principios enunciados anteriormente para el *policy memo*. No se deben usar más palabras de las necesarias para expresar una idea, no hay que andar con rodeos y siempre se debe usar un lenguaje respetuoso. El analista no querrá que el auditorio que lo escucha se sienta ofendido. No hay que usar frases cliché para referirse a un grupo poblacional, social o político, porque pueden herir susceptibilidades. Recuérdese que las diferentes visiones sobre el problema no solo involucran puntos de vista, sino también emociones producidas por los hechos que se presentan, lo cual afecta, en diferente medida, a los actores involucrados. Esto ayudará al analista, definitivamente, a tener una buena relación con el auditorio.

Iniciar la presentación con una anécdota o un chiste llamará la atención del auditorio, pero no hay que olvidar antes saludar. En seguida, se debe hacer referencia a los antecedentes que dieron origen al análisis. No hay que olvidar los gráficos para que se entiendan mejor los argumentos. Tampoco, perder de vista el tamaño y los colores de las letras; si se tiene un auditorio muy grande, con seguridad las personas de la parte de atrás no podrán ver con precisión. Si, por el contrario, la exposición es para una sola persona o para un grupo pequeño, se debe llevar impresa la presentación y repartirla.

Se debe tener en cuenta que, por lo general, cada diapositiva toma para su explicación entre dos y tres minutos. Así, al presentar el análisis con las características que aquí se recomiendan, hay que dedicar unas dos diapositivas a la descripción del problema, una a los criterios de decisión, una a las alternativas de decisión, una o dos a la evaluación de las alternativas, una a las recomendaciones, una o dos al plan de implementación, una al plan de monitoreo y una al plan de evaluación. Si desea dedicar más tiempo a alguna sección del análisis, se deberán fusionar algunas de las diapositivas. Por ejemplo, se pueden usar las diapositivas sobre la evaluación de alternativas para discutir tanto los criterios como las alternativas y el resultado de la evaluación. Todo en una sola diapositiva.

Al realizar la recomendación, se hace en forma de sugerencia. No hay que olvidar que la decisión de tomar o no en cuenta el curso de acción que el analista expone forma parte de la discrecionalidad del cliente. Se exponen con claridad las decisiones o acciones necesarias para lograr los resultados que se esperan en la recomendación, pero nunca se presiona muy fuerte para que se tome una decisión de inmediato.

Se debe recordar que cuando se presentan los resultados hay preguntas, comentarios y críticas respecto a las conclusiones. Hay que ser receptivo y contestar de forma clara, directa, respetuosa, tolerante y abierta. Lo anterior no será nada fácil, teniendo en cuenta que la persona o el auditorio que está escuchando puede estar desatento, concentrado en los detalles o deseoso de contradecir todo el tiempo los hallazgos y conclusiones (Patton y Sawicki, 1993).

Una estrategia para lograr estar abierto y ser receptivo es estudiar con antelación al auditorio. Conocer la audiencia es uno de los aspectos más importantes cuando se está preparando una presentación oral (Dunn, 2004). Es determinante tener claridad, antes de realizar la conferencia o reunión, sobre los siguientes elementos: 1) el tamaño del auditorio; 2) si habrá expertos en el problema que se aborda; 3) qué porcentaje de la audiencia entiende los métodos de investigación que usted utilizó; 4) cuál es la credibilidad o disposición que se cree tener de la audiencia; 5) cuál es el contexto político en el que se presentan los resultados y conclusiones del análisis.

Estos puntos ayudan a tener una idea clara acerca de las posibles opiniones y dudas que tendrán las personas que van a escuchar al analista. Este no puede permitir que los interrogantes lo tomen por sorpresa. Hay que practicar la presentación, pedir consejos y críticas a los colegas y amigos.

También es una buena estrategia para neutralizar a los contradictores hacer mención de los posibles cuestionamientos, opiniones en contra o debilidades de los argumentos propios. No hacer esto deja oportunidades abiertas para el provecho de los opositores. Hacerlo, en cambio, los desarma de antemano y da la imagen de haber sido riguroso en el análisis, demostrando que todo aspecto se consideró debidamente y que por ello se tiene confianza sobre la idoneidad de las conclusiones. Hay que contestar las preguntas a las que se pueda dar una respuesta completa. Cuando no se conozca esta, lo mejor es ser sincero y prometer que se va a revisar el tema. No hay que olvidar dejar la copia del documento de análisis de políticas públicas; a los oyentes esto les permitirá profundizar en la información que el analista expuso. ¡Éxitos en sus próximos análisis de políticas públicas!

VI. LA UTILIDAD DE LA COMUNICACIÓN EN EL ADIPP A PARTIR DEL PAPEL DE LOS "NUDGES" EN LA TOMA DE DECISIONES

Según Kahneman y Tversky (1979), los *nudges* tienen una gran influencia en los individuos al tomar decisiones. De acuerdo con Thaler y Sunstein (2017, 5), un *nudge* es "cualquier aspecto de la arquitectura de las decisiones que modifica la conducta de las personas de una manera predecible sin prohibir ninguna opción ni cambiar de forma significativa sus incentivos económicos".

Partiendo de su convicción de que los individuos en muchos casos "toman decisiones muy malas —decisiones que no habrían tomado si hubieran prestado atención y si hubieran dispuesto de toda la información, capacidades cognitivas ilimitadas y un autocontrol absoluto—" (Thaler y Sunstein, 2017, 5), los autores afirman que existen arquitectos de decisiones, particularmente para asuntos públicos, que buscan diseñar rutas de elección para que las personas puedan vivir mejor. Se parte del hecho de que los individuos son malos para planificar. La falacia de la planificación indica que se tiene una "tendencia sistemática al optimismo no realista sobre el tiempo que se tarda en llevar a cabo los proyectos" (Thaler y Sunstein, 2017, 7).

Schwartz (2004) propone la paradoja de la elección, que demuestra que en una sociedad liberal se piensa que tener más opciones para elegir es mejor para las personas, pero las pruebas demuestran que cuantas más opciones, el cerebro siente mayor estrés y la elección resulta más difícil. Por tanto, las personas prefieren decisiones por defecto. Como indican Thaler y Sunstein (2017), sucede como en las múltiples opciones de configuración de un teléfono inteligente, o en las posibilidades en un plan de pensión. Las personas tienden a usar las configuraciones prediseñadas, ya que la consideran más seguras y confiables y también se evita el estrés de pensar en las alternativas. Por esta razón, las herramientas de comunicación en política pública enfrentan retos importantes para lograr la legitimidad de las intervenciones.

Como vimos en el capítulo segundo (I.C), en los últimos años los trabajos sobre *nudging* han venido contribuyendo en el diseño de políticas públicas. Uno de los ejemplos más conocidos es la creación de un equipo de ciencias sociales y ciencias del comportamiento en la Casa Blanca durante el gobierno de Barack Obama, que junto con las oficinas relevantes del Gobierno experimentó con el uso de recordatorios personalizados para que los estudiantes de menores ingresos no perdieran sus oportunidades de inscripción en las universidades, ventanas emergentes para recordarles a los empleados las ventajas de imprimir por ambas caras de la hoja y otras varias iniciativas, unas más exitosas que otras. El líder de esos esfuerzos fue precisamente Sustein. En el Reino Unido, que en efecto antecedió a los Estados Unidos en la incorporación del *nudging* en el Gobierno desde la administración de David Cameron (2010), los primeros años de esfuerzos de *nudging* han incluido iniciativas para incrementar el pago de impuestos —con una carta de recordatorio que enfatizaba en que el destinatario estaba en la minoría de quienes no pagaban impuestos a tiempo en su área—, o generar una decisión *por defecto* sobre el esquema de pensión de los empleados, que estos podían variar si decidían antes de determinada fecha, para aligerar la toma de decisiones sobre este tema.

APRENDIZAJES DE LA TERCERA PARTE

En el cuadro 74 se esbozan los principales aprendizajes de la primera parte.

CUADRO 74. PRINCIPALES APRENDIZAJES DE LA TERCERA PARTE

— La implementación de políticas públicas es el proceso mediante el cual los propósitos e instrumentos que se definieron para el abordaje del problema público se ponen en marcha en procura de solucionar un problema público. Dicho proceso puede llevarse a cabo de distintos modos, sea de arriba abajo (*top-down*) o de abajo arriba (*bottom-up*), según las particularidades del contexto y el problema en cuestión.

— La implementación exitosa depende en gran medida de un buen diseño, un buen apoyo administrativo y un buen contexto. Para ello se requiere la definición clara del problema público que se ha de abordar y el diseño de planes de acción e implementación concretos que de manera específica señalen la hoja de ruta para surtir de parte de los encargados de la implementación. Para esto, diversas herramientas y enfoques como la teoría de cambio, el marco lógico o la metodología general ajustada, en el caso de Colombia, resultan pertinentes para definir una secuencia coherente entre insumos, actividades, productos, resultados e impactos. A esto se suma la necesidad de contar con equipos de trabajo y redes institucionales eficientes, además del concurso y la voluntad política tanto de propios como de externos.

— Parte del éxito de la implementación depende del diseño anticipado de planes de monitoreo y evaluación, de manera que dichos planes aporten al diseño de la hoja de ruta que orientará las acciones del Estado.

— El monitoreo y la evaluación *ex post* de políticas contribuyen a derivar aprendizajes que mejoren el proceso de estas y a rendir cuentas para los públicos interesados en el problema en cuestión. La evaluación *ex post* se diferencia del monitoreo en que este busca generar evidencia sobre el desarrollo de los planes de acción de la política durante su implementación, con el fin de adoptar correctivos sobre aquellas fallas identificadas o fortalecer los aciertos en dicho proceso. La evaluación *ex post*, por su parte, se lleva a cabo típicamente una vez terminada la intervención, y pasado un tiempo pridencial para que se decanten ciertos efectos y resultados, y tienen como propósito valorar el mérito de ella, bien sea por el logro de sus resultados y propósitos esperados, o por su impacto, positivo o negativo, intencionado o no, sobre las condiciones de bienestar de la población objetivo.

— Distintos tipos de indicadores, entre los que destacan de insumo, producto, resultado e impacto, son adecuados para hacer seguimiento a la implementación de las intervenciones (políticas, programas o proyectos) y para evaluar sus logros y efectos.

— El análisis de política exige de los analistas el dominio de técnicas y habilidades para la comunicación asertiva y persuasiva de los productos y procesos desarrollados durante el ciclo del análisis. De allí que, además de ser un buen redactor de documentos técnicos, el analista debe ser un buen comunicador, debe ser una persona capaz de convencer, de persuadir, de hacerse tener en cuenta. Algunas habilidades necesarias al respecto son la capacidad de síntesis, la precisión, la capacidad de expresar ideas complejas de manera simple, la legitimidad respaldada en argumentos y rigor investigativo y el uso de documentación para fundamentar los argumentos, entre otros aspectos.

ANEXOS

ANEXO I
CAJA DE HERRAMIENTAS PARA LA RECOLECCIÓN DE INFORMACIÓN RELEVANTE PARA EL ANÁLISIS Y EL DISEÑO DE POLÍTICAS PÚBLICAS

Como se dijo, para ser un buen analista hay que ser, ante todo, un buen investigador. Tal papel no puede ser completo si no se conoce al detalle la multiplicidad de métodos y herramientas útiles para soportar los distintos ejercicios que se presentan. En la mayor parte del manual nos referimos a los distintos métodos para hacer análisis y diseño. En este capítulo nos concentramos en algunos métodos de investigación o técnicas destinadas a lograr una buena recolección de la información con la que el analista trabajaría para hacer bien su labor, es decir, a construir la materia prima principal con la que puede realizar su trabajo analítico. En efecto, se trata de que nos concentremos en una de las etapas más importante del ejercicio analítico, porque una mala información necesariamente conduce a obtener conclusiones erradas.

En la literatura sobre el tema se distinguen dos tipos de métodos de recolección de información: los llamados "métodos de escritorio" y los métodos utilizados en "trabajo de campo". Mientras que los del primer tipo requieren que el analista realice una revisión cuidadosa de la literatura y de las fuentes secundarias (reportes, informes, estadísticas, artículos de prensa, discursos, leyes, decretos, libros, páginas web, etc.), los del segundo tipo requieren que recolecte, de manera directa, datos no procesados o semiprocesados, dispersos o simplemente inexistentes.

Mientras que en el primer tipo de métodos se utilizan con frecuencia la revisión bibliográfica, el análisis de indicadores, los análisis comparativos, los análisis históricos, el análisis de contenido, el análisis narrativo y el análisis de discurso, dentro del segundo tipo se encuentran las encuestas, las entrevistas, los sondeos, la observación etnográfica, los experimentos, los grupos focales y los seminarios de decisión.

Se trata de métodos que se complementan entre sí y que aportan información valiosa por igual, en los que se puede pensar en la aplicación de varios de los métodos del primer tipo como paso previo y en algunos casos suficiente, y la aplicación de los métodos del segundo tipo como un trabajo complementario, más ambicioso y costoso. Mientras que el trabajo de escritorio permite hacer una revisión exhaustiva y de cualquier manera necesaria de los últimos avances en la materia, el trabajo de campo se constituye, como lo afirma Dubost (2008, 2), en una "prueba de realidad", una validación, en la práctica, de las hipótesis y modelos teóricos indagados, un "sólido sustento de conclusiones, o una fuente invaluable de inesperados hallazgos".

A continuación se presenta una breve discusión sobre los métodos de recolección de información más aplicados, en la que resaltan sus principales características, aplicaciones, ventajas y desventajas. Conviene aclarar que no se pretende realizar aquí un abordaje exhaustivo de ellos o de lo que existe al respecto, pues esto estaría fuera del alcance de este manual. Aquí pretendemos hacer una breve introducción, la cual debe complementar el lector apelando a la extensa y variada literatura que existe en torno a cada uno de ellos, en combinación o por separado.

I. MÉTODOS DE ESCRITORIO

En esta sección se describen los principales métodos de investigación de escritorio, pensados para la recolección de evidencia que alimente el análisis de política pública. Se trata, fundamentalmente, del estudio documental y el análisis de contenido. El uso de herramientas de inteligencia artificial puede servir de manera complementaria, pero de ninguna manera sustituta.

A. ESTUDIO DOCUMENTAL

Una de las principales y más comunes fuentes de información que utilizan los investigadores es el análisis de documentos. Aquí estos se entienden como "todo material escrito que contiene información acerca del fenómeno que deseamos estudiar" (Bailey, 1982, 301). Hay muchos tipos de documentos, y así, la clasificación de documentos que describiremos en este manual depende de la cercanía a la fuente principal. Según Bailey (1982), existen documentos primarios o documentos de testigos visuales que presenciaron un evento particular o comportamiento, y también existen documentos secundarios que escribieron personas que no presenciaron directamente el evento, pero que obtuvieron la información entrevistando a los testigos o leyendo documentos primarios. Por ejemplo, una autobiografía es un documento primario, y una biografía, uno secundario (Bailey, 1982, 302). El estudio documental consiste básicamente en una revisión de los textos relacionados con el objeto de estudio y una extracción de la información relevante para el problema o política pública que se estudia. El acceso a los documentos se puede obtener de diferentes maneras; algunos están disponibles en internet, otros en bibliotecas públicas o bibliotecas especializadas y otros se pueden obtener directamente en los archivos de la organización o institución que produce o procesa la información. Algunos son de acceso público, y otros de acceso restringido.

El estudio documental le permite al analista tener acceso a información sobre temas y personas a los cuales no puede (o desea) tener acceso físico, y, por tanto, no tendría la posibilidad de estudiar por otro método. Por ejemplo, gracias al estudio documental hoy podemos conocer sobre nuestros antepasados, sobre las tendencias mundiales o sobre los futuros posibles. Además, como afirma Bailey (1982), este método de investigación tiene la ventaja de la no reactividad, pues no produce el sentimiento de "conejillo de indias" en la persona o grupo de personas a las que se estudia. Por último, mediante este método se puede obtener información de muy alta calidad a un costo relativamente bajo.

No obstante, es importante tener en cuenta que la información que reflejan los documentos está en alguna medida sesgada por su autor o por el objetivo que lo inspiró al momento de producirlos. Como lo advierte Bailey (1982), aunque los documentos usualmente provean de información valiosa y única, casi siempre están escritos para obtener dinero, por lo que se tiende a exagerar o a veces a fabricar información para crear una buena historia. Por otra parte, la conservación de los textos puede ser fuente de problemas, pues en muchos casos los documentos comunes del día a día, como las cartas y los diarios, están mal conservados, a menos que se trate de instituciones estables o de personas famosas. Así mismo, los documentos que no se crearon con propósitos investigativos tienden a proveer información incompleta. O, como afirma Bailey (1982, 305-306), también puede ocurrir que no existan documentos sobre algunos temas, simplemente porque nunca se registró la información.

A pesar de las anteriores dificultades, el estudio documental no presenta mayor inconveniente, pues como se dijo, no presenta problemas de reactividad y conformidad, por lo que básicamente el reto se centra en el acceso a la información, la codificación de insumos de variada índole y el análisis de la información.

Dentro de los estudios documentales señalamos el análisis de contenido, el cual consideramos particularmente útil gracias a su contribución al estudio y análisis de las políticas públicas. Si bien podríamos habernos referido a otros métodos igualmente útiles, queremos enfatizar en este, dado su potencial y notable poca aplicación y conocimiento en la práctica.

B. ANÁLISIS DE CONTENIDO

El propósito de este método consiste en tomar un texto y transformarlo en información cuantitativa. El método consiste en que el investigador debe crear una lista de categorías exhaustiva y mutuamente excluyentes que se puedan usar para analizar documentos, para luego reportar la frecuencia con la cual estas categorías se ven representadas en él (Bailey, 1982, 312-313). Los resultados del análisis de contenido pueden presentarse en tablas que contengan porcentajes o frecuencias, de la misma manera que la información de una encuesta. En efecto, el análisis de contenido es el equivalente al estudio documental de las encuestas; se lleva a cabo con el uso de hipótesis formales, muestras elaboradas científicamente, información cuantitativa, análisis factorial, de componentes principales, de *clusters*, de jerarquías, etc. (Bailey, 1982, 313).

A más de cubrir las áreas de especialización que envuelven las encuestas, esto es, la comprobación de hipótesis científicas, este método tiene algunos propósitos especiales como, por ejemplo, analizar técnicas de persuasión y comunicación, estilos y patrones de argumentación, entre otros (Bailey, 1982, 313).

II. MÉTODOS DE TRABAJO DE CAMPO

En seguida se describen los principales métodos para desarrollar el trabajo de campo en procesos de análisis de política pública. Dentro de estos se encuentra la realización de muestreos, encuestas, entrevistas, grupos focales y observación etnográfica.

A. MUESTREO

El uso del muestreo en investigaciones de ciencias sociales es una práctica que tomó fuerza en los países desarrollados en los años sesenta y que paulatinamente se ha venido extendiendo en comunidades académicas en los países menos desarrollados. Los avances logrados por la computarización han facilitado, por ejemplo, desarrollar encuestas fundamentadas en muestras representativas de la población, desplazando el uso generalizado y costoso de los censos. Hoy el muestreo, con apoyo en las teorías estadísticas y de probabilidad, es una herramienta fiable que permite identificar con algún grado de certeza aceptable el margen de error y nos permite derivar conclusiones generalizables a la mayoría de la población de interés del estudio.

La lógica del muestreo consiste en, primero, identificar un grupo de población de interés, luego en identificar un subgrupo de determinado tamaño que representaría suficientemente bien dicha población. Se espera que dicho subgrupo sea una buena representación de la totalidad de la población, de manera que los resultados de la información recogida sobre el segundo deben arrojar los mismos resultados que si se tomara del total de la población.

Una de las ventajas de este método de investigación es el ahorro de tiempo y dinero, pues es mucho más económico realizar encuestas, cuestionarios u observaciones sobre una muestra reducida que sobre la totalidad de la población por estudiar.

Sin embargo, existen desventajas relativas a la credibilidad del método, pues según muchas personas es difícil creer que unos pocos representan la opinión o la posición o característica de la población. Otra desventaja que encuentran los investigadores es que si el marco de la muestra no se define bien y el subgrupo de población elegida no representa a las diferentes partes de la población, o el tamaño de la muestra es inadecuado, el resultado será automáticamente incorrecto.

Aunque el muestreo no es un método de investigación en sí mismo, es importante tenerlo en cuenta, pues se utiliza como base de muchos métodos que se discuten en este capítulo. Sirve como metodología para llevar a cabo entrevistas, observaciones y experimentos, entre otros ejercicios. En todos estos casos es importante que se utilice la herramienta y se defina la muestra para trabajar bajo parámetros estadísticos y probabilísticos que garanticen la representatividad, fiabilidad y pertinencia de los datos obtenidos.

B. ENCUESTAS

Son un método para obtener información primaria directamente de personas que han sido seleccionadas para establecer una base sobre la que pueden hacerse inferencias sobre una población más amplia (Manheim y Rich, 1988). La encuesta, según Patricia Muñoz, es una investigación que se lleva a cabo en el contexto de la vida cotidiana, utilizando procedimientos estandarizados de interrogación, con el fin de obtener mediciones cuantitativas y cualitativas de una gran variedad de características objetivas y subjetivas de la población (Alvira, García Ferrando e Ibáñez, 1986).

Las preguntas casi siempre se envían por correo electrónico a una muestra representativa, las hace directamente un encuestador en la casa del encuestado o en otro lugar, o las hace mediante llamadas telefónicas, se envían por correo postal o se entregan en un papel que el encuestado debe diligenciar y devolver.

Existen diferentes tipos de encuesta: las que se aplican a toda la población, también denominadas censos; las encuestas representativas de las que ya se habló, y las que indagan sobre la opinión de una muestra, denominadas encuestas de opinión pública o sondeos, los cuales no se aplican a muestras representativas, sino que buscan identificar tendencias circunstanciales en torno a ideas, productos o personas.

Es de vital importancia un adecuado diseño del cuestionario. Como lo afirma Bailey (1982), en este se deben tener en cuenta la relevancia de las metas del estudio, la importancia de las preguntas para dichas metas y la de las preguntas para el encuestado (Bailey, 1982, 113).

En efecto, para que una encuesta se lleve a cabo de manera ideal, al encuestado se le debe informar de la importancia del estudio, para despertar su interés y la motivación hacia la encuesta, pues en la mayoría de los casos el encuestado trabaja de manera gratuita. Así mismo, dentro del cuestionario se deben evitar las preguntas ambiguas y tratar de usar términos que todos conozcan: términos como "integración social" pueden interpretarse de diferentes formas, y así mismo, términos coloquiales los pueden entender solo algunas personas. También se debe procurar que no haya varias preguntas en una sola, evitar preguntas abstractas y preguntas sensibles que puedan llevar a respuestas obvias o que conduzcan a respuestas falsas, por tratarse de temas que para algunos encuestados pueden ser tabú. Así mismo, se debe tratar de hacer preguntas objetivas y evitar las que encaminen al entrevistado a responder de la manera que el encuestador desee que responda (preguntas amañadas).

Gracias al uso del muestreo, las encuestas son métodos fiables que pueden utilizarse como argumentos cuantitativos de peso en una investigación o estudio social. Sin embargo, una de las desventajas que tiene este método es que se necesitan muchos recursos (técnicos, económicos y de tiempo) para realizar encuestas en el marco de un estudio que permita obtener un grado confiable de representatividad, por lo cual, en muchas ocasiones, las encuestas pueden servir para complementar información en el marco de estudios cualitativos sin muestra representativa.

C. ENTREVISTAS

La entrevista es un método que se utiliza para obtener información de primera mano. Es una clase de interacción social entre dos personas, el entrevistado y el entrevistador. Existen diferentes tipos de entrevistas, dependiendo de la estructuración que le dé el entrevistador a la reunión y al tipo de preguntas. Hay tres tipos de entrevistas: las estructuradas, las semiestructuradas y las no estructuradas. Entre las primeras están aquellas en las cuales el entrevistador tiene predeterminado un grupo de preguntas por realizar. Este tipo de cuestionario cerrado suele utilizarse para obtener información cuantitativa sobre un grupo de muestra largo. Las entrevistas semiestructuradas son aquellas en las cuales el entrevistador tiene un cuestionario preparado, pero está abierto a modificaciones según el curso de la conversación y los temas que vayan surgiendo como consecuencia de ella. Esta modalidad permite comprender el entorno político de un problema. Por último, las entrevistas no estructuradas son aquellas en las que las preguntas están hechas con fundamento en respuestas previas. Se suelen utilizar para entrevistar a expertos o políticos con alto grado de conocimiento. Esta modalidad es útil, pues en ciertas ocasiones si el tema es complejo o delicado los expertos preferirán no aceptar una estructura determinada, sino ir contando lo que les parezca adecuado.

Este método presenta muchas ventajas frente a otras formas de obtención de la información. En primera instancia permite tener flexibilidad al hacer las preguntas, esto es, decidir cuáles hacer y cuáles no en el momento de la entrevista, pedirle aclaraciones al entrevistado y hacer aclaraciones sobre la pregunta cuando este las considera confusas. Otra ventaja que presenta es que hay una tasa de respuesta mucho mayor que los cuestionarios o encuestas enviados en línea. Así mismo, le permite al entrevistador identificar y extraer información no solo de lo que el entrevistado expresa verbalmente, sino también de lo que expresa con su comportamiento no verbal. La entrevista permite hacer una indagación mucho más compleja que en una encuesta, pues el entrevistador conoce a quien va a entrevistar y, por tanto, puede sacar el mayor provecho de su interlocutor.

A pesar de las ventajas mencionadas, las entrevistas han sido criticadas por tener un potencial para toda clase de vicios, inconsistencias e inexactitudes como instrumento de recolección de datos. Algunos autores como Williams (1959) consideran que en las entrevistas las personas normalmente dicen una cosa, pero actúan de manera diferente. Por otra parte, autores como Phillips (1971) consideran que el cuestionario puede, en sí mismo, viciar la información y manipularla. Además, el entrevistador puede malinterpretar la respuesta, puede entenderla pero registrarla mal, o incluso puede registrar respuestas cuando el entrevistado se ha negado a responder. Además, las entrevistas presentan desventajas como el costo, el tiempo, la falta de anonimato, la imposibilidad del entrevistado de consultar datos para dar una información más precisa, y el hecho de que la capacidad de razonamiento de las personas se ve afectada por factores como la fatiga, el estrés, la enfermedad, el calor o la densidad del tema (Bailey, 1982, 183-184). En las entrevistas hay que tener en cuenta que hay diferencias que influyen en la calidad de los datos recolectados. Las diferencias de raza, etnicidad, sexo, estatus social, edad y vestimenta entre entrevistado y entrevistador podrían tener un efecto sobre los resultados de la entrevista.

La literatura tradicional sobre cómo llevar a cabo entrevistas considera que los investigadores deben ser totalmente neutrales y objetivos para recopilar la información sin contaminarla con sus sesgos personales. En cambio, la literatura más reciente ha intentado demostrar que los datos que emergen de una entrevista son los resultados de una interacción entre varias personas en un momento y sitio específicos, lo cual no es necesariamente malo, en la cual el conocimiento no se considera puro y distinto o separado de las circunstancias de su producción, porque precisamente estas circunstancias contribuyen a la producción del conocimiento. Las entrevistas son intrínsecamente eventos de interacción. La discusión se produce localmente y de manera colaborativa. Por eso, esta concepción da mucha más importancia a elementos biográficos, contextuales, históricos e institucionales en que se conducen las entrevistas y que utilizan el entrevistado y el investigador. Mientras que a la luz de la escuela tradicional se considera que los datos de la entrevista reflejan lo que opinan los entrevistados fuera del contexto de la entrevista, en la escuela más moderna, de la cual parte la aproximación constructivista, se considera que los datos recopilados reflejan una realidad construida conjuntamente entre el entrevistado y el investigador y no más.

Estas posiciones conceptuales tienen consecuencias sobre el papel del investigador. Tradicionalmente se dice que el entrevistador es y debe ser neutral, que nunca debe mostrar su opinión y reaccionar de manera personal. Si el investigador no es neutral, va a producir una entrevista sesgada y va a contaminar los datos. En la otra interpretación se considera nocivo que el entrevistador sea neutral, pues genera de forma automática una relación jerárquica y asimétrica con el entrevistado porque lo está tratando como "objeto" de investigación y no como persona de igual a igual. En cambio, cuando los investigadores se revelan y ofrecen sus opiniones o ideas, están tratando al entrevistado como ser humano.

D. GRUPOS FOCALES

Una herramienta útil para entender el contexto en el cual los actores del problema operan es el grupo focal. Este ayuda a entender las dinámicas de grupo y ayuda cuando es necesario interpretar hechos o situaciones. Por lo general, el grupo focal lo deben conformar entre seis y nueve personas, para mantener el nivel de interés e involucramiento. Este grupo se compone de personas que no se conocen entre sí, que no conocen al moderador y que tienen experiencias y puntos de vista diferentes. Sin embargo, se debe procurar que el nivel de educación y estatus social de los participantes sea similar, para garantizar una equitativa participación. El papel del moderador es esencial para el éxito de esta herramienta, pues es él el que debe generar confianza, crear un ambiente propicio y escoger de forma adecuada las preguntas para obtener la información que se desea.

E. OBSERVACIÓN ETNOGRÁFICA

La observación es una técnica primaria para la recolección de información de comportamiento no verbal. Aunque involucra por lo general la recolección de información visual, también incluye recolección de información por otros sentidos como el oído, el tacto o el olfato. La observación no imposibilita el uso de otros métodos de investigación; por el contrario, en muchas ocasiones se lleva a cabo en conjunto con otros métodos. Casi siempre antecede a las encuestas y se desarrolla de manera simultánea al estudio documental o a la experimentación (Bailey, 1982, 248).

El método consiste en observar el lugar donde se centra el problema identificado y monitorear el comportamiento de los actores en lugar de preguntarles directamente a las personas sobre los temas que se analizan. En general, es un método que se prefiere cuando se estudia el comportamiento en un espacio determinado o en una institución. Un estudio que puede servirse de este método es, por ejemplo, sobre la interrelación de los trabajadores de diferentes áreas en una empresa. Para llevar a cabo el ejercicio de observación se necesita: vigilar una actividad varias veces y desarrollar estándares de registro, categorías de registro y pasos para asegurar que la información recogida es representativa. Según Bailey (1982), existen dos tipos de observación: participativa y no participativa. En la participativa el observador forma parte de las actividades que se observan, y su papel dual no lo conocen casi nunca los otros participantes. En la no participativa, el observador asume un papel aislado del entorno, presuntamente indiferente a lo que lo rodea.

Una de las principales ventajas de este método es que tiene la capacidad para recolectar información sobre el comportamiento no verbal de los individuos estudiados. Si un entrevistador le pregunta a un individuo acerca de su comportamiento, es probable que se encuentre con algunos obstáculos como la negación, la falta de memoria y las respuestas políticamente correctas o socialmente deseables, pero no ciertas, entre otras. El método de observación permite obtener la información requerida de primera mano. Otra ventaja de este método es el hecho de que la observación ocurre en un ambiente natural de los individuos objeto de estudio, lo que hace que sea menos reactivo que otras técnicas de recolección de datos. Por otra parte, la observación permite un tiempo mayor para obtener información, pues no tiene que acordar tiempos ni ajustarse a la agenda de la persona bajo estudio, lo que ocurre en la utilización de otros métodos como las encuestas y las entrevistas.

Aunque es un buen método de investigación, su precisión depende de las cualidades del observador. Se apoya en pequeñas muestras, pues es muy difícil homogeneizar la información recolectada por una cantidad grande de observadores, y esta tiende a ser subjetiva y difícil de cuantificar. De la misma manera, un impedimento de este método es que se puede producir el efecto perverso de que las personas observadas cambian de compartimiento por el hecho de que las están estudiando. Por otra parte, la observación como técnica carece de capacidad de control, pues al llevarse a cabo en un ambiente natural el investigador tiene poco control sobre variables exógenas que puedan afectar los datos. Por último, la observación puede ser poco recomendable cuando se estudian temas sensibles, pues es muy difícil garantizar el anonimato.

CONCLUSIONES

Los métodos que se han presentado en este anexo no son mutuamente excluyentes. Incluso, lo mejor es combinarlos en la práctica, razón por la cual el analista debe estar en capacidad de aplicar cualquier método. Decidir cuáles y cuántos métodos aplicar depende en gran medida del tiempo, los costos y la relación costo-beneficio de cada aplicación.

ANEXO 2
EJEMPLO DE "POLICY MEMO": DEFORESTACIÓN EN LA AMAZONIA COLOMBIANA (2018-2022)

INTRODUCCIÓN

Este anexo pretende servir como insumo para desarrollar el *policy memo* que llevarán a cabo potenciales analistas, asesores, investigadores o tomadores de decisiones de política pública que desean adquirir o desarrollar habilidades para la realización de ejercicios rigurosos de análisis y diseño de políticas públicas. Este ejemplo es particularmente útil para ilustrar las diferentes etapas del ciclo de políticas públicas y el papel que el analista debe tener en cada una de ellas.

En el anexo se analizará el problema de la deforestación en la Amazonia colombiana (2018-2022) y se propondrá una solución que se sustenta en el conocimiento que deberá implementar el organismo nacional responsable, en este caso, el Ministerio de Ambiente y Desarrollo Sostenible.

El ejemplo se va a desarrollar en ocho partes: la primera tiene como objetivo definir y analizar el problema mediante los diferentes métodos que existen. En la segunda se procederá a seleccionar tanto los objetivos de política pública como los criterios que le permitirán al analista tomar la mejor decisión en cuanto a la solución del problema. La tercera parte corresponde a la identificación de alternativas de solución. Una vez establecidas las alternativas, el analista debe proceder a un ejercicio riguroso de evaluación para elegir la alternativa que mejor responda a los criterios de decisión (cuarta parte), para así redactar la recomendación de política pública dirigida al cliente (quinta parte). Las últimas tres partes del ejemplo corresponden al plan de implementación (VI), al de monitoreo (VII) y al de evaluación (VIII).

I. DEFINICIÓN Y ANÁLISIS DEL PROBLEMA

La Amazonia es el bosque tropical más extenso del mundo, con una superficie de siete millones de kilómetros cuadrados, la cual representa el cuarenta por ciento del continente sudamericano. Tiene una gran importancia mundial por su capacidad para regular el clima regional. En efecto, mantiene grandes extensiones de selva tropical húmeda virgen, lo cual permite tener condiciones climáticas estables para hacer frente al cambio climático (Killeen y Solórzano, 2008).

Además, según la Comisión Económica para América Latina y el Caribe (Cepal, 2013), se estima que los bosques amazónicos ofrecen la mayor biodiversidad de flora y fauna del planeta, y en su superficie puede cohabitar el cincuenta por ciento del total de las especies vivas existentes.

Ahora bien, la Amazonia colombiana corresponde al territorio del bioma[36] amazónico, que cubre un área de 48 millones de hectáreas, ocupando cuarenta por ciento del territorio nacional; cuenta con un extenso sistema de áreas protegidas: once parques nacionales naturales, dos reservas naturales y un santuario de flora y fauna (Cepal, 2013). A su vez, se encuentran 185 resguardos indígenas de 57 etnias diferentes que ocupan 26,2 millones de hectáreas, equivalentes al 50 % de este bosque tropical en Colombia (KPMG, 2020).

Sin embargo, a pesar de cubrir 40 % del territorio nacional, la región de la Amazonia solo aporta el 1 % del PIB nacional, y el 45 % de los hogares que habitan la región presentan necesidades básicas insatisfechas (NBI) (Meisel-Roca *et al.*, 2013). Además, el crecimiento poblacional es un verdadero desafío para la región, especialmente en términos socioeconómicos. En efecto, en muchos departamentos amazónicos el crecimiento poblacional ha sido superior a la media nacional; actualmente, en esta región habitan 1,2 millones de personas, de las cuales 17 % pertenecen a comunidades indígenas (Cepal, 2013).

Así mismo, la ampliación de la frontera agrícola, la intensificación de las actividades extractivas (como la minería o la pesca), el establecimiento de cultivos ilícitos, el crecimiento del comercio ilegal (tráfico de madera) al igual que la baja capacidad institucional afectan de manera considerable el ecosistema amazónico. Con fundamento en lo anterior, es necesario desarrollar a profundidad el problema de la deforestación que se ha llevado cabo en Colombia desde 2010.

---

36 El bioma se define como el "conjunto de ecosistemas que se caracterizan por una composición de especies y un espectro de tipos biológicos de plantas (árbol, hierba, arbusto) con un funcionamiento y un ajuste al clima y al suelo característicos. Normalmente están definidos por la estructura de la vegetación y el clima". https://www.mendoza.conicet.gov.ar/portal/enciclopedia/terminos/Bioma.htm

SITUACIÓN DEL PROBLEMA A LA FECHA Y CIFRAS ACERCA DEL TEMA

De manera general, la deforestación es la conversión directa o inducida de la cobertura de bosque a otro tipo de cobertura de la tierra en un lapso determinado (DeFries, 2016, citado por DNP, 2020).

Teniendo en cuenta la definición, la deforestación en Colombia ha sido un problema que ha evolucionado con el tiempo. Ya después de los acuerdos de paz firmados con la guerrilla de las FARC, el país registró un incremento considerable en su pérdida de vegetación (*El Espectador*, 2017; *El Espectador*, 2018; BBC Mundo, 2019). Según el MADS-Ideam (2016) en información suministrada por Terridata, el área deforestada del departamento del Amazonas para el 2016 era de 1913 hectáreas, el del Guaviare de 11.456 hectáreas y el de Caquetá de 26.544 hectáreas, representando respectivamente el 1,07 %, el 8,12 % y el 14,86 % del territorio nacional.

A pesar de contar con gran extensión y con zonas de reserva forestal promulgadas por la Ley 2.ª de 1959, en los últimos sesenta años hubo una disminución de 17 millones de hectáreas, lo que equivale a un decrecimiento del 29,41 % de hectáreas de zonas de reserva forestal en Colombia (González, 2018).

Para el 2018, Colombia ocupaba el cuarto lugar entre los países con más deforestación en el mundo, con una pérdida forestal de 176.977 hectáreas (FAO, 2018b). Así mismo, "en el 2010, Colombia contaba con 81,4 millones de hectáreas de bosque natural, que se extendía sobre el 72 % de su extensión territorial. En 2019 perdió 265.000 hectáreas de bosque natural, lo que equivale a 104 m de CO de emisiones" (Global Forest Watch, 2020).

Los reportes en Colombia de deforestación señalan a la Amazonia como la región con mayor superficie deforestada, ya que concentra el 39 % de esta. En el 2017, el Instituto de Hidrología, Meteorología y Estudios Ambientales (Ideam) identificó ocho núcleos de deforestación en Colombia, de los cuales cinco se encuentran en el bioma amazónico. Así mismo, para el 2020 la Amazonia era la región más afectada por deforestación, ya que concentró el 62 % de la deforestación del país (Sistema de Monitoreo de Bosques y Carbono, s. f.).

Teniendo en cuenta la situación del problema, es menester analizar la normatividad nacional e internacional que permita entender el manejo que se la da a la deforestación en Colombia.

NORMATIVIDAD RELACIONADA CON EL PROBLEMA

Como se observó, el problema de la deforestación tiene un gran efecto en el suelo colombiano, por lo que existe una gran variedad de normatividad relacionada con el tema.

En primer lugar, la Constitución Política de Colombia en los artículos 8.º y 80 dispone como obligación del Estado y de las personas proteger las riquezas culturales y naturales de la Nación y ordena al Estado planificar el manejo y aprovechamiento de los recursos naturales, para garantizar su desarrollo sostenible, su conservación, restauración o sustitución, además de prevenir y controlar los factores de deterioro ambiental, imponer las sanciones legales y exigir la reparación de los daños causados.

Así mismo, la Ley 2.ª de 1959 establece las "zonas forestales protectoras" y los "bosques de interés general" para el desarrollo de la economía forestal y protección de los suelos, las aguas y la vida silvestre. Ahora bien, el Decreto 2811 de 1974 dicta el Código Nacional de Recursos Naturales Renovables y de Protección al Medio Ambiente reconociendo el ambiente como patrimonio común, por lo que el Estado y los particulares deben participar en su preservación y manejo, que son de utilidad pública e interés social.

Con posterioridad, la Ley 99 de 1993 crea el Ministerio del Medio Ambiente, reordena el sector público encargado de la gestión y conservación del medio ambiente y los recursos naturales renovables, organiza el Sistema Nacional Ambiental (SINA) y dicta otras disposiciones.

Por otro lado, la Ley 139 de 1994 crea el Certificado de Incentivo Forestal como un reconocimiento del Estado a las externalidades positivas de la reforestación promoviendo la realización de inversiones directas en nuevas plantaciones forestales de carácter protector-productor en terrenos de aptitud forestal.

Así mismo, el Conpes 2834 de 1996 considera la política de bosques, en la cual fija como objetivo lograr el uso sostenible de los bosques, con el fin de conservarlos, consolidar la incorporación del sector forestal en la economía nacional y contribuir al mejoramiento de la calidad de vida de la población (DNP, 1996).

Por último, el Decreto 1257 de 2017 crea la Comisión Intersectorial para el Control de la Deforestación y la Gestión Integral para la Protección de Bosques Naturales, y en la Sentencia 3460 de 2018 la Corte Suprema de Justicia ordenó a la Presidencia de la República, al Ministerio de Ambiente y Desarrollo Sostenible y al Ministerio de Agricultura y Desarrollo Rural 1) formular un plan de acción a corto, medio y largo plazos, con el fin de contrarrestar la tasa de deforestación en la Amazonia; y 2) suscribir un pacto intergeneracional con estrategias de alcance nacional, regional y local que conduzcan a reducir a cero la tasa de deforestación (Corte Suprema de Justicia, 2018).

Cabe subrayar que la normatividad nacional está muy ligada a los compromisos asumidos internacionalmente sobre el cambio climático y, por supuesto, a los que tienen que ver con el problema de la deforestación.

COMPROMISOS INTERNACIONALES

Así pues, además de la normatividad colombiana existen compromisos internacionales para abordar el problema de la deforestación, el cual ha sido un tema recurrente en todos los acuerdos y pactos asumidos por Colombia sobre el cambio climático.

En 1994 Colombia aprobó la Convención Marco de las Naciones Unidas sobre el Cambio Climático, con el ánimo de buscar alternativas para adelantar acciones contra la problemática del cambio climático, teniendo en cuenta que "la región amazónica es el principal reservorio global de carbono; sus bosques tienen un importante papel en el ciclo del carbono atmosférico y en mantener el equilibrio del CO_2 en la atmósfera del planeta" (Cepal, 2013). En este sentido, se plasman acciones para reducir las emisiones debidas a la deforestación y degradación, la conservación y aumento de reservas de carbono y el manejo forestal sostenible, de manera que se tienen metas específicas para reducir las emisiones en el bioma amazónico, así como el desarrollo de sistemas robustos de monitoreo forestal y sistemas que provean información de salvaguardas sociales y ambientales (Ministerio de Ambiente y Desarrollo Sostenible, 2016).

Ahora bien, en septiembre de 2014 se dio la Declaración de Nueva York sobre los Bosques (ONU, 2014), la cual es una iniciativa política donde se unen Gobiernos, empresas y actores de la sociedad civil, incluyendo organizaciones de pueblos indígenas, con el objetivo de: 1) reducir la pérdida global de bosques a la mitad para el 2020 y erradicarla para el 2030; 2) eliminar todo tipo de deforestación causada por la producción de materias primas para el 2020; y 3) restaurar un área de bosques más grande que India para el 2030. Además, compromete a que los países desarrollados proporcionen incentivos económicos a gran escala acorde con el desafío. A partir de la Declaración de Nueva York,

> el Gobierno de Colombia anunció el "Desafío de Lima". En este, catorce países forestales en vía[s] de desarrollo declararon su compromiso a reducir las emisiones provenientes de los bosques, como parte de su estrategia de desarrollo baja en carbono. Los países firmantes desafiaron conjuntamente a los países desarrollados a colaborar para lograr mayores reducciones en sus emisiones, comprometiéndose a cuantificar la ambición adicional que podrían alcanzar con apoyo internacional (Ministerio de Ambiente y Desarrollo Sostenible, 2020).

Por último, Colombia integra la Organización del Tratado de Cooperación Amazónica, y en el 2016 se creó el proyecto "Fortalecimiento institucional de los Países Miembros de la OTCA en gestión forestal ecológicamente responsable y conservación de la biodiversidad en los bosques manejados de la Amazonia (OIMT/CDB/OTCA)", el cual busca fortalecer y desarrollar capacidades para el manejo sustentable y la conservación de la biodiversidad del bosque amazónico, en los diferentes actores del sector forestal de sus países miembro con énfasis en el manejo forestal comunitario (OTCA, s. f.).

Hasta el momento se ha podido observar que existe un problema de deforestación en Colombia que ha sido objeto de estudio nacional e internacional, y por esto se han realizado compromisos y se han dictado resoluciones, leyes y decretos para minimizar los daños y efectos de este. Comprendiendo esto, se debe identificar el problema, para lo cual es necesario generar una relación con las causas que la justifican.

IDENTIFICACIÓN Y ESTRUCTURACIÓN DEL PROBLEMA

Es así que para identificar y estructurar el problema se realiza el análisis causal o árbol de problemas, ya que es una de las herramientas disponibles para estudiar las características y dimensiones de los problemas públicos.

Esta identificación es importante, pues la Amazonia es un territorio con gran relevancia tanto para el país como para la región. En efecto, su importancia ambiental y ecológica se ha subrayado para luchar contra el cambio climático y conservar la biodiversidad de uno de los ecosistemas más ricos del mundo. Sin embargo, el ecosistema amazónico es extremadamente frágil, ya que "al encontrarse en suelos vulnerables tanto a la lluvia como al sol, y una vez talado el bosque, la fertilidad de estos se agota con rapidez" (Cepal, 2013).

La definición de deforestación adoptada por Colombia ante el Protocolo de Kioto y precisada por el Ideam (2018) es: "reducción persistente en los contenidos de carbono almacenados en bosques que pueden estar asociados con un decrecimiento sostenido y medible del dosel del bosque y/o del número de árboles por hectárea, siendo siempre el porcentaje de cobertura de bosque mayor al 30 %".

Según García-Romero (2014), la deforestación se relaciona estrechamente con fenómenos socioeconómicos, y su localización depende de variables geográficas, políticas y económicas. Además, la autora subraya que de acuerdo con los modelos económicos de deforestación el costo de oportunidad de la tierra determina el uso que se le dará. Por ejemplo, a medida que aumenta el tamaño de los centros poblacionales y su demanda por alimentos, aumenta el costo de oportunidad de los bosques cercanos. Es más rentable transformarlos para llevar a cabo actividades agrícolas o ganaderas que mantenerlos en pie.

En este sentido, el Sistema de Monitoreo de Bosques y Carbono para Colombia y el Ministerio de Ambiente y Desarrollo Sostenible (s. f.) han identificado seis principales causas de deforestación en Colombia[37]: 1) acaparamiento de tierras (45 %), 2) cultivos ilícitos (22 %), 3) infraestructura, como vías, embalses, etc. (10 %), 4) incendios forestales (8 %), 5) ganadería extensiva (8 %) y 6) extracción ilícita de minerales (7 %). A continuación se detallan las causas que presenta este estudio:

— Acaparamiento de tierras: se observa que ante la llegada de grandes capitales externos se ha creado un mercado especulativo que recompensa el acaparamiento de tierras, lo que induce a que se realicen procesos de deforestación para el uso privado de los agentes (DNP, 2020). Además, después de Brasil, Colombia tiene la mayor desigualdad de propiedad de la tierra en

---

37 Por medio del Sistema de Monitoreo de Bosques y Carbono para Colombia, el Ideam establece la estimación de la deforestación en Colombia en dos niveles de aproximación: 1) generación de alertas tempranas de deforestación a partir del procesamiento digital de imágenes, principalmente Modis, con una resolución espacial de 250 metros, para identificar los *hotspots* o núcleos activos y emitir alertas tempranas por deforestación; y 2) procesamiento digital de imágenes de media resolución de 30 metros que genera información a escala 1:100.000, el cual permite detallar con precisión la superficie de bosque natural y la superficie deforestada para Colombia (Ideam, 2017).

el continente, y a pesar de que no hay un catastro rural actualizado, se supone que en la Amazonia colombiana la concentración de la tierra en manos de unos pocos es extraordinaria y empeoró desde el año 2000 (Armenteras *et al.*, 2019; Pidamazonia, 2020).

— Cultivos ilícitos: se estima que para el establecimiento de una hectárea de coca se deforestan 4 hectáreas de bosque; para la siembra de una hectárea de amapola se talan 2,5 hectáreas de bosque, y por cada hectárea de marihuana se requieren 1,5 hectáreas de bosque (Osorio, 2003).

— Expansión de la infraestructura legal: aumenta el acceso de tierras para usos productivos, la extracción de recursos, la tala selectiva, pero también, al no ser sostenible y planificada, aumenta el riesgo de fuegos y favorece la fragmentación y pérdida de hábitat de fauna nativa (Barber *et al.*, 2014; Killeen y Solórzano, 2008; Reid y De Sousa, 2005).

— Incendios forestales: los bosques colombianos están amenazados por el uso del fuego y el aumento de los incendios asociados a los cambios de uso del suelo y al cambio climático (Armenteras *et al.*, 2019; Armenteras-Pascual *et al.*, 2011, citados en FAO, 2018a). En Colombia los fuegos se han asociado a procesos de deforestación, pero son también susceptibles a ser degradados por fuegos que escapan de zonas de manejo agrícola o de pasturas (Armenteras y Retana, 2012, citados en FAO, 2018a).

— Ganadería extensiva: en regiones de alta deforestación la ganadería suele presentar una clara asociación con el fenómeno de praderización, el cual se da cuando la superficie con pastos cultivados aumenta con respecto a las áreas de un periodo anterior (Sinchi, 2016, citado en FAO, 2018a).

— Extracción ilícita de minerales: según un estudio realizado por la FAO (2018a), el impacto en deforestación de la extracción de minerales en Colombia puede ser directo por la remoción de la cobertura forestal, o indirecto por la expansión de infraestructura ilegal asociada a su explotación, generación de oferta de empleo, que facilita la llegada de otros motores de deforestación.

Se puede decir que esta lista de causas no es exhaustiva, ya que se pueden identificar otros procesos demográficos, sociales y económicos que favorecen la transformación de la selva amazónica colombiana. Por una parte, el *crecimiento poblacional* ejerce mayor presión sobre los recursos naturales ante la mayor demanda de alimentos y tierra para vivienda. Esto ha generado procesos de colonización sin planeación alguna y dirigidos sobre territorios ambientalmente frágiles (IGAC y Corpoíca, 2002), pero también ha favorecido el *desarrollo de la ganadería extensiva* y, por tanto, de una *ampliación de la frontera agrícola.*

Además, *la ausencia de un sistema de trazabilidad de la madera y de controles forestales*, al igual que *la falta de aprovechamiento de los productos forestales no maderables* (como nueces, bayas, setas y semillas, y otros productos derivados como los aceites, perfumes y plantas medicinales, que no requieren la tala del árbol) han favorecido *la tala indiscriminada de madera* en la Amazonia colombiana (Ministerio de Ambiente, 2020; *El Espectador*, 2020). Además, la mitad de la madera comercializada en Colombia es de origen ilegal (*Environmental Investigation Agency*, 2019).

La deforestación trae consigo consecuencias alarmantes, tanto en el aspecto social como en el ambiental. Por una parte, la deforestación genera la transformación y fragmentación de ecosistemas, aumenta el número de especies en condición de amenaza, altera el recurso hídrico y con ello, el abastecimiento de agua de los centros poblados (Ministerio de Ambiente, 2016).

De igual forma, el uso ineficiente del suelo genera bajos niveles de productividad "debido a la degradación progresiva de la tierra, lo que ocasiona la reducción de la capacidad del suelo para promover un desarrollo ambiental, económico y socialmente sostenible" (Unidad de Planificación Rural Agropecuaria, 2013, citada en DNP, 2020).

Así las cosas, la figura A.1 ilustra el árbol de problemas para observar el efecto de la relación causa-efecto del problema de deforestación en Colombia.

Una vez realizado este método, se busca enriquecerlo mediante el análisis de jerarquía de causas, el cual permite clasificar las causas entre posibles, plausibles y accionables. Si se analiza el árbol de problema que se acaba de desarrollar, se tienen muchas causas, entre las cuales hay algunas que no son competencia del cliente, o demandan una convergencia de intereses de diferentes actores a diferentes niveles, o son demasiado amplias para incluirlas en una política pública sobre deforestación. Ese es el caso de las causas posibles como el conflicto armado, la presencia de grupos al margen de la ley y el crecimiento poblacional, entre muchas otras, por lo que tratar de resolver el problema en toda su complejidad puede llevar a una parálisis.

Así, a partir de la revisión sistemática de datos y de la compilación de resultados realizada con los dos métodos que se han descrito, se deben analizar las causas de la deforestación según el nivel de competencia que tiene el cliente sobre ellas, en este caso el Ministerio de Ambiente y Desarrollo Sostenible de Colombia, con una posible intervención de los otros involucrados en el problema.

FIGURA A.I. ÁRBOL DE PROBLEMAS DE LA DEFORESTACIÓN EN COLOMBIA

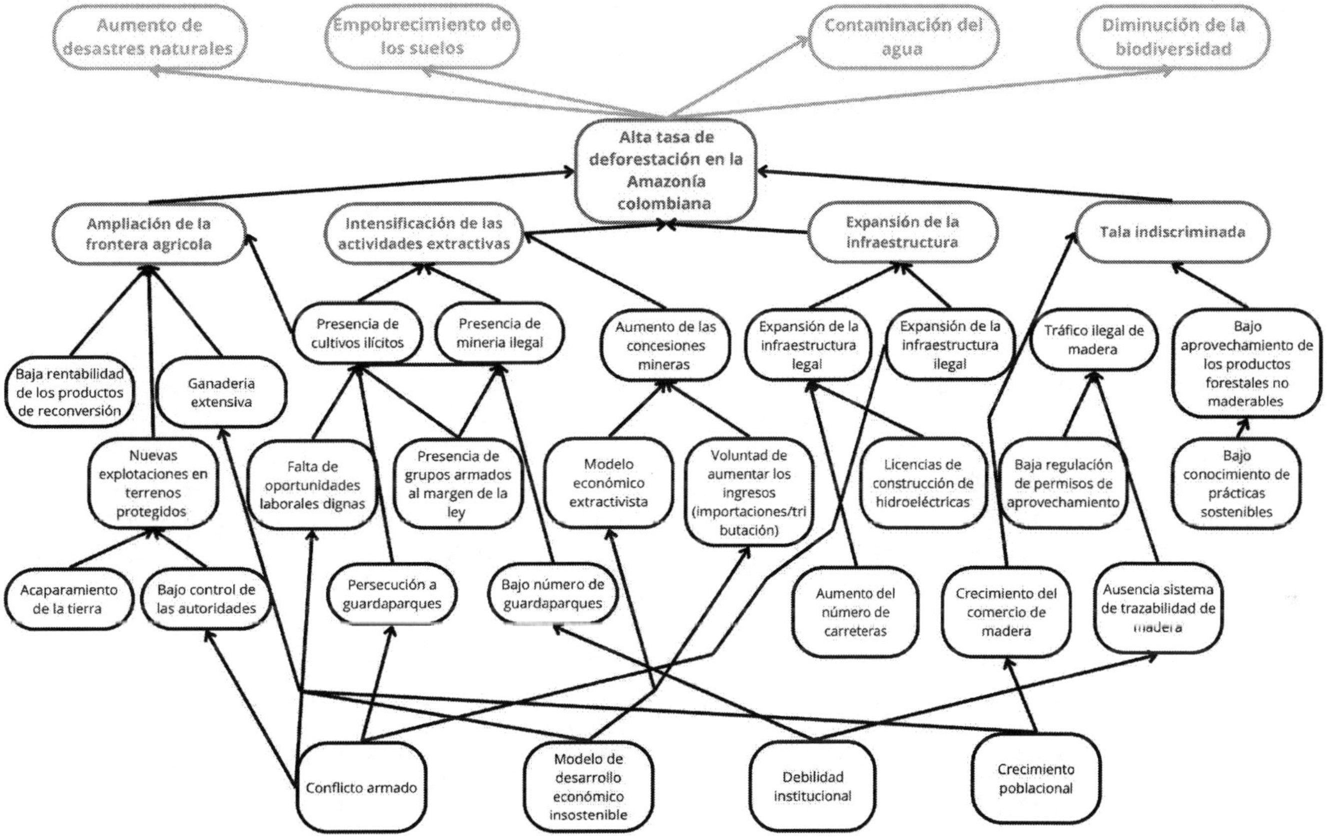

Fuente: elaboración propia.

Por esto, se debe tener en cuenta el perfil del cliente y sus preferencias. El Ministerio de Ambiente y Desarrollo Sostenible de Colombia, por medio del Plan Nacional de Desarrollo (PND) 2018-2022 "Pacto por Colombia, Pacto por la Equidad", se comprometió a reducir las emisiones de dióxido de carbono (CO_2). Así mismo, estableció la intervención de manera integral en los veinticinco municipios y cinco departamentos que concentran más del setenta por ciento de la pérdida de bosque en toda la nación y cuyas causas principales se relacionan con la actividad de organizaciones criminales interesadas en el acaparamiento de tierras, los cultivos ilícitos y la minería ilegal (DNP, 2020).Por otro lado, con la aprobación del Conpes 4021 de 2021 se establecen las acciones que se deben desarrollar de manera articulada con diferentes actores para controlar la deforestación; al igual que las actividades para promover la conservación y el manejo sostenible de los bosques (DNP, 2021). Teniendo en cuenta lo anterior, se clasificaron estas causas en el cuadro A1.

CUADRO A.1. CLASIFICACIÓN DE LAS CAUSAS DEL PROBLEMA

Causas posibles	Causas plausibles noaccionables	Causas plausibles accionables
— Crecimiento del comercio de madera. — Conflicto armado — Presencia de grupos armados organizados (GAO). — Modelo de desarrollo económico insostenible. — Modelo económico extractivista. — Voluntad de aumentar ingresos. — Debilidad institucional.	— Expansión de la infraestructura legal. — Aumento de las concesiones mineras. — Escaso conocimiento de prácticas sostenibles de las especies de interés. — Persecución a guardaparques. — Falta de oportunidades laborales dignas. — Poca rentabilidad de los productos de reconversión. — Acaparamiento de la tierra. — Bajo control de las autoridades. — Licencias para construcción de represas hidroeléctricas.	— Bajo número de guardaparques. — Poca implementación de legislación que regula expedición de permisos de aprovechamiento. — Ausencia de un sistema de trazabilidad de la madera. — Poco aprovechamiento de los productos forestales no maderables. — Presencia de minería ilegal. — Expansión de la infraestructura ilegal. — Ganadería extensiva.

Fuente: elaboración propia.

Una vez identificadas las causas, es importante seleccionar las causas accionables, ya que se desarrolla la política pública con fundamento en estas y de acuerdo con las competencias del cliente.

Cabe señalar que la identificación adecuada de estas causas permitirá el buen diseño de la política pública. Siguiendo con el ejercicio, y con el fin de estructurar el problema, es importante identificar los involucrados con el fin de entender sus funciones, responsabilidades, intereses y preocupaciones frente a este. Como se ha descrito, este problema tiene múltiples perspectivas, y por tanto existe gran variedad de actores que deben tenerse en cuenta para entender su complejidad.

En el cuadro A.2 se presenta el análisis de los involucrados. Después que se tiene conocimiento relativamente certero sobre las características del problema, su localización geográfica, qué lo genera y quién es el cliente, se debe identificar qué se necesita para que dé una solución efectiva, qué objetivos específicos se quieren alcanzar, qué se define como una "buena solución" y qué características deberá reunir dicha solución.

II. SELECCIÓN DE OBJETIVOS Y CRITERIOS DE DECISIÓN

En este apartado se van a identificar los objetivos de política pública y los criterios de decisión que permitirán una definición acertada de las diferentes alternativas de solución, las cuales ayudarán a resolver el problema de la deforestación de la Amazonia colombiana.

OBJETIVOS

El objetivo general de una política pública consiste en responder de manera directa y positiva al problema formal identificado en las secciones anteriores, mientras que los objetivos específicos atacan directamente a las causas accionables que se detallaron en la sección anterior. De esta manera, se define así:

El objetivo general es: disminuir la deforestación de la Amazonia colombiana.

Los objetivos específicos son:

1) Aumentar el control de la tala de árboles.

2) Prevenir la transformación de los suelos.

3) Disminuir las actividades extractivas ilegales.

4) Fomentar apuestas productivas sostenibles.

5) Generar sensibilización social frente al cuidado y control forestal en las comunidades aledañas a los bosques naturales de dicha región.

Es importante mencionar que el cumplimiento de estos cinco objetivos específicos debería conducir a la realización del objetivo general.

CRITERIOS DE DECISIÓN

Este es el paso siguiente del ciclo de políticas públicas, el cual consiste en identificar los factores que permitirán evaluar todas las alternativas. Los criterios los debe aceptar el cliente y ser útiles para determinar las alternativas que se deben descartar.

Siguiendo la recomendación de Patton y Sawicki (1993), se deben establecer criterios que sean aceptables y útiles. A estos criterios se les otorgará un peso porcentual para el análisis, de forma que la suma de los pesos sea igual al 100 %; el peso asignado dependerá de la importancia que le atribuya el cliente o el analista, o ambos.

La viabilidad económica: es decir, ¿el costo de la alternativa puede cubrirse con los recursos disponibles? A este criterio se le ha asignado un 20 %, pues si no existe viabilidad económica, no hay forma de financiar y sostener las alternativas de solución que se plantean en el largo plazo.

La viabilidad técnica: ¿existe el saber hacer para implementar esta alternativa? A este criterio se le ha asignado un 15 %, en la medida en que dentro del Ministerio de Ambiente y Desarrollo Sostenible hay gran variedad de profesionales en las distintas áreas y que Colombia cuenta con ayuda técnica de diferentes organizaciones y ONG internacionales, razón por la cual es viable llevar a cabo capacitaciones para implementar las alternativas.

La viabilidad administrativa: ¿el cliente cuenta con la infraestructura, el personal y las capacidades para implementar la solución? A este criterio se le ha asignado un 20 %, porque las condiciones administrativas actuales pueden ser en cierto grado modificables en cuanto a la contratación de personal o la adquisición de sistemas organizativos, con el fin de llevar a cabo y propiciar la mejor implementación de la alternativa.

La viabilidad política: ¿qué tan complejo es el ambiente político donde se debe abordar el problema? A este criterio se le asignó un 15 %, ya que la popularidad que tenga la alternativa de solución entre los involucrados es importante e influye en el grado de dificultad para lograr su aceptación.

CUADRO A.2. ANÁLISIS DE LOS INVOLUCRADOS EN LA DEFORESTACIÓN EN COLOMBIA

Involucrado	Características, estatuto o función	Percepción que del problema tiene el involucrado	Intereses del involucrado	Capacidad de incidir	Acuerdos o conflictos potenciales
Ministerio de Medio Ambiente y Desarrollo Sostenible	Es la entidad llamada a solucionar el problema, ya que es la encargada de definir la política nacional ambiental y promover la recuperación, conservación, protección, ordenamiento, manejo, uso y aprovechamiento de los recursos naturales renovables.	Identifica a los narcotraficantes, mineros ilegales y traficantes en madera como los principales responsables de la deforestación. Reconoce el problema, pero indica que es responsabilidad compartida.	Resolver el problema, porque es su responsabilidad la conservación de los bosques en Colombia.	Alta.	Encuentra dificultades para coordinar a las diferentes entidades, y no cuenta con los recursos suficientes para ejercer control en todas las zonas del país.
Ministerio de Agricultura y Desarrollo Rural	Es una entidad que tiene como objetivo principal la formulación, coordinación y adopción de políticas, planes, programas y proyectos en el sector agrícola y de desarrollo rural. Además, cuenta con lineamientos para una política que promueva las plantaciones forestales con fines comerciales y para mejorar el compromiso ambiental de la cadena productiva maderable.	Reconoce el problema, pero cuenta con una solución integral, pues no incluye el aprovechamiento sostenible de los bosques naturales (DNP, 2020).	Interés en participar en las políticas públicas de deforestación y en asegurar el desarrollo rural de manera sostenible.	Alta.	Debe coordinar sus esfuerzos con otras entidades.
Ministerio de Minas y Energía	Es la entidad encargada de formular, implementar y monitorear las políticas del uso sostenible de los recursos mineros y energéticos, incluso su exploración, explotación, transformación y distribución.	Reconoce que la minería, ya sea de manera directa o indirecta, favorece la deforestación de los bosques naturales y la transformación de los suelos. Además, el mercurio utilizado contamina el agua.	Interés en participar en las políticas públicas de deforestación y asegurarse de que las actividades mineras no se efectúen en las zonas especiales protegidas. Asegurar	Alta.	Debe coordinar sus esfuerzos con otras entidades. El conflicto se puede dar, porque otorga las concesiones mineras mediante la Agencia Nacional de Minería (ANM).

(*Continúa*)

Involucrado	Características, estatuto o función	Percepción que del problema tiene el involucrado	Intereses del involucrado	Capacidad de incidir	Acuerdos o conflictos potenciales
			la buena implementación de las "Guías mineroambientales".		
Ministerio de Transporte	Tiene como objetivo primordial la formulación y adopción de las políticas, planes, programas, proyectos y regulación económica en materia de transporte, tránsito e infraestructura de los modos de transporte carretero, marítimo, fluvial, férreo y aéreo y la regulación técnica en materia de transporte y tránsito de los modos de transporte.	Reconoce que la infraestructura, cuando no se planifica de manera sostenible, contribuye al problema de la deforestación.	Interés en participar en las políticas públicas de deforestación y en ejercer control sobre las infraestructuras ilegales.	Media.	Debe coordinar sus esfuerzos con otras entidades, con el fin de implementar los lineamientos de la infraestructura verde vial.
Ministerio de Defensa	Es la entidad encargada del sector de defensa nacional y tiene funciones relacionadas con el mantenimiento de la paz y desarrollo de la seguridad para obtener un desarrollo económico y protección de recursos naturales.	En las políticas públicas de deforestación, el organismo debe ejercer más y mejor control territorial.	Interés en mejorar la articulación de las diferentes entidades llamadas a resolver los delitos ambientales.	Alta.	Solo puede solucionar una parte del problema.
Alta Consejería para el Posconflicto	Es el órgano encargado de apoyar la formulación de una política pública para la protección del ambiente y la sustitución de cultivos ilícitos.	Les da la oportunidad de influir en la solución del problema. El problema es una consecuencia del narcotráfico.	Interés en disminuir el narcotráfico y los delitos asociados, y generar la sustitución de cultivos.	Baja.	No le competen todas las ramificaciones del problema, no tiene la capacidad de proponer una solución integral.

(*Continúa*)

Involucrado	Características, estatuto o función	Percepción que del problema tiene el involucrado	Intereses del involucrado	Capacidad de incidir	Acuerdos o conflictos potenciales
Ideam	Es una institución pública de apoyo técnico y científico al Sistema Nacional Ambiental y desarrolla su papel principalmente mediante el Sistema de Monitoreo de Bosques y Carbono.	Tiene una posición de vigilancia, de brindar alertas y de monitoreo frente a la deforestación	Neutro.	Baja.	Neutro.
Asociación de Corporaciones Autónomas Regionales (CAR)	Es un organismo corporativo de carácter público, integrado por las entidades territoriales, encargadas por ley de administrar —dentro del área de su jurisdicción— el ambiente y los recursos naturales renovables.	Reconoce la existencia del problema e intenta resolverlo.	Propender al desarrollo sostenible del país.	Media.	En algunos casos tiene recursos limitados y pocas capacidades para ejercer control.
Superintendencia de Notariado y Registro	Organismo invitado a formar parte del Consejo Nacional de Lucha contra la Deforestación (Conaldef), con el fin de investigar la adquisición de los predios en los que se llevan a cabo presuntas actividades ilícitas.	Reconoce el problema y crea el Grupo Interno de Trabajo con Funciones de Policía Judicial de la Superintendencia Delegada para la Protección, Restitución y Formalización de Tierras.	Interés en resolver el problema e investigar los delitos ambientales.	Alta.	Entidad investigativa; no tiene capacidad de proponer solución integral.
Comunidades indígenas	Son individuos y colectivos afectados por el problema. Tienen la intención de proteger los sitios ancestrales y el ecosistema en general. Sin embargo, contribuyen al problema, en la medida en que emplean prácticas ancestrales que lo acentúan.	Ausencia del Estado y de acompañamiento institucional para sufragar el problema.	Buscan preservar los bosques, con el fin de garantizar su bienestar social.	Baja.	Pese a poseer una parte importante del bioma amazónico, no tienen las capacidades para asegurar su preservación.

(*Continúa*)

Involucrado	Características, estatuto o función	Percepción que del problema tiene el involucrado	Intereses del involucrado	Capacidad de incidir	Acuerdos o conflictos potenciales
Habitantes de la zona	Son personas que buscan expandir sus dominios territoriales ante la mayor demanda de alimentos y tierra para vivienda, por lo cual generan presión sobre los recursos naturales.	Ausencia del Estado ante las necesidades de la población y de acompañamiento institucional para sufragar el problema.	Solo buscan poder subsistir valiéndose de los recursos naturales, o tener un trabajo informal.	Media.	No tienen las capacidades para afrontar el problema en su totalidad, y esperan la intervención del Estado.
Narcotraficantes, mineros ilegales y traficantes en madera	Organizaciones clandestinas que buscan lucrarse con ese negocio y son causantes del problema.	Es una oportunidad.	Tienen intereses económicos; por tanto, se van a oponer a la creación de una política pública que busque detener la deforestación.	Alta.	No están interesados en una solución.
Federación nacional de industriales de la Madera	Gremio que debe ser parte de la solución, puesto que fomenta el desarrollo de la industria de la madera y representa sus intereses dentro de un criterio de desarrollo sostenible, bienestar y progreso del país.	Es responsabilidad de los narcotraficantes, mineros ilegales y traficantes en madera.	Interés social por mitigar los efectos de la deforestación. Tienen intereses económicos.	Media.	Buscará erradicar la tala ilegal de árboles.
Agricultores/ganaderos	Conforman un grupo heterogéneo que tiene intereses económicos y privados sobre la explotación del territorio.	Es una oportunidad.	Intereses económicos en expandir los cultivos, el ganado y aumentar las ganancias.	Media.	No están interesados en una solución integral.

(*Continúa*)

Involucrado	Características, estatuto o función	Percepción que del problema tiene el involucrado	Intereses del involucrado	Capacidad de incidir	Acuerdos o conflictos potenciales
Organizaciones no gubernamentales (ONG) y organizaciones internacionales	Aportan ayuda financiera y técnica para la preservación de los bosques.	Identifican las principales causas y perciben que se debe dar solución como Gobierno. El problema afecta el cambio climático y los compromisos internacionales asumidos.	Interés en detener la deforestación, ya que la Amazonia es clave en la lucha contra el cambio climático. Además, buscan garantizar el bienestar de las comunidades.	Media.	Pueden ejercer presión sobre los Gobiernos. Pueden apoyar iniciativas locales.
Policía Nacional-fuerzas armadas de Colombia	Dentro de la Policía Nacional se encuentra la División de Carabineros y Protección Ambiental (Dicar), la cual tiene por objeto contribuir a garantizar la convivencia y seguridad ciudadana rural, especialmente en las zonas de consolidación, parques naturales, áreas de reserva, zonas productivas y de frontera, desarrollando estrategias de protección, planes, programas, acciones preventivas y disuasivas y de control de delitos.	Reconocen el problema de los delitos cometidos.	Mejorar la respuesta del Estado frente a los delitos ambientales y los delitos conexos.	Media.	Interesados en soluciones, pero esperan que haya una judicialización efectiva después.
Fiscalía General de la Nación-Procuraduría General de la Nación	La Fiscalía es el órgano de control que vela por el cumplimiento de la Constitución y la normatividad que incluye la defensa del ambiente y los recursos naturales.	Reconocen el problema, pero hace falta personal en la zona e información actualizada para mejorar el control.	Buscan una efectiva judicialización de los delitos ambientales y conexos.	Media.	Interesados en solucionar el problema, pero necesitan un sistema de información que permita recolectar evidencia necesaria.

Fuente: elaboración propia.

Además de estos criterios, se puede decir que el *criterio de efectividad* es esencial al abordar el problema de la deforestación en Colombia. Este criterio permite preguntar si la alternativa logra el objetivo que se pretende alcanzar a la luz del tiempo que se requiere en su implementación y los recursos por invertir. Este criterio es relevante, pues en vista del contexto nacional e internacional y de las recomendaciones del Grupo Intergubernamental de Expertos sobre el Cambio Climático (IPCC), el problema necesita una respuesta a corto y a medio plazos para mitigar los daños ocasionados.

No bien se tiene claro el problema y se han definido los criterios de evaluación que servirán de guía para la toma de decisiones, se debe entrar a ver la identificación de alternativas.

III. IDENTIFICACIÓN DE ALTERNATIVAS

En este punto se dará una explicación breve de las cuatro alternativas de solución. Cabe subrayar que las alternativas de solución deben responder a cada uno de los objetivos específicos; es decir, cada alternativa de solución ataca las diferentes causas accionables y garantiza una solución integral del problema público que se ha identificado.

1) **control** **deforestación**: la primera alternativa se llama "Más control, Menos deforestación", y se encamina a ejercer mayor control en cada una de las diferentes áreas de la política pública. Por una parte, se buscaría trabajar con la Policía Nacional y la Fiscalía General de la Nación para detener la proliferación de los focos de actividades extractivas. Además, se implementaría un sistema de trazabilidad de la madera, para que la venta comercial solo fuera de manera legal y así los compradores de madera ilegal tendrían que pagar multas elevadas. La ampliación de la frontera agrícola se controlaría con la mediación de Parques Nacionales Naturales, que con controles estrictos vigilarían la deforestación de los ganaderos que buscan ganar terreno. Por último, se controlaría la expansión de los cultivos ilícitos por medio de la fumigación con glifosato.

2) La segunda alternativa, llamada "Ecocomunidad", busca no solo implicar a la comunidad en los diferentes frentes de la política pública para frenar la deforestación del bosque amazónico, sino también coordinar con diferentes entidades el manejo y el control que se le da a la Amazonia. Esta alternativa estaría compuesta de cuatro ejes:

— Educación ambiental, la cual busca alertar sobre las consecuencias ambientales y la afectación a la salud de la minería ilegal y la deforestación, además de acentuar la importancia de los bosques y sus ecosistemas para el bienestar social y económico de las regiones.

— Vinculación de algunas personas de las comunidades como guardabosques, con el fin de garantizar la preservación de los ecosistemas y el desarrollo de un turismo sostenible que genere un ingreso a las comunidades sin afectar al ambiente.

— Mejoramiento de la articulación y coordinación de las entidades nacionales y territoriales en el control, seguimiento y sanción de la deforestación en la Amazonia colombiana.

— Creación de emprendimientos que garanticen la transformación de los cultivos de los campesinos de la Amazonia en productos con valor agregado y con el sello "orgánico", características que les permitirían asegurar unos ingresos estables y la reconversión de las personas que mantienen cultivos ilícitos o que trabajan en la minería ilegal.

3) La tercera alternativa es "Salvemos nuestros bosques" , y busca formalizar a los mineros tradicionales que hacen el trabajo de extracción de manera manual, lo cual permitiría más control sobre los permisos que se otorgan en zonas que no afecten los ecosistemas. Se harían controles al transporte de madera, especialmente durante la noche, que es cuando se realiza el mayor movimiento de madera ilegal. Por último, se trabajaría con las organizaciones internacionales, con el fin de crear un guía sobre el manejo de los bosques para que todas las entidades responsables de cuidarlos reciban la misma capacitación.

4) Por último se tiene la alternativa de "no hacer nada" , ya que intervenir puede causar nuevos problemas o simplemente no solucionar nada, pero con costos muy altos.

A continuación se realiza un ejercicio de evaluación *ex ante*, con el fin de determinar si las alternativas que se proponen responden a los criterios que el cliente plantea.

IV. EVALUACIÓN "EX ANTE" DE ALTERNATIVAS

Ahora se van a evaluar las alternativas de solución para recomendar la mejor solución al cliente. Por consiguiente, se utilizarán dos métodos, porque el ejercicio es más robusto si se evalúan las alternativas utilizando diferentes métodos.

El primero que se va a utilizar es el de calificación básica. En él se realiza una matriz en la cual se cruzan las alternativas con los criterios, para observar qué tan bien responden las alternativas a los diferentes criterios.

CUADRO A.3. EVALUACIÓN "EX ANTE". MÉTODO DE CLASIFICACIÓN BÁSICA

Alternativas/ Criterios	Viabilidad administrativa	Viabilidad política	Viabilidad técnica	Viabilidad económica	Efectividad	total
Alternativa 1	A	R	A	A	A	4A
Alternativa 2	A	A	A	A	A	5A
Alternativa 3	A	A	R	A	R	3A
No hacer nada	A	R	A	A	R	3A

Fuente: elaboración propia.

El segundo método es el de criterios ponderados, y para llevar a cabo este ejercicio de evaluación se le debe dar un peso porcentual a cada criterio según las prioridades e intereses del cliente, por lo que se definió antes en los criterios de decisión.

CUADRO A.4. EVALUACIÓN "EX ANTE". MÉTODO DE CRITERIOS PONDERADOS

Alternativas/ Criterios	Viabilidad administrativa	Viabilidad política	Viabilidad técnica	Viabilidad económica	Efectividad	total
Peso %	20 %	15 %	15 %	20 %	30 %	100 %
Alternativa 1	4	2	4	2	4	3,3
Alternativa 2	5	5	4	3	4	4,15
Alternativa 3	4	4	3	4	3	3,55
No hacer nada	5	1	5	5	1	3,2

Fuente: elaboración propia.

Como se puede observar en las dos matrices, la alternativa 2, "Ecocomunidad", obtiene el mejor puntaje. Sin embargo, se aprecia que no tiene una buena calificación en el criterio de viabilidad económica, ya que demanda intervenciones en diferentes ejes. No obstante, cumple con los objetivos en el tiempo pactado. Tampoco requiere instrumentos técnicos avanzados, y cuenta en su mayoría con el capital humano para implementar la política.

V. RECOMENDACIONES

En este punto se va a explicar la recomendación que se traduce en la alternativa ganadora "Ecocomunidad" para cumplir con los objetivos específicos y el general, de acuerdo con el trabajo realizado y las investigaciones pertinentes sobre las causas del problema.

Así mismo, es importante que exista una articulación tanto nacional como territorial de las entidades para mitigar la deforestación en la Amazonia colombiana, por lo cual se recomienda:

1) Que el Ministerio de Ambiente y Desarrollo Sostenible, junto con el Ministerio de Agricultura y Desarrollo Rural, defina criterios en el proceso de titulación de baldíos y formule lineamientos para el uso adecuado de tierras y así desestimule la ampliación de la frontera agrícola.

2) Que el Gobierno nacional cree un proyecto que garantice la transformación de los cultivos de los campesinos de la Amazonia en productos con valor agregado y con el sello "orgánico". Estas dos características permitirían a los campesinos asegurar unos ingresos estables.

3) Que el Ministerio de Agricultura y Desarrollo Rural, junto con el Ministerio de Ambiente y Desarrollo Sostenible, diseñe estrategias de capacitación, producción, venta y acceso a líneas de crédito que generen un mayor valor agregado en las zonas productoras de madera.

4) Que el Gobierno nacional desarrolle campañas de sensibilización y conscientización a la comunidad, teniendo como ejes principales las consecuencias ambientales, la afectación a la salud de la minería ilegal y la educación ambiental (importancia de los bosques).

5) Que el Ministerio de Ambiente y Desarrollo Sostenible, junto con el Ideam, desarrolle programas de conscientización para la prevención y atención de incendios en la comunidad.

6) Que el Ministerio de Minas y Energía y el Ministerio de Transporte, junto con el Ministerio de Ambiente y Desarrollo, diseñen una estrategia para disminuir la presión sobre los bosques generada por el tráfico ilegal de madera, y también un programa para garantizar el suministro ambientalmente sostenible de madera para la construcción y mantenimiento de obras de infraestructura.

7) Que las entidades del orden nacional incorporen criterios ambientales y den prioridad a proyectos productivos del sector en los programas de sustitución de cultivos ilícitos, además de promover programas productivos que tiendan a la reforestación.

8) Que se dé la vinculación de algunas personas de las comunidades como guardabosques para la preservación de los ecosistemas y el desarrollo de un turismo sostenible que genere un ingreso a las comunidades sin afectar el ambiente.

9) Que las CAR fomenten programas de reforestación y sistemas agroforestales.

VI. PLAN DE IMPLEMENTACIÓN

En este apartado se detalla la política pública que se debe implementar con el fin de solucionar el problema de la deforestación de la Amazonia colombiana. Esta etapa debe materializar el cumplimiento de los objetivos que se plantearon en las etapas anteriores, y es aquí donde se vislumbra el resultado del ciclo de la política.

CADENA DE VALOR

Con fundamento en los objetivos específicos que se trazaron, y siguiendo la metodología de la cadena de valor, se deben plantear en una primera etapa los resultados deseados una vez implementada la política pública. En una segunda etapa, se deben definir los productos, es decir, los bienes o servicios que permiten cumplir de forma cabal el objetivo general de la política pública. Por último, se deben detallar las actividades, esto es, las acciones concretas que contribuyen a la transformación de los productos, es decir, que les agregan valor a los insumos iniciales.

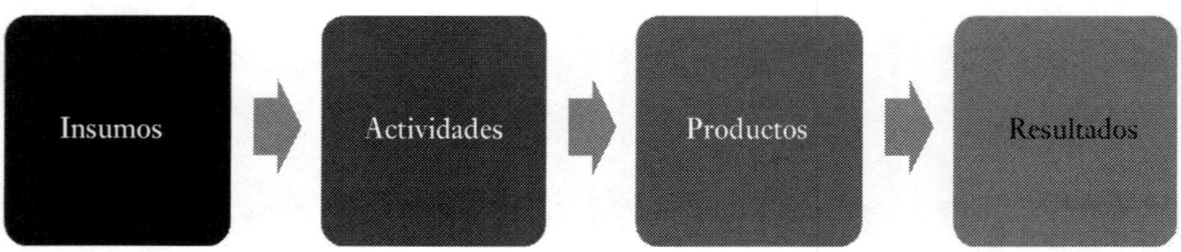

INSUMOS

— Mano de obra calificada.
— Mano de obra no calificada.
— Materiales.
— Terrenos.
— Servicios que se les prestan a las empresas y servicios de producción.
— Servicios para la comunidad, sociales y personales.
— Gastos imprevistos.
— Impuestos, pagos de derechos, contribuciones, multas y sanciones.
— Transferencias corrientes y de capital.

ACTIVIDADES

Objetivos específicos	Productos	Actividades
Erradicar el tráfico ilegal de madera en la Amazonia colombiana	Producto 1	— Definir cronograma de áreas para vigilar. — Contratar guardaparques necesarios para asegurar la vigilancia. — Imponer infracciones por explotación ilegal de madera.
	Producto 2	— Diseñar instrumentos de seguimiento que permitan tener información actualizada. — Mejorar la capacidad tecnológica (SIG) de Corpoamazonia para detectar focos de tala ilegal.
Eliminar y prevenir los cultivos ilícitos en la Amazonia colombiana	Producto 3	— Identificar individuos que participen en programa de reconversión hacia cultura licitas. — Llevar a cabo erradicaciones manuales con la comunidad.
	Producto 4	— Definir proyectos rentables de emprendimiento agropecuario. — Verificar las oportunidades de venta en el mercado. — Transferir el valor requerido para la implementación del proyecto.
	Producto 5	— Adecuar los terrenos. — Realizar instalaciones y acabados.
	Producto 6	— Adecuar espacio dentro de los centros de acopio. — Realizar instalaciones.
	Producto 7	— Adecuar los terrenos. — Realizar instalaciones y acabados.

(*Continúa*)

Objetivos específicos	Productos	Actividades
Disminuir las actividades extractivas en la Amazonia colombiana	Producto 8	— Construir *kits* pedagógicos. — Realizar jornadas de capacitación y seguimiento.
	Producto 9	— Realizar mesas interinstitucionales. — Redactar convenios interinstitucionales sobre las responsabilidades de cada entidad y sus compromisos.
	Producto 10	— Evaluar la rentabilidad y el mercado para los proyectos productivos. — Cofinanciar los proyectos productivos.
Fomentar el uso eficiente del suelo rural en la Amazonia colombiana	Producto 11	— Definir las áreas prioritarias sobre las cuales se va a trabajar. — Determinar las comunidades que acompañarán el proceso de restauración ecológica. — Realizar un diagnóstico de los suelos y las especies de flora y fauna. — Llevar a cabo procesos de siembra que permitan aumentar la biodiversidad típica de la zona.
Generar programas de sensibilización social frente al cuidado y control forestal en las comunidades aledañas a los bosques naturales de la Amazonia colombiana	Producto 12	— Elaborar el material para el servicio de telecomunicaciones. — Definir las franjas horarias de difusión.
	Producto 13	— Diseñar el material educativo de programas académicos, proyectos y cursos. — Capacitar personas en manejo y conservación de biodiversidad.

PRODUCTOS

De acuerdo con lo que se ha establecido, cada producto debe ir asociado a un objetivo específico.

1) *Erradicar el tráfico ilegal de madera en la Amazonia colombiana.*

a) Servicio de prevención, vigilancia y control de las áreas protegidas: incluye el desarrollo de actividades necesarias para el ejercicio de la autoridad ambiental en las áreas protegidas.

b) Servicio de protección de ecosistemas: incluye las acciones orientadas a fortalecer la corporación autónoma regional de la Amazonia (Corpoamazonia), con el fin de garantizar la administración y manejo de áreas bajo su control.

2) *Eliminar y prevenir los cultivos ilícitos en la Amazonia colombiana.*

c) Servicio de erradicación de cultivos de uso ilícito: acciones orientadas a la erradicación de cultivos ilícitos para evitar su resiembra, estabilidad y expansión, que generen alternativas lícitas de desarrollo.

d) Servicio de asesoría técnica y apoyo financiero para el emprendimiento: comprende la asesoría a emprendedores con iniciativas productivas para identificar oportunidades de negocio, ideación y validación en el mercado de estas, a fin de lograr consolidar unidades productivas con acceso a mercados y activos productivos.

e) Centros de acopio adecuados: cumplen la función de reunir la producción para su posterior distribución y comercialización.

f) Cuartos fríos adecuados: se destinan a la manipulación de productos frescos y productos no elaborados. También son uno de los lugares de recepción de mercancías para que después se ordenen en las distintas neveras.

g) Infraestructura para la transformación de productos agropecuarios construida: por ejemplo: lagunas de oxidación, beneficiaderos, plantas de transformación de productos primarios en materias primas o insumos para la industria, líneas de producción específica para manejo de subproductos, líneas de producción para transformación en productos terminados (leche en productos lácteos, maíz en cereales, frutas en conservas o mermeladas, etc.).

3) *Disminuir las actividades extractivas en la Amazonia colombiana.*

h) Servicio de divulgación del sector minero: incluye las actividades de promoción de la divulgación de la política y normatividad sobre la minería.

i) Servicio de coordinación interinstitucional para el control a la explotación ilícita de minerales: corresponde a la articulación con las autoridades del sector ambiente, alcaldes, gobernadores y fuerza pública de los departamentos productores de minerales, para contrarrestar la explotación ilícita de minerales.

j) Servicio de asistencia técnica para la reconversión sociolaboral de personas dedicadas a la minería: con él se brinda asistencia técnica para desarrollar proyectos productivos alternos a la minería, con el fin de apoyar a los mineros que se dedican a esta actividad, para su reconversión a otras actividades económicas.

4) *Fomentar el uso eficiente del suelo rural en la Amazonia colombiana.*

k) Servicios de apoyo financiero para proyectos de restauración de ecosistemas degradados en áreas protegidas y áreas de especial importancia ambiental (AEIA): financiamiento de proyectos de restauración ecológica en ecosistemas que han sido transformados y degradados por la deforestación, causada, entre otros factores, por el establecimiento de cultivos ilícitos, el uso inadecuado del suelo en actividades agroindustriales, la producción agropecuaria y la minería a cielo abierto.

5) *Generar programas de sensibilización social frente al cuidado y control forestal en las comunidades aledañas a los bosques naturales de la Amazonia colombiana.*

l) Servicio de producción de contenidos en radio: hace referencia a la producción de contenidos hablados y musicales de las emisoras de la radio pública nacional, medidos por horas en vivo realizadas desde Bogotá y las regiones, así como la medición de audiencias con estudios especializados.

m) Servicio de fortalecimiento de capacidades locales: comprende actividades orientadas a desarrollar capacidades locales con los grupos beneficiarios en los territorios priorizados, mediante rutas de aprendizaje, pasantías y ferias.

n) Servicio de educación para el trabajo en el marco de la información y el conocimiento ambientales: acciones encaminadas a complementar, actualizar, suplir conocimientos y formar, en el marco de la información y el conocimiento ambientales, en aspectos académicos o laborales sin sujeción al sistema de niveles y grados propios de la educación formal.

TABLA DE IMPLEMENTACIÓN

Las actividades que se han descrito se deben llevar a cabo con el fin de transformar los insumos en productos. Por esta razón se debe detallar cada una de las actividades mediante un esquema sencillo de ejecutar. El cuadro A.5 sirve de guía para la buena implementación de la política pública.

CUADRO A.5. IMPLEMENTACIÓN DE LA POLÍTICA PÚBLICA

Actividad	¿Quién la implementa?	¿Cómo la implementa?	¿Cuándo la implementa?	¿Dónde se implementa?	Fuente de financiamiento
Definir cronograma de áreas por vigilar	Ministerio de Ambiente y Desarrollo Sostenible (MADS), Ministerio de Agricultura y Desarrollo Rural (MADR), CAR.	Una vez que se cuente con el servicio de prevención, vigilancia y control de las áreas protegidas.	2021-2022	MADS, MADR, CAR, Agencia Nacional de Tierras (ANT) y Superintendencia de Notariado y Registro.	Presupuesto General de la Nación, presupuesto de recursos propios de las CAR.
Contratar guardaparques necesarios para asegurar la vigilancia	MADS mediante parques nacionales naturales del Amazonas.	Con la prestación del servicio de prevención, vigilancia y control, se procede a firmar la orden de trabajo. Así mismo, una vez que se implemente el servicio de fortalecimiento de capacidades locales y el servicio de educación para el trabajo en el marco de la información y el conocimiento ambiental, se promoverán los programas de guardaparques voluntarios convocados anualmente por el MADS.	2021-2028	Parques nacionales naturales del Amazonas.	Presupuesto General de la Nación y voluntariados.
Imponer infracciones por explotación ilegal de madera	MADS, corporaciones autónomas regionales junto con la Policía Nacional y la	Por medio del marco jurídico nacional referente al cuidado ambiental, con el apoyo de la implementación del servicio de prevención, vigilancia y control de las áreas prote-	2021-2030	Parques nacionales naturales, AEIA del Amazonas.	0
	Fiscalía General de la Nación.	gidas y el servicio de protección de ecosistemas.			

(Continúa)

Actividad	¿Quién la implementa?	¿Cómo la implementa?	¿Cuándo la implementa?	¿Dónde se implementa?	Fuente de financiamiento
Diseñar instrumentos de seguimiento que permitan tener información actualizada	MADS, ONG, Ideam, CAR.	Creación de indicadores que permitan conocer los avances referentes a la protección ambiental del Amazonas.	2021-2022	MADS, ONG, Ideam, CAR.	Presupuesto General de la Nación, presupuesto de recursos propios de las CAR y recursos privados de las ONG.
Mejorar la capacidad tecnológica (SIG) de Corpoamazonia para detectar focos de tala ilegal	MADS	Cuando se cuente con el servicio de protección de ecosistemas, el cual incluye las acciones orientadas a fortalecer Corpoamazonia, con el fin de garantizar la administración y manejo de áreas bajo su control.	2021-2023	Corpoamazonia.	Presupuesto General de la Nación.
Identificar individuos que participen en programas de reconversión hacia cultura licitas	MADS y las CAR.	Búsqueda de individuos que se encuentren vinculados a programas de reconversión hacia la cultura licita y sean potenciales candidatos para acceder a los servicios de asesoría técnica y apoyo financiero para el emprendimiento, servicio de asistencia técnica para la reconversión sociolaboral de personas dedicadas a la minería, servicio de fortalecimiento de capacidades locales y el servicio de educación para el trabajo en el marco de la información y el conocimiento ambientales.	2021-2022	Zonas rurales y urbanas del Amazonas.	0

(*Continúa*)

Actividad	¿Quién la implementa?	¿Cómo la implementa?	¿Cuándo la implementa?	¿Dónde se implementa?	Fuente de financiamiento
Llevar a cabo erradicaciones manuales con la comunidad	Habitantes de la zona, Federación Nacional de Industriales de la Madera, ONG y comunidades indígenas, con el acompañamiento del MADS, Ministerio de Defensa, Alta Consejería y las CAR.	Cuando se cuente con el servicio de erradicación de cultivos de uso ilícito para evitar su resiembra, estabilidad y expansión, generando alternativas lícitas de desarrollo.	2021-2025	Parques Nacionales Naturales, áreas protegidas y AEIA del Amazonas.	0
Definir proyectos de emprendimiento agropecuarios rentables	MADS, Ministerio de Agricultura y las CAR.	Una vez se cuente con la infraestructura para la transformación de productos agropecuarios construida y con los servicios de apoyo financiero para proyectos de restauración de ecosistemas degradados en áreas protegidas y AEIA.	2021-2023	MADS, MADR, CAR	Presupuesto General de la Nación y presupuesto de recursos propios de las CAR.
Verificar las oportunidades de venta en el mercado	MADS y habitantes de la zona.	Cuando se cuente con el servicio de asesoría técnica y apoyo financiero para el emprendimiento, el cual brindará asesoría a emprendedores con iniciativas productivas para identificar oportunidades de negocio, ideación y validación en el mercado de estas a fin de lograr consolidar unidades productivas con acceso a mercados y activos productivos.	2021-2025	Grupos de emprendedores con iniciativas productivas en el Amazonas.	Presupuesto General de la Nación.

(*Continúa*)

Actividad	¿Quién la implementa?	¿Cómo la implementa?	¿Cuándo la implementa?	¿Dónde se implementa?	Fuente de financiamiento
Transferir el valor requerido para la implementación del proyecto	MADS	Realizar el pago correspondiente para implementar el servicio de asesoría técnica y apoyo financiero para el emprendimiento.	2021-2025	MADS	0
Adecuar los terrenos para centro de Acopio	MADS	Identificar los terrenos propicios para la construcción de centros de acopio, después de realizar estudios de suelo, topografía, licencias ambientales, licencias de construcción y compra de predios.	2021-2023	Zona urbana del territorio del Amazonas.	Presupuesto General de la Nación.
Adecuar espacio dentro de los centros de acopio	MADS	Convocar proveedores con el fin de contar con un diseño del centro de acopio, así como el equipamiento de red eléctrica, red hidráulica, red sanitaria y acondicionamiento de áreas especiales.	2022-2024	Zona urbana del territorio del Amazonas.	Presupuesto General de la Nación.
Adecuar los terrenos para cuartos fríos	MADS	Identificar los terrenos propicios para la construcción de cuartos fríos, después de realizar estudios de suelo, topografía, licencias ambientales, licencias de construcción y compra de predios.	2021-2023	Zona urbana del territorio del Amazonas.	Presupuesto General de la Nación.
Adecuar espacio dentro de los cuartos fríos	MADS	Convocar proveedores con el fin de contar con un diseño de los cuartos fríos, así como el equipamiento de red eléctrica, red hidráulica, red sanitaria y acondicionamiento de áreas especiales.	2022-2024	Zona urbana del territorio del Amazonas.	Presupuesto General de la Nación.

(*Continúa*)

Actividad	¿Quién la implementa?	¿Cómo la implementa?	¿Cuándo la implementa?	¿Dónde se implementa?	Fuente de financiamiento
Construir *kits* pedagógicos	MADS, Ministerio de Agricultura, CAR	Convocar personas especializadas en temas de emprendimiento, con el fin de diseñar el material educativo para la identificación de oportunidades de negocio, ideación y validación en el mercado de estas, a fin de lograr consolidar unidades productivas con acceso a mercados y activos productivos.	2021-2022	MADS, CAR	Presupuesto General de la Nación y presupuesto de recursos propios de las CAR.
Realizar jornadas de capacitación y seguimiento	MADS, Policía Nacional, CAR.	Prestar capacitación y seguimiento en asuntos de emprendimiento, cuidado y control forestal y proyectos productivos alternos a la minería.	2021-2025	MADS y CAR.	Presupuesto General de la Nación y presupuesto de recursos propios de las CAR
Realizar mesas interinstitucionales	MADS, Ministerio de Agricultura, Ministerio de Defensa, Alta Consejería, Ministerio de Minas, CAR,	Creación de mesas interinstitucionales entre las entidades involucradas en la deforestación del Amazonas con el fin de construir canales de comunicación para la toma de decisiones, así como fortalecimiento y veeduría de las potencialidades ambientales presentes en la zona.	2021-2030	En el MADS.	0
Redactar convenios interinstitucionales sobre las responsabilidades de cada entidad y sus compromisos	MADS Ministerio de Agricultura, Ministerio de Defensa, Alta Consejería, Ministerio de Minas y CAR.	Reunión de todas las entidades institucionales involucradas en la deforestación en Colombia, con el fin de redactar convenios estableciendo las responsabilidades actuales, así como sus compromisos a futuro referentes al tema medio ambiental.	2021-2028	En el MADS.	0

(*Continúa*)

Actividad	¿Quién la implementa?	¿Cómo la implementa?	¿Cuándo la implementa?	¿Dónde se implementa?	Fuente de financiamiento
Evaluar la rentabilidad y el mercado para los proyectos productivos	MADS, Ministerio de Agricultura CAR.	Realizar estudios de rentabilidad y oportunidades de mercado sobre los proyectos productivos que se van a implementar.	2021-2025	MADS y CAR.	Presupuesto General de la Nación. presupuesto de recursos propios de las CAR
Definir las áreas prioritarias sobre las cuales se va a trabajar	MADS, CAR, comunidades indígenas, Federación Nacional de Industriales de la Madera y habitantes de la zona	Reunión de las autoridades ambientales en el territorio, así como de los más afectados por la deforestación en el Amazonas, con el fin de llegar a un consenso y priorizar las áreas por trabajar.	2021-2022	CAR, MADS.	0
Determinar las comunidades que acompañarán el proceso de restauración ecológica	MADS, Policía Nacional, CAR.	Reunión de las autoridades ambientales en el territorio donde se implementará el proceso de restauración ecológica, para llegar a un consenso y priorizar las comunidades que formarán parte de este.	2021-2022	MADS, CAR.	0
Realizar un diagnóstico de los suelos, las especies de flora y fauna	MADS, Ministerio de Agricultura, CAR, ONG.	Realizar estudios de diagnóstico del ecosistema actual, con el fin de poder aumentar la biodiversidad típica de la zona y poder medir la incidencia del proyecto en la flora y fauna en el futuro.	2021-2023	Parques nacionales naturales, áreas protegidas y AEIA del Amazonas.	Presupuesto General de la Nación, presupuesto de recursos propios de las CAR y recursos privados de las ONG.
Llevar a cabo procesos de siembra que permitan aumentar la biodiversidad típica de la zona	MADS, CAR, ONG, habitantes de la zona, comunidades indígenas.	Convocar a los habitantes de la zona, comunidades indígenas y ONG, con el fin de llevar a cabo procesos de siembra para reestablecer la flora y la fauna de las zonas afectadas, con el acompañamiento y apoyo del MADS y las CAR.	2021-2028	Parques nacionales naturales, áreas protegidas y AEIA del Amazonas.	Presupuesto General de la Nación, presupuesto de recursos propios de las CAR y recursos privados de las ONG.

(*Continúa*)

Actividad	¿Quién la implementa?	¿Cómo la implementa?	¿Cuándo la implementa?	¿Dónde se implementa?	Fuente de financiamiento
Elaborar el material/contenido para el servicio de telecomunicaciones	MADS	Convocar a un grupo de expertos ambientales, con el fin de generar contenido sobre la sensibilización social frente al cuidado y control forestales en las comunidades aledañas a los bosques naturales de la Amazonia colombiana, que se transmitirá en la radio nacional.	2021-2023	Radio Nacional	Presupuesto General de la Nación
Definir las franjas horarias de difusión	MADS.	Realizar estudios especializados sobre la medición de audiencia de radio nacional en emisoras en Bogotá y regiones aledañas, con el fin de definir franjas horarias de difusión del programa.	2021-2023	Emisoras de Bogotá y Regiones Aledañas.	0
Diseñar el material educativo de los programas académicos, proyectos y cursos	MADS, CAR.	Convocar a maestros en temas ambientales, para diseñar el material educativo que se implementará en los servicios de fortalecimiento de capacidades locales y de educación para el trabajo en el marco de la información y el conocimiento ambiental.	2021-2023	MADS, CAR.	Presupuesto General de la Nación, presupuesto de recursos propios de las CAR.
Capacitar personas en manejo/conservación de biodiversidad	MADS, Ministerio de Agricultura, CAR.	Mediante los servicios de producción de contenidos de radio, los servicios de fortalecimiento de capacidades locales y servicios de educación para el trabajo en el marco de la información y el conocimiento ambientales.	2021-2025	Radio, MADS, CAR, parques nacionales naturales.	Presupuesto General de la Nación, presupuesto de recursos propios de las CAR.

Fuente: elaboración propia.

VII. PLAN DE MONITOREO

En seguida se detalla el plan de monitoreo y se definen los indicadores de gestión y de producto que deben ser objeto de seguimiento (véase cuadro A.6.)

CUADRO A.6. PLAN DE MONITOREO. INDICADORES DE GESTIÓN Y DE PRODUCTO

Indicador	Descripción	Tipo de indicador	Unidad de medida	Fórmula	Línea base	Periodicidad	Responsable
Número de guardaparques contratados para la vigilancia	Mide la cantidad de guardaparques contratados en un periodo dado.	Gestión.	Número de guardaparques.	n/a		Semestral.	Ministerio de Ambiente.
Áreas cubiertas con jornadas de vigilancia	Es la cobertura lograda de jornadas de vigilancia del Amazonas. Se desagrega en: Cv: cobertura. Ctf: Cobertura total ejecutada. Ctp: Cobertura total del programa.	Producto..	Número de hectáreas.	CV = Ctf-Ctp	0	Anual.	Alcaldías y jefe de contratación de parques naturales.
Instrumentos de seguimiento diseñados	Mide los instrumentos diseñados por Corpoamazonia para tener información actualizada.	Gestión.	Número de instrumentos.	n/a		Trimestral.	Corpoamazonia.
Áreas de ecosistemas protegidas	Son las áreas de ecosistemas protegidas. Donde: Aep: es la variación en las áreas de ecosistemas protegidas en un periodo T1-t0.	Producto.	Número de hectáreas	Aep = Aep 1 – Aep 0		Semestral.	Ministerio de Ambiente y Corpoamazonia.
Erradicaciones manuales efectuadas	Mide el número de acciones de erradicación que se llevaron a cabo con la comunidad.	Gestión.	Número de acciones O número de hectáreas.			Anual.	Ministerio Ambiente y Ministerio de Defensa.
Hectáreas saneadas o con erradicación de cultivos de uso ilícito	Establece el número de hectáreas saneadas o libres de cultivos ilícitos.	Producto.	Número de hectáreas.	Sumatoria de hectáreas saneadas.		Semestral.	Ministerio de Ambiente y Ministerio de Defensa.

(*Continúa*)

Indicador	Descripción	Tipo de indicador	Unidad de medida	Fórmula	Línea base	Periodicidad	Responsable
Porcentaje de personas capacitadas y financiadas para consolidar unidades productivas	Es la cobertura lograda para capacitar en emprendimiento a las personas con actividades de asesoría técnica y apoyo financiero. Cp: Porcentaje de personas capacitadas en emprendimiento. Pcp: Número total de personas capacitadas en emprendimiento Prcp: Número total de personas que requieren capacitación en emprendimiento.	Gestión.	Porcentaje.	Cp = Pcp * 100 / Prcp		Semestral.	Ministerio de Agricultura.
Terrenos adecuados para la construcción de los centros de acopio	Mide la cantidad de terreno que fue adecuado para instalar los centros de acopio en la Amazonia	Gestión.	Número de hectáreas.	n/a		Semestral.	Ministerio de Ambiente.
Número de centros de acopio adecuados	Es la cantidad de centros de acopio adecuados en el Amazonas en el 2021.	Producto.	Número de centros de acopio.	n/a	0	Anual.	Ministerio de Ambiente.
Número cuartos fríos adecuados	Es la cantidad de cuartos fríos adecuados en el Amazonas en el 2021.	Producto.	Cantidad de cuartos fríos.	n/a	0	Anual.	Ministerio de Ambiente.
Predios adquiridos para construcción de infraestructura	Establece los predios adquiridos en un periodo determinado.	Gestión.	Número de predios.	n/a	0	Trimestral.	Ministerio de Ambiente.
Infraestructura construida para la transformación de productos agropecuarios	Establece el número de infraestructuras construidas para la transformación de productos.	Producto.	Número.	n/a	0	Anual.	Ministerio de Ambiente.

(*Continúa*)

Indicador	Descripción	Tipo de indicador	Unidad de medida	Fórmula	Línea base	Periodicidad	Responsable
Número de eventos de divulgación de la política y normatividad sobre la minería	Establece los servicios de divulgación del sector minero.	Producto.	Número.	Sumatorio de eventos de difusión realizados.	0	Bimensual.	Ministerio de Ambiente.
Porcentaje de convenios interadministrativos en ejecución	Son los convenios de coordinación interinstitucional para el control a la explotación ilícita de minerales. Donde: Cia = Cumplimiento en la ejecución de convenios interadministrativos . Ciae = Convenios interadministrativos ejecutados. Ciap = Convenios interadministrativos programados.	Producto.	Porcentaje.	Cia = (ciae/ciap)*100	0	Semestral.	Ministerio de Ambiente, Ministerio de Minas, entidades territoriales, fuerza pública.
Número de contratos realizados para la asistencia técnica en la reconversión sociolaboral de personas dedicadas a la minería	Es la asistencia técnica para desarrollar proyectos productivos alternos a la minería, con el fin de apoyar a los mineros que se dedican a esta actividad para su reconversión a otras actividades económicas.	Gestión.	Número.	Sumatoria de contratos o convenios	0	Anual.	Ministerio de Agricultura y Ministerio de Ambiente.
Proyectos productivos de reconversión estructurados	Mide la cantidad de proyectos productivos que permitan la reconversión laboral de los mineros.	Producto.	Número.	n/a	0	Anual.	Ministerio Ambiente, Ministerio de Minas.

(*Continúa*)

Indicador	Descripción	Tipo de indicador	Unidad de medida	Fórmula	Línea base	Periodicidad	Responsable
Proyectos financiados para la restauración de ecosistemas degradados en áreas protegidas y AEIA	Mide el número de financiamientos realizados a proyectos de restauración ecológica. Rdre: Es la variación en el monto total de los recursos destinados a la financiación de la restauración de ecosistemas, en un periodo determinado.	Producto.	Número.	n/a	0	Anual.	Ministerio de Ambiente, Ministerio de Agricultura y CAR.
Número de contratos realizados para la divulgación de contenido radial	Son los servicios de comunicaciones contratados.	Producto.	Número.	Sumatoria de servicios de comunicaciones contratados.	0	Semestral.	Ministerio de Ambiente y entidades territoriales.
Número de alianzas para la capacitación y formación empresarial suscritas.	Son las acciones encaminadas a complementar, actualizar, suplir conocimientos y formar, en el marco de la información y el conocimiento ambientales en aspectos académicos o laborales sin sujeción al sistema de niveles y grados propios de la educación formal.	Gestión.	Porcentaje.	As = Ae * 100 / Ape	0	Anual.	Ministerio de Ambiente y Ministerio de Agricultura.
Trabajadores formados en educación ambiental	Mide la cantidad de trabajadores que se han beneficiado de los programas de educación.	Producto.	Número de trabajadores.	n/a	0	Trimestral.	Ministerio de Ambiente.

VIII. PLAN DE EVALUACIÓN

En esta sección se detallan algunos ejemplos de los indicadores de resultado e impacto del plan de evaluación. El cuadro no busca ser exhaustivo en cuanto a los indicadores que se propone definir.

CUADRO A.7. PLAN DE EVALUACIÓN. INDICADORES DE RESULTADO E IMPACTO

Indicador	Tipo de indicador	Descripción	Tipo de evaluación	Responsables
Hectáreas con cultivos ilícitos erradicados	Resultado.	Permite el cumplimiento del objetivo específico nº 2.	Interna.	Ministerio de Ambiente.
Número de actividades extractivas ilegales cerradas	Resultado.	Permite medir el cumplimiento del objetivo específico nº 3.	Interna.	Ministerio de Ambiente y Ministerio de Minas.
Hectáreas de cobertura de bosque tropical	Resultado.	Permite medir el cumplimiento del objetivo general de la política pública, ya que identifica la cantidad de hectáreas de suelo boscoso.	Interna.	Ministerio de Ambiente y Corpoamazonia.
Especies de flora y fauna aumentadas en la Amazonia colombiana	Impacto	Al tener como objetivo disminuir la deforestación, la política pública puede de manera indirecta beneficiar el aumento de especies de flora y fauna presentes en la Amazonia colombiana.	Mixta.	Ministerio de Ambiente y Corpoamazonia.
Calidad del agua mejorada	Impacto.	Una disminución de la deforestación puede conducir a una mejor calidad del agua en la región (menos mercurio, menos desechos). La calidad del agua se mide con diferentes indicadores con apoyo en una muestra (pH, potencial Redox y dureza del agua, entre otros).	Externa.	Ministerio de Ambiente y Corpoamazonia.

EPÍLOGO

DIEZ AÑOS DEL "MANUAL DE ANÁLISIS Y DISEÑO DE POLÍTICAS PÚBLICAS". LO QUE TENEMOS Y LO QUE VIENE

El proceso de elaboración de políticas públicas supone una serie de decisiones técnicas en una situación de reglas de juego y de restricciones políticas, económicas e institucionales que hace difícil pensar que pueda existir un manual de cómo enfrentar ese entramado que implica formular, diseñar, implementar y evaluar una política pública.

Pero esa es la apuesta del *Manual de análisis y diseño de políticas públicas* de la Facultad de Finanzas, Gobierno y Relaciones Internacionales (Figri), que bajo la dirección de Gonzalo Ordóñez-Matamoros cumple diez años. Y sea esta la oportunidad para hacer una segunda edición aumentada y ajustada con fundamento en el aprendizaje recogido tras debates, uso en clase, reseñas y lecturas críticas de la comunidad académica en el análisis de políticas públicas.

En este tiempo vio a la luz recientemente el *Modelo para el análisis y diseño de políticas públicas* de la Escuela de Finanzas, Economía y Gobierno de Eafit, bajo la edición académica de los profesores Santiago Leyva y Andrés Olaya. En el ámbito institucional, la Alcaldía de Bogotá y la Secretaría de Planeación Distrital entregaron la *Guía para la formulación e implementación de políticas públicas del Distrito*, la cual deben tener en cuenta las entidades del Distrito responsables de formular políticas públicas antes de presentar una propuesta de política pública al Consejo Distrital de Política Económica y Social (Conpes), un ejercicio de institucionalización de un proceso que va más allá de una guía de orientación metodológica. En el mismo sentido, la Alcaldía de Cali dio a conocer la *Guía metodológica para la formulación, implementación, seguimiento y evaluación de políticas públicas* (2018), que sirve de orientación a los procesos de elaboración de políticas en esa ciudad[1].

1 El departamento del Quindío y el municipio de Pereira también tienen guías metodológicas, lo cual ya parece una tendencia institucional creciente. Algunas entidades, individualmente consideradas, van en la misma dirección de procedimentalizar los procesos de elaboración de políticas públicas, incorporándolos al Modelo Integrado de Planeación y Gestión (MIPG).

El manual es una guía para el hacedor y el analista de políticas públicas sobre lo que debe tenerse en cuenta en cada uno de los momentos de construcción de una política pública. Uso la palabra *construcción* —y no *formulación*— para enfatizar que, si algo hemos aprendido en este tiempo de publicación de su primera edición, su uso en clase en desarrollo de consultorías, reseñas críticas y debates con colegas y estudiantes, es que las políticas públicas son un complejo proceso de construcción política, social, institucional y cultural que no se agota en un formato jurídico o en una guía estándar que deba aplicarse como si de una receta se tratara.

En ese sentido, el manual recoge toda esa complejidad con una robusta y sólida caja de herramientas metodológicas que pueden usar a discreción analistas y hacedores de política, con ejemplos prácticos y literatura complementaria para una mejor comprensión del proceso.

En la misma línea del texto de William N. Dunn, *Análisis de política pública, un enfoque integrado*, que ya tiene su sexta edición y una primera versión en español de mayo de 2023, el manual incluye un marco analítico y pedagógico en cada una de las fases del proceso, sin perder de vista la integralidad del proceso, y con la mirada puesta en los diseños institucionales que rigen los procesos de elaboración de políticas públicas en Colombia.

Sobre este punto, permítanme profundizar un poco en esto, porque de la interacción con diferentes actores, en el marco de clases, investigaciones y consultorías, la principal observación a la primera versión era la de ser un manual que no tenía en cuenta la realidad institucional del Estado colombiano ni el ciclo de los gobiernos, que es en últimas donde se implementan las políticas públicas.

El ciclo de los gobiernos en Colombia es de cuatro años, y en el marco de un plan de desarrollo. Las políticas públicas no tienen un periodo de vigencia legal, y muchas veces trascienden los periodos de gobierno. El proceso de formación de una política pública puede tomar varios años, e incluso verse interrumpido si el tema que ingresó en la agenda no es de interés para el gobierno que tiene que seguir desarrollándola.

El ejercicio de planeación se concreta, a la hora del gobierno, en programas y proyectos de inversión en cada uno de los sectores y entidades nacionales o territoriales, con unas vigencias fiscales rígidas y de corto tiempo. Una política que se plantea a diez o veinte años tendrá que ajustarse en cada periodo de gobierno a esas circunstancias para seguir en la agenda, mantener las fuentes de financiación, los instrumentos de política y los planes de acción en fase de implementación.

El concepto de *diseño de una política* debe incluir tanto la estructuración del problema —y en eso el manual trae muy buen material— como los instrumentos de política y los mecanismos de implementación que permitan asegurar la continuidad de la política de gobierno a gobierno, lo cual supone situaciones de gobernanza que van más allá de la tradicional estructura institucional del Estado, mecanismos de financiación flexibles y compromisos de evaluaciones periódicas en las que se sientan comprometidos gobiernos que no participaron de la formación de la política.

Las políticas públicas no son autorreferidas; forman parte de una estrategia gubernamental junto con otros instrumentos de gobierno. Hay que entender el manual con esa restricción. Además, tal como lo han señalado algunos autores (Cairney, 2012), del ciclo de la política hay que pasar al proceso de la política, lo que implica que los procesos de elaboración de una política pública se inscriban en determinado marco institucional con unas reglas de juego diferentes en cada caso, y con actores que cuentan con intereses e incentivos en distintos niveles, donde el contexto cultural cuenta (los atributos de comunidad de Ostrom). No es lo mismo el proceso de una política pública en un régimen político unitario que en uno federal, o en una gran ciudad o en un pequeño municipio, como en el caso colombiano, donde la gran mayoría de los municipios no tienen los recursos políticos, institucionales y económicos para traducir sus problemas en políticas públicas. Al depender de los sistemas de transferencias de recursos muy rígidos con destinación específica, terminan siendo implementadores institucionales de lineamientos de política definidos de manera centralizada, donde el papel de actores sociales locales queda restringido.

Es necesario avanzar hacia una suerte de cajas de herramientas anexas al manual para especificar: construcción de indicadores de líneas base; diseño de instrumentos de política pública (que incorporen el *design thinking* y la inteligencia artificial, además de enfoques diferenciales como género, discapacidad, poblacionales, por edad, etnia e intersectorialidad); planes de implementación a medio y a largo plazo que permitan articular las políticas a los diferentes planes de desarrollo; baterías de indicadores que incluyan los enfoques señalados; profundizar en evaluación de impacto que abarque los desarrollos recientes en esta área (experimentación social, ensayos controlados aleatorizados, mecanismos causales); un manual para el uso de las evaluaciones; un manual de documentación de los procesos de elaboración de las políticas en cada una de sus fases y otro para integrar la participación ciudadana en los procesos de las políticas tomando los insumos de los nuevos enfoques, tales como el de redes, deliberativo y narrativo, entre otros, que buscan resignificar las políticas públicas más allá de un proceso institucional formalizado por un proceso socioinstitucional con momentos de formalización (jurídica e institucional), pero cuya legitimidad y eficacia van más allá.

Jorge Iván Cuervo R.

LOS AUTORES Y EL PROCESO DE ELABORACIÓN DE ESTE LIBRO

Literalmente, este manual se escribió a treinta manos. Concebido como un proyecto colaborativo de largo aliento en 2010, Gonzalo Ordóñez, coordinador del equipo de coautores tanto de la primera como de la segunda edición, se apoyó principalmente en sus clases de pregrado como de posgrado en la materia no solo de la Universidad Externado de Colombia, sino también de la de Twente (Países Bajos), donde gran parte del contenido resulta de la interacción en clase, bien sea de los borradores de los capítulos (para el caso de la primera edición) como de las discusiones en torno al manual publicado (para la segunda).

Para la primera edición, una vez adaptada la versión oral a una versión más acorde con un trabajo escrito más completo, se distribuyeron los capítulos para su revisión y complementación de la siguiente manera: Sarah Tadlaoui se hizo cargo de enriquecer, y en muchos casos escribir, los capítulos 1 ("El análisis de política pública"), 2 ("El proceso de las políticas públicas") y 3 ("El papel del analista de políticas públicas"). En esa labor aportaron también Luis López y Sara Porras. Sara, por su parte, hizo lo mismo con el capítulo 4 ("La dificultad de definir el problema") y el anexo ("Caja de herramientas para la recolección de información relevante para el análisis y el diseño de políticas públicas"). José Duarte se responsabilizó de los capítulos 5 ("Identificación de criterios de decisión"), 6 ("Identificación de alternativas de solución") y 7 ("Evaluación *ex ante* de alternativas"). Luis López hizo lo propio con el capítulo 8 ("Recomendación de políticas y argumentación"). Lina Martínez se hizo cargo de los capítulos 9 ("Diseño de planes de implementación"), 10 ("Diseño de planes de monitoreo y de evaluación *ex post* de políticas"). Gloria Calderón se encargó del capítulo 11 ("Comunicación efectiva del análisis de políticas públicas").

Para la segunda edición, la que el lector tiene en sus manos, una vez decantadas las observaciones y contribuciones propias de las dinámicas de clase donde el manual era "lectura obligatoria" y de la lectura de nuevo material de parte del coordinador del proyecto, se distribuyó la primera versión de la segunda edición por partes así: Juan Pablo Centeno, Gustavo Valdivieso, Michelle Vernot, Diana Ramírez y Luis Antonio Orozco revisaron y complementaron los primeros capítulos de la primera parte, agregando nuevos conceptos, nuevas aproximaciones o mayor claridad en lo relativo a las definiciones de política pública, instrumentos de política pública, gobernanza, innovación pública, concreción de políticas y modelos representativos de la toma de decisiones de política pública, aprovechando los avances en disciplinas como la administración, la teoría organizativa y el *management*. La segunda parte contó con aportes importantes de Juan Pablo Centeno, Gustavo Valdivieso y Diana Ramírez, en particular en lo relativo al *policy mix*, las fallas del mercado y enfoques de inclusión y de género, entre otros aspectos. La tercera parte del manual, que en esta edición sufrió la mayor actualización, la revisaron Michelle Vernot, Carlos Díaz, Diana Ramírez, Juan Pablo Centeno, Lina Martínez y Johann Julio. Por último, pero no menos importante, el anexo con el *policy memo* sobre deforestación lo elaboraron casi en su totalidad Michelle Vernot y Leidy Cáceres. El orden de aparición de los autores en la tapa de esta edición del libro reconoce la contribución de los coautores más recientes, así como de quienes contribuyeron a la primera edición, y según los capítulos en los que cada autor contribuyó con mayores aportes. La lista de autores aparece al final de esta edición.

Al igual que en la primera edición, la revisión de cada entrega la hizo Gonzalo Ordóñez de manera bilateral con los responsables, en primera instancia, seguida por una incorporación de nuevo material resultante de sus reflexiones en el marco de las clases que paralelamente dictaba en posgrado (especialización, maestría y doctorado), lo cual culminaba con una posterior revisión cruzada de parte de los otros autores del manual. Dichas revisiones de nuevo las veía Gonzalo, que además procuraba que su incorporación mantuviera un solo estilo en la escritura. Contribuciones espontáneas corrieron por cuenta de estudiantes, profesores y lectores generosos, que, con ojo crítico aportaron a mejorar varias de las secciones del texto. Destacan aquí Jorge Iván Cuervo, Andrés Castro Baquero, Nicolás Uribe Rivera, Juan Fernando Peláez, Camilo Cetina y Alex Smith Araque.

He aquí una breve presentación de cada uno de los autores del manual en sus dos ediciones, en orden alfabético.

Leidy Cáceres Quintero es profesional en Gobierno y Relaciones Internacionales de la Universidad Externado de Colombia con maestría en Ciencias Económicas de la Universidad Nacional de Colombia. Ha sido asesora para el diseño, implementación y seguimiento de la Política de Víctimas y Restitución de Tierras en el Departamento Nacional de Planeación, y en el seguimiento y desarrollo de los procesos de reintegración y reincorporación, construcción de paz y política criminal penitenciaria en la Secretaría de la No-Violencia de la Alcaldía de Medellín.

Gloria A. Calderón Peña es profesional en Gobierno y Relaciones Internacionales de la Universidad Externado de Colombia, con más de quince años de experiencia profesional y académica en planeación estratégica, formulación, gerencia, seguimiento de proyectos y políticas públicas de desarrollo sostenible. Cuenta, además, con estudios de maestría en Gerencia y Práctica del Desarrollo, de la Universidad de los Andes, y de Gestión de la Información y el Conocimiento en las Organizaciones de la Universidad Oberta de Cataluña. Ha trabajado en entidades como la Agencia Presidencial de Cooperación Internacional de Colombia (APC-Colombia), el Instituto Colombiano de Bienestar Familiar (ICBF) y el Ministerio de la Protección Social. Actualmente desde la organización Fondo Acción gerencia iniciativas de mitigación y adaptación al cambio climático como la implementación territorial de Colombia Baja en Carbono y la promoción de Soluciones Basadas en la Naturaleza (SolNatura).

Juan Pablo Centeno es analista de políticas públicas, con énfasis en análisis y evaluación de políticas de ciencia, tecnología e innovación, y experiencia en el campo de la educación superior y el desarrollo territorial. Se desempeña como investigador del Observatorio de Políticas, Ejecución y Resultados de la Administración Pública (Opera) de la Universidad Externado de Colombia y como consultor sobre políticas de investigación e innovación en Technopolis Group para Colombia y el Reino Unido. Su trabajo de investigación combina elementos conceptuales del análisis de política pública, los estudios sobre innovación, los estudios sociales de la ciencia y la tecnología y las transiciones sostenibles, lo cual ha dado como resultado la publicación de varios artículos científicos en la materia. Por su parte, como docente ha impartido cursos en pregrado sobre métodos de análisis de políticas públicas, estudios de ciencia y tecnología, instituciones políticas y herramientas digitales para la investigación, entre otros, y en maestría ha impartido cursos sobre sistemas regionales de innovación, análisis de políticas públicas y metodología de la investigación. Como consultor, ha participado en proyectos con el Ministerio de Ciencia, Tecnología e Innovación de Colombia, el Departamento Nacional de Planeación, las agencias de Investigación e Innovación de países como Uruguay y Reino Unido, el Banco Interamericano de Desarrollo y el Fondo de Desarrollo de la Comunidad del Caribe (Caricom), entre otros. Tiene maestría en Gobierno y Políticas Públicas y es profesional en Gobierno y Relaciones Internacionales de la Universidad Externado de Colombia.

Carlos Alberto Díaz Villán es gerente de proyectos en diferentes organizaciones no gubernamentales internacionales en Global Integrity y Akvo. Se desempeñó como asesor e investigador en las áreas de política migratoria en el Ministerio de Relaciones Exteriores de Colombia. Tiene experiencia en programas de desarrollo utilizando evidencia para mejorar la toma de decisiones, colaborando con socios locales y apoyando proyectos de donantes que aseguran que los recursos públicos se utilicen de manera efectiva para satisfacer las necesidades de los ciudadanos. Su objetivo es agregar valor, conectar y transformar iniciativas locales significativas que generen impacto y cuenten las historias de cómo se abordó el cambio. Es graduado en Gobierno y Relaciones Internacionales y tiene maestría en Análisis de Problemas de Políticos, Económicos e Internacionales Contemporáneos de la Universidad Externado. *Executive* MBA de la Escuela de Negocios EAE y la Universidad de Barcelona, que lo llevó a trabajar en asuntos de comercialización de *commodities* y certificación de calidad con Trafigura y Bureua Veritas.

José Andrés Duarte García, oriundo de Cúcuta (Norte de Santander), es profesor de Métodos de Análisis de Políticas Públicas de la Facultad de Finanzas, Gobierno y Relaciones Internacionales de la Universidad Externado de Colombia, y trabaja como gestor regional de competitividad para el Viceministerio de Turismo del Ministerio de Comercio, Industria y Turismo de Colombia. Se graduó como profesional en Gobierno y Relaciones Internacionales de la Universidad Externado de Colombia, y se especializó en Opinión Pública y Marketing Político en la Pontificia Universidad Javeriana en Bogotá. Durante su pregrado desarrolló estudios de intercambio universitario en la Facultad de Ciencia Política de la Universidad de Buenos Aires. También se desempeñó como investigador y monitor académico de las áreas de Gobierno y Relaciones Internacionales. Fue oficial de programas del Instituto Republicano Internacional en Colombia y trabajó para la Oficina de las Naciones Unidas contra la Droga y el Delito. Ha escrito artículos para publicaciones del Departamento Nacional de Planeación, la Federación Colombiana de Municipios y la Universidad Externado de Colombia, entre otras instituciones, y colaborador en publicaciones de la Procuraduría General de la Nación y el Programa de las Naciones Unidas para el Desarrollo. Fue reconocido como Joven Sobresaliente de Norte de

Santander por la Cámara Junior Internacional, Capítulo Norte de Santander, gracias a su liderazgo y logros académicos.

Johann Dilak Julio Estrada es docente investigador de la Facultad de Finanzas, Gobierno y Relaciones Internacionales de la Universidad Externado de Colombia. En pregrado y posgrado se desempeña como docente en las asignaturas de: Planeación para el Desarrollo (pregrado), Métodos de Análisis de Políticas Públicas, Análisis y Evaluación de Asuntos Sociales (posgrado). Graduado como profesional en Finanzas y Relaciones Internacionales, con maestría en Gestión Urbana de la Pontificia Universidad el Paraná (Brasil). Se ha desempeñado en el sector público como subsecretario de Planeación y Política y como subdirector de financiación del Hábitat en la Secretaría Distrital del Hábitat de Bogotá. Ha sido consultor en temas de desarrollo territorial en la Organización Internacional de las Migraciones (OIM), la Fundación para la Educación Superior y el Desarrollo (Fedesarrollo), el grupo BSD Consulting y el Ministerio de Vivienda, Ciudad y Territorio, y en la Universidad Externado de Colombia se ha desempeñado como coordinador académico de los programas de Maestría en Gobierno y Políticas Públicas y la especialización en Gobierno, Gerencia y Asuntos Públicos. Es el editor del *Anuario de seguimiento y análisis de políticas públicas en Colombia* de la Universidad Externado de Colombia.

Luis Hernando López es profesional en Gobierno y Relaciones Internacionales de la Universidad Externado de Colombia. Realizó estudios en el Instituto de Estudios Políticos de Burdeos (Sciences Po Bordeaux). Fue asesor del despacho del ministro de Hacienda y Crédito Público. Como asesor de despacho, apoyó el manejo de las relaciones con el Congreso de la República, donde participó en el trámite de leyes para el país como los presupuestos generales de la Nación, el Plan Nacional de Desarrollo 2010-2014, la Ley de Regla Fiscal, la reforma tributaria y las reformas constitucionales a las regalías y de sostenibilidad fiscal, entre otras. Fue asesor del secretario general de la Presidencia de la República. Actualmente es director de gestión público-privada en Dattis Consultores.

Lina Paola Martínez Fajardo tiene maestría en Gerencia y Prácticas del Desarrollo y es profesional en Gobierno y Relaciones Internacionales. Experta en Cooperación Internacional con más de diez años de experiencia, tiempo en el que ha profundizado en temáticas como la gestión del riesgo de desastres, salud y protección social, desarrollo sostenible, políticas de comercio, industria, turismo y desarrollo rural, por mencionar algunas. Su vida laboral se ha enfocado en el Gobierno de Colombia, en el área ejecutiva. Así mismo, ha desempeñado labores en organizaciones internacionales como el Banco Mundial, el Programa de Naciones Unidas para el Desarrollo (PNUD) y la Agencia de los Estados Unidos para el Desarrollo Internacional (USAID, por sus siglas en inglés). Además cuenta con experiencia en docencia en la asignatura Métodos de Análisis y Diseño de Políticas Públicas, tanto en sus modalidades de pregrado como de posgrado.

Gonzalo Ordóñez-Matamoros es decano de la Facultad de Finanzas, Gobierno y Relaciones Internacionales (Figri) de la Universidad Externado de Colombia, y es profesor visitante de la Facultad de Ciencias Sociales, del Comportamiento y la Gestión de la Universidad de Twente en los Países Bajos, investigador asociado del Technology Policy and Assessment Center del Georgia Institute of Technology en Atlanta y presidente de la Red de Gobernanza y Gestión de la Ciencia, Tecnología e Innovación (RedGCTI). Se graduó como profesional en Finanzas y Relaciones Internacionales en la Universidad Externado de Colombia, y tiene maestrías en Economía Internacional y Desarrollo Económico de la Universidad de París I-Panthéon-Sorbonne y en Derecho de las Relaciones Económicas Internacionales de la Universidad de París X-Nanterre (Francia), y Ph. D. en Políticas Públicas del Georgia Institute of Technology y del Georgia State University de los Estados Unidos. Fue director del Centro de Investigaciones y Proyectos Especiales (CIPE) de Figri, director ejecutivo del Observatorio Colombiano de Ciencia y Tecnología (OCyT), asesor en planeación estratégica y prospectiva de Colciencias, y ha sido consultor de la Comisión Europea, del Programa de Naciones Unidas para el Desarrollo, del Banco Interamericano de Desarrollo, de la Organización de Estados Americanos, de la Red Ibero-Interamericana de Indicadores de Ciencia y Tecnología y de la Agencia Presidencial para la Acción Social y la Cooperación Internacional de Colombia. Ha sido autor y coautor de libros, capítulos de libros y artículos arbitrados en temas relacionados con la administración pública, las políticas públicas para la ciencia, la tecnología y la innovación, las relaciones internacionales y sobre métodos de diseño y evaluación de políticas públicas.

Luis Antonio Orozco Castro es Administrador de empresas de la Pontificia Universidad Javeriana y doctor en Administración de la Universidad de los Andes de Colombia. Es profesor titular y miembro del Consejo Directivo de la Facultad de Administración de Empresas de la Universidad Externado de Colombia. Es investigador *senior* reconocido por el Ministerio de Ciencia, Tecnología e Innovación de Colombia y editor asociado del *Journal of Management History* de Emerald Publishing (Q1 en Scopus). Ha sido miembro del Comité Científico y revisor en los congresos de la International Society for Scientometrics and Infometrics, editor y evaluador de Palgrave Macmillan de SpringerNature y miembro fundador de la Red de Gobernanza y Gestión de la Ciencia, Tecnología e Innovación (Red GCTI). Se ha desempeñado como docente e investigador en la Universidad de los Andes, la Universidad Externado de Colombia y el Colegio de Estudios Superiores en Administración (CESA). Fue investigador del Observatorio Colombiano de Ciencia y Tecnología (OCyT), consultor del Departamento Nacional de Planeación (DNP), de la Organización de Estados Americanos (OEA), de la Red Bio de la Food and Agricultural Organization (FAO) y de Universia. Se desempeñó como asesor y profesional de proyectos en la Vicerrectoría de Investigaciones de la Universidad de los Andes. Fue becario del programa Cyted e investigador adjunto del Centro Redes de Argentina en la Red Iberoamericana de Indicadores de Ciencia y Tecnología (Ricyt). Becario de Colciencias en el programa de jóvenes investigadores y en el de doctorados nacionales. Fue investigador adjunto de la facultad de Management and Governance de la Universidad de Twente (Holanda) y del National Center for Digital Government de la Universidad de Massachusetts (Estados Unidos). Es autor de estudios de casos en el repositorio de la Harvard Business Publishing y de artículos en revistas científicas indexadas, libros y capítulos de libro de orden nacional e internacional. Así mismo es par evaluador en el Academy of Management y de las revistas *Scientometrics*, *Journal of Product Innovation Management*, *Latin America Business Review*, *Revista Latinoamericana de Administración Academia*, *Cuadernos de Administración*, *Revista de Estudios Políticos*, *Universidad y Empresa* e *Innovar Journal*.

Diana Mercedes Ramírez Guzmán es profesional en Gobierno y Relaciones Internacionales de la Universidad Externado de Colombia con maestría en Análisis de Problemas Políticos, Económicos e Internacionales Contemporáneos de la misma casa de estudios. Cuenta con más de nueve años de experiencia en el sector público colombiano en el nivel nacional en áreas de planeación estratégica, seguimiento y evaluación de políticas públicas e innovación en estos procesos. Becaria Fulbright 2019 con maestría en Política de Desarrollo Internacional de la Universidad de Duke y un certificado en Innovación y Emprendimiento. Actualmente se desempeña como consultora para ONG en Carolina del Norte en temas de implementación de programas de apoyo a la comunidad y programas de emprendimiento para jóvenes y adultos.

Gustavo Valdivieso-Cervera es doctor en Gobernanza de la Ciencia, la Tecnología y la Innovación de la Universidad de Twente (Holanda) y doctor en Estudios Políticos de la Universidad Externado de Colombia. Desde 2011 se ha desempeñado como profesor de ADIPP en la Facultad de Finanzas, Gobierno y Relaciones Internacionales y en la Facultad de Comunicación Social y Periodismo de la Universidad Externado de Colombia. También dicta un curso de Implementación de Políticas Públicas en la maestría en la Facultad de Gobierno, Finanzas y Relaciones Internacionales de la Universidad Externado de Colombia., y uno de Innovación para la Adaptación al Cambio Climático como parte de un diplomado conjunto entre la Corporación Andina de Fomento y la Facultad de Economía de la Universidad Externado de Colombia. Ha sido director de proyectos Capstone de consultoría estudiantil probono en temas de innovación pública. Sus temas de investigación son la implementación de políticas públicas, la adaptación al cambio climático y la gobernanza colaborativa. Antes de dedicarse a la academia fue periodista de medios, cofundador del primer diario nativo digital de los países andinos (*El Diario del Lago*), funcionario de las Naciones Unidas en temas humanitarios (con el Alto Comisionado de las Naciones Unidas para los Refugiados 'ACNUR'), consultor en políticas públicas territoriales y parte del equipo que puso en marcha la implementación de la Política de Gestión Integral del Recurso Hídrico (GIRH) adoptada en Colombia en 2010.

Michelle Camile Vernot López es docente investigadora de la Facultad de Finanzas, Gobierno y Relaciones Internacionales de la Universidad Externado de Colombia. Se graduó como profesional en Administración Económica y Social de la Universidad Montesquieu Bordeaux IV (Francia), donde también realizó su maestría en Economía aplicada a los países en vías de desarrollo (Économie du Développement). Participó en un proyecto de investigación sobre los impactos de las microempresas turísticas en las condiciones de vida de los hogares en situación de pobreza y vulnerabilidad en el sur de Chile en colaboración con el Ministerio de Economía, Fomento y Turismo de ese país. Su trabajo actual de investigación se relaciona con el diseño de políticas públicas, la economía experimental y la evaluación de políticas, especialmente en temas de género y trabajo doméstico. Actualmente realiza su doctorado en Sociología en la Universidad de Barcelona acerca del trabajo no remunerado de las mujeres. Este proyecto de investigación tiene como objetivo analizar la repercusión de la desigualdad de género en la repartición del tiempo dedicado a realizar actividades domésticas y del cuidado en el hogar. Para esto se enfoca en el marco del trabajo no remunerado mediante las encuestas de uso del tiempo.

Sara Porras Alzate es profesional en Gobierno y Relaciones Internacionales de la Universidad Externado de Colombia. Fue docente e investigadora en el Centro de Investigación y Proyectos Especiales (CIPE) de la misma *alma mater*. Realizó estudios de intercambio en el Instituto de Estudios Políticos de Burdeos en Francia. Ha enfocado su vida académica en el análisis de políticas públicas. Trabajó en el Departamento Nacional de Planeación en las áreas de Presupuesto Público y Regalías. Hoy tiene más de ocho años de experiencia en el sector privado en cargos gerenciales.

Sarah Tadlaoui se graduó de Sciences Po Paris. Tiene maestría en asuntos públicos de Sciences Po Paris y en desarrollo internacional de Columbia University (School of International and Public Affairs). Ha sido consultora de la Oficina de Naciones Unidas contra la Droga y el Delito y Ashoka, Middle East. Dirigió el Programa Capstone de formación en consultoría para asuntos públicos de la Facultad de Finanzas, Gobierno y Relaciones Internacionales de la Universidad Externado de Colombia en Bogotá, y fue investigadora del Centro de Investigaciones y Proyectos Especiales (CIPE) de la misma Facultad. Ha trabajado en temas relacionados con las políticas públicas de atención a población vulnerable, desplazamiento, restitución de tierras y generación de ingresos.

Aberbach, J. D., Putnam, R. D., y Rockman, B. A. (1981). *Bureaucrats and Politicians in Western Democracies*. Cambridge, Mass., Harvard University Press.

Adams, G. (1981). *The Iron Triangle: The Politics of Defense Contracting*. New York, Council on Economic Priorities.

Aguilar, L. F. (1993). *Problemas públicos y agenda de gobierno*. México, D. F., Miguel Ángel Porrúa Grupo Editorial.

Aguilar, L. F. (ed.). (2009). *El estudio de las políticas públicas*. 2.ª ed., México, D. F., Miguel Ángel Porrúa Grupo Editorial.

Albert, J. (1977). Some Epistemological Aspects of Cost-Benefit Analisis. *George Washington Law Review*, 45(5), 1030.

Alvira, F., García Ferrando, M. e Ibáñez, J. (1986). *El análisis de la realidad social: métodos y técnicas de investigación*. Madrid, Alianza Editorial.

Anderson, J. E. (2003). *Public Policymaking: An introduction*. 5.ª ed., Boston, Houghton Mifflin.

Ansell, C. (2002). Debating Governance: Authority, Steering, and Democracy. Edited by Jon Pierre. Oxford: Oxford University Press, 2000. American *Political Science Review*, 96(3), 668-669.

Ansell, C. y Gash, A. (2008). Collaborative governance in theory and practice. *Journal of Public Administration Research and Theory*, 18(4), 543-571.

Ansell, C. y Gash, A. (2012). Stewards, mediators, and catalysts: Toward a model of collaborative leadership. *The Innovation Journal*, 17(1), 2.

Armenteras, D., Murcia, U., González, T. M., Barón, O. J. y Arias, J. E. (2019). Scenarios of land use and land cover change for NW Amazonia: Impact on forest intactness. *Global Ecology and Conservation*, 17, e00567. https://doi.org/10.1016/j.gecco.2019.e00567

Arrow, K. J. (1951). *Social Choice and Individual Values*. 2.ª ed. Yale University Press, New Haven.

Bailey, K. D. (1982). *Methods of Social Research*. 2.ª ed., Nueva York, The Free Press.

Bamberger, M., Rugh, J. y Mabry, R. (2006) *Real World Evaluation: Working under Budget, Time, Data, and Political Constraints*. Sage, Los Angeles.

Banco Mundial. (2013, 9 octubre). *La importancia de la inclusión*.

Barber, C. P., Cochrane, M. A., Souza, C. M. y Laurance, W. F. (2014). Roads, deforestation, and the mitigating effect of protected areas in the Amazon. *Biological Conservation*, 177, 203-209. https://doi.org/10.1016/j.biocon.2014.07.004

Bardach, E. (1999). *Los ocho pasos para el análisis de políticas públicas. Un manual para la práctica*. México, D. F., CIDE/Porrúa.

Barkun, M. (2003). *A Culture of Conspiracy: Apocalyptic Visions in Contemporary America*. Berkeley, University of California Press.

Baumgartner, F. R. y Jones, B. D. (1993). *Agendas and Instability in American Politics*. Chicago, University of Chicago Press.

BBC Mundo. (25 de abril de 2019). *¿Cuáles son los países más deforestados del mundo y cuántos están en América Latina?* https://www.bbc.com/mundo/noticias-48060343

Bamberger, M., Rugh, J. y Mabry, L. (2006). *Working Under Budget, Time, Data, and Political Constraints*. Beverley Hills, CA, Sage Publications Inc.

Bechara, A., Tranel, D. y Damasio, H. (2000). Characterization of the decision-making deficit of patients with ventromedial prefrontal cortex lesions. *Brain*, 123(11), 2189-2202.

Bekkers, V., Fenger, M. y Scholten, P. (2017). *Public Policy in Action: Perspectives on the Policy Process*. UK, Edward Elgar Publishing.

Bemelmans-Videc, M.-L., Rist, R. y Vedung, E. (Edits.). (1998). *Carrots, Sticks & Sermons: Policy Instruments & Their Evaluation*. New Brunswick. Transaction Publishers.

Bennis, W. G. (1959). Leadership Theory and Administrative Behavior: The Problem of Authority. *Administrative Science Quarterly*, 4(3), 259-301.

Bentley, A. F. (1908). *The Process of Government, a Study of Social Pressures*. Chicago, The University Press.

Bertrand, J. y Muller, P. (1987). *L'Etat en action. Politiques Publiques et corporatismes*. Paris, PUF.

Bevir, M. (2008). *Key concepts in governance*. Sage.

Bevir, M. (2012). *Governance: A very short introduction*. OUP Oxford.

Birkland, T. A. (2011). *An introduction to the policy process: Theories, concepts, and models of public policy making*. Armonk, NY (USA) M. E. Sharpe.

Börzel, T. (1988). Organizing Babylon: on the different conceptions of policy Networks. *Public Administration*, 76.

Bower, J. L. (1968). Descriptive Decision Theory from the Administrative View Point. In R. A. Bauer and K. J. Gergen (Eds.). *The Study of Policy Formation* (Chapter 3). New York. Free Press.

Bressers, T. H. A y O'Toole, L. J. (1998). The Selection of Policy Instruments: a Network-based Perspective. *Journal of Public Policy*, 18(3), 213-239.

Bridgman, T. y Barry, D. (2002). Regulation is evil: An application of narrative policy analysis to regulatory debate in New Zealand. *Policy Sciences*, 35(2), 141-161.

Brown, A-M. (2016). Differences between the theory of change and the logic model. https://www.annmurraybrown.com/single-post/2016/03/20/Theory-of-Change-vsThe-Logic-Model-Never-Be-Confused-Again

Browne, W. P. (1998). *Groups, Interests, and U.S. Public Policy, USA*. Georgetown University Press.

Cairney, P. (2012). *Understanding Public Policy*. UK, Palgrave Macmillan.

Cairney, P. y Weible, C. M. (2017). The new policy sciences: Combining the cognitive science of choice, multiple theories of context, and basic and applied analysis. *Policy Sciences*, 50(4), 619-627.

Caldwell, R. (2002). *Project Design Handbook*. Atlanta, Care Dme Series.

Capano, G. y Howlett, M. (2020). The knowns and unknowns of policy instrument analysis: Policy tools and the current research agenda on policy mixes. *Sage Open*, 10(1), 1-13.

Castells, M. y Godard, F. (1974). *Monopolville*. Paris, Mouton.

Celis, D. (2023). *Autoridades y políticas públicas en Colombia. Un análisis desde el principio de legalidad y el modelo secuencial de las políticas públicas*. Bogotá, Universidad

Externado de Colombia. https://publicaciones.uexternado.edu.co/gpd-autoridades-y-politicas-publicas-en-colombia-9786287676343.html

Chaparro, J. C. y Lora, E. (noviembre de 2008). *La conflictiva relación entre la satisfacción y el ingreso*. (Recuperado el 29 de julio de 2012), Banco Interamericano de Desarrollo: http://idbdocs.iadb.org/wsdocs/getdocument.aspx?docnum=1741719

Clark, L. y Apgar, J. M. (2019). *Unpacking the Impact of International Development: Resource Guide 2. Seven Steps to a Theory of Change*. IDS, University of Edinburgh and CDI.

Clemons, R. S. y McBeth, M. K. (2001). *Public Policy Praxis: Theory and Pragmatism. A Case Approach*. New Jersey. Prentice Hall, Upper Saddle River.

Cleveland, H. (1972). *The Future Executive: A Guide for Tomorrow's Managers*. New York, USA. Harper & Row Publishers, Inc.

Cobb, R., Ross, J.-K. y Ross, M. H. (1976). Agenda building as a comparative political process. *The American Political Science Review*, 70(1), 126-138.

Cohen, M. D., March, J. G. y Olsen, J. P. (1972). A Garbage Can Model of Organizational Choice. *Administrative Science Quarterly*, 17(1), 1-25.

Collier, R. y Collier, O. (1991). *Shaping the Political Arena*. N.J., Princeton Press.

Comisión Económica para América Latina (Cepal). (2013). *Amazonia posible y sostenible*. https://www.cepal.org/sites/default/files/news/files/amazonia_posible_y_sostenible.pdf

Conejero Paz, E. (2014). Valor público: una aproximación conceptual. 3C Empresa. *Investigación y Pensamiento crítico*, 3(1). http://ojs.3ciencias.com/index.php/3c-empresa/article/view/170

Cuervo, J. I. (2007). *Ensayos sobre políticas públicas*. Bogotá, Universidad Externado de Colombia.

Cuervo, J. I. (2010). Las políticas públicas y el marco normativo. *Política Pública Hoy*, 3(1), 5-8.

Cuervo, J. I. (2015). La indeterminación conceptual de la política pública. Un problema normativo y metodológico. En J. I. Cuervo (Ed.), Ensayos sobre Políticas Públicas (t. II, pp. 19-33). Bogotá. Universidad Externado de Colombia.

Cuervo, J. I. (2016). *Reseña Guillaume Fontaine. El análisis de políticas públicas. Conceptos, teorías y métodos*. Quito, Anthropos-Flacso, 2015. *Opera*, 18, 231-234.

Dahl, R. (1967). *Pluralist Democracy in the United States: Conflict and Consent*. Chicago, Rand McNally.

Decreto 2811 de 1974. (1974, 18 de diciembre). Código Nacional de Recursos Naturales Renovables y de Protección al Medio Ambiente. Presidencia de la República de Colombia. *Diario Oficial* n.º 34.242. http://www.secretariasenado.gov.co/senado/basedoc/decreto_2811_1974.html

Decreto 1257 de 2017. (2017, 25 de julio). Comisión intersectorial para el control de la deforestación y la gestión integral para la protección de bosques naturales. Presidencia de la República de Colombia. *Diario Oficial* n.º 50.305. http://es.presidencia.gov.co/normativa/normativa/decreto%201257%20DEL%2025%20DE%20JULIO%20DE%202017.pdf

Dehaven-Smith, L. y Van Horn, C. E. (1984). Subgovernment Conflict in Public Policy. *Policy Studies Journal*, 12(4), June, 627-642.

Deleon, P. (1988). *Advise and Consent: The development of the policy sciences*. New York, The Russel Sage Foundation.

Deleon, P. (1994). The Policy Sciences Redux: new Roads to Post positivism. *Policy Studies Journal*, 22(1), 176-184.

Deleon, P. y Deleon, L. (2002). Whatever happened to Policy Implementation? An Alternative Approach. *Journal of Public Administration Research and Theory*, 12(4), 467-492.

Deleon, P. y Steelman, T. A. (2001). Making public policy programs effective and relevant: The role of the policy sciences. *Journal of Policy Analysis and Management*, Winter, 20.

Deleon, P. y Steelman, T. A. (1999). The once and future Public Policy Program. *Policy Currents*, 9(2), 1-9.

Departamento Administrativo Nacional de Estadística (DANE). (2005). *Guía para el diseño, construcción e interpretación de indicadores*. Bogotá.

Departamento Administrativo Nacional de Estadística (DANE). (2009). Proceso de conciliación censal 1985-2005. En M. D. Social, *Inequidades sociales de la infancia y la adolescencia*, Bogotá.

Departamento Nacional de Planeación (DNP). (1996, 1.º de enero). *Política Nacional de los Bosques* (Documento Conpes 2834). Bogotá. DNP.

Departamento Nacional de Planeación (DNP). (2014). *Guía para la construcción y estandarización de la cadena de valor.* Versión 4.1, marzo. Dirección de Inversiones y Finanzas Públicas, Bogotá.

Departamento Nacional de Planeación (DNP). (2015). *Manual conceptual de la Metodología General Ajustada (MGA)*. Bogotá.

Departamento Nacional de Planeación (DNP). (2019a). *La cadena de valor para el diseño de evaluaciones de política pública*. Bogotá.

Departamento Nacional de Planeación (DNP). (2019b). *Guía para la Construcción y análisis de indicadores*. Bogotá. https://colaboracion.dnp.gov.co/CDT/Sinergia/Documentos/Guia_para_elaborar_Indicadores.pdf

Departamento Nacional de Planeación (DNP). (2020, 21 de diciembre). *Política Nacional para el Control de la Deforestación y la Gestión Sostenible de los Bosques* (Documento Conpes 4021). Bogotá, DNP.

Departamento Nacional de Planeación. (s. f.). *Documento guía del módulo de capacitación en teoría de proyectos*. https://colaboracion.dnp.gov.co/CDT/Inversiones%20y%20finanzas%20pblicas/MGA_WEB/Documento%20Base%20Modulo%20Teoria%20de%20Proyectos.pdf

Dery, D. (1984). *Problem Definition in Policy Analysis*. Lawrence KS, University Press of Kansas.

Dery, D. (1999). Policy by the way. *Journal of Public Policy*, 18(2), 1-14.

De Sánchez Guerrero, G. (2003). *Técnicas participativas para la planeación: procesos breves de intervención*. México D. F., Fundación ICA.

Dewey, J. (1950). *Lógica: teoría de la investigación*. Fondo de Cultura Económica.

Dhillon, L. y Vaca, S. (2018). Refining Theories of Change. *Journal of Multidisciplinary Evaluation*, 14(30), 6487. https://journals.sfu.ca/jmde/index.php/jmde_1/article/view/496

Dolowitz, D. y March, D. (2000). Learning from Abroad: The Role of Policy Transfer in Contemporary Policy-Making. *Governance*, 13(1), 5-24.

Douglas, S., Berthod, O., Groenleer, M. y Nederhand, J. (2020). Pathways to collaborative performance: examining the different combinations of conditions under which collaborations are successful. *Policy and Society*, 1-21.

Dror, Y. (1971, 2000). Prolegómenos para las ciencias políticas. En L. Aguilar (Ed.), *El estudio de las políticas*. México, D. F., Miguel Ángel Porrúa.

Dror, Y. (1983). *Public Policymaking Reexamined*. New Jersey, Transaction Books.

Dubnick, M. J. y Bardes, B. A. (1983). *Thinking about Public Policy: A problem-solving approach*. New York, Wiley.

Dubost, B. (2008, 7 de noviembre). *El trabajo de campo*. (Recuperado el 29 de julio de 2012). http://segmento.itam.mx/Administrador/Uploader/material/trabajo%20de%20campo.pdf

Dunn, W. N. (2004). *Public Policy Analysis, An Introduction*. 3.ª ed., New Jersey, Pearson Prentice Hall.

Dunn, W. N. (2018). Rediscovering Pragmatism and the Policy Sciences. *European Policy Analysis*, 4(1), 13-22. https://doi.org/10.1002/epa2.1038

Dye, T. R. (1992). *Understanding Public Policy*. 7.ª ed., Nueva Jersey, Prentice-Hall Inc.

Econometría Consultores S. A.-SEI S. A. (1999). *Informe del censo socioeconómico de los barrios San Bernardo y Santa Inés*. Bogotá, Instituto de Desarrollo Urbano.

Edler, J., Cunningham, P., Gök, A. y Shapira, P. (Eds.). (2016). *Handbook of Innovation Policy Impact*. Edward Elgar Publishing.

El Espectador (6 de junio de 2017). Se disparó la tasa de deforestación en Colombia. https://www.elespectador.com/ambiente/se-disparo-la-tasa-de-deforestacion-en-colombia-article-701754/

El Espectador (22 de febrero de 2018). San Vicente del Caguán fuera de control en deforestación. https://www.elespectador.com/noticias/medio-ambiente/san-vicente-del-caguan-fuera-de-control-en-deforestacion/

El Espectador. (13 de septiembre de 2020). Ocho emprendimientos rurales en Caquetá buscan reforestar la Amazonia. https://www.elespectador.com/colombia2020/territorio/ocho-emprendimientos-rurales-en-caqueta-buscan-reforestar-el-amazonas/

Elmore, R. F. (1985). Forward and Backward Mapping: reversible Logic in the Analysis of Public Policy. En K. Hanf y T. Toonen. (Eds.). *Policy Implementation in Federal and Unitary Systems* (pp. 33-70). Springer.

Emerson, K., Nabatchi, T. y Balogh, S. (2012). An integrative framework for collaborative governance. *Journal of Public Administration Research and Theory*, 22, 1-29.

Environmental Investigation Agency (EIA). (2019). Condenando al bosque: ilegalidad y falta de gobernanza en la Amazonia colombiana. Environmental Investigation Agency, Inc. https://content.eia-global.org/posts/documents/000/000/894/original/Condenando_el_Bosque.pdf?1561565558

Etzioni, A. (1967). Mixed-Scanning: A "Third" Approach to Decision-Making. *Public Administration Review*, 27(5), 385-392.

European Commission (2006). *Cross Impact Analysis*. (Recuperado el 25 de junio de 2011). http://forlearn.jrc.ec.europa.eu/guide/2_design/meth_cross-impact-analysis.htm

Evans, M. y Davies, J. (1999). Understanding Policy Transfer: A Multi-level, Multi-disciplinary Perspective. Public Administration, 77(2), 361-385.

Faure, A. *et al*. (1995). *La construction de sens dans les politiques publiques. Débats autour de la notion de referential*. Paris, L'Harmattan. Paris.

Feinstein, O. (2007, mayo-junio). Evaluación pragmática de política pública. *Evaluación de Políticas Públicas*, *ICE* (836), 19-30.

Fenster, M. (1999). *Conspiracy Theories: Secrecy and Power in American Culture*. Minneapolis, University of Minnesota Press.

Fernández Espina, C. E. (2004). Sección permanente Latinoamericana. *Acta Bioquímica Clínica Latinoamericana*, 38(3). (Recuperado el 29 de julio de 2012), Scielo: http://www.scielo.org.ªr/scielo.php?script=sci_arttext&pid=S0325-29572004000300009#1

Fernández, N. y Schejtman, L. (2012). *Planificación de políticas, programas y proyectos sociales*. 1.ª Ed., Buenos Aires, Cippec-Unicef. http://www.unicef.org/argentina/spanish/cippec_uni_planificacion.pdf

Fieldman, A. M. (2008). Welfare Economics. *The New Palgrave Dictionary of Economics*. 2.ª ed., S. N. Durlauf y L. E. Blume (Eds.). Palgrave Macmillan.

Fischer, F. y Forester, J. (1993). The Argumentative Turn in Policy Analysis. Chicago, Bibliovault OAI Repository, the University of Chicago Press.

Forester, J. (1993). *Critical Theory, Public Policy and Planning Practice*. State University of New York Press.

Frederickson, H. G. (2005). Governance, Governance Everywhere. *The Oxford handbook of public management*, 282.

García-Romero, H. (2014). *Deforestación en Colombia: Retos y perspectivas*. Fedesarrollo.

Gertler, P., Martínez, S., Rawlings, L. B., Premand, P. y Vermeersch, C. M. J. (2012). *Impact Evaluation in Practice*. Washington, Banco Interamericano de Desarrollo.

Glenn, J. C. y Gordon, J. T. (2004). *Futures Research Methodology*. Washington.

Globalforest Watch. (2020). *Biodiversidad y datos por país*. https://bit.ly/36doxsi

González, C. (2018). *Ambiente y derechos éticos vs. cultivos prohibidos*. Bogotá, Indepaz.

Guba, E. G. (1990). *The Paradigm Dialog*. London, Sage.

Habermas, J. (1978). *Raison et légitimité. Les problèmes de légitimation dans le capitalisme avancé*. Paris, Pavot.

Hambrick, D. C., Fredrickson, J. W. y Frederickson, J. W. (2005). Are You Sure You Have a Strategy? *The Academy of Management Executive (*1993-2005*)*, 19(4), 51-62. http://www.jstor.org/stable/4166205

Hampton, G. (2009). Narrative Policy Analysis and the Integration of Public Involvement in Decision Making. *Policy Sciences*, 42(3), 227–242. http://www.jstor.org/stable/40270995

Hanf, K. y O'Toole Jr., L. J. (1992). Revisiting old friends: networks, implementation structures and the management of inter-organizational relations. *European Journal of Political Research*, 21(1-2), 163-180.

Hart, P. T. (2014). *Understanding public leadership*. London. Palgrave.

Heclo, H. H. (1972). Policy analysis. *British Journal of Political Science*, 2(1), 83-108.

Heclo, H. H. (1995). Issue Networks in the Executive Establishment. En S. Theodoulou and M. A. Cahn (Eds.). *Public Policy. The essential readings*. Upper Saddle River, NJ, Prentice Hall.

Hernández, G. (1999). El análisis de las políticas públicas: una disciplina incipiente en Colombia. *Revista de Estudios Sociales*, 4, 80-91.

Hill, L. B. (1991). Who governs the American administrative state? A bureaucratic-centered image of governance. *Journal of Public Administration Research and Theory*, 1(3), 261-294.

Hill, M. J. y Hupe, P. L. (2014). *Implementing public policy: an introduction to the study of operational governance* (3rd. ed.). Los Ángeles (Thousand Oaks, Calif.)., Sage Publications.

Himmelstein, J. *et al.* (2017). *Theory of change-based project monitoring, measurement, learning and adaptation: Guidance and methodology*.United States Agency for International Development (USAID).

Hood, C. (2003). *The Art of the State*. Oxford University Press.

Hood, C. y Margetts, H. (2007). *The Tools of Government in the Digital Age*. Palgrave Macmillan.

Hoppe, R. (2010). *The Governance of Problems: Puzzling, Powering and Participation*. Bristol, Policy Press.

Howlett, M. (2010). *Designing public policies: principles and instruments*. Abingdon, Routledge.

Howlett, M., Mukherjee, I. y Woo, J. J. (2018). Thirty years of research on policy instruments. In H. Colebatch, y R. Hoppe (Eds.). *Handbook on Policy, Process and Governing* (Chapter 9, pp. 147-168). Edward Elgar Publishing.

Howlett, M., Ramesh, M. y Perl, A. (2008). *Studying Public Policy: Policy Cycles & Policy*. Toronto, Oxford University Press.

Huxham, C., Vangen, S., Huxham, C. y Eden, C. (2000). The Challenge of Collaborative Governance. *Public Management: An International Journal of Research and Theory*, 2(3), 337-358.

Indexmundi. (2012, 26 de julio). http://www.indexmundi.com/colombia/unemployment_rate.html. (Recuperado el 29 de julio 2012).

Ingram, H. y Schneider, A. (1997). *Policy design for democracy*. Lawrence, KS, University Press of Kansas.

Instituto de Hidrología, Meteorología y Estudios Ambientales (Ideam). (2017). *Sistema de Monitoreo de Bosques y Carbono para Colombia (SMBYC)*. http://documentacion.ideam.gov.co/openbiblio/bvirtual/023708/boletinDEF.pdf

Instituto de Hidrología, Meteorología y Estudios Ambientales (Ideam). (2017, 6 de julio). *Esfuerzos del país se concentran en alcanzar meta de cero deforestaciones*. http://www.ideam.gov.co/web/sala-de-prensa/noticias/asset_publisher/LdWWoE-CY1uxz/content/esfuerzos-del-pais-se-concentran-en-alcanzar-meta-de-o-deforestacion

Instituto de Hidrología, Meteorología y Estudios Ambientales (Ideam). (2018). *Caracterización de las principales causas y agentes de la deforestación a nivel nacional*. http://documentacion.ideam.gov.co/openbiblio/bvirtual/023780/Caracterizacion.pdf

Instituto Geográfico Angustín Codazzi (IGAC) y Corporación Colombiana de Investigación Agropecuaria (Corpoíca). (2002). Cobertura y uso actual de las tierras de Colombia. En D. Malagón, E. M. Garzón, A. Palacios y M. Romero (Eds.). *Zonificación de los conflictos de uso de las tierras en Colombia*. Bogotá, IGAC.

Jenkins, W. (1978). *Policy Analysis: A Political and Organizational Perspective*. London, Martin Robetson.

Jessop, B. (1991). *State Theory: Putting the Capitalist State Back in its place*. Cambridge, Polity Press.

Jessop, B. (2000). Governance failure. In G. Stoker (Ed.). *The new politics of British local governance* (pp. 11- 32). London, Macmillan/ESRC.

Jones, B. D. (1999). Bounded Rationality. *Annual Review of Political Science*, 2, 297-231.

Jones, C. (1970). *An Introduction to the Study of Public Policy*. Belmont. California, Words Worth.

Jordan, G. (1981). Iron Triangles, Woolly Corporatism and Elastic Nets: Images of the Policy Process. *Journal of Public Policy*, 1, 95-123.

Jordan, G. (1990). Sub-governments, policy communities and networks: refilling the old bottle? *Journal of Theoretical Politics*, 2, 319-338.

Kahneman, D. (2012). *Pensar rápido, pensar despacio*. Debate.

Kahneman, D. y Tversky, A. (1979). Prospect Theory: An Analysis of Decision under Risk on JSTOR. *Econometrica*, 263. https://doi.org/1914185

Kania, J. y Kramer, M. (2013). Embracing Emergence: How Collective Impact Addresses Complexity. *Stanford Social Innovation Review*. https://doi.org/10.48558/ZJY9-4D87

Kern, F., Rogge, K. y Howlett, M. (2019). Policy mixes for sustainability transitions: new approaches and insights through bridging innovation and policy studies. *Research Policy*, 48(10), 1-15.

Keynes, J. M. (2009). *Breve tratado sobre la reforma monetaria. Escritos (*1910-1944*)*. Síntesis.

Killeen, T. J. y Solórzano, L. A. (2008). Conservation strategies to mitigate impacts from climate change in Amazonia. *Phil. Trans. R. Soc. B*, 363, 1881-1888.

Kingdon, J. W. (2003). *Agendas, alternatives, and public policies*. New York, Longman.

Kingdon, J. W. y Stano, E. (1984). *Agendas, alternatives, and public policies*, 45. Little, Brown Boston.

Klijn, E. H. y Koppenjan, J. (2015). *Governance networks in the public sector*. Routledge.

Knill, C. y Tosun, J. (2012). *Public Policy, A New Introduction*. London, Palgrave Macmillan.

KPMG (2020). *Análisis político y económico (PEA) de la deforestación en regiones afectadas por el conflicto en la Amazonia colombiana*. https://foronacionalambiental.org.co/wp-content/uploads/2020/05/PEADeforestacionKPMG.pdf

Kraft, M. E. y Furlong, S. R. (2007). *Public policy: politics, analysis, and alternatives*. 2.ª ed., Washington, D.C., CQ Press.

Krasner, S. (1984). Approaches to the State: Alternative Conceptions and Social Dynamics. *Comparative Politics*, 16(2), 223-246.

Kuhn, T. (1962, 2004). *La estructura de las revoluciones científicas*. México, D. F., Fondo de Cultura Económica.

Larrue, C. (2000). *Analyser les politiques publiques d'environnement*. Paris, Editions L'harmattan.

Lascoumes, P. y Le Galès, P. (2007). Introduction: Understanding Public Policy through Its Instruments-From the Nature of Instruments to the Sociology of Public Policy Instrumentation. *Governance: An International Journal of Policy, Administration and Institutions*, 20(1), 1-21.

Lasswell, H. D. (1970). The emerging conception of the policy sciences. *Policy Sciences*, 1(1), 3-14.

Lasswell, H. D. (1971). *A Pre-View of Policy Sciences*. New York, American Elsevier Publishing Company Inc.

Lemus Rangel, A. (1999). Personas que se encuentran en situación de indigencia. *Análisis estadístico de indigentes de Bogotá: El Cartucho* (Cap. 8). http://www.unilibrebaq.edu.co/unilibrebaq-test/pdhulbq/html/libindigentes2.htm#marks1. (Recuperado el 24 de octubre de 2012).

Lerner, D. y Lasswell, H. (1951). *The Policy Sciences: Recent Developments in Scope and Method*. Standford, C.A., Stanford University Press.

Lester, J. P. y Goggin, M. L. (1998). Back to the future: The rediscovery of implementation studies. *Policy Currents*, 8(3), 1-9.

Lester, J. P., Bowman, A. O'M., Goggin, M. L. y L. J. O'Toole Jr. (1987). Public policy implementation: evolution of the field and agenda for future research. *Review of Policy Research*, 7(1), 200-216. https://doi.org/10.1111/j.1541-1338.1987.tb00038.x

Ley 2.ª de 1959. (1959, 16 de diciembre). Congreso de la República. https://observatorio.epacartagena.gov.co/wp-content/uploads/2016/10/LEY-2-DE-1959.pdf

Ley 38 de 1989. (1989, 21 de abril). Congreso de la República. *Diario Oficial* n.º 38.789 https://www.funcionpublica.gov.co/eva/gestornormativo/norma.php?i=1481:

Ley 99 de 1993. (1993, 22 de diciembre). Congreso de la República. *Diario Oficial* n.º 41.146. http://www.secretariasenado.gov.co/senado/basedoc/ley_0099_1993.html

Ley 139 de 1994. (1994, 22 de junio). Congreso de la República. *Diario Oficial* n.º 41.401. http://secretariasenado.gov.co/senado/basedoc/ley_0139_1994.html

Ley 152 de 1994. (1994, 15 de julio). Congreso de la República. *Diario Oficial* n.º 41.450. https://www.funcionpublica.gov.co/eva/gestornormativo/norma.php?i=327

Ley 1551 de 2012. (2012, 6 de julio). Congreso de la República. *Diario Oficial* n.º 48.483 https://www.funcionpublica.gov.co/eva/gestornormativo/norma.php?i=48267

Leyva, S. y Ramírez, M. F. (2015). La ciencia política en Colombia: una disciplina en continua expansión. *Revista de Ciencia Política*, 35(1), 71-94.

Lindblom, C. E. (1959). The science of "muddling through". *Public Administration Review*, 79-88.

Lindblom, C. E. (1995). The Science of Muddling Through. En S. Theodoulou and M. Cahn (Edits.). *Public Policy: The Essential Readings* (pp. 113-127). New Jersey, Prentice Hall.

Lipsey, R. G. y Lancaster, K. (1957). The General Theory of Second Best. *The Review of Economic Studies*, 24(1), 11-32.

Lipsky, M. (1980). *Street Level Bureaucracy: Dilemmas of the Individual in Public Services*. Russell Sage Foundation. http://www.jstor.org/stable/10.7758/9781610447713

Lowi, T. (1972). Four Systems of Policy, Politics and Choice. *Public Administration Review*, 32(4), 289-310.

Lynn, Jr. L. E., Heinrich, C. J. y Hill C. J. (2000). Studying Governance and Public Management: Challenges and Prospects. *Journal of Public Administration Research and Theory*, 10 (2), 233-262. https://doi.org/10.1093/oxfordjournals.jpart.a024269

Majone, G. (2005). *Evidencia, argumentación y persuasión en la formulación de políticas*. México, D. F., Fondo de Cultura Económica.

Malloy, J. (1993). Statecraft, Social Policy and Governance in Latin America. *Governance*, 6(2), 220-274.

Manheim, J. y Rich, R. (1988). *Investigación por encuesta, análisis político empírico. Métodos de investigación en ciencia política*. Madrid, Alianza.

March, J. G. (1987). Ambiguity and accounting: The elusive link between information and decision making. *Accounting, Organizations and Society*, 12(2), 153-168.

March, J. G. y Olsen, J. P. (1984). The New Institutionalism: organizational factors in political life. *American Political Science Review*, 73, 734-49.

March, J. G. y Olsen, J. P. (1989). *Rediscovering Institutions: the organizational basis of politics*. New York, Free Press.

Martínez, J. (2019, 9 de octubre). *Indicadores de productividad, qué son y cómo usarlos*. https://neetwork.com/indicadores-de-productividad-que-son-y-como-usarlos/

May, P. J. (1981). Hints for Crafting Alternative Policies. *Policy Analysis*, 7(2), Spring. [Patton y Sawicki, 1993, 247].

Mazmanian, D. y Sabatier, P. (1981). *Effective policy implementation*. Mass. USA, Lexington Books.

McConnachie, J. y Tudge, R. (2005). *The rough guide to conspiracy theories*. Rough Guides Ltd.

McConnell, A. y T'Hart, P. (2019). Inaction and public policy: understanding why policymakers 'do nothing'. *Policy Sci.*, 52, 645-661. https://doi.org/10.1007/s11077-019-09362-2

Meisel-Roca, A., Bonilla-Mejía, L. y Sánchez-Jabba, A. (2013). Geografía económica de la Amazonia colombiana. *Documentos de Trabajo sobre Economía Regional y Urbana* 011540. Banco de la República-Economía Regional.

Meltsner, A. J. (1976). *Policy Analysts in the Bureaucracy*. Berkeley, University of California Press.

Mény, Y. y Thoening, J. C. (1992). *Las políticas públicas*. España, Ciencia Política.

Mill, J.S. (2013). *Sobre la libertad*. Madrid, Alianza Editorial.

Ministerio de Ambiente y Desarrollo Sostenible (MADS) (2020). *El Desafío de Lima, un llamado para elevar el nivel de ambición*. Bogotá.

Ministerio de Ambiente y Desarrollo Sostenible (MADS), Instituto de Hidrología, Meteorología y Estudios Ambientales (Ideam). (2016). *Reporte de la reducción de emisiones bajo el acuerdo REDD early movers (REM)*. Bogotá, MADS-Ideam.

Mintrom, M. (1997, julio). Policy Entrepeneurs and the Diffusion of Innovation. *American Journal of Political Science*, 41(3), 738-770.

Mintzberg, H. (1976). *Planning on the left side and managing on the right* (pp. 49-58). Brighton, MA, Harvard Business Review.

Mintzberg, H., Raisinghani, D. y Theoret, A. (1976). The structure of "unstructured" decision processes. *Administrative Science Quarterly*, 246-275.

Mokate, K. M. (2000, agosto). *El monitoreo y la evaluación: herramientas indispensables de la gerencia social*. Banco Interamericano de Desarrollo-Instituto Interamericano para el Desarrollo Social (Indes) http://decon.edu.uy/100jovenes/materiales/sgNC-20.pdf. (Recuperado el 8 de marzo de 2012).

Moore, M. (1993). Anatomía del problema de la heroína: un ejercicio de definición de problemas. En L.F. Aguilar (Comp.), *Antologías de política pública* (pp. 189-218). México, D. F., Porrúa.

Moore, M. H. (1994). Public Value As The Focus Of Strategy. *Australian Journal of Public Administration*, 53(3), 296-303.

Moore, M. H. (1995). *Creating public value: Strategic management in government*. Cambridge, Massachusetts, Harvard University Press.

Moore, M. H. y Stewart, J. (1997). Creating Public Value: Strategic Management in Government. *Local Government Studies*, 23(2), 150.

Muller, P. (2006). *Las políticas públicas*. 2.ª ed., Bogotá, Universidad Externado de Colombia-Ediciones Aurora.

Muller, P. y Surel, Y. (1998). *L'analyse des politiques publiques*. Paris, Montchrétien.

Munro, A. (2009). *Bounded rationality and public policy: a perspective from behavioural economics* (12). Springer Science & Business Media.

Nesta, I. (2017). Designing for Public Services: a practical guide. Design for Europe. eu/newsopinion/designing-public-services-practical-guide-nesta-ideo. Accessed, 18, 2019.

Netl, J. P. (1968). The State as a Conceptual Variable. *World Politics,* 20(4), 559-592.

North, D. (1990). *Institutions, institutional change and economic performance*. Cambridge University Press.

O'Hare, M. (1989). A Typology of Governmental Action. *Journal of Policy Analysis and Management*, 8(4), 670-672.

Ordóñez-Matamoros, G., Centeno, J. P., Santander Ramírez, D., Llanos Congote, O., Sierra Daza, M. C. y Remolina Pulido, J. P. (2018). La evaluación ejecutiva y la toma de decisiones de política pública: el caso de la E2+sgr en Colombia. *Opera*, 22, 53-79.

Organización de Naciones Unidas (ONU). (2014, 23 de septiembre). Declaración de Nueva York "Forest, action statements and action plans". Nueva York https://unfccc.int/media/514893/new-york-declaration-on-forests_26-nov-2015.pdf

Organización de las Naciones Unidas (ONU). (2015). *Integración de una perspectiva de género en las estadísticas. Departamento de Asuntos Económicos y Sociales*. Nueva York.

Organización de las Naciones Unidas (ONU). (2016). *Leaving no one behind: the imperative of inclusive development. Report on the world social situation* 2016 https://www.un.org/esa/socdev/rwss/2016/full-report.pdf

Organización de las Naciones Unidas (ONU). (2017). *Desde el Gobierno Abierto al Estado Abierto en América Latina y el Caribe* (A. Naser, Á. Ramírez-Alujas, y D. Rosales Eds.). United Nations.

Organización de las Naciones Unidas para la Alimentación y la Agricultura (FAO). (2018a). *Causas de degradación forestal en Colombia*. Bogotá. http://www.fao.org/3/i9582es/I9582ES.pdf

Organización de las Naciones Unidas para la Alimentación y la Agricultura (FAO). (2018b). *El estado de los bosques del mundo. Las vías forestales hacia el desarrollo sostenible*. Roma. https://www.fao.org/3/I9535ES/i9535es.pdf

Organización Panamericana de la Salud. (s. f.). Malaria: mapa epidemiológico según niveles de riesgo para ocho países de la selva tropical de América del Sur. En *Datos de 1999 presentados en la Reunión de Hacer Retroceder el Paludismo en Cartagena*. Agosto de 2000: http://www.paho.org/spanish/hcp/hct/mal/maps-cartagena.htm. (Recuperado el 29 de julio de 2012).

Orozco, L. A. y Anzola-Morales, O. L. (2019). A Colombian classic management thinker: Alejandro López Restrepo. *Journal of Management History*, 25(2), 221-236

Osborne, S. P. (2006). The New Public Governance? *Public Management Review*, 8(3), 377-387.

Osorio, A. R. (2003). Aproximaciones a los efectos ambientales, sociales y económicos de la erradicación de cultivos ilícitos por aspersión aérea en Colombia. *Agroalimentaria*, 8(17), 61-72. http://ve.scielo.org/scielo.php?script=sci_arttext&pid=S1316035420030002000005&lng=es&tlng=es

Ossowski, S. (1963). *Class Structure in the Social Consciousness*. NY, Free Press.

Ostrom, E. (1990). *Governing the Commons: The Evolution of Institutions for Collective Action*. NY, Cambridge, University Press.

Ostrom, E. (1993). An Agenda for the Study of Institutions. *Public Choice*, 48, 3-25.

Oszlak, O. (2014). Gobierno abierto: hacia un nuevo paradigma de gestión pública. En O. Oszlak, y E. Kaufman, *Teoría y práctica del gobierno abierto: lecciones de la experiencia Internacional*. OEA-Red Gealc-IDRC.

Otca. (s. f.). Proyecto "Programa de Bosques de la OTCA para la Cuenca y la Región Amazónica". http://otca.org/ctp_otca_projetos/programa-de-bosques/

Papadopoulos, Y., Blondiaux, L., Cohen, J. *et al.* (2004). Débat: Délibération et action publique. *Swiss Political Science Review*, 10(4), 147-210.

Parsons, W. (1995). Public Policy. *An Introduction to the Theory and Practice of Policy Analysis*. Cambridge, Cambridge University Press. Aldershot, Edward Elgar

Patton, C. V. y Sawicki, D. S. (1993). Basic Methods of Policy Analysis and Planning. 2.ª ed. Englewood Cliffs, New Jersey, Prentice Hall.

Peters, B. G. (2008). The Napoleonic tradition. *International Journal of Public Sector Management*, 21(2), 118-118-132.

Peters, B. G. y Pierre, J. (2001). Developments in intergovernmental relations: towards multi-level governance. *Policy and Politics*, 29(2), 131.

Peters, B. G. y Nagel, M. L. (2020). Zombie Ideas: Why Failed Policy Ideas Persist. In *Elements in Public Policy*. Cambridge University Press. https://www.cambridge.org/core/elements/zombie-ideas/77F6FA03E416DB0E578213464BA1E860 doi:DOI: 10.1017/9781108921312

Phillips, D. L. (1971). *Knowledge from what? Theories and methods in social research*. Chicago, Rand McNally.

Philosophy Lander (2004, 22 de noviembre). *Introduction to Logic*. http://philosophy.lander.edu/logic/authority.html (Recuperado el 5 de septiembre de 2011).

Pidamazonia. (2020, 26 de marzo). *El acaparamiento de tierras, el principal enemigo de los bosques en Colombia*. https://pidamazonia.com/content/acaparamiento-de-tierras-enemigo-bosques

Pierson, P. (1993). When Effect becomes Cause: Policy Feedback and Political Change. *World Politics*, 45, 595-628.

Pigou, A. C. (1932). *The Economics of Welfare*. London, Macmillan.

Pipes, D. (1998). *Conspiracy: How the Paranoid Style Flourishes and Where It Comes from*. New York, The Free Press.

Pipes, D. (1998). *The Hidden Hand: Middle East Fears of Cons*piracy. New York, St. Martin's Press.

Popper, K. R. (1959). *The Logic of Scientific Discovery*. London, Hutchinson.

Powell, W. y Dimaggio, P. (1991). *Institutionalism in Organizational Analysis*. Chicago, University of Chicago Press.

Pressman, J. y Wildavsky, A. (1998). *Cómo grandes expectativas concebidas en Washington se frustran en Oakland*. México, D. F., Fondo de Cultura Económica.

Provan, K. G. y Kenis P. (2007). Modes of Network Governance: Structure, Management, and Effectiveness. *Journal of Public Administration Research and Theory*, 18(2), 229-252. https://doi.org/10.1093/jopart/mum015

Radin, B. A. (2000). *Beyond Machiavelli: Policy analysis comes of age*. Georgetown, Georgetown University Press.

Ramírez-Alujas, Á. V. (2010). Innovación en la Gestión Pública y Open Government (Gobierno Abierto): una vieja nueva idea... *Buen Gobierno*, 9, 35.

Reich, R. B. (2016). *Saving capitalism: For the many, not the few*. Vintage.

Reid, J. y De Sousa Jr., W. C. (2005). Infrastructure and Conservation Policy in Brazil. *Conservation Biology*, 19(3), 740-746. https://doi.org/10.1111/j.1523-1739.2005.00699.x

Repetto, F. (2004). *Capacidad Estatal: requisito para el mejoramiento de la política social en América Latina*. Documentos de Trabajo del Indes. Banco Interamericano de Desarrollo.

Rescher. N. (1980). *Induction*. Pittsburgh, PA, University of Pittsburgh Press.

Rhodes, R. A. W. (1996). The new governance: governing without government. *Political Studies*, 44(4), 652-667.

Riker, W. (1993). Political Sciences and Rational Choice. En J. Alt y K. Shepsle *Perspectives on Positive Political Economy* (pp. 163-181). Cambridge, Cambridge University Press.

Ripley, R. B. y Franklin, G. (1975). *Policy Making in the federal executive branch*. USA, The Free Press.

Rist, R. (1998). Choosing the Right Policy Instrument at the Right Time: The Contextual Challenges of Selection and Implementation. En M.-L. Bemelmans-Videc, R. Rist, y E. Vedung (Edits.). *Carrots, Sticks & Sermons: Policy Instruments & Their Evaluation* (pp. 149-164). New Brunswick, Transaction Publishers.

Rittel, H. (1972). On the Planning Crisis: Systems Analysis of the "First and Second Generations". *Bedriftsokonomen*, 8, 390-396.

Rittel, H. y Webber, M. (1973). Dilemmas in a General Theory of Planning. *Policy Sciences*, 4(2), 155-169.

Roe, E. (1994). *Narrative Policy Analysis*. Durham-London, Duke University Press.

Rogers, P. J. (2008). Using Programme Theory to Evaluate Complicated and Complex Aspects of Interventions. *Evaluation*, 14, 29-48.

Rogers, P. J. (2014). *Theory of Change, Methodological Briefs: Impact Evaluation* 2. Unicef Office of Research, Florencia.

Rogge, K. y Reichardt, K. (2016). Policy mixes for sustainability transitions: An extended concept and framework for analysis. *Research Policy*, 45, 1620-1635.

Rojas Gutiérrez, V. M. (2002, diciembre). *Atención en salud a la población desplazada de la ciudad de Cartagena de Indias, departamento de Bolívar, durante septiembre* 1 de 2001 *a septiembre* 30 *de* 2002. http://www.disaster-info.net/desplazados/informes/saludcart2002/ (Recuperado el 28 de julio de 2012).

Roth, A-N. (2008). Perspectivas teóricas para el análisis de las políticas públicas. ¿De la razón científica al arte retórico? *Revista de Estudios Políticos*, 33, 67-91.

Roth, A.-N. (2014). *Políticas públicas: formulación, implementación y evaluación*. Bogotá, Ediciones Aurora..

Roth, A.-N. (2016). Presentación sección temática. Desarrollo y enseñanza en análisis de políticas públicas en América Latina. *Estudios Políticos*, 49, 189-191.

Sabatier, P. A. (1999). *Theories of the Policy Process*. Boulder, CO., Westview Press.

Sabatier, P. A. y Mazmanian, D. (1980). The implementation of public policy: A framework of analysis. *Policy Studies Journal*, 8(4), 538-560.

Salamon, L. (2002). The New Governance and the Tools of Public Action: An Introduction. En L. Salamon (Ed.). *The Tools of Government: A Guide to the New Governance* (pp. 1-47). Oxford, Oxford University Press

Salazar Vargas, C. A. (1992). *Las políticas públicas: nueva perspectiva de análisis*. Bogotá, Pontificia Universidad Javeriana.

Samuelson, P. (1947). Welfare Economics. En *Foundations of Economic Analysis*. Cambridge, MA., Harvard University Press.

Sanfey, A. G., Rilling, J. K., Aronson, J. A., Nystrom, L. E. y Cohen, J. D. (2003). The neural basis of economic decision-making in the ultimatum game. *Science*, 300(5626), 1755-1758.

Schimtter, P. (1997). Modes of Interest Intermediation and Models of Societal Change in Western Europe. *Comparative Political Studies*, 10(1), 7-38.

Schlager, E. (1997). *A Response to Kim Quaile Hill's in Search of Policy Theory. Policy Currents*, 7, 14-17.

Schön, D. A. y Rein, M. (1994). *Frame reflection: toward the resolution of intractable policy controversies*. New York, NY, Basic Books.

Schwartz, B. (2004). *The paradox of choice: Why more is less*. New York, Ecco.

Sentencia TC-4360/18. (2018, 4 de abril). Corte Suprema de Justicia (Luis Armando Tolosa, M. P.).

Sheppard A. E. (2009). Problema Público. *Diccionario de Políticas Públicas*. Bogotá, Universidad Externado de Colombia.

Shepsle, K. y Bonchek, M. (1997). *Analyzing Politics: Rationality, Behavior and Institutions*. HY, Norton.

Shurlock, N. (1999). The paradox of policy analysis: If it is not used, why do we produce so much of it? *Journal of Policy Analysis and Management*, 18(2), 226-224.

Simon, H. A. (1976). *Administrative Behavior*. 3.ª ed., New York, Free Press.

Simon, H. A. (1987). Making management decisions: The role of intuition and emotion. *Academy of Management Perspectives*, 1(1), 57-64.

Sistema de Monitoreo de Bosques y Carbono. (s. f.). *Indicadores ambientales. Bosques y recursos forestales*. http://smbyc.ideam.gov.co/MonitoreoBC-WEB/reg/indexLogOn.jsp

Skocpol, T. *et al*. (Eds.). (1985). *Bringing the State Back in: Strategies in Analysis of Current Research*. Cambridge, Cambridge University Press.

Smith, A. (2011). *La riqueza de las naciones*. Madrid, Alianza Editorial.

Steinmo, S. *et al.* (1992). *Structuring Politics: Historical Institutionalism in Comparative Analysis*. Cambridge, Cambridge University Press.

Stiglitz, J. (2000). *La economía del sector público*. 3.ª ed., Barcelona, Bosch Editor.

Stoker, R. P. (1989). A regime framework for implementation analysis: Cooperation and reconciliation of federalist imperatives. *Review of Policy Research*, 9(1), 29-49.

Stone, D. A. (1988). *Policy Paradox and Political Reason, Scott, Foresman; Glenview, III*. California, The University of California.

Thaler, R. H. y Sunstein, C. R. (2017). *Un pequeño empujón: el impulso que necesitas para tomar mejores decisiones sobre salud, dinero y felicidad*. Madrid, Taurus.

Thatcher, M. (1988). The development of policy network analyses: from modest origins to overarching frameworks. *Journal of Theoretical Politics*, 10(4), 389-416. https://doi.org/10.1177/0951692898010004002

Thompson, V. A. (1965). Bureaucracy and innovation linked references are available. *Administrative Science Quarterly*, 10(1), 1-20.

Todd, P. E. y Wolpin, K. I. (2006). Assessing the Impact of a School Subsidy Program in Mexico: Using a Social Experiment to Validate a Dynamic Behavioral Model of Child Schooling and Fertility. *American Economic Review*, 96(5), 1384-1417.

Trujillo, D. (2016). *Value Creation in Cross-Sector Collaboration: Beneficiaries' Increased Capacity for Collective Action*. New York University ProQuest Dissertations Publishing.

Trujillo, D. (2018). La gobernanza en la gestión de la sostenibilidad y otros asuntos públicos. En M. Rodríguez Becerra y M. A. Vélez. (Eds.). *Gobernanza y gerencia del desarrollo sostenible* (pp. 141-178). Ediciones Uniandes.

Truman, D. (1964). *The Government Process: Political Interests and Public Opinion*. New York, Knopf.

Turnbull, N. (2005). *Policy in Question: From Problem Solving to Problematology*. University of New South Wales.

Van del Laan, A. (2019). *How to design a theory of change*. https://datajourney.akvo.org/blog/how-to-design-a-theory-of-change

Van Nispen, F. (2011). *Policy Instruments*. https://repub.eur.nl/pub/33101

Van Waarden, F. (1992). Dimensions and types of policy networks. *European Journal of Political Research*, 21, 29-52.

Vásquez Cárdenas, A. V. (2010). El enfoque de la gobernanza en el estudio de la transformación de las políticas públicas. Limitaciones, retos y oportunidades. *Estudios de Derecho*, 67(149), 243-260.

Vedung, E. (1998). Policy instruments: Typologies and theories. En M.-L. Bemelmans-Videc, R. Rist y E. Vedung (Eds.). *Carrots, Sticks & Sermons: Policy Instruments & Their Evaluation* (pp. 21-58). New Brunswick, Transaction Publishers.

Velásquez, R. G. (2009). Hacia una nueva definición del concepto política pública. *Desafíos*, 20, Semestre I, 149-187.

Versluis, E., Van Keulen, M. y Stephenson, P. (2011). *Analyzing the European Union policy process*. Palgrave Macmillan. https://doi.org/10.1007/978-1-137-10001-6

Vogel, I. (2012). Review of the use of "Theory of change" in international Development, Review Report. London. UK Department for International Development, http://www.theoryofchange.org/wpcontent/uploads/toco_library/pdf/DFID_ToC_Review_VogelV7.pdf.

Weber, M. (1919, 1946). Politics as a vocation. In H. Gerth and C. W. Mills (Eds.). *From Max Weber* (pp. 77-128). New York, Oxford University Press.

Weber, M. (1946). Politics as a Vocation. In H. Garth y C. Wright Mills (Eds.). *Essays in Sociology*. New York, Macmillian.

Weimer, D. L. y Vining, A. R. (2004). *Policy Analysis: Concepts and Practice*. Upper Saddle River, Nueva Jersey, Pearson Prentice Hall.

Weimer, D. L. y Vining, A. R. (2017). *Policy analysis: Concepts and practice.* Taylor & Francis.

Weiss, J. (1976). Using Social Science for Social Policy. *Policy Studies Journal*, 4, 3.

Williams, T. R. (1959). A Critique of the Assumptions of Survey Research. *Public Opinion Quarterly*, 23, Spring, 55-62.

Williams, W. (1971). *Social Policy Research and Analysis: The Experience in the Federal Social Agencies*. New York, American Elsevier.

Wilson, W. (1887). The study of administration. *Political Science Quarterly*, 2(2), June, 197-222.

Zahariadis, N. (2008). Ambiguity and choice in European public policy. *Journal of European Public Policy*, 15(4), 514-530.

Zamora, J. A., Arrovaye, S. y Rodríguez, N. S. (2009). *Políticas públicas en sistemas críticos: el caso latinoamericano*. GPPT.

ÍNDICE TEMÁTICO

Editado por el Departamento de Publicaciones
de la Universidad Externado de Colombia
en mayo de 2024

Se compuso en caracteres Ehrhardt Regular de 12 puntos
y se imprimió sobre Holmen Book Cream de 60 gramos
Bogotá (Colombia)

Post tenebras spero lucem

Made in the USA
Monee, IL
18 October 2026

66035557R00303